L'ABBAYE

DE

SAINTE-GENEVIÈVE

ET LA

CONGRÉGATION DE FRANCE

PRÉCÉDÉES DE LA

VIE DE LA PATRONNE DE PARIS

(D'APRÈS DES DOCUMENTS INÉDITS)

Par M. l'abbé P. FERET

ANCIEN CHAPELAIN DE SAINTE-GENEVIÈVE, DOCTEUR EN THÉOLOGIE,
CHANOINE HONORAIRE D'ÉVREUX, CURÉ DE SAINT-MAURICE

TOME I

L'ABBAYE DE SAINTE-GENEVIÈVE

PARIS
CHAMPION, LIBRAIRE
15, QUAI MALAQUAIS, 15
—
1883

L'ABBAYE
DE
SAINTE-GENEVIÈVE

DU MÊME AUTEUR :

Le Christ devant la critique au second siècle. 1 vol. in-8°. Paris, Jouby, 7, rue des Grands-Augustins.

La Divinité de Jésus attaquée par Celse et défendue par Origène, thèse du doctorat. 1 vol. in-8°. Même librairie.

Dieu et l'Esprit humain ou l'Existence de Dieu devant le bon sens, la philosophie et les sciences aux différentes époques de l'histoire. Conférences de Sainte-Geneviève. 1 vol. in-12. Même librairie.

Le Droit divin et la Théologie. Brochure. Paris, Palmé, 76, rue des Saints-Pères.

Henri IV et l'Église. 1 vol. in-8°. Même librairie.

Le cardinal du Perron. 1 vol. in-12, 2e édition. Paris, Didier, 35, quai des Grands-Augustins.

Un curé de Charenton au XVIIe siècle. 1 vol. in-12. Paris, Gervais, 29, rue de Tournon.

L'ABBAYE
DE
SAINTE-GENEVIÈVE
ET LA
CONGRÉGATION DE FRANCE

PRÉCÉDÉES DE LA

VIE DE LA PATRONNE DE PARIS

(D'APRÈS DES DOCUMENTS INÉDITS)

Par M. l'abbé P. FERET

ANCIEN CHAPELAIN DE SAINTE-GENEVIÈVE, DOCTEUR EN THÉOLOGIE,
CHANOINE HONORAIRE D'ÉVREUX, CURÉ DE SAINT-MAURICE

TOME I
L'ABBAYE DE SAINTE-GENEVIÈVE

PARIS

CHAMPION, LIBRAIRE

15, QUAI MALAQUAIS, 15

—

1883

AVANT-PROPOS

Écrire l'histoire de sainte Geneviève, de son culte et de son abbaye, c'est mettre en relief une page des origines de la France, dire la vénération populaire dont la patronne de Paris n'a cessé d'être l'objet, rappeler sa puissante protection sur la capitale et le royaume dans le cours des âges; c'est faire assister à la fondation, suivre les développements, contempler les vicissitudes d'un des plus illustres sanctuaires d'où s'élevait la prière solennelle et incessante, d'une des plus célèbres retraites que sanctifiait la religion et qu'habitait l'étude; c'est éclairer un côté de la physionomie du vieux Paris, en complétant les faits de ses annales, en tirant de l'oubli plusieurs de ses usages, de ses coutumes, de ses lois, en révélant des ressorts cachés, des rôles inconnus, des influences ignorées; c'est enfin, dans le tableau de la double seigneurie de l'antique monastère, présenter sous un jour quelque peu nouveau certaines parties de l'Ile-de-France.

Par la réforme du cardinal de La Rochefoucauld, quand sonnait la fin du premier quart du XVIIe siècle, l'abbaye devenait centre et tête d'un ordre religieux nouveau, celui de la Congrégation de France.

Cet ordre attendait une histoire. Son importance, ses nombreuses maisons sur tous les points de la France, ses gloires et ses épreuves, ses travaux et ses luttes, les nobles caractères qu'il a produits, les hommes de mérite qui l'ont illustré, les défections dont il a eu à gémir, tout demandait qu'on comblât pareille lacune dans les annales de l'Église de France.

Un premier volume sera donc consacré à la vie de la patronne de Paris et de la France, au développement de son culte, aux phases historiques, pendant onze siècles, comme à la puissance spirituelle et temporelle de l'abbaye *royale* et *apostolique*.

Dans un second, nous aurons l'abbaye chef d'ordre, ou l'histoire d'une congrégation autrefois si célèbre, aujourd'hui tant oubliée (1). La fondation de l'ordre, ses admirables accroissements, son haut point de prospérité, son état stationnaire, ses crises et ses périls formeront une première partie. Un ordre aussi nombreux n'a pu, aux XVIIe et XVIIIe siècles, ne pas marquer sa place dans les lettres et dans les sciences. Une deuxième partie sous le nom d'*Histoire littéraire de l'ordre*, tracera les silhouettes des Génovéfains qui ont produit des ouvrages de mérite. Sous les regards du lecteur passeront successivement de respectables stylistes, des poètes élégants, des chercheurs consciencieux,

---

(1) Nous devons signaler deux écrivains qui nous ont précédé. L'un, M. l'abbé Saintyves, dans un travail plein d'érudition, vraie ressource pour l'historien, a raconté minutieusement la vie de sainte Geneviève, mais effleuré seulement les faits qui se rapportent à l'abbaye. L'autre, M. l'abbé Ouin-La-Croix, a consacré des pages saintement animées à l'historique de l'ancienne et de la nouvelle église.

Notre étude touchait presque à son terme, lorsque paraissait l'*Histoire de sainte Geneviève et de son culte* par un *dévot serviteur de Marie*. (Paris, 1878, in-8.) Mais, à moins d'illusion de notre part, le nouvel ouvrage a laissé place pour le nôtre.

des critiques habiles, des historiens estimés, des controversistes d'une logique pressante et d'une diction heureuse, des savants de premier ordre, même dans les sciences naturelles et mathématiques. Nous ajouterions : des orateurs de renom, si nous ne devions précédemment tracer les portraits des abbés Beurrier et de Géry. Toutefois l'éloquence sacrée ne sera pas sans nouveaux représentants.

Assurément, nous ne prétendons pas donner du neuf touchant l'illustre patronne : depuis longtemps le sujet est épuisé. Mais, en ce qui concerne l'abbaye, nous avons surtout rédigé d'après des documents inédits. Nous ajouterons que ces documents sont considérables. Les Archives nationales nous ont fourni un certain nombre de pièces curieuses relativement aux domaines, et la Bibliothèque nationale le *Liber ordinis* ou livre des constitutions (1). Mais la Bibliothèque de Sainte-Geneviève devait offrir la plus importante collection de manuscrits. En effet, après la seconde réformation opérée par le cardinal de La Rochefoucauld, les Génovéfains apportèrent le plus grand soin à recueillir, copier, mettre en ordre tout ce qui concernait l'abbaye et les maisons qui en dépendaient. Cette précieuse et volumineuse collection n'a été distraite, ni à la révolution ni depuis, de la Bibliothèque. Indiquer et, au besoin, apprécier les principaux de ces documents conservés à la Bibliothèque de Sainte-Geneviève nous paraît une première tâche à remplir : le travail ainsi condensé, en même temps qu'il satis-

---

(1) Il y avait aussi, relativement à la construction de la nouvelle basilique et aux spoliations de la révolution, quelques pièces conservées aux Archives de l'Hôtel de ville et qui ont eu le sort que l'on sait.

fait au devoir de l'historien, répond mieux aux désirs du lecteur qui aime les vues d'ensemble. Voici donc le tableau ou la liste de ces manuscrits, quelques autres moins considérables devant être désignés dans le cours du récit :

— *Histoire de sainte Geneviève et de son église royale et apostolique*, H. fr. 21, in-fol., par du Molinet, ainsi que l'atteste la signature de la dédicace, d'où il suit que la présomption contraire de l'abbé Saintyves, *Vie de sainte Geneviève*, Paris, 1846, p. 9, n'est pas fondée;

— *Les vies des hommes illustres en sainteté, en doctrine et en dignité de l'ordre des chanoines réguliers en France*, H. fr. 17 et 17 [2], in-fol., ouvrage que le ms. original, H. fr. 16, in-fol., et le catalogue attribuent au même historien;

— Deux cartulaires, cotés, l'un H. fr. 23, in-fol., l'autre E. lat. 25, in-fol. : le premier est le Livre de justice de Sainte-Geneviève, qu'on pourrait avec autant de raison appeler son Livre des métiers, car à côté des décisions judiciaires a pris place le code qui régissait les artisans du bourg;

— *Liber cellarii Sanctæ Genovefæ*, E. lat. 21, in-fol.;

— *Nécrologe*, BB. lat. 42 [2], in-4°;

— *Mélanges de plusieurs dissertations et autres pièces curieuses concernant l'histoire de l'ordre des chanoines réguliers*, H. fr. 14, in fol.;

— *Origine et progrès de l'ordre des chanoines réguliers de France*, H. fr. 13, in-fol., même ouvrage, mais plus complet que H. fr. 11 et 12, in-4°;

— *Historia cancellarii Sanctæ Genovefæ*, H. lat. 25, in-fol., par le P. Fronteau, avec un certain nombre de pièces colligées par du Boulay;

— Un Recueil de pièces en XXIV volumes in-fol. — il était de XXV, mais le XIII⁰ manque —, Recueil coté : H. fr. 22 — 22 ²⁵ ;

— Des Mémoires sur la Congrégation depuis son origine jusqu'en 1670, sous ce titre : *Histoire des chanoines réguliers de l'ordre de Saint-Augustin de la Congrégation de France*, et comprenant IV vol. in-fol. qui sont cotés : H. fr. 21 ³ — 21 ⁶ ; un V⁰ vol. a également disparu, mais il peut être remplacé par le vol. H. fr. 18 ⁴ de la collection H. fr. 18 — 18 ⁵, laquelle est la reproduction littérale, mais avec larges coupures çà et là, de la première.

Le Recueil précité date des troubles de la Fronde : le P. Boulart, occupant alors à Paris un des premiers postes de la Congrégation, « employa le loisir que la « conjoncture du temps lui donna, à faire transcrire « toutes les pièces principales qui concernaient l'éta- « blissement de la Congrégation en général et des « maisons en particulier, comme bulles, lettres paten- « tes, arrêts, concordats, partitions, procès-verbaux « d'établissement et autres semblables dont il composa « vingt-cinq gros volumes (1). »

En même temps et sous la même impulsion, on réunissait « les mémoires nécessaires pour composer l'histoire de la Congrégation » (2). Un rapport, du 28 janvier 1661, sur les affaires de l'ordre, contient ces mots : « Les mémoires servant à l'histoire de la Con- « grégation sont, par la grâce de Dieu, rédigés en assez « bon ordre depuis l'an 1614 jusqu'à 1650. Il y en a « trois justes volumes. » On se proposait d'en rédiger

---

(1) B. S.-G., ms. fr. H. 17 ³, in-fol., p. 699-700.
(2) *Ibid*.

un quatrième pour les dix ou vingt années suivantes et de continuer ainsi le travail (1).

Il est bien fâcheux que la résolution n'ait pas été tenue au delà de 1670. Encore si les pièces nous avaient été fidèlement conservées! A partir de cette époque, les documents, abondants sur certains points, font défaut sur certains autres; pour des périodes considérables, il y a indigence absolue : regrettables lacunes que les documents imprimés sont impuissants à combler.

Cet état de choses nous a paru devoir amener une modification dans notre plan : à l'ordre chronologique suivi jusque-là, nous avons fait succéder le groupement des faits.

Quant à l'*Histoire littéraire*, les documents inédits ne nous feront pas faute, non plus (2). Plusieurs seront désignés d'une façon assez vague. Mais telle est la cote de la Bibliothèque. Il fallait reproduire cette cote, malgré son peu de précision, ou la supprimer. Nous avons préféré le premier parti. Faut-il confesser que ces documents nous aideront souvent à mieux esquisser la physionomie et à apprécier plus justement la valeur des personnages?

(1) B. N., Recueil Thoisy, *Matières ecclésiast.*, in-4, tom. XXIX, fol. 250.
(2) C'est un devoir pour nous d'exprimer ici à M. Trianon, conservateur à la Bibliothèque Sainte-Geneviève, notre sincère gratitude pour sa bienveillance empressée non seulement à nous communiquer les divers documents, mais encore à nous guider dans nos recherches.

CHAPITRE PRÉLIMINAIRE
VIE DE SAINTE GENEVIÈVE

I. LA SAINTE A NANTERRE. — II. LA SAINTE A PARIS.
III. CLOVIS, GENEVIÈVE, CLOTILDE.
IV. PUISSANCE SURNATURELLE ET MORT DE GENEVIÈVE

I

LA SAINTE A NANTERRE

L'an 422 ou 423 (1), à Nanterre (2), village des environs de Paris, naissait une enfant dont la vie, admirable aux yeux de Dieu et des hommes, devait s'unir intimement aux origines de la nationalité française. Son père s'appelait Sevère et sa mère Géronce. Elle reçut le nom de Geneviève (3). Sans

---

(1) Date généralement admise. En tout cas, l'on ne pourrait s'arrêter en deçà de 423, puisque l'empereur Honorius est mort cette année et que l'enfant vint au monde sous ce règne : « Tempore imperatorum Honorii videlicet imperantis in occidente... » (V. Saintyves, *Vie de sainte Geneviève, patronne de Paris et de la France*, Paris, 1846, p.p. 19, 237, xxxiv). Nous reviendrons sur ce point, quand nous parlerons de l'époque de la mort.

(2) Nanterre, en latin *Nemetodurum*, « tirait son nom, dit le P. Verdière, de deux mots celtiques *Nemet* et *dor*, *temple*, *rivière*, ou *temple sur la Seine*, nom où l'on peut voir quelque chose de prophétique sur le pays que sanctifia d'abord l'illustre vierge et qui fut ensuite le centre de son premier culte. » (*Sainte Geneviève...*, Lyon, 1878, p. 10.)

(3) Ces trois noms latins et grecs : *Severus*, *gerontia*, *genovefa*, désignent une famille gallo-romaine. Pourtant, selon Adrien de Valois (*Rerum francicarum usque ad Chlotarii senioris mortem libri VIII*, Paris, 1646, p. 317) et M. Amédée Thierry (*Histoire d'Attila*, Paris, 1856, tom. I, p. 153), le dernier nom serait d'une origine germanique. D'autre part, l'abbé Saintyves se livre à ces conjectures : « Il était bien plus naturel, dit-il, d'aller chercher

vouloir aborder de nouveau la discussion touchant la condition de cette famille, nous estimons que Renaut, l'auteur de la première Vie de Geneviève en vers romans, était plus près de la vérité, lorsqu'il écrivait dans les dernières années du xiiie siècle ou au commencement du xive. :

> Ne fu de contes ni de rois.
> Einçois fu fille d'un borjois
> La damoisèle et de borjoise. (1)

« l'origine du nom de Geneviève dans la langue naturelle du pays qu'elle
« habitait, c'est-à-dire la langue gauloise ou celtique. Or, si nous con-
« sultons les peuples qui ont conservé les restes de l'ancien langage des
« gaulois, nous verrons qu'en général le mot *gen* ou *geni* signifie *engendrer*.
« Dans le pays de Galles, *genoeth* veut dire une jeune fille. Dans le même
« pays, on dit aussi *genoe* pour désigner la *bouche*. De leur côté, les Bas-
« Bretons, pour désigner pareillement la bouche, se servent du mot *geno*
« et *genou*... qui se rapproche encore plus de *genovefa*... Quant à la termi-
« naison banale *efa* que l'on trouve dans un si grand nombre de noms
« barbares, comme *Marcouefa*, *Laudorefa*... auxquels répondent les
« noms masculins *Morculfus*, *Laudulfus*..., il nous a semblé en trouver
« l'explication dans l'ancien mot breton *eff*, qui veut dire *le ciel*. Ainsi
« *genouef* voulait dire *bouche céleste* ou bien *fille du ciel*. » (*Vie de sainte
Geneviève, patronne de Paris et de la France*, p. 242.)

(1) Ces vers sont cités par M. l'abbé Saintyves (*Ibid.*, p. 244) d'après le ms. latin in-8º. 5667 de la Bibl. nat., lequel depuis quelques années a disparu. C'est d'autant plus regrettable que le ms. latin in-4º BB. 33 de la B. S. G., renfermant le même poème, paraît inférieur sous le rapport du texte.

Suivant le *Gallia christiana*, c'est seulement du commencement du xvie siècle que date l'usage de représenter la patronne de Paris sous les traits d'une bergère. Le poète Pierre du Pont, connu sous le nom d'Aveugle de Bruges, aurait commencé et les peintres suivi : « ... Quod « primum hactenus notum monumentum est (le poème de Pierre Du-« pont), in quo patrona Parisiorum puella gregis custos exhibetur; idquo « postea imitati sunt pictores. » (*Gal. christ.*, tom. VII, col. 766.)

Nous dirons, d'autre part, avec l'abbé Saintyves et le P. Verdière et en citant les paroles de ce dernier : « Des traditions locales, qui paraissent aussi « constantes et très anciennes, montraient le *parc de sainte Geneviève*, où la « la sainte faisait paître ses moutons, traversé aujourd'hui par la route « de Nanterre à Chatou, au lieu où s'élevait une chapelle dont les travaux « de cette voie ont fait disparaître jusqu'aux dernières traces. Sur le versant « le plus proche du Mont-Valérien, *le Clos* et *la Fontaine* de sainte « Geneviève étaient révérés de mémoire d'hommes. » (*Op. citat.*, p. 12.)

L'auteur si estimé des *Caractéristiques des saints dans l'art populaire*, le P. Cahier, émet, au sujet du cierge dont nous parlerons plus tard, ce

Les époux Sevère et Géronce auraient donc pris socialement place dans la classe moyenne.

Geneviève fut, dès son enfance, touchée du doigt de Dieu pour une mission providentielle. Deux saints évêques, Germain d'Auxerre et Loup de Troyes, se rendaient en Angleterre, chargés par l'épiscopat des Gaules d'y combattre l'hérésie pélagienne. Ils firent halte à Nanterre. Le peuple en fut averti. Tous, hommes, femmes, enfants, vinrent se presser autour d'eux au moment où les deux prélats se dirigeaient vers l'église, pour leur demander leur bénédiction. Germain remarqua au milieu de la foule une enfant de six à sept ans, dont la figure et le maintien avaient quelque chose d'angélique. Il la fit approcher, lui donna un baiser sur le front et demanda son nom. « Geneviève » fut aussitôt prononcé par le peuple. On appela les parents qui se présentèrent. « Cette enfant est votre fille? dit l'évêque. — « Oui, répondirent ces derniers. — Heureux parents d'une

doute qui ne semble pas dénué de vraisemblance : « Qui sait si ce cierge, « quand on ne l'a plus compris, n'aurait pas donné lieu à l'invention de « la houlette qui a transformé la patronne de Paris en une bergère? » (Paris, 1867, tom. I, p. 197, note 2.)

Enfin, M. Kohler, dans son *Étude critique sur le texte de la vie latine de sainte Geneviève*, s'exprime en ces termes touchant l'assertion du *Gallia* : « Nous eussions donc admis sans la discuter l'assertion des auteurs du « *Gallia christiana*, si dans un missel de la fin du XIIIe siècle nous « n'avions trouvé une peinture qui vient dans une certaine mesure contre- « dire leur opinion. Ce missel, conservé à la Bibliothèque Sainte-Geneviève « à Paris sous le n° BB. 2, L., in-fol., contient au verso du folio 112 une « lettre ornée où l'on voit la sainte dans une prairie, entourée d'un certain « nombre d'animaux que, malgré leur forme étrange, il est impossible de « ne pas prendre pour des moutons. Il faut dire cependant que dans cette « peinture Geneviève ne porte aucun des attributs ordinaires d'une « bergère... Son costume, sans être celui d'une noble dame de l'époque, n'a « cependant rien qui témoigne la pauvreté. » (*Biblioth. de l'école des hautes étud.*, 48e fasc., Paris, 1881, p. XII). Nous avons eu ce ms. entre les mains et constaté la parfaite exactitude de ces assertions. On pourrait dire alors avec M. Kohler que l'artiste « par la présence de ces timides animaux » a peut-être « voulu symboliser la douceur, la bonté de Geneviève », ou bien, ce qui nous paraît plus probable, que Geneviève gardait les troupeaux de son père.

(V., pour quelques autres détails, les ouvrages cités du P. Verdière, p. 10-13, et de Saintyves, p. 243-244.)

« admirable enfant! Sa naissance a été célébrée dans le ciel
« par les anges avec des transports de joie. Elle sera
« grande devant le Seigneur. Une foule de pécheurs,
« touchés de ses saints exemples, s'éloigneront du mal et,
« revenus à Dieu, obtiendront la rémission de leurs péchés
« et la récompense de la vie éternelle. » Puis s'adressant à
l'enfant : « Voudriez-vous, ajouta l'évêque, vous consa-
« crer au Christ par la chasteté et, en devenant son épouse,
« lui garder une inviolable fidélité ? — Béni soyez-vous, o
« mon père, vous me demandez ce que je souhaite; mais
« priez le Seigneur d'agréer mes désirs. — Ayez confiance,
« mon enfant, armez-vous de courage, efforcez-vous
« d'accomplir ce que vous pensez dans le cœur, ce que
« vous confessez de bouche, car le Seigneur vous accordera
« force et vertu. » Le lendemain, dans une nouvelle entre-
vue, Geneviève répondit au prélat qui lui demandait si elle
se souvenait des promesses de la veille : « Oui, je me sou-
« viens, père, de ce que je vous ai promis, à vous et à Dieu :
« cette chasteté de l'esprit et du corps, j'espère, Dieu aidant,
« la conserver intacte jusqu'à la fin. » Germain, apercevant
à terre une pièce de monnaie portant l'empreinte de la croix,
la ramassa, la remit à l'enfant en prononçant ces mots :
« Vous la percerez et ne cesserez de la porter à votre cou
« en mémoire de moi (1). »

(1) *Vita sanctæ Genovefæ.* § I-VIII. Disons, une fois pour toutes, que nous prenons les divisions et le texte revu dans l'abbé Saintyves, ouvrage précité : *Concordance des mss.*, p.p. xxxv et suiv. Il sera bon de lire, d'abord, la notice particulière sur les mss. p.p. ix et suiv.

Il est vrai qu'ayant eu entre les mains un plus grand nombre de mss., M. Kohler, dans l'ouvrage également précité, p.p. 2 et suiv., a fait une étude plus complète sur le même sujet. Cependant, notre travail étant achevé et le texte admis par M. Kohler ne différant pas du texte adopté par l'abbé Saintyves, nous n'avons pas cru devoir opérer de changement dans l'indication de nos sources.

Cette biographie a été écrite dix-huit ans après la mort de la sainte, ainsi que le déclare l'auteur lui-même, § LV : « Post ter senos namque ab obitu ejus annos, quo ad describendam ejus vitam animum apposui....» Le nom de l'écrivain ne nous est point connu. Quelques uns ont attribué

La jeune enfant se considérait comme la fiancée du

l'œuvre, mais ce n'est qu'une conjecture, au prêtre Génésius dont il sera question. Quoi qu'il en soit, nous avons là un auteur non seulement contemporain, mais sérieux et bien informé. S'il n'a pas été témoin, il parle d'après les témoins.

Adrien de Valois, en particulier, (*Rerum francicarum usque ad Chlotharii senioris mortem libri VIII*, Paris, 1646, p. 318-319), et le protestant Wallin (*De S. Genov..... disquisitio historico-critico-theologica in III partes divisa...*, Wittemberg, 1723) ont émis des doutes sur la valeur historique de l'œuvre. Mais le premier puise ses doutes dans des étonnements mal fondés; le second étaie les siens sur des appréciations de sectaire et après avoir travaillé sur un texte défectueux, une copie du ixe siècle. A celui-ci de mieux choisir ses documents, surtout de se débarrasser de ses préventions ; et alors, pour citer un exemple, il n'eût pas fait un crime à Geneviève d'avoir demandé la grâce des coupables, sous prétexte que c'est contraire aux lois divines et humaines qui exigent le châtiment. A celui-là de mieux se rendre compte des faits ; et alors, pour citer aussi un exemple, il n'eût pas donné *vingt années à peine* à Geneviève, au temps de l'irruption d'Attila, pour conclure à l'invraisemblance de l'influence exercée par une si jeune fille sur ses concitoyens.

Les auteurs de l'*Histoire littéraire de la France*, tom. III, p. 152, étaient dans le vrai, lorsqu'ils appréciaient en ces termes la biographie : « Les
« personnes sont nommées, les lieux marqués, les faits dégagés de tout ce
« qui pourrait les rendre suspects... On n'y trouve pas tous les caractères
« qu'il serait à souhaiter, pour fixer une chronologie exacte et certaine ;
« mais, au défaut près des dates, à quoi tous les écrivains ne se sont pas
« attachés avec autant d'exactitude qu'il aurait été nécessaire, tout y con-
« vient à une pièce originale. »

Si nous avons substantiellement le texte de l'auteur, l'avons-nous dans sa rigoureuse pureté ? Les Bollandistes ont pu paraître assez disposés à admettre le remaniement ou le résumé d'une vie plus ancienne. (*Act. sanct.*, 3 janv. *De S. Genovefa*, p. 137, § 2). Cl. du Molinet, en préférant bien à tort aux autres un ms. du ixe siècle, a pu également croire à des modifications postérieures. (*Hist. de sainte Genev. et de son abbaye royale et apostolique*, p.p. 79 et suiv., ouvr. inédit indiqué dans notre préface et dont nous avons largement profité). Mais, dans l'état actuel de la critique, on doit, il nous semble, souscrire à ce jugement porté par l'abbé Saintyves et que contient son Avant-Propos sur les mss., p. V. :
« Dans cette collection des mss., nous avons trouvé quatre systèmes diffé-
« rents et pour ainsi dire quatre éditions faites les unes sur les autres ;
« l'une desquelles, écrite avec plus de simplicité, semble renfermer le texte
« primitif tel à peu près qu'il a dû sortir des mains de l'auteur : aussi
« est-il presque toujours d'accord avec quelques-unes des trois autres
« éditions. Nous avons en conséquence rangé les mss. en quatre classes
« différentes et partagé notre travail en plusieurs alinéas... Dans le pre-
« mier alinéa, imprimé en gros caractère, sont les mss. de première
« classe, renfermant le texte primitif. » (V. aussi l'*Étude critique* de M. Kohler, p. LIX-LXIV). Il est vrai que ce dernier fait des réserves ou ha-

Christ (1). Y avait-il opposition de la part des parents? Était-ce bizarrerie ou mauvais vouloir d'un moment? Toujours est-il qu'à une certaine fête Géronce ne permit pas à Geneviève de l'accompagner aux offices et même, sur l'insistance de cette dernière, s'oublia jusqu'à lui donner un soufflet : emportement qu'elle expia par vingt et un mois de cécité. Enfin, grâce à son profond repentir, d'une part, et, de l'autre, à sa vive confiance dans le crédit surnaturel de sa fille, elle obtint une complète guérison (2).

sarde des doutes sur quelque passages — nous verrons ce qu'il faut en penser; — mais il rejette l'hypothèse du remaniement d'une vie primitive.
C'est bien au texte du premier alinéa que nous avons renvoyé et que nous renverrons dans le cours de notre travail. Le texte diffère assez peu de celui que nous trouvons dans les *Acta sanctorum*. Nous entendons la première vie qui y est imprimée, car, à la suite, il y en a une seconde qui parait être un résumé de la première.

(1) Germain avait recommandé à l'enfant de ne porter aux doigts et au cou ni or ni argent ni pierres précieuses. Quelques-uns ont voulu induire de là les grandes richesses des parents. Mais la recommandation s'explique parfaitement dans l'hypothèse de la condition ordinaire.
— Au sujet de la pièce de monnaie, nous transcrivons cette réflexion de M. Ponton d'Amécourt : « La numismatique confirme ce détail ; parmi les « monnaies qui circulaient à cette époque, une surtout répond à la des- « cription... C'est un bronze de Magnence, dont le revers a pour type un « chrisme, c'est-à-dire une croix formée avec le monogramme du Christ. « Or, tandis que toutes les autres monnaies de la Gaule portent les marques « des ateliers de Lyon, d'Arles ou de Trèves, celle-là seule porte l'indice « de l'atelier d'Amiens. C'est donc surtout dans le nord-ouest de la Gaule « qu'elle était répandue, et elle s'y rencontre encore assez fréquemment. » (*Mémoires de la société française de numismatique..., sect. de géogr. hist., Vie des saints*, Paris, 1870, p. 6, note 9.)
— Dans son *Etude*, p.p. LXIX et suiv., M. Kohler entasse hypothèses sur hypothèses pour nier ou révoquer en doute plusieurs faits importants de la *Vie* ou consignés dans la *Vie* de la patronne de Paris, par exemple: les deux scènes si attendrissantes de Nanterre, la puissance de Geneviève auprès de Childéric, le siège de Paris par Clovis... Le système des hypothèses est très à la mode aujourd'hui dans une certaine classe de savants. Mais quel que soit le vernis d'érudition qu'il essaie de se donner, il ne saurait tenir lieu de preuves.
(2) *Vita S. Genov.*, §§. IX, X.
Thomas Benoît, chevecier de Sainte-Geneviève, traduisit en ces termes au XIVe siècle le passage de l'antique historien : « Il avint que Géronce, « mère de la sainte pucèle, en un jour de feste aloit au Moustier et dist à « sa fille quel gardast l'ostel. La pucelote aloit après criant et disant : que

Geneviève reçut plus tard la consécration des vierges, et il y a lieu de penser que ce fut vers la fin de son troisième lustre, première époque de la discrétion nécessaire pour un engagement irrévocable (1). Le prélat consécrateur, d'après la plupart des manuscrits, aurait été Vilicus, qu'assez probablement l'on estime avoir été l'évêque de Paris, plus connu sous le nom de Félix (2). Deux autres personnes reçurent le voile en même temps. De beaucoup plus âgées, elles étaient rangées avant Geneviève. « Que celle-ci occupe la première place, dit l'évêque, car elle a déjà reçu sa consécration ». Après

« la foi quel avoit promise à saint Germain et garderoit à l'aide de Dieu et
« que souvent iroit au Moustier, afin quel déservist estre espouse de Jesu-
« Crist et que digne fust trouvée de s'amour. La mère se courouça et li
« donna une paumée. Dieu vengea l'enfant, qui la mère aveugla ; XXI
« mois ne vit goute. Quant la mère out esté longuement en celle peine
« qui mout li ennuioit, si li souvint du bien que saint Germain avoit dit
« de sa fille. Si l'appella et li dit : Ma fille, alez au puiz et me apportés de
« l'yaue. La pucelote y ala bonne aleure. Quant au puiz fu, el commença
« à plourer de ce que sa mère avoit perdu la vue pour elle. Elle print de
« l'yaue et la porta à sa mère. La mère tendit lez mains au ciel, et, en
« grant foi et révérence, print l'yaue et la fist signer à sa fille du signe de
« la croiz. El en lava ses yex. El commença à veoir un tantet. Quant II
« fois ou III les out lavés, la veue li revint, comme devant. » (Cité par Saintyves, *Op. cit.*, p. 250, d'après un ms. lat. de la Bibl. nat. indiqué à la p. 6 du même ouvrage.)

(1) L'ancien historien, § XI, dit simplement : « Contigit autem post hæc ut.... » Il y a même des mss. qui ne portent pas le « post hæc ». (*Ibid.*) A la raison par nous alléguée l'on pourrait peut-être encore ajouter l'opposition assez justement présumée des parents. En tout cas, nous ne voyons point de motifs sérieux pour avancer l'âge de la consécration.

Si dans la leçon du Bréviaire romain à l'usage du diocèse de Paris pour la fête de la sainte, au 3 janvier, nous rencontrons ces paroles extraites, d'ailleurs, de l'ancien Bréviaire de Paris et de celui de la Congrégation de France : « Germanus... inter crebros psalmorum concentus prolixasque orationes virginem consecravit »; les rédacteurs et copistes évidemment n'ont pu avoir en vue qu'une simple bénédiction ou une sorte de consécration qui ne tirait pas à conséquence.

(2) Dans quelques mss., *Vilicus* devient *Julicus*, *Juliacus* et même *Illicus*. Plusieurs donnent au prélat consécrateur la qualité d'évêque de Chartres ; mais cela paraît être une faute de copiste. (V. Saintyves, *Vie de sainte Gen.*, p.p. 252, xxxiv et xlvii). « On a pensé, ajoute ce dernier, « que le mot de *Vilicus* ou *Villicus* n'était pas un nom propre, mais un « adjectif, et désignait l'évêque de la ville ou plutôt l'évêque du pays. »

la cérémonie, Geneviève se retira chez ses parents pour y mener la vie des épouses de Jésus-Christ. A cette époque, pour ces nobles et saintes filles, il n'y avait pas d'obligation de se réunir sous un toit commun et sous une règle commune; en certains pays, la chose devenait même impossible. Elles demeuraient alors au sein de leur famille (1).

II

LA SAINTE A PARIS

Orpheline quelque temps après, Geneviève fut recueillie à Paris chez sa mère spirituelle. Là, elle continua la vie édifiante et mortifiée que, dès quinze ans, elle avait commencée à Nanterre. Ses prières étaient continuelles (2), ses veilles

---

(1) Les vierges qui se consacraient à Dieu et restaient dans le monde, n'étaient alors réellement astreintes qu'au vœu de chasteté, un des trois vœux de religion. Ainsi en fut-il de Geneviève qui conserva la propriété de ses biens et eut toujours une habitation privée.

Son champ situé dans le territoire de Meaux mérite une mention particulière. Elle y était un jour pour recueillir la moisson, lorsqu'un affreux orage vint jeter le trouble parmi les moissonneurs. « Elle entra aussitôt « dans sa tente et, le visage contre terre, selon son habitude, elle se mit à « prier avec larmes. Aux yeux de tous, le Christ manifesta une admi- « rable puissance; car, pendant qu'aux environs les champs étaient inondés « par la pluie, pas une goutte d'eau ne tomba sur les moissons ni les mois- « sonneurs de Geneviève ». (*Vita S. Genov.*, § LIII).

Saintyves écrit, d'après les documents historiques, au sujet de ces vierges : « On leur assignait à l'église une place particulière où elles « étaient réunies pendant l'office. Il ne paraît pas non plus que leur « vêtement fût distingué par la forme, mais seulement par la couleur, « qui était noire ou brune, et par la simplicité, car on leur interdisait « toute parure. Elles portaient les cheveux longs et leur tête était couverte « d'un voile ; l'imposition de ce voile entrait même dans la cérémonie « de leur consécration. » (Saintyves, *Vie de S. Gen.*, p. 32; voir aussi p. 253; voir encore Fleury, *Mœurs des chrétiens*, ch. xxvi).

(2) *Vita S. Genov.*, § XVII : « Deum mente semper studebat aspicere.

longues et fréquentes (1), ses vertus admirables (2), ses pénitences extraordinaires. « Elle prenait, dit l'historien, « un peu d'aliments le dimanche et le jeudi, jeûnant les « autres jours de la semaine; sa nourriture était du pain « d'orge et des fèves qu'elle faisait cuire pour deux ou trois « semaines à la fois; elle ne buvait ni vin ni autre liqueur « enivrante : » Cruelles mortifications qu'elle continua jusqu'à l'âge de cinquante ans; alors, sur le conseil de plusieurs évêques, elle consentit à joindre à son pain d'orge du lait et du poisson (3). Un peu plus tard, sinon à cette époque, elle se renfermait dans sa cellule pour être entièrement aux entretiens intimes avec son Dieu (4).

La douleur vint la visiter. Une terrible paralysie lui enleva tout mouvement et, pendant trois jours, la laissa presque sans vie. Mais Dieu lui accordait de larges dédommagements spirituels. Aux heures mêmes de sa profonde léthargie, le ciel s'ouvrait à son esprit pour lui faire contempler les inénarrables « récompenses préparées par Dieu à ceux qui l'aiment » (5).

Cependant le peuple « plus porté à censurer les bons qu'à les imiter » ne voulait pas avoir confiance aux vertus de Geneviève. Germain qui l'avait bénie, jeune enfant, à Nanterre, dut la justifier, jeune vierge, à Paris. Il se rendait de nouveau en Angleterre, appelé qu'il y était par les nouveaux troubles que causait l'hérésie pélagienne. En passant par Paris, il entendit les accusations contre la

---

(1) *Vita. S. Genov.*, § XXII : « Fuit illi devotio ut omnem noctem sabbati.... totam pervigilem duceret. »

(2) *Ibid.*, § XVII : « Duodecim enim virgines spiritales, quas Hermas, « qui et pastor nuncupatus est, in libro suo descripsit, ei individuæ comi- « tes extitere, quæ ita nominantur : Fides, Abstinentia, Patientia, Magna- « nimitas, Simplicitas, Innocentia, Concordia, Caritas, Disciplina, Castitas, « Veritas et Prudentia. »

(3) *Ibid.*, § XVI.
(4) *Ibid.*, § XXXIII.
(5) *Ibid.*, § XII.

sainte (1). Aussitôt « il se rendit à la maison de Geneviève que, au grand étonnement de tous, il salua profondément; il fit voir aux détracteurs que les larmes de l'accusée, larmes de la prière, dans le lieu le plus retiré de la chambre, avaient détrempé la terre; puis il la recommanda au peuple. (2) »

Elle devait être élevée par l'épreuve qui fortifie et grandit, à la hauteur des graves, des terribles événements qui se préparaient.

Les hordes d'Attila s'étaient précipitées sur les Gaules, laissant sur leur passage la dévastation et la mort. Trèves, Tongres, Metz, Reims, Laon, Augusta aujourd'hui Saint-Quentin n'étaient plus qu'un monceau de ruines ensanglantées. Paris tremblait, et ses habitants désespérés voulaient confier leur vie et leurs biens à d'autres remparts ou à de lointaines régions. Geneviève plaçait ailleurs ses espérances : c'est de la montagne sainte qu'elle attendait le salut. Réunissant les dames de la cité dans le baptistère (3), elle veillait avec elles, priait avec elles, jeûnait avec elles : ne sont-ce pas là les armes puissantes pour vaincre, si justifiée soit-elle, la résistance d'en haut? Bientôt elle annonça avec assurance que par la protection du ciel la cité serait épargnée. Mais, la terreur continuant à troubler les hommes, elle parlait à des incrédules qui la traitaient de fausse prophétesse, à des furieux qui la proclamaient digne de mort. Les uns demandaient qu'on la lapidât, d'autres

---

(1) *Vita. S. Genov.*, § XIII : « Vulgus... asserebat eam inferiorem quam opinabatur (Germanus) esse. »
(2) *Ibid.*
(3) « Les baptistères, dit Bergier, étoient des édifices entièrement séparés
« des basiliques et placés à quelque distance des murs extérieurs de
« celles-ci. Les témoignages de saint Paulin, de saint Cyrille de Jérusa-
« lem, de saint Augustin ne permettent pas d'en douter. Ces baptistères,
« ainsi séparés, ont subsisté jusqu'à la fin du sixième siècle, quoique dès
« lors on en voye déjà quelques-uns placés dans le vestibule intérieur de
« l'Eglise, tel que celui où Clovis reçut le baptême des mains de saint
« Remi. » (*Diction. de théolog.*, art. *Baptist.*)

qu'on la jetât dans le fleuve. Sans l'arrivée de l'archidiacre d'Auxerre, le criminel dessein eût été probablement mis à exécution.

Saint Germain était mort. Il avait chargé son archidiacre de porter de sa part à Geneviève des eulogies, pains bénits que les évêques avaient coutume d'envoyer en signe de communion. Témoin d'un pareil soulèvement, il tint ce langage aux Parisiens : « Ne commettez pas, ô citoyens, un « pareil crime; celle dont vous projetez la mort, vous « l'avez entendu de la bouche de saint Germain, notre évê- « que, a été choisie de Dieu dès le sein de sa mère et voici « qu'au nom de saint Germain je lui offre ces eulogies. »

Ces paroles calmèrent les esprits en attendant que l'événement, justifiant la prophétie, fît éclater des transports de joie : celui qui se nommait le *fléau de Dieu* avait subi une sanglante défaite et se retirait avec les débris de ses hordes dévastatrices (1).

La sainteté de Geneviève, désormais à l'abri de la malveillance, fut reconnue, louée, exaltée par tous. Des jeunes filles, embrâsées de l'amour du Christ, venaient se ranger sous la conduite de l'admirable vierge, de manière que sa maison, située près de la cathédrale, devint une sorte de monastère. De ce nombre étaient Aude et Célinie, toutes deux originaires de Meaux, toutes deux se distinguant par d'héroïques vertus, toutes deux placées après leur mort sur les autels (2).

---

(1) *Vita S. Genov.*, § XIV-XV.
Généralement l'on assignait pour théâtre de la terrible lutte les plaines catalauniques. M. A. de Barthélemy, dans la *Revue des questions historiques*, tom. VIII, p. 337-404, s'est efforcé d'établir qu'il y a là erreur, que vraisemblablement Attila ne s'est jamais approché de Châlons, et que l'emplacement « doit être cherché entre Orléans et Troyes, sur une ligne qui passe entre Joigny » et cette dernière ville.

(2) *Miracula S. Genovefæ post mortem*, en Saintyves, *Op. cit.*, Pièces justif., p. cxviii, § LXX. Dans ce document, il est dit que le « monasterium » était situé « penès domum S. Joannis Baptistæ ». C'est, à n'en pas douter, l'église ou le baptistère dédié à saint Jean-Baptiste et, probablement,

Geneviève avait une grande dévotion à saint Denys. Elle désirait vivement faire élever un temple sur le tombeau où reposaient les restes du premier évêque de Paris et de ses deux associés dans le martyre (1).

« Saints et vénérables pères et seigneurs en Jésus-Christ,
« dit-elle un jour à des prêtres qui la visitaient, veuillez,
« je vous en supplie, vous concerter, à l'effet de cons-
« truire une église en l'honneur de saint Denys, car
« bien terrible le lieu où a été déposé son corps. —
« Pauvres comme nous sommes, répondirent-ils, quelles
« ressources pouvons-nous avoir pour cette construction ?
« D'abord, la chaux nous manque — Hé bien ! allez,
« dit-elle, promenez-vous sur le pont de la cité et vous me
« direz ce que vous aurez entendu. »

Ces prêtres obéirent et voici qu'ils se trouvèrent près de deux porchers dont l'un disait : « En poursuivant une laie
« qui s'était égarée, j'ai découvert un four à chaux d'une
« grandeur extraordinaire — Et moi, racontait l'autre, j'en
« ai aperçu également un sous les racines d'un arbre
« abattu par le vent et je crois qu'il est encore intact. »

---

désigné plus tard sous le nom de Saint-Germain-le-Vieux. (Voir Saintyves, *Op cit.* p. 264.)

Dans le « monasterium » la vie était-elle commune ? Il est permis de le croire, du moins pour une partie des vierges. Mais rien ne nous autorise à croire que ces vierges se fussent astreintes à de plus grandes obligations que la supérieure elle-même, par conséquent se fussent liées par d'autres vœux que par celui de virginité, et condamnées à une clôture plus rigoureuse. Voilà pourquoi nous avons employé ici l'expression un peu vague : « sorte de monastère », et estimé plus haut que la demeure ne perdait point pour cela son caractère d' « habitation privée. »

Bien qu'on ne puisse préciser la date de l'établissement, il ne nous parait pas douteux qu'il eut lieu avant le blocus de Lutèce dont il va être question.

(1) Si les manuscrits de la première et de la quatrième classe ne mentionnent que le lieu du martyre, ceux de la seconde et de la troisième ajoutent que le lieu du martyre fut celui de la sépulture : « In quo sanctus Dionysius cum sociis suis Rustico et Eleutherio passus est et sepultus... » — «... Ibi... sanctus Dionysius cum sociis suis Rustico et Eleutherio... martyrio coronatus est et a priis habitatoribus ejusdem loci sepulturæ est traditus... » (*Vita S. Genov.*, § XVIII.)

L'existence des deux fours fut constatée aussitôt. Le ciel se déclarait donc pour l'entreprise. Il n'y avait donc plus à hésiter ni à différer. Le prêtre Génésius, peut-être l'auteur même de la *Vie de sainte Geneviève,* fut chargé de la direction des travaux. Les Parisiens s'empressèrent de coopérer à l'œuvre qui avançait rapidement.

Un jour, les rafraîchissements vinrent à manquer pour les charpentiers qui travaillaient dans la forêt. Geneviève en fut prévenue par Génésius, qui l'engageait à user de son influence sur les ouvriers pour les porter à la patience, pendant que lui-même courait à la ville chercher les rafraîchissements nécessaires. Mais la sainte, s'étant fait apporter le vase qui était vide et ayant demandé à demeurer seule, se jeta à genoux, adressa au ciel une prière ardente et accompagnée de larmes, fit un signe de croix sur le vase qui se trouva aussitôt rempli d'une salutaire boisson, source divinement inépuisable tant que durèrent les travaux (1).

(1) *Vita S. Genov.*, § XVIII-XXI.
Où était située cette église? Le texte porte : « *Catholacensem* ou *Catolacensem, Catholiacensem, Catholicensem*, etc., vicum in quo S. Dionysius cum sociis suis « Rustico et Eleutherio passus est. » Mais quel était ce village de *Catheuil* ou *Cateuil?* « M. de Tillemont, écrit l'abbé Saintyves, place Catheuil « près de Paris et croit trouver des traces de ce nom dans celui de Chaillot. « D. Toussaint Du Plessis le met plus près encore de Paris, et, pour cela, il « bâtit sur la rive droite de la Seine, près de Saint-Germain-l'Auxerrois, « une église de Saint-Denis qui n'a jamais existé. Godescard regarde « comme plus probable que Catheuil était situé à Montmartre où furent « décapités saint Denis et ses compagnons. M. Lebeuf le met au lieu « même où est maintenant la ville de Saint-Denis et prétend que l'église « dont il est question fut construite à l'endroit précisément où se trouve « l'église abbatiale. » Ajoutons que telle est aussi l'opinion de Félibien (*Hist. de la ville de Paris*, tom. I, p. 21-22, et surtout *Hist. de l'abb. roy. de S. Denys en France*, dissertation.) « D'autres enfin, continue Saintyves, « pensent, avec Bollandus, que l'église dont il s'agit fut bâtie au lieu où « était l'ancien prieuré de Saint-Denis de l'Estrée (*S. Dionysii de Strata*); « et ce sentiment paraît le plus vraisemblable, étant appuyé sur la tradi- « tion et sur le témoignage des auteurs anciens. »
Saintyves adopte donc ce sentiment. Il prétend trouver dans la *Vie de sainte Geneviève* un « passage qui prouve jusqu'à l'évidence que l'église de Saint-Denis était beaucoup plus éloignée de Paris que ne l'est Chaillot

Salut de Paris par ses prières devant les Huns, Geneviève le fut ensuite par son courage durant un de ces sièges que la ville soutint contre Clovis.

ni Montmartre. » Voici ce passage qui fait suite à la présence de douze possédés dans la ville de Paris et à leur envoi par la sainte à l'église de Saint-Denis : « Illaque (sainte Geneviève) post duas fere horas, eos subsecuta, ad crebro dictam basilicam pervenit » (§ XXIX).
Pour nous, l'évidence ne nous a pas frappé. Il nous paraît, au contraire, difficile qu'une femme, si ardemment *hâtât-elle le pas*, pût faire, en moins de deux heures, le trajet de la vieille cité parisienne à l'endroit où nous voyons aujourd'hui Saint-Denis. Il y a une autre objection. Nous venons de le voir, le texte dans plusieurs manuscrits porte que le lieu de la sépulture fut le lieu du martyre. Il est vrai qu'aux yeux de Saintyves l'objection n'est pas insoluble. « Qui nous a dit, nous citons toujours, que les « terres dépendantes du village de Catœuil ne s'étendaient pas jusqu'à la « montagne? car le mot *vicus* ne désigne pas seulement un bourg, un « village, mais il comprend encore toute l'étendue des terres qui en dépen-« dent. Or, Montmartre pouvait tout aussi bien être renfermé dans l'ancien « *catollacum* que la paroisse des Vertus qui en faisait autrefois partie. » Franchement ne faudrait-il pas une certaine dose de bonne volonté pour se déclarer satisfait de cette explication? Sans doute l'historien a soin d'écrire à la suite : « Le commentaire ajouté aux manuscrits de seconde « classe dit que saint Denis fut martyrisé à quatre milles de la ville ; et « celui des manuscrits de troisième classe dit positivement que le lieu « de Cathœuil, où fut enterré saint Denis, est à six milles de Paris. » Malheureusement cette dernière phrase renferme une erreur capitale : le Cathœuil dont il est parlé dans ces manuscrits de troisième classe et dont l'éloignement de Paris est de six milles, y est désigné, comme on vient de le voir, pour le lieu du martyre aussi bien que pour celui de la sépulture.   (Saintyves, *Vie de sainte Geneviève*, p. 258-261.)
Nous donnons la préférence à l'opinion, moins ancienne peut-être, mais certainement plus commune aujourd'hui, et que M. Le Blant résume en ces termes : « Parmi les auteurs qui ont parlé du martyre de ce saint « et de ses compagnons, Hilduin, qui écrivait au IXe siècle, a, le premier « désigné Montmartre comme le lieu de ce martyre. Bien qu'une charte « du roi Robert vienne attester le même fait, bien que deux églises du « titre de Saint-Denys, existant sur la colline du temps de Louis-le-Gros, « montrent clairement l'accord de la tradition avec les textes, quelques « écrivains modernes, contestant l'autorité d'Hilduin, ont cherché ailleurs « qu'à Montmartre le lieu de la passion de saint Denys. » Le *confirmatur* que le savant apporte à l'opinion se tire d'une découverte faite en 1611, et constaté par procès-verbal, à l'occasion de l'agrandissement de la chapelle « du martyre de M. saint Denys et de ses compagnons vulgairement dicte la chapelle des saincts martyrs. » Dans une crypte de la chapelle, on découvrit donc précédées d'une croix et à quelque distance l'une de l'autre les deux syllabes *Mar.* et *Dio*, commencements l'une de *martyr*, *martyres* ou *martyrium*, l'autre de *Dionisius*. M. Blant, recourant aux données de l'archéologie et de l'épigraphie, conclut que la crypte aurait

Ce dernier avait succédé à son père Childéric (1). On sait que le royaume des Francs n'embrassait alors qu'une très faible partie de la Gaule dans le Nord : les Romains commandaient entre la Somme et la Loire, les Bourguignons à l'Est, les Visigoths au Sud ; les Armoricains étaient indépendants à l'Ouest. Le regard de Clovis mesura la puissance de ses voisins, son ambition convoita leurs possessions, et les événements devaient faire de lui le vrai fondateur de la monarchie française. Il commença donc par les

pris place à l'endroit même du martyre de l'apôtre et de ses compagnons. (*Manuel d'épigraphie chrétienne*, Paris, 1869, p.p. 152 et suiv.)

Dans le cas où l'on s'arrêterait à l'opinion qui assigne Saint-Denis, il faudrait admettre l'emplacement du prieuré plutôt que celui de l'église abbatiale. En effet, la translation des reliques des saints martyrs dans ce sanctuaire se fit seulement au xiie siècle ; et il n'est pas admissible que Geneviève ne se fût point empressée de les placer dans l'église construite en leur honneur. Les reliques étaient donc dans une autre église avant d'être apportées dans la basilique de l'abbaye. Il est vrai que l'abbé Lebœuf croit se tirer d'affaire en supposant que la translation s'accomplit non d'une église dans une autre, mais seulement d'un endroit dans un autre endroit du même temple. L'interprétation nous paraît un peu forcée. D'autre part, les *Gesta domni Dagoberti*, par un moine de Saint-Denis, cap. xvii, disent positivement que la translation se fit d'un endroit du village à un autre ; «... Sanctorum martyrum Dionysii, Rustici et Eleutherii corpora requirens, digesta eorum in sarcophagis nomina repperit, quæ et in alium ejusdem vici locum suum cum veneratione X kal. maias transtulit. » Enfin, un écrivain du xiiie ou xive siècle, l'auteur de la vie de sainte Geneviève en vers, affirmait que l'église élevée par la vierge de Nanterre était encore debout :

<blockquote>
A tant commencent la chapelle
Qui encore est et granz et bele.
</blockquote>

(V., pour plus de développements, l'ouvrage précité de Saintyves, p. 258-263, et M. l'abbé Davin, *La tradition sur le premier tombeau de saint Denys*, Paris, 1875.)

(1) Childéric qui, en qualité de préfet de troupes auxiliaires — les Francs étaient alliés des Romains — eut souvent occasion de passer par Paris, connut Geneviève et, ayant pour elle la plus grande vénération, il ne savait pas la refuser dans ses pieuses et charitables demandes. On rapporte qu'un jour, sur le point de procéder à l'exécution de plusieurs condamnés et redoutant la prière de la sainte, il fit fermer les portes de la cité. Mais rien ne put arrêter Geneviève. « Elle vola à la délivrance de ces « malheureux, et, aux regards de la foule étonnée, elle toucha les portes « qui s'ouvrirent d'elles-mêmes. Elle se présenta devant le roi qui ne « put ne pas accorder la grâce des condamnés. » (*Vita S. Genov.*, § XXV.)

Romains. La défaite de Syagrius lui permit de constituer Soissons centre et tête de son royaume agrandi. Cependant Paris que Childéric, en sa qualité d'allié des Romains, avait plusieurs fois traversé, tenait encore pour ces derniers ou, du moins, ne voulait pas des Francs. Au yeux de Clovis, c'était une place des plus importantes : base d'opérations contre la confédération armoricaine, elle ouvrait encore le chemin du midi (1). Mais comment s'en emparer, défendue qu'elle était par ses murailles, ses tours et le fleuve qui l'entourait de tous côtés ? La famine seule pouvait la réduire. De là ces divers sièges pendant cinq ans (2), car le roi des Francs se voyait contraint d'interrompre le blocus par la nécessité de diriger ailleurs ses troupes.

Qu'on ne s'étonne pas de tant de résistance de la part de Paris : dans les appréciations historiques, on sépare très souvent deux saintes choses qui demandent, au contraire, à être rapprochées, unies, la religion et la patrie, l'amour de la religion et celui de la patrie, parce que ces deux amours sont des sources fécondes d'où jaillit, avec la grandeur des âmes, la prospérité des sociétés. Si favorable que se montrât déjà Clovis à l'endroit du christianisme, il était païen,

---

(1) Nous venons d'indiquer la principale raison pour laquelle nous plaçons ce siège sous Clovis. D'ailleurs, les motifs allégués pour fixer le siège sous Childéric nous paraissent dénués de valeur : qu'est-ce, en effet, que l'affirmation de Baronius et le prétendu ordre chronologique de l'ancien historien ? Cet ordre chronologique ne peut-il pas être invoqué de part et d'autre avec un égal succès ou plutôt insuccès ? (V. Saintyves, *Op. cit.*, p. 274-275 et le Père Verdière, *Sainte Geneviève*, Lyon, 1878, p. 47.) D'autre part, on ne voit pas comment Childéric aurait pu se maintenir si longtemps en ennemi au cœur des possessions romaines. Ajoutons, enfin, que nous avons autant, sinon plus de raisons de croire alors à sa bonne intelligence avec les Romains qu'à son hostilité à leur égard. (V. Dubos, *Hist. critiq. de l'établis. de la monarch. franç...*, tom. II, p.p. 87 et suiv., Grégoire de Tours, *Hist. Franç.*, lib. II, cap. xviii, et Frédégaire, son abréviateur, cap. xi et xii.) Pourquoi alors un siège contre la cité qui tenait pour les Romains ?

(2) *Vit. S. Genov.*, § XXXV. Les manuscrits de la deuxième classe portent: « *Bis quinos.* » dix ans. Certains historiens ont adopté cette version. (V. Saintyves, *Op. cit.*, p. 272-274). Nous nous en sommes tenu aux manuscrits de la première classe.

son armée païenne : Paris chrétien et Geneviève la sainte ne pouvaient se résoudre à subir la domination de pareils maîtres.

Un de ces blocus se prolongeait. Les vivres de la cité se trouvaient épuisés. Plusieurs étaient morts de faim. La terreur régnait au dedans, la menace grondait au dehors. Geneviève seule montrait du courage et conservait l'espérance. Une prière à Dieu promettant le pain de chaque jour à ceux qui le demandent comme il faut, et la voilà remontant la Seine avec quelques bateaux pour aller demander aux greniers d'Arcis et de Troyes la nourriture des malheureux enfants de Paris. Les greniers s'ouvrirent à elle comme les cœurs (1). Bientôt la cité affamée put acclamer sa libératrice (2).

Des jours meilleurs allaient se lever. Clovis s'était uni en mariage à une princesse catholique. La victoire implorée et obtenue au moment où la défaite était imminente, était suivie du baptême du vainqueur et de trois mille Francs (496) (3). Le pape et les évêques des Gaules écrivaient au royal néophyte pour le complimenter et lui exprimer leur joie. Comment

---

(1) *Vita S. Genov.*, § XXXV-XLIII. En retour, la sainte usait de son crédit auprès de Dieu pour faire descendre du ciel d'insignes faveurs. A Arcis-sur-Aube, elle rendit le mouvement et la santé à la femme paralysée d'un tribun. A Troyes, un grand nombre de malades lui durent leur guérison.

(2) En revenant, elle vit sa petite flotte assaillie tout à coup par une violente tempête. Le danger était pressant. Les bras étendus vers le ciel, une prière dans le cœur et sur les lèvres, et « Dieu notre Seigneur sauva les onze bateaux avec leur précieuse charge. »

(3) L'on avait jusqu'alors assigné pour théâtre de la mémorable victoire Tolbiac, aujourd'hui Zulpich, à quelque distance de Cologne. M. Longnon dans son savant ouvrage, *Géographie de la Gaule au* VIe *siècle*, Paris, 1878, prétend que ce fut dans les environs de l'Alsace. Il tire son assertion de cette phrase qui se lit dans la vie de S. Wast et qu'il cite : « Victor (Clovis) deinde Alamannos cum rege in. ditione cepit ovansque « ad patriam festinus rediens ad Tullum oppidum venit. » (V. p.p. 89 et 167). Dans l'hypothèse de Tolbiac, le détour par Toul ne semble pas s'accorder avec l'empressement du vainqueur à revenir dans son royaume. Mais ne pourrait-il pas y avoir d'autres raisons qui eussent motivé cet itinéraire ? Et faut-il prendre le mot *festinus* dans le sens absolument rigoureux, c'est-à-dire dans le sens que Clovis aura dû prendre le chemin le plus court ?

dans ce concert Paris aurait-il fait entendre une note discordante ? Se réjouir avec tous et ouvrir ses portes à un vrai chrétien, tel était désormais le seul parti à prendre. Résolution qui fut d'autant plus heureuse que le roi allait faire de Paris la nouvelle capitale de son royaume.

C'était là, au sein de cette capitale, que Geneviève et Clotilde, Geneviève qui en avait été la libératrice, Clotilde qui en était la reine, devaient se rencontrer, se comprendre, s'estimer, s'aimer. L'une, ardemment pieuse, s'était dès l'enfance vouée à Dieu, l'autre, bien jeune encore, et parmi les hérétiques, maintenue pure dans la foi. Toutes deux, après avoir fait l'apprentissage de la vie à l'école du malheur (1), savaient demander à la puissance de la prière le succès des entreprises, comme le courage dans l'épreuve, et à la sainteté de la grâce le mérite des œuvres. Ah! quels doux épanchements entre ces deux âmes dont les pensées, les désirs, les espérances, l'ambition se confondaient dans le double amour dont nous avons parlé, l'amour de la religion et de la patrie ! Comme leurs cœurs battaient à l'unisson, lorsqu'il s'agissait d'affermir dans le *doux Sicambre* et de développer parmi ses sujets le règne divin du Christ !

III

CLOVIS, GENEVIÈVE, CLOTILDE

Les cités armoricaines s'étaient soumises au roi des Francs ou avaient accepté son alliance. Les Bourguignons, deux fois vaincus, n'étaient plus que ses tributaires. Mais les

(1) On sait que la jeune Clotilde dut vivre captive dans la maison du meurtrier de son père.

Visigoths dominaient toujours dans le midi. Clovis qui ne pouvait souffrir, disait-il, que des hérétiques possédassent la plus grande partie des Gaules, se préparait à faire campagne contre eux. Il se trouvait un jour avec Clotilde au mont *Locutitius*, et, sur quelques paroles de cette dernière, il lança sa francisque en prononçant ces mots : « Que l'église « des bienheureux Apôtres se construise, pourvu qu'avec le « secours du Seigneur je revienne sain et sauf de mon expé-« dition (1). »

Derrière Clotilde, il y avait Geneviève dont le dévouement patriotique autant que l'éminente sainteté avaient captivé l'admiration du roi; la pensée et la prière de Clotilde n'étaient même que l'écho de la pensée et de la prière de Geneviève (2).

Geneviève et Clotilde, en sollicitant de Clovis l'érection d'un temple aux deux princes des Apôtres, se proposaient de donner à la cité et au royaume de nouveaux protecteurs dans les cieux.

---

(1) *Gesta regum Francorum*, dans du Chesne, *Historiæ Francorum scriptores*, tom. I, p. 704 : « Faciens faciet Dominus Deus victoriam in manibus « Domini mei regis. Sed tu, audi ancillam tuam, et faciamus eccle-« siam in honorem beatissimi Petri, principis apostolorum, ut sit « auxiliator in bello. Et rex ait : Placet hoc quod hortaris; ita facia-« mus. Tum rex projecit a se in directum bipennem suam, quod est » francisca, et dixit : Fiat ecclesia beatorum apostolorum, dum auxiliante « Deo revertimur. » Le moine Roricon transcrit ainsi les paroles royales : « In hoc loco, adjuvante Domino, S. Petri stabilietur ecclesia, « cum e prælio victor reversus fuero. » (*Gesta Francorum*, dans *Ibid.*, p. 814. La *Vita S. Chrothildis*, dans Bouquet, *Recueil des hist. des Gaul. et de la Franc.*, tom. III, p. 399, nous fait lire aussi : « Fac in hoc loco ecclesiam in S. Petri, principis apostolorum, honore... » Les manuscrits de la troisième classe, sans rapporter les particularités du fait, indiquent formellement qu'il s'agissait alors de la campagne contre les Visigoths ; «... Dum iret adversus Halaricum, regem Gothorum, in prælium..., in hono-« rem apostolorum Petri et Pauli ecclesiam ædificare jussit. » (*Vit. S. Genov.* § LIX.)

(2) *Vit. S. Genov.*, *ibid.*, mss. de la première classe : « *Honoris ejus* (Geneviève) *gratia* ou, suivant une variante, *gratia et exhortatione sæpissima, basilicam ædificare cœperat*.

On voit là aussi que, plusieurs fois, la vierge de Nanterre obtint du roi la liberté pour les prisonniers et la vie pour les condamnés à mort.

La décision prise, l'exécution ne tarda pas à suivre. Peut-être même Clovis fit-il jeter, avant son départ pour la guerre, les fondements de la nouvelle église (1). C'eût été alors en 506 ou 507, car l'expédition suivit de près la promesse royale, pour être elle-même rapidement couronnée de l'éclatante victoire de Vouillé, qui date de cette dernière année (2).

Quelle que soit la source étymologique du mot Locutitius (3), il y a toute apparence — écrit l'auteur de l'*Histoire de sainte*

---

(1) B. S. G., ms. fr. H. 21, in-fol., *Histoire de sainte Geneviève et de son église royale et apostolique*, p. 226 : « Il semble, dit du Molinet, par le « sens de ces mots: *Fiat ecclesia*... que l'intention de Clovis estoit qu'on tra- « vaillast incessamment à ce dessein pendant son absence et en attendant « son retour, *dum auxiliante Deo revertimur*. » Du reste, on se mit sans retard à l'œuvre, car nous lisons dans la *Vita Chrothildis*, citée tout à l'heure : « Tunc cum exercitu magno rex perrexit, regina Parisius remansit, ecclesiamque sanctorum apostolorum ædificavit. » (*Recueil des hist. des Gaul. et de la Franc.* tom. III. p. 399.)

(2) Dans les *Gesta reg. Franc.*, *Ibid.*, nous lisons à la suite des paroles du roi : « Commovit autem rex cunctum exercitum suum, populum Franco- « rum, et Pictavis direxit. Ibi enim tunc Alaricus, rex Gothorum, commo- « rabatur. » Roricon, *Op. cit.*, ne s'exprime pas autrement. Langage qui fait connaître la double rapidité et de l'expédition et du succès.

(3) *Vit. S. Genov.*, § LVI, mss. de la deuxième et troisième classe. Dans ces manuscrits il y a des variantes relativement au nom : le mont s'appelle dans les manuscrits de la deuxième classe *Leutitius* et *Locutius*, et dans ceux de la troisième *Lucotitius*, *Locutitius*, *Lucuticius*, *Lulucutitius*. L'étymologie — nous laissons de côté *Leutitius* qui doit être une corruption ou une mauvaise transcription des noms suivants — se différencie selon qu'on donne pour mot racine les substantifs : *lucus*, *locus*, ou le verbe : *loqui*.

Pour ceux qui s'en tiennent aux substantifs, le nom aurait son origine dans l'existence d'un bois consacré à une divinité du paganisme. Telle est certainement la pensée de Viallon qui assigne la même étymologie à la cité : « Je présumerai, dit-il, que le nom de *Lutetia* ou *Luchotecia* vient des mots grecs « *Luchos* ou *Luchus*, qui signifient bois sacrés... Dans la suite, « on donna le nom de *Luchotesia* et par corruption *Luchotetia* et simple- « ment *Lutetia* aux maisons qui avoisinèrent ces bois sacrés. » (*Clovis le Grand*, Paris, 1788, p. 40-41, note.)

Mais généralement les vieux chroniqueurs faisaient dériver ce nom du verbe *loqui*, soit « à cause des écoles qui y ont esté de toute antiquité et des conférences académiques qui s'y faisoient » (même ms. 21, p. 117), soit « pource que volontiers c'estoit là où le roy donnoit audience » (Pierre Le Juge, *Hist. de S. Genev.*, Paris, 1500, in-8, fol. 27 vers.) On dit qu'il s'y faisait également des réunions de mar-

Geneviève et de son église royale et apostolique (1) — « que le lieu où est à présent l'église de Sainte-Geneviève, avant que Clovis l'eût fait bâtir, était déjà un lieu sacré et sanctifié par les corps des fidèles qui y étaient inhumés comme dans un cimetière public. C'était la coutume de France, en ces premiers siècles du christianisme, d'enterrer les morts auprès des villes..... Cela se justifie encore par le grand nombre des sépulcres qui y ont été trouvés... (2) » D'après une tradition respectable, cet

chands : *Locutorium civium*. (Saintyves, *Op. cit.*, p. 279). On traduisait même le mot en français, et on disait : *Mont Parloer* (Thomas Benoit, au xive siècle, dans sa traduction de la Vie de sainte Geneviève); *Mont Parloier* (Renaut, dans l'ouvrage précité, la Vie de la sainte en vers romans); et enfin *Mont Parloir*, comme l'écrit Pierre Le Juge, (*Loc. citat.*

(1) Du Molinet, même manuscrit, 21, p.p. 221 et suiv.

(2) Du Molinet continue : « Le premier est celui de Prudence, evesque
« de Paris, prédécesseur immédiat de saint Marcel, lequel, estant passé
« de ce monde, du vivant mesme de sainte Geneviève et avant la cons-
« truction de cette église, fut enterré en ce lieu, où son sépulcre se voit
« encore. Le second est un tombeau de marbre blanc qui fut trouvé icy, il
« y a environ soixante ans, lorsque M. le cardinal de La Rochefoucauld
« faisoit orner la chapelle souterraine, où estoit le corps de sainte Gene-
« viève. Comme on fouilloit en terre, afin de sonder les degrez pour y
« descendre du costé du cloitre, on découvrit un grand tombeau de mar-
« bre blanc, qui paraissoit fort ancien par les figures qui estoient gravées
« dessus. » Le narrateur emprunte cette description du tombeau à Nicolas Bergier, auteur de l'*Histoire des grands chemins de l'empire romain*, Paris, 1622, in-4, p. 270 : « Cestuy cy a six pieds et demy de longueur,
« trois pieds de largeur et deux pieds huit poulces de hauteur. Dans
« sa face antérieure se voyent onze personnages à pied, quasi tous de
« plein relief, les uns nuds, les autres vestus à la grecque, sans qu'il
« y ait aucune figure équestre. Les curieux estiment que ce soit la chasse
« du sanglier calédonien. Et de faict le personnage qui en occupe le mi-
« lieu, semble représenter Méléager : il a le bras dextre rompu, duquel,
« ainsi qu'il est vraysemblable, il eslançoit un javelot contre la beste, qui
« toute hérissée se présente à luy de grande fureur. Non loing de luy est
« la figure d'une femme, coiffée à l'antique et revestue d'une robe légère,
« cointe et retroussée en chasseresse à la façon de la Diane d'Ephèse. En
« bas, on voit la figure d'un homme renversé et de quelques bestes mortes
« et estendues sur la place. Au costé droict de la pierre, sont des per-
« sonnages à demie bosse et des filets suspendus d'une perche qu'ils
« portent sur leurs espaules. Au senestre, se voit un chasseur de pareil
« ouvrage qui lasche un lévrier pour courir. » Du Molinet ajoute : « quoi-
« que les figures qui sont gravées dessus, soient toutes profanes, il ne
« s'ensuit pas qu'il soit d'un payen, puisque les chrétiens des premiers

endroit aurait eu une consécration plus grande encore, car il aurait recouvert un de ces souterrains où les chrétiens se réunissaient durant les persécutions pour la célébration des saints mystères. Peut-être même ce souterrain fit-il partie de l'église basse (1).

Sur le mont *Locutitius* et à peu de distance de l'endroit désigné, s'élevait ou devait s'élever une demeure royale, en sorte que la future église, devenant naturellement celle de la cour, pouvait « à bon droit porter le titre de la première Sainte-Chapelle qui avait été bâtie par nos rois dans leurs palais (2). »

« siècles en ont eu de semblables, témoin celuy de Jovin, fondateur de « Saint-Nicaise de Reims, qui se voit encore au mesme lieu, et celuy de « sainte Hélène, mère de Constantin, dont la figure est représentée au na- « turel dans le livre de *Roma Sotterranea*. Celuy-cy peut donc avoir esté « de quelque grand seigneur des Gaules, au commencement du chris- « tianisme, ou de quelque préfet des empereurs des Romains, tel qu'es- « toit Jovin à Rheims, qui vivoit l'an CCCLV, environ du temps de Julien- « l'Apostat. Aussy la sculpture de celuy dont je parle, qui tient un peu « du gothique, ressent la manière de ce temps-là, comme on le peut juger « de ce qui en reste.

« Mais ce qui peut encore appuyer davantage ce sentiment, que le lieu « de l'église de Sainte-Geneviève et des environs ait esté un cimetière, c'est « la grande quantité de sépulcres de pierre, de grez et de plastre qui y « ont esté trouvez et se trouvent encore tous les jours... »

Quelques uns ont pensé qu'il y avoit là un temple de Diane, et ils appuyaient leur conjecture sur le monument de marbre dont il vient d'être question et qui aurait été un autel consacré à cette déesse. Le professeur Bertius, dans son discours de rentrée au collège de Boncour, en 1620, discours où l'orateur se proposait de célébrer les glorieux souvenirs se rattachant à cette montagne, s'est fait en ces termes l'interprète de cette opinion que nous donnons pour ce qu'elle vaut : « Jacet effigies magni regis « (Clodovei) marmorea vicino in templo S. S. apostolorum Petri et Pauli « jam olim, nunc vero B. Genovefæ consecrato, eo loco quo Dianæ fanum « initio fuisse monumentum ex candido marmore superioribus diebus effossum testatur. » (Paroles citées par M. Cocheris dans son édit. de l'abbé Lebeuf, tom. II, Paris, 1864, p. 615.)

(1) Même ms. 21, p. 147.
(2) Même ms., p.p. 227, 230.

Où était située cette villa ou ce palais? On ne saurait le dire. Certains auteurs ont pensé que c'étaient les Thermes de Julien. Du Molinet, rapportant le fait de la promenade de Clovis, dit simplement que le roi était allé « prendre l'air en sa maison de campagne qui estoit sur la montagne joignant Paris. » (*Ibid.*, p. 225.) Rien ne s'op-

L'art de l'époque fut largement mis à contribution. Le roi voulait édifier aux princes des Apôtres un temple digne d'eux (1). La mosaïque ne fut pas épargnée : elle tapissait les murs au dedans et les relevait au dehors (2). Clovis n'eut pas la joie de voir son œuvre achevée. Il mourut en 511 et ses restes furent déposés au bas du sanctuaire de la nouvelle église (3).

Une autre sépulture allait faire de la basilique naissante une des plus célèbres de la chrétienté.

IV

PUISSANCE SURNATURELLE ET MORT DE GENEVIÈVE

Geneviève suivit, à intervalle assez bref, Clovis au tombeau. Elle s'endormit dans le Seigneur, à près de quatre-vingt-

---

poserait à ce qu'on admit une villa plus rapprochée du cimetière, car, écrit le même historien, « les premiers rois, se ressentant encore de la grossièreté du pays dont ils estoient sortis, n'estoient pas bien délicats pour le choix du lieu où ils faisoient bastir leurs résidences » (*Ibid.*, p. 224). En tous cas, qu'une villa autre que le palais des Thermes existât précédemment ou qu'il y ait eu construction postérieure, il faut admettre une résidence royale attenant à l'abbaye. Piganiol de la Force la place à l'endroit où l'on vit depuis la maison abbatiale. (*Description de Paris*, Paris, 1765, tom. Ier, p.p. 7 et 8.) Ce palais, Chilpéric l'habitait pendant le Ve concile de Paris, et Philippe-Auguste s'y retira aux jours de l'inondation de 1206 (Même ms., p. 681).

(1) Roricon, dans du Chesne, *Histor. Franc. scriptor.*, tom. I, p. 816 : « Decenti compositione construere fecit, et constructam ornamentis atque reditibus sufficienter ampliavit. »

(2) Étienne de Tournay, *Epistolæ*, épist. CXLVI : « Ecclesiam apostolo-« rum Petri et Pauli, in qua beata virgo Genovefa requiescit in corpore, « regali ope et opere constructam, musivo intus et extra, sicut reliquiæ ad-« huc testantur, ornatam et depictam, miserabili concremarunt (les Nor-« mands) incendio... »

(3) Même ms. 21, p. 228; — *Fragmenta de regum Francorum rebus pie gestis*, dans du Chesne, *Ibid.*, p. 530 : « Mortuus est Cludovicus rex « in pace et sepultus est in basilica S. Petri apostoli, quam ipse ac re-

dix ans, pleine de mérite comme de jours(1). Étonnante sainteté dont le bruit avait pénétré jusque dans l'Orient! car un de ces hommes extraordinaires qui semblaient vouloir s'éloi-

« gina sua ædificaverat; » — Roricon. dans *Ibid.*, p. 817 : « His dictis, reddidit (Clovis) spiritum et sepultus est in basilica S. Petri. »

On rapporte, dit Aimoin (*De Gestis Francorum*, Paris, 1603, p. 35), que cette épitaphe, composée par saint Remi, fut placée sur le tombeau du roi :

> Dives opum, virtute potens clarusque triumpho,
> Condidit hanc sedem rex Clodovæus, et idem
> Patritius, magno sublimis fulsit honore.
> Plenus amore Dei contempsit credere mille
> Numina, quæ variis horrent portenta figuris.
> Mox purgatus aquis et Christi fonte renatus,
> Fragrantem gessit infuso Chrismate crinem,
> Exemplumque dedit, sequitur quod plurima turba
> Gentilis populi, spretoque errore suorum
> Ductorem est cultura Deum verumque parentem.
> His felix meritis, superavit gesta priorum :
> Semper consilio, castris bellisque tremendus ;
> Hortatu dux ipse bonus ac pectore fortis
> Constructas acies firmavit in agmine primus.

(1) Le texte de la *Vita S. Genov.*, § LVI, porte seulement : « quæ transiit in senectute... ampliusque quam decies octonos annos... vixit... » Mais nous savons par un auteur qui écrivait d'après des documents anciens, d'un côté, que Geneviève vint au monde sous le règne d'Honorius, et, de l'autre, qu'à l'époque de sa mort les enfants de Clovis occupaient le trône. Voici les paroles de cet auteur qui vivait au IXe siècle : « Licet enim « certum diem nativitatis ejus ignoremus, tamen conjicimus ex historiis vete- « rum quod tempore imperatorum Honorii videlicet imperantis in Occidente « et Theodosii minoris in Oriente... felicissimæ nativitatis diem assecuta « est... Claruit innumeris virtutibus ac miraculis... sub regibus Fran- « corum, videlicet Childerico, Clodoveo usque ad tempus Chlotarii regis et « Childeberti, quando meruit, deposita fragilis sarcina corporis, ejus anima « paradisi januam penetrare. » (Cité dans l'abbé Saintyves, *Vie de sainte Geneviève, Concordance des mss.*, p. xxxiv; V. aussi p. xiv.) Aimoin tient ou plutôt reproduit le même langage : « ... Huic modo parentibus edita, tempo- « ribus Honorii imperantis in Occidente, Theodosii vero minoris in Oriente... « Ibique (à Paris) ad tempora usque Clotarii et Childeberti, filiorum præ- « fati inclyti regis (Clovis), eximiis vitæ meritis consenuit. » (Cité *Ibid.*, d'après l'édit. de Paris, 1603, in-fol., *De Gestis Francorum*, p. 34). Or, Honorius est mort en 423, et Clovis, nous venons de le marquer, en 511. Nous préférons de beaucoup des textes si positifs aux ingénieuses suppositions ou hypothèses de M. Kohler pour fixer l'âge de notre sainte à 83 ans et l'époque de sa mort en 502. (V. *Biblioth. de l'éc. des hautes études*, 48e fascicule, Paris, 1881, p. LIII). D'ailleurs, nous savons que l'érection de la basilique fut décidée à l'occasion de l'expédition contre les Wisigoths, sur la demande de Clotilde et les instances de Geneviève. Nous savons aussi que

gner de la terre pour mieux se rapprocher du ciel, Siméon Stylite, ne manquait pas de demander aux Gaulois qui le visitaient des nouvelles de l'admirable vierge, les chargeait d'un salut pour elle et d'une recommandation à ses ferventes prières (1).

Le ciel avait accordé à Geneviève le don de lire dans les âmes. Un jour, elle reçut la visite d'une vierge de Bourges, qui, après sa consécration à Dieu, avait eu le malheur de manquer à ses serments. Mais la faute était demeurée secrète. « Etes vous vierge ou veuve demanda la sainte. — « J'ai reçu la consécration des vierges, répondit la visiteuse, « et j'ai conservé à Jésus-Christ la foi jurée. » Qu'on juge de sa confusion, quand elle s'entendit traiter de parjure avec la désignation du lieu, du temps et du complice ! Elle

---

cette expédition eut lieu en 507, ou du moins le fait principal de la campagne, la victoire de Vouillé, est de cette année. N'est-il pas naturel de supposer qu'il s'agit d'instances actuelles et non point datant de deux ou trois années ? Alors l'*honoris ejus gratia*, base du système assez timidement du reste admis par cet érudit, s'entendra dans le sens de respect pour les sollicitations de la noble héroïne ; interprétation qui s'impose d'autant plus rigoureusement que la basilique devait être et fut réellement consacrée aux Apôtres ou aux deux princes des Apôtres. Aussi, notre érudit se trouve-t-il embarrassé — nous ne voulons rien dire de plus, — quand il s'agit de concilier son assertion philologique avec le fait historique de la destination du célèbre temple. (*Ibid.*, p. p. LIII, XCIII). 512 nous paraît être l'année à assigner à la mort de la patronne de Paris ; le 3 janvier est le jour consigné par le texte pour sa sépulture : « Humataque est in pace tertio nonas januarii ». (*Vita S. Genov.*, § LVI.)

)1) *Vita. S. Genov.*, § XXVI.

M. Kohler, pour jeter une négation ou un doute sur ce fait, procède de nouveau, système toujours facile et aussi peu concluant, par hypothèses. « Nous nous garderons bien d'ailleurs, écrit-il, d'affirmer que le fragment « de la Vie de sainte Geneviève, où il est parlé de ce personnage, se trouvât « dans la Vie primitive ; nous ne serions même pas étonnés qu'il provint « d'une interpolation. » Et la raison ? « Il est à remarquer, en effet, que, « l'anniversaire de saint Siméon se trouvant être le 5 janvier, sa vie devait « être naturellement placée dans les manuscrits à côté de celle de sainte « Geneviève. Et il n'est pas impossible qu'il ait plu à quelque copiste de « supposer des rapports entre saint Siméon et sainte Geneviève. » Mais il n'y a pas trace d'interpolation, car tous les manuscrits renferment le passage. Peu importe aux yeux de l'érudit. « En tous cas, le passage se « rencontrant dans tous les manuscrits l'interpolation, s'il y en a une, doit « être fort ancienne. » (*Op. cit.*, p. LXII). Serait-ce là de la haute critique ?

tomba à genoux aux pieds de la voyante pour la supplier de lui obtenir du ciel miséricorde (1).

A ce don se joignait celui des miracles (2).

Tantôt la thaumaturge faisait voir les aveugles, entendre les sourds, agir les paralytiques :

Deux femmes avaient été frappées de cécité, l'une à cause d'une indiscrète curiosité — elle avait voulu voir ce que la sainte faisait dans sa cellule — l'autre, parcequ'elle s'était rendue coupable d'un vol — elle avait dérobé à la sainte sa chaussure. — Toutes deux recouvrèrent la vue par l'intercession même de Geneviève (3).

Un avocat de Meaux, affligé depuis quatre ans d'une grande surdité, vint à Paris pour prier Geneviève de le guérir. « A peine eut-elle touché les oreilles de l'infirme « en y faisant un signe de croix, que l'ouïe était rendue, « et l'heureux avocat de bénir N.-S. J.-C. (4). »

---

(1) *Vit. S. Genov.*, § XXX. L'historien ajoute : « Multa de hujusmodi nominibus narrare possem, sed propter longam narrationem silentio prætermisi. » Voir encore § XII.

(2) M. Kohler sort ici du système des hypothèses, mais pour entrer dans celui des assertions gratuites. (*Op. cit.*, p. 4-5). Partant de ce principe non clairement avoué, mais certainement admis, le rejet du surnaturel, il cherche à expliquer comment les faits miraculeux ont pris place dans le récit. « Il faudrait, dit-il, comparer, soit entre eux, soit avec cer- « tains passages du *Nouveau Testament*, les récits des hagiographes. « On verroit alors combien, en matière de surnaturel, la littérature hagio- « graphique est peu variée. » Telle est l'entrée en matière. « Les mêmes « miracles se répètent à chaque instant, sous des formes identiques, chez « des écrivains de toutes les époques. » Comme si les faits qui dérogent aux lois naturelles ou providentielles ne doivent pas souvent se ressembler ! « Il y a des miracles types, dont le plus souvent on retrouverait la « source dans les faits miraculeux attribués à Jésus-Christ ou à ses « apôtres, tout à fait semblables comme manifestation de la puissance di- « vine et différents seulement par les circonstances purement humaines « qui les accompagnent. La vie de sainte Geneviève ne fait pas exception. « En somme on peut affirmer que dans cette œuvre, sinon tous, du moins « presque tous les récits miraculeux ont un modèle dans l'Écriture sainte « ou dans les écrits hagiographiques antérieurs. » Mais où est la preuve de tout cela ? N'est-ce pas user d'indulgence que de se borner à placer en face d'un pareil raisonnement l'axiome ancien : « Quod gratis asseritur, gratis negatur. »

(3) *Ibid.*, §§ XXXIV et XXII.

(4) *Ibid.*, § XLIV.

Dans un voyage à Laon, voyage dont on ignore le motif, Geneviève, à la prière des parents, se rendit auprès d'une jeune fille, paralytique depuis neuf ans. Le mal était tel qu'il ne permettait aucun mouvement. « Geneviève, ayant
« prié et touché les membres impotents, commanda à la
« jeune fille de se vêtir et de se chausser elle-même, ce
« qu'elle fit aussitôt, en sorte que, quittant son lit et par-
« faitement agile, elle se rendit à l'église avec le peuple.
« Témoin de ce prodige, le peuple rendit grâce à N.-S. J.-C.
« qui daigne accorder tant de pouvoir à ceux qui l'ai-
« ment (1). »

Meaux fut souvent visité par Geneviève qui y avait, nous le savons, des intérêts temporels. Elle s'y trouvait un certain jour, lorsqu'un homme dont « la main et le bras étaient desséchés jusqu'au coude, » vint lui demander guérison. « Elle lui prit la main, fit le signe de la croix sur
« les doigts et sur le bras, et, au bout d'une demi-heure,
« la vie y circulait (2). » Une autre fois, c'était une jeune fille qui depuis deux ans ne pouvait plus marcher. Un simple attouchement de la sainte rendit le mouvement à cette jeune infortunée (3).

Tantôt la thaumaturge exerçait sa puissance sur les maladies et même sur la mort :

A Orléans par où elle passait, se rendant en pèlerinage au tombeau de saint Martin, une mère vint se prosterner à ses pieds dans l'église Saint-Agnan en lui disant : « Rendez-moi, dame Geneviève, rendez-moi ma fille. » Celle-ci était à toute extrémité. Une foi aussi admirable mérita cette réponse : « Cessez de vous tourmenter, votre fille a recouvré la santé. » Et le fait fut bientôt constaté et acclamé par des transports de joie. Dans cette même ville d'Orléans, elle demandait la grâce d'un esclave coupable à l'égard de

---

(1) *Vita S. Genov.* § XXIV.
(2) *Ibid.*, § XXXII.
(3) *Ibid.*, § XXVIII.

son maître; et celui-ci, en opposant durement un refus, s'attira ces paroles : « Si vous méprisez ma prière, le Sei-« gneur ne me méprise pas, lui si clément, si miséricor-« dieux! » Rentré chez lui, le maître inflexible se sentit atteint par une fièvre dévorante. Le lendemain, il accourut se prosterner devant Geneviève pour lui demander pardon et secours. Un signe de croix le délivra. Geneviève obtint ainsi, à la fois, « et la santé du maître et la grâce de l'esclave (1). »

Dans une circonstance, on lui présenta un enfant, à la fois, aveugle, sourd, muet et boîteux. « Une onction avec de « l'huile bénite et un signe de croix firent disparaître toutes « les infirmités du pauvre enfant, en sorte que ses « jambes se redressèrent, ses yeux virent, ses oreilles « entendirent et sa langue se délia (2). »

Un enfant de quatre ans était tombé dans un puits. Resté à peu près trois heures sous les eaux, il en fut retiré sans vie. Quelle douleur pour une mère! Pourtant Geneviève n'était pas éloignée. Elle avait déjà délivré la mère de la puissance des démons. Ne pouvait-elle pas ressusciter le fils? La mère éplorée prit le corps inanimé de son enfant et alla le déposer aux pieds de sa libératrice. « Geneviève « commença par le couvrir d'un manteau, se mit très hum-« blement en prière et ne cessa de verser des larmes que « quand la vie eut pris la place de la mort (3). »

Nous venons de rappeler un fait qui atteste la puissance de la sainte sur les démons. Un autre jour, douze possédés lui furent amenés. Elle prescrivit de les conduire à l'église Saint-Denys et les y suivit. Là, par une prière et un signe de croix sur chacun d'eux « les possédés furent délivrés des esprits immondes (4). »

---

(1) *Vita S. Genov.*, §§ XLV, XLVI.
(2) *Ibid.*, § LII.
(3) *Ibid.*, § XXI.
(4) *Ibid.*, § XXIX. Voir encore les §§ XLIX, L, LI.

Des possessions! Des miracles! seraient peut-être tentés de dire certains lecteurs. Mais on ne veut plus de miracles aujourd'hui! Mais les possessions ne sont plus de notre époque!

On ne veut plus de miracles! Et pourquoi, quand des historiens contemporains et dignes de foi les constatent et les affirment (1)? Est-ce donc qu'on s'obstinera éternellement à professer que la puissance divine est enchaînée par les lois qu'elle a librement établies?

On ne veut plus de miracles! Sur quelle base solide s'appuiera-t-on, quel raisonnement victorieux invoquera-t-on pour déchirer cette page de l'Évangile où il est marqué que la foi par la prière *opérera les mêmes œuvres que Jésus et de plus grandes encore* (2)? On ne veut plus de miracles, car ce sont de ces *fantaisies* que le ciel ne se permet plus aujourd'hui! Erreur, erreur manifeste! De ces *fantaisies*, puisque le mot, le triste mot a été prononcé, le ciel se le permet et se le permettra toujours. Et si l'on veut savoir pour quoi le miracle est, à la vérité, moins commun aujourd'hui que dans les âges passés, nous répondrons avec saint Grégoire le Grand, saint Augustin et les docteurs de l'Église : Dieu n'intervient pas sans nécessité même dans l'ordre surnaturel; le miracle était une puissance pour l'établissement du christianisme et Dieu l'opérait souvent; aujourd'hui ce christianisme repose sur des bases assez sensibles, il se présente avec des preuves bien capables de convaincre tout esprit droit et sans insurmontables préventions, de ramener tout cœur non opiniâtrément égaré; et Dieu, en dérogeant sous nos yeux aux lois de la nature, a surtout dessein de montrer que la parole évangélique sera une éternelle vérité, que son bras ne sera jamais raccourci. On ne veut plus de miracles! Mais comment expliquer la prodi-

---

(1) Ne pas oublier ce que nous avons dit précédemment sur l'historien que nous suivons.

(2) Saint Jean, XIV, 12.

gieuse influence de Geneviève sur ses contemporains? L'autorité de ses vertus sans l'autorité de ses miracles y eût-elle suffi? Quoi! une simple vierge préside aux destinées des villes dans les jours d'épreuves! Une simple vierge approche les rois, et, qu'ils s'appellent Childéric ou Clovis, les soumet à ses désirs!

Les possessions ne sont plus de notre époque! Mais, relativement aux possessions, n'y a-t-il pas, dans le passé, un fait immense qu'humainement l'on ne saurait expliquer avec quelque vraisemblance, parce que dans l'universalité et la fréquence des actes qui le constituent, il paraît impossible qu'il n'y eût jamais que mensonge, fourberie?

Les possessions ne sont plus de notre époque! Qui a fait taire les oracles antiques?

> Un enfant des Hébreux, le Dieu par excellence,
> M'interdit ce séjour, et, loin de ces autels,
> Dans les sombres cachots me condamne au silence.

Telle serait la réponse donnée à l'empereur Auguste par l'oracle de Delphes, consignée par l'historien Nicéphore et traduite du latin en ces vers que nous venons de transcrire(1). Pourquoi n'en serait-il pas de même des possessions? Le contraire m'étonnerait. Je ne comprendrais alors ni la croix ni sa puissance. La croix! Elle abrite l'âme et le corps pour être

---

(1) Nicéphore, *Eccles. histor.*, lib. I, cap. XVII :

> Me puer Hebræus, divos Deus ipse gubernans,
> Cedere sede jubet, tristemque redire sub Orcum :
> Aris ergo dehinc tacitus abscedito nostris.

Ajoutons que les Pères n'envisageaient pas d'une autre façon la cessation des oracles.

Assurément, ces œuvres merveilleuses ne s'imposent pas, comme celles de l'Évangile à la foi chrétienne : elles sont uniquement du domaine de l'histoire. A ce titre, non-seulement elles se constatent, se discutent d'après les lois de la saine critique, mais elles s'acceptent ou se rejettent en toute liberté. Néanmoins, c'est une conséquence des lignes précédentes, trouver dans leur caractère surnaturel un motif de rejet ne serait pas rationnellement admissible. En toute hypothèse, lorsque l'historien les trouve consignées dans des documents contemporains, respectables, dignes de foi, il peut et doit les faire entrer dans son récit.

la délivrance et le salut de tous deux. C'est par elle que le Christ a vaincu, qu'il commande et qu'il règne : *Christus vincit, Christus imperat, Christus regnat.* Et l'âme marquée du sceau de la régénération, quoi qu'elle fasse, ne se débarrassera jamais complètement de cette puissance du Christ, parce qu'elle en portera toujours le caractère indélébile. Toutefois il ne faudrait pas conclure que le phénomène surnaturel a depuis des siècles complètement et partout disparu. Il y a même ceci de remarquable, les annales de nos missions en contiennent la preuve, c'est que dans les temps modernes, comme dans les temps anciens, il s'est renouvelé et se renouvelle encore assez fréquemment au sein des nations infidèles.

Revenons à l'illustre défunte. La foi et la reconnaissance s'unirent à l'amitié pour lui faire de dignes funérailles (1). Avait-elle désigné elle-même, par l'expression d'un désir, le lieu de sa sépulture? Ou bien estima-t-on que la basilique à la fondation de laquelle elle avait tant contribué, se désignait de soi? Toujours est-il que le corps de la sainte fut déposé à l'endroit même où devait être placé le grand autel. On rapporta auprès le corps de Prudence, évêque de Paris, lequel avait été découvert aux environs (2).

---

(1) Voilà bien ce qu'il est permis de déduire de cette phrase : « De excessu vitæ ejus et honore funeris, brevitatem secutus, silere studui. » (*Vita S. Genov.*, § LVI.)

(2) Grégoire de Tours, *Hist. Franc.*, lib. IV, cap, 1 : «... In qua et Genovefa beatissima est sepulta. »

CHAPITRE PREMIER

LES QUATRE PREMIERS SIÈCLES DE L'ABBAYE

I. CONSÉCRATION DE LA BASILIQUE ET CLERCS QUI LA DESSERVIRENT
II. UN CONCILE A LA BASILIQUE — III. LES NORMANDS

I

CONSÉCRATION DE LA BASILIQUE ET CLERCS QUI LA DESSERVIRENT

La double sépulture de Clovis et de Geneviève rendit encore plus chère à Clotilde l'église en construction. Ce fut pour elle un nouveau motif de faire continuer activement les travaux. La toiture fut posée (1) et la charpente se revêtit de riches décorations (2). Sur les murs, la peinture fit revivre des saints de l'Ancien et du Nouveau Testament, patriarches et prophètes, martyrs et confesseurs. Trois porches donnaient accès dans l'édifice sacré (3).

---

(1) « Quæ (basilica), post discessum ejus (Clodovei), studio præcellentissimæ Crothechildis reginæ celsum extulit ædificata fastigium. » (*Vita S. Genov.*, § LIX.)

(2) Même ms. 21, p. 229 : « On peut en tirer une induction assez certaine dans l'histoire » des « miracles » de sainte Geneviève, « car c'estoit la coutume en ces premiers siècles de lambrisser les églises et non de les voûter, comme on le peut remarquer en celles de Sainte-Marie-Majeure et de Saint-Jean de Latran à Rome. » Voir M. Viollet-le-Duc, *Dictionnaire raisonné de l'architecture française religieuse du* xie *au* xve *siècle*, art. *Lambris, Charpente, Architecture*.

(3) *Vita S. Genov.*, § LIX.

Celui qui, par le baptême, avait fait de Clovis un chrétien, Remi, archevêque de Reims, consacra solennellement la nouvelle église. Plusieurs prélats étaient présents. Si l'on ne sait pas au juste l'année de la consécration, il paraît bien que le 25 novembre en fut le jour, car tel en était l'anniversaire célébré jusqu'en 1565, où « pour de bonnes raisons (1) » il fut remis à l'avant-dernier dimanche de l'année (2).

Consacrée aux apôtres Pierre et Paul, la basilique en porta d'abord le nom. Mais — c'était un usage assez général en France — les églises, qui avaient été dans l'origine placées sous le vocable des Apôtres ou des premiers martyrs finissaient par l'échanger contre celui des saints dont elles possédaient les reliques (3). Le même fait s'accomplit ici. Après avoir ajouté le nom de Geneviève à celui des deux apôtres, la foi du peuple ne retint plus que celui de la sainte : l'addition eut lieu sous la seconde race des rois de France et la substitution sous la troisième (4). On comprend qu'en

---

(1) Même ms. 21, p. 232.

(2) *Ibid.*; Saintyves, *Vie de S. Gen.*, *Concord. des mss.*, p. cx, § LIX, mss. de la 3ᵉ clas. Du Molinet (*Ibid.*) produit une autre preuve pour le fait de la consécration par S. Remi. C'est une inscription qui se lisait jadis sur le tombeau de Clovis : « Ecclesiam istam fundavit in honorem apostolorum Petri et Pauli quam sanctus Remigius dedicavit. »

Nous ne nous sommes pas cru plus autorisé à marquer les dimensions de l'édifice que l'année de son achèvement et de la consécration. L'abbé Saintyves, *Vie de S. Genev.*, p. 131, sans indiquer les sources, fixe approximativement l'année 520 pour l'achèvement et écrit que l'église « pouvoit avoir deux cents pieds de long sur cinquante de large. »

(3) Même ms., p.p. 233, 235. Le savant Genovéfain cite à ce sujet, pour la ville de Paris, Saint-Germain des Prés, Saint-Marcel, dont les titulaires liturgiques avaient été d'abord saint Vincent de Saragosse, saint Clément, pape, et Saint-Germain-l'Auxerrois également dédié à saint Vincent. Mais de ces trois assertions la première est certaine, la seconde paraît doutense, et la troisième erronée. (V. l'abbé Lebeuf, édit. Cocheris, tom. III, p. 1-2. tom. II, p. 2, tom. I, p. 75.)

(4) Même ms., p.p. 233 et suiv. Après avoir cité saint Grégoire de Tours qui appelle la basilique, tantôt *basilicam sanctorum Apostolorum*, tantôt *basilicam sancti Petri*, du Molinet continue en ces termes :

« Hincmar, qui vivait en 860, en la vie de saint Remy, qu'il avoit
« extraite des plus anciens manuscrits de l'église de Reims, dit, parlant

général, à moins de raisons particulières, l'historien doive dans son récit opérer incontinent la substitution tant pour l'abbaye que pour la basilique.

« de Clovis : *Fecit ecclesiam in honore apostolorum Petri et Pauli in Parisius civitate.* » (*Acta sanct.*, 1er octob., tom. I, p. 154.)

« Frédégaire, qui vivoit cent ans auparavant, sçavoir l'an 760, faisant mention de la mort de sainte Clotilde et de Clovis, l'appelle *basilica sancti Petri.* » (*Hist. franc. epit.*, XLVII, dans du Chesne, tom. I, p. 732.)

« L'auteur de la *Vie de sainte Bathilde*, qui vivait de son temps, c'est-à-dire environ l'an 770, la nomme aussi *basilica sancti Petri.* » (*Acta sanct.*, 26 janvier, tom. II, p. 746.)

« Ansegise, abbé de Saint-Vandrille, laissant quelque argent par son testament à cette église, est le premier qui se trouve l'avoir appelée de Sainte-Geneviève : *Ad sanctam Genovefam Parisius*. Il est mort l'an 831 ou 832. » (*Gal. Christ.*, tom. VII, col. 701.)

« Les annales de saint Bertin, dont l'auteur vivait l'an 883, parlant de la ruine de cette église par les Normans, l'appellent *basilicam sancti Petri et sanctæ Genovefæ.* » (du Chesne, tom. III, p. 209.)

« L'auteur des gestes des Normans, rapportés dans les recueils de l'histoire de France de du Chesne, qui les a décrits jusqu'en l'an 890, dit : *Basilicam sancti Petri et sanctæ Genovefæ incendunt.* » (Aussi dans *Hist. Norm. script.*, p. 2.)

« Dudon, abbé de Saint-Quentin en Vermandois, qui vivait en l'an 980, parlant des Normans, dit : *Sanctæ Genovefæ virginis sacræ Ecclesia, Parisius locata, ab istis nefandis est combusta*. » (*De Morib. et Act. Norman.*, lib. I, dans *Hist. Norman. script.*, p. 63.)

« Le roi Robert, en une charte de l'an 999, adressée aux chanoines de cette maison dit : ... *Dilecti nostri ex monasterio sanctorum apostolorum Petri et Pauli et sanctæ Genovefæ*...

« Henri I, son fils, en une charte de 1035, les nomme *congregatio beatorum apostolorum Petri et Pauli et sanctæ Genovefæ.* » (*Gal. christ.*, tom. VII, *Instr.*, col. 221.)

« De tous ces témoignages l'on peut inférer trois choses :

« La première, que cette église a porté le titre de *basilica apostolorum Petri et Pauli*, ou simplement *basilica sancti Petri*, durant la première race de nos rois ; la seconde, que, sous la seconde race, elle s'appelle *basilica sancti Petri et sanctæ Genovefæ* ; la troisième, que, sous la troisième jusqu'à présent, elle n'a plus porté que le seul nom de Sainte-Geneviève. »

Notre langage dans une note de la page 25 l'a fait entendre, on semblerait autorisé, d'après certains textes, à admettre aussi que l'église fut d'abord placée sous le vocable général des apôtres. Mais, la clarté nous en faisant une loi, nous avons dû omettre ces détails dans la narration, nous réservant de les consigner en note, pour ne donner à la basilique que le titre des deux princes des apôtres.

Besoin n'est pas de faire remarquer que nous ne nous portons point garant de l'exactitude de toutes les dates assignées par l'historien précité.

Dès les premiers jours de paix et de liberté pour l'Église, ces principes disciplinaires s'imposaient partout : pas de temple sans autel, pas d'autel sans sacrifice, ce qui entraînait, d'un côté, la présence des sacrificateurs et, de l'autre, les dotations suffisantes à l'existence de ces derniers. Saint Remi s'inspira de cette discipline générale pour engager Clovis à se montrer généreux (1). Le roi suivit les inspirations du grand saint. Les terres qui entouraient l'église furent abandonnées avec les droits seigneuriaux (2). Plusieurs villages, aux environs de Paris, Nanterre, Rosny-sous-Vincennes, Vanves, Jossigny et très probablement Borret accrurent la dotation qui peut-être encore s'enrichit d'un magnifique domaine en Bourgogne. Sans aucun doute, Clotilde, de son côté, accorda la terre qui, à Bagneux près Paris, portait son nom (3).

On le voit, les bénéfices entraient dans l'Église par la générosité presque en même temps que les princes y entraient par la conversion. La féodalité était appelée à y entrer plus tard. C'était la force des choses, les bénéfices se changeant en fiefs. C'était naturel aussi. Les abbayes et les évêchés se présentaient comme créant des situations considérables. En conséquence, des terres féodales devaient être annexées et les droits afférents exercés par les personnes pourvues de ces dignités : sous le rapport politique, on assimilait les premiers dignitaires de l'Église aux grands du royaume. Telle fut l'origine des seigneuries ecclésiastiques qui se multiplièrent avec le temps et devinrent la source d'une foule d'abus et des plus graves désordres, pour

---

(1) Même ms., p. 291-292. Le roi Henri I, est-il dit dans une charte que rapporte le *Gallia*, tom. VII, *Instrum.*, col. 221 : « Venerabilis congregatio beatorum apostolorum Petri et Pauli et sanctæ Genovefæ ibidem quiescentis, quæ olim a quondam antecessore nostro Clodovæo, hortatu et persuasione sancti Remigii, Remorum archiepiscopi, est fundata et prædiorum multitudine ditata canonicæ religioni est mancipata. »

(2) Même ms., p. 230.

(3) *Ibid.* Nous connaissons déjà les expressions du moine Roricon : « Ornamentis atque reditibus sufficienter ampliavit. »

susciter enfin la longue et terrible affaire des investitures.

Clotilde fit davantage encore pour la nouvelle basilique : elle y ajouta les dépendances nécessaires à l'habitation des clercs qui en auraient le desservice (1).

Mais quels furent ces clercs? Faut-il les placer parmi les réguliers ou les séculiers, parmi les moines ou les chanoines? C'est là une question qui jadis a divisé les érudits et que, pour notre compte, nous n'avons point la prétention de décisivement résoudre. Séparons, en premier lieu, ce qui est certain de ce qui ne l'est pas ou l'est moins.

L'hypothèse des prêtres séculiers ne saurait se soutenir. En effet, les narrateurs du temps ont eu soin de marquer le but que s'était proposé la sainte fondatrice, à savoir de faire régner en ces lieux la vie régulière (2). Dans le livre des *Miracles de sainte Geneviève après sa mort*, il est parlé, dès le commencement, d'un certain *Optat, abbé du monastère* (3); et, plus loin, nous lisons cette autre phrase non moins significative : *La porte du monastère était fermée* (4). Un fait historique vient à l'appui : quand, au douzième siècle, sous le pontificat d'Eugène III, les chanoines réguliers de Saint-Victor furent établis à Sainte-Geneviève, parmi les principales parties de l'édifice dont on les mit en possession, figure le réfectoire qui est requis pour la vie commune et seulement pour elle. Jadis ceux qui étaient préposés au desservice de l'église vivaient donc en commun et sous l'empire d'une règle (5).

(1) Même ms., p. 232.
(2) *Fragmenta de regum Francor. rebus pie gestis*, dans du Chesne, *Op. cit.*, tom. I, p. 668 : « Ecclesiam quoque in honorem S. Petri, ubi religio monastici ordinis vigeret. Parisius fecit. » La même proposition : « Ubi religio... » se lit dans la *Vie de sainte Bathilde*. (*Acta sanct.*, 26 janvier, p. 746.)
(3). En Saintyves, *Vie de S. Gen.*, Pièces justif., p. cxvi, § LXV.
On pense que, après avoir accompagné à Auxerre sainte Clotilde qui voulait presser la construction de l'église abbatiale de Saint-Germain, le même Optat devint évêque de cette ville. (*Gall.*, tom. VII, col. 703.)
(4) *Ibid.*, § LXXI.
(5) Même ms., p. 232.

Reste maintenant à savoir si c'étaient des moines ou des clercs réguliers, c'est-à-dire des chanoines menant la vie commune (1). Ceux qui se prononcent en faveur des moines, comme Mabillon (2) et le *Gallia christiana* (3), prétendent s'appuyer sur la phrase latine que nous venons de citer en note et dans laquelle « la religion de l'ordre monastique » est écrite en toute lettres.

Du Molinet, en se plaçant au premier rang de ceux qui soutiennent l'opinion contraire, l'a tellement bien consolidée, qu'elle semble vraiment l'emporter sur l'autre en probabilité, nous dirions volontiers en certitude. Résumons l'argumentation de cet historien (4).

Moine était un terme générique qui jadis s'appliquait à toute communauté d'hommes vivant sous une règle religieuse. Voilà ce qui se remarque notamment dans un canon d'un concile d'Autun (5), dans l'épitaphe d'un abbé de Sainte-Geneviève au xve siècle, Jean Bouvier (6), dans une phrase de Dudon, abbé de Saint-Quentin (7), et enfin dans une bulle d'Honorius III (8).

---

(1) Dans la suite, deux chapitres surtout feront pleinement la lumière sur ces dernières expressions.

(2) *Annales bened.*, tom. I, p.p. 111, 122.

(3) *Gall. christ.* tom. VII, col. 700.

(4) Même ms., p.p. 295 et suiv.

(5) Le canon XV du concile de 670 : « De abbatibus vero vel monachis « ita observare convenit, ut quidquid canonicus ordo vel regula sancti « Benedicti edocet, implere et custodire in omnibus debeant. » (Labbe « tom. VI, col. 536.) Du Molinet ajoute : Il est aisé à juger que le mot de « *monachis* tombe également sur *canonicus ordo* et sur *regula sancti* « *Benedicti*, ce qui fait assez voir qu'il se disoit indifféremment aussi bien « de l'un et de l'autre de ces deux ordres qui estoient alors les seuls « religieux dans l'Église. »

(6) On lisait sur sa tombe : « Hic jacet monasticæ vitæ zelator maximus et auctor. » C'était trois siècles après l'établissement des chanoines réguliers de Saint-Victor à Sainte-Geneviève.

(7) Il disait en parlant de Richard II, le bon duc de Normandie : « Lugebat errores canonicorum a monasticis præscriptionibus decidentium. » (*De Morib. et act. Norm.*, lib. III, dans *Hist. Norm. script.*, p. 153).

(8) Du Molinet écrit : « Nous trouvons même dans nos archives une « bulle du pape Honoré III, de l'an 1222, où il comprend les chanoines « sous le nom de *monasticus ordo*... »

Après la réponse aux adversaires, les preuves directes. Au texte de l'auteur, si ancien, des *Miracles de sainte Geneviève après sa mort* (1), il faut ajouter l'assertion, plus formelle encore, de la charte du roi Robert (2). Des deux côtés, l'existence de l'ordre canonique à l'abbaye semble bien affirmée comme un fait ou découler comme une conséquence.

La thèse ainsi établie, du Molinet (3) se demande d'où l'on a tiré les premiers chanoines de Sainte-Geneviève ; et il regarde comme probable que ce fut de la cathédrale de Reims, de cette cathédrale dont le chapitre était si florissant sous le gouvernement sage et éclairé de saint Remi. Ce ne serait pas, d'ailleurs, le seul acte de cette nature à enregistrer pour la gloire de l'antique Église et à l'honneur du zèle de l'illustre archevêque : les chapitres de Laon et d'Arras auraient eu une origine à peu près semblable (4).

Les tombes de la famille royale se multipliaient dans la basilique naissante. On sait le mensonge de Childebert et et de Clotaire pour se faire livrer par Clotilde les enfants de Clodomir, la cruelle alternative à laquelle ils la condamnèrent ensuite, la réponse noblement indignée, mais gravement imprudente de la malheureuse aïeule et, enfin, le crime accompli sur deux des enfants du feu roi d'Orléans, âgés l'un de dix ans et l'autre de sept. Clotilde obtint les corps de ses petits-fils et, aux modulations lugubrement sacrées qui répondaient si bien à l'amertume de son âme,

---

(1) En Saintyves, *Op., cit.* Pièces justif., § LXIV : « Hora sacræ communionis, clericis pro Dei officio cantantibus : *illumina faciem tuam super servum tuum*, vidit (l'aveugle et le muet) et locutus est. » Il s'agit de *clercs* et non de *moines* ; si, dans le langage, suivant la pensée de notre historien, l'on appliquait le nom de *moines* aux *clercs*, l'on n'appliquait pas celui de *clercs* aux *moines*.

(2) *Gall. christ.*, tom. VII, *Instr.*, col. 221 : « Volumus... ut eumdem locum clericalis ordo sub cujus regimine a principio fuerat traditus... » C'est toujours l'ordre des *clercs* et non celui des *moines*.

(3) Même ms. 21, p. 302-303.

(4) Voir, du reste, *Acta sanctorum*, 1er octob., tom. I, p. 96, § XII.

elle les fit inhumer auprès de Clovis (1). Une fille de Clotilde, sainte comme la mère et portant le même nom, partagea la même sépulture. Mariée à Amalaric, roi des Visigoths et arien, elle en recevait les plus mauvais traitements. Un mouchoir taché de sang qu'elle envoya à ses frères, leur fit comprendre ses malheurs; et le roi de Paris, Childebert, marcha à la tête d'une armée pour la délivrer; mais elle mourut en revenant dans sa patrie (2). La dépouille mortelle de la veuve de Clovis ne pouvait pas reposer ailleurs. Clotilde s'était retirée à Tours près du tombeau de saint Martin. C'est là qu'après avoir complété le nombre de ses années dans la prière, le jeûne, l'aumône et la pratique de toutes les vertus chrétiennes, elle passa à une meilleure vie, en 545; et ses enfants firent transporter son corps à Paris pour l'inhumer dans l'église qui lui devait l'existence et où reposaient déjà les restes d'êtres si chers (3).

II

UN CONCILE A LA BASILIQUE

Après la mort de Sigebert, sa veuve, la célèbre Brunehaut, tomba entre les mains de Chilpéric qui l'exila à Rouen. Durant sa captivité, elle inspira une vive passion au fils même du vainqueur, Mérovée qui l'épousa, à l'insu du

---

(1) Grégoire de Tours, *Histor. Franc.*, lib. III, cap. XVIII : « Regina vero, « compositis corpusculis feretro, cum magno psallentio et immenso luctu « usque ad basilicam Sancti-Petri prosecuta, utrumque pariter tumulavit. »
(2) *Ibid.*, cap. x : « Childebertus cum magnis thesauris sororem assump-« tam secum adducere cupiebat. Quæ, nescio quo casu, in via mortua est, « et postea Parisius adlata juxta patrem suum Clodoveum sepulta est. »
(3) *Ibid.*, lib. IV cap. I : « In sacrario basilicæ Sancti-Petri ad latus « Clodovei regis sepulta est a filiis suis Childeberto et Chlotario regibus. »

père. Devant la colère de ce dernier, les deux époux durent se séparer. Mais Mérovée finit par se révolter et la vengeance de Frédégonde s'unit au ressentiment de Chilpéric pour frapper tous les amis du prince. Prétextat, évêque de Rouen, estimé un de ceux-ci, fut arrêté et cité devant les évêques convoqués en concile dans l'église Sainte-Geneviève de Paris et qui s'y trouvèrent au nombre de quarante-cinq. C'était en 577.

Il y eut trois sessions (1).

Le roi se présenta, à la première session, pour se porter accusateur et il apostropha l'évêque accusé en ces termes : « A quoi avez-vous donc pensé, évêque, d'avoir uni en « mariage Mérovée, mon ennemi, qui devait être mon fils, « à sa tante, l'épouse de son oncle paternel ? Ignoriez-vous « ce que les canons avaient réglé à ce sujet ? Vous ne vous « en êtes pas même tenu là : vous avez conspiré avec lui « et donné des présents pour me faire tuer. Vous m'avez « fait un ennemi de mon fils, vous avez employé l'argent « pour porter mon peuple à me refuser la fidélité qu'il me « doit, vous avez voulu livrer à un autre mon royaume. » A ce discours, les Francs, qui étaient là en grand nombre, frémissaient d'indignation et voulaient rompre les barrières pour s'emparer de l'évêque et le lapider. Le roi s'y opposa. Devant les négations de Prétextat, on fit appeler des témoins qui affirmèrent, en montrant les objets, avoir reçu de lui des gratifications pour se ranger du côté de Mérovée. « C'est vrai, reprit Prétextat, je vous ai fait des présents, « mais ce n'était point pour détrôner le roi ! Vous m'aviez « offert de bons chevaux et d'autres choses encore : pou- « vais-je ne pas vous remercier de cette sorte ? »

Après le départ du roi qui rentra chez lui (2), les évêques se retirèrent dans une pièce secrète de la basilique. Comme

---

(1) Nous rédigeons d'après saint Grégoire de Tours, *Histor. Franc.*, lib. V, cap. xix, les actes du concile ne nous étant pas parvenus.
(2) La résidence royale près de l'abbaye.

ils conféraient ensemble, Aétius, archidiacre de Paris, vint les trouver et leur dit : « Écoutez-moi, évêques du Seigneur
« qui êtes ici assemblés : ou vous allez ennoblir votre nom et
« acquérir de la gloire, ou personne ne vous regardera plus
« comme pontifes, si vous ne procédez avec sagacité, si
« vous laissez périr votre frère. » Un profond silence répondit à ce discours : on craignait la reine qui était l'âme des poursuites. Alors Grégoire de Tours, un des pères du concile, prononça ces paroles : « Soyez attentifs à ce que
« je vais dire, o très-saints évêques ; et vous particulière-
« ment qui approchez de plus près le roi. Donnez-lui un con-
« seil digne de vous, de peur que, en se laissant emporter
« contre un des ministres du Très-Haut, il n'attire sur lui la
« colère du ciel, ne perde son royaume et ne ternisse sa
« gloire. » Et comme le silence continuait à régner dans l'assemblée, « Souvenez-vous, reprit le prélat, souvenez-vous,
« évêques du Seigneur, de la parole du prophète qui dit :
« *Si la sentinelle voit le péché de l'homme et ne l'avertit pas*
« *elle est responsable de l'âme qui périt* (1). Donc ne gardez
« point le silence, mais parlez haut, placez devant les yeux
« du roi son péché, de peur qu'il ne lui arrive quelque
« chose de mal et que vous ne soyez responsables de son âme.
« Est-ce que vous ignorez ce qui a eu lieu en ces derniers
« temps ? Clodomir fit prendre et jeter en prison Sigis-
« mond. Avit, évêque de Dieu, dit à Clodomir : Ne portez
« point les mains sur lui et, à votre entrée en Bourgogne,
« la victoire sera pour vous. Loin de suivre ce conseil,
« Clodomir fit mettre à mort le roi de Bourgogne, sa
« femme et ses enfants. Mais lorsqu'il marcha contre le
« royaume, vaincu à son tour, il périt lui-même. Et l'em-
« pereur Maxime ? Quand il eut contraint le bienheureux
« Martin, qui n'avait pas d'autre moyen d'obtenir la
« grâce des condamnés à mort, à communiquer avec un

---

(1) *Ezech.* XXXIII, 6.

« évêque homicide, à consentir à l'impiété impériale, le
« juge éternel se chargea de frapper le grand coupable :
« Maxime perdit l'empire et la vie de la façon la plus
« malheureuse. » L'étonnement paraissait avoir autant
paralysé les âmes que les langues.

Il y eut deux évêques qui quittèrent la salle pour aller
prévenir le roi que la plus grande opposition venait de
Grégoire. A l'instant, celui-ci fut mandé.

Il trouva Chilpéric près d'un pavillon formé de branches
d'arbres, ayant à sa droite Bertrand, évêque de Bordeaux,
et à sa gauche Ragnemode, évêque de Paris. Devant eux,
se trouvait un banc couvert de pain et de divers plats de
viande. « Évêque, cria le roi aussitôt qu'il aperçut Grégoire,
« vous devez justice à tout le monde, et je ne puis l'avoir
« de vous. Vous favorisez, au contraire, l'iniquité et vous
« accomplissez le proverbe que jamais corbeau n'arracha
« l'œil du corbeau. — Si quelqu'un de nous, reprit l'évê-
« que, s'écarte de la voie de la justice, il vous appartient,
« seigneur, de l'y rappeler. Mais si vous vous égarez vous-
« même, qui vous ramènera ? Nous vous parlons ; vous
« nous écoutez, si vous le trouvez bon ; et si vous jugez
« autrement, qui vous condamnera, sinon celui qui est,
« selon sa propre parole, la justice même ? — Tous les
« autres me font justice, répartit le monarque ; il n'y a que
« vous qui me la refusiez. Mais je sais bien comment je
« m'y prendrai pour faire connaître à tout le monde ce que
« vous êtes. Je convoquerai le peuple de Tours, et je lui
« dirai : Vociférez contre Grégoire, dites qu'il est injuste,
« et ne rend justice à personne. J'unirai ma voix à celle du
« peuple pour dire de mon côté : Moi-même, tout roi que je
« suis, je ne puis obtenir justice ; est-ce donc que vous, dans
« votre état d'infériorité, vous l'obtiendrez ? — Que je sois
« injuste, répliqua Grégoire, vous ne le savez pas ; celui-là
« seul le sait qui pénètre le secret des cœurs. Quant aux
« cris du peuple, ce n'est rien : on saura bien que vous les

« aurez provoqués ; et cela vous nuira plus qu'à moi. Mais
« pourquoi tant de paroles? Vous avez la loi et les ca-
« nons; examinez-les et, si vous n'en suivez pas les pres-
« criptions, sachez que ce n'est pas moi, mais vous que
« menace le jugement de Dieu. » Le roi baissa le ton,
et croyant faire plaisir à l'évêque : « Voici un plat, dit-il,
« que j'ai fait préparer pour vous : il y a de la volaille et un
« peu de pois-chiches. — Notre nourriture, répartit aussi-
« tôt Grégoire, est de faire en toutes choses la volonté de
« Dieu sans nous arrêter à ce qui flatte. Mais vous qui vous
« portez accusateur contre les autres, jurez de ne point
« violer la loi ni les canons. » Le roi ayant fait le serment,
Grégoire prit du pain et du vin et se retira.

L'office de la nuit était terminé, quand on frappa fortement à la porte de Grégoire. Celui-ci fit ouvrir. On venait
de la part de Frédégonde pour le prier de ne point faire
d'opposition, lui promettant deux cents livres d'argent et
affirmant, d'ailleurs, qu'on avait la parole des autres prélats.
« Quand vous me donneriez mille livres d'or et d'argent,
« répondit Grégoire, puis-je faire autre chose que ce que
« prescrit le Seigneur ? »

Le matin, l'inébranlable prélat opposa la même réponse
à une proposition semblable de quelques évêques.

Le roi se trouva à l'ouverture de la seconde session.
« Un évêque convaincu de vol, dit-il, doit-être déposé con-
« formément aux canons. — Quel est cet évêque, demandè-
« rent les pères ? — Vous avez vu, ajouta le roi, les objets
« qui ont été pris. » En effet, trois jours auparavant, il
leur avait fait voir deux ballots de diverses choses précieuses qu'on estimait trois mille sous d'or, et un sac qui renfermait environ deux mille pièces de cette monnaie. L'explication de Prétextat ne se fit pas attendre. « Vous vous rap-
« pelez, je pense, que, quand la reine Brunehaut sortit de
« Rouen, j'allai vous trouver pour vous dire qu'elle m'avait
« laissé en dépôt ses effets consistant en cinq ballots ; que

« ses serviteurs venaient souvent me prier de les leur
« remettre, ce que je ne voulais pas faire sans votre ordre.
« Vous me dites alors : ne gardez pas ces objets, rendez-les
« à cette femme, car je ne veux pas que ce soit une cause
« d'inimitié, entre mon neveu Childebert et moi. De retour
« à Rouen, je remis un ballot aux serviteurs de Brunehaut,
« parce qu'ils ne pouvaient en emporter davantage. Ils
« revinrent redemander le reste. Je consultai votre ma-
« gnificence. Vous me donnâtes encore ordre de le livrer.
« Je remis deux nouveaux ballots. Les deux autres restè-
« rent chez moi. Maintenant pourquoi me faire des repro-
« ches immérités et m'accuser de vol, puisque j'étais simple
« dépositaire? — Mais, répliqua le roi, si c'était un dépôt,
« pourquoi avez-vous ouvert un de ces ballots? Pourquoi
« en avez-vous retiré un voile tissu d'or que vous avez mis
« en pièces et dont vous avez distribué les parties à ceux
« qui voulaient me chasser du royaume? — J'ai déjà
« répondu à cela. J'avais reçu des présents et, comme je
« n'avais alors rien à offrir pour récompense, je me suis
« approprié cette chose, comptant pour mien ce qui appar-
« tenait à mon fils Mérovée que j'ai tenu sur les fonts
« baptimaux. » Le roi demeura confus et quitta l'église.

Mais avisant aux moyens de réussir pour contenter la
reine, il engagea quelques-uns de ses confidents à aller,
comme d'eux-mêmes, tenir ce langage à l'évêque de Rouen :
« Vous savez que le roi Chilpéric est pieux, sensible,
« enclin à la miséricorde. Humiliez-vous devant lui et
« déclarez que vous avez fait ce qu'il vous reproche. Alors
« nous nous jetterons à ses pieds et nous obtiendrons
« votre pardon. » Prétextat se laissa prendre au piège.

Le lendemain matin, le roi ne manqua pas de se rendre
au concile et il engagea ainsi la question : « Si vous ne
« faisiez que donner présents pour présents, pourquoi
« avez-vous demandé à ces hommes de jurer fidélité à
« Mérovée? — J'ai désiré, j'en conviens, répondit l'évêque,

« procurer à Mérovée leur amitié, et, si c'eût été possible,
« j'aurais appelé un ange à son secours, car il était, je le
« répète, mon fils spirituel par le baptême. » Comme la discussion s'animait, Prétextat se prosterna à terre en disant : « J'ai péché contre le ciel et contre vous, ô roi très
« miséricordieux, je suis un homicide abominable ; j'ai
« voulu vous faire mourir et placer votre fils sur votre
« trône. » A ces mots, le roi se prosterna à son tour aux pieds des évêques : « Écoutez, très pieux évêques, s'écria-
« t-il, le crime exécrable qu'avoue l'accusé. » On le releva. Ordonnant à Prétextat de sortir de la basilique, il se retira lui-même dans son palais.

Sans tarder, il fit tenir au concile une collection de canons, laquelle contenait un cahier ou une division de plus, en d'autres termes, les prétendus canons apostoliques. Dans le vingt-quatrième (vingt-cinquième selon M. Héfélé) (1) de ces prétendus canons, il est dit que l'évêque convaincu de *fornication*, de *parjure* ou de *vol* doit être *déposé* et non point *exclu de la communion*. Dans l'exemplaire envoyé par le roi, on avait ajouté : *ou de meurtre*.

Grand fut l'étonnement de Prétextat à la lecture de ce canon. L'évêque de Bordeaux, Bertrand, lui adressa ces paroles : « Ecoutez, mon frère et collègue dans l'épiscopat :
« puisque vous n'avez point les bonnes grâces du roi, vous
« ne pouvez compter sur notre amitié avant d'avoir obtenu
« de lui votre pardon. » Chilpéric demandait ou qu'on déchirât la tunique de l'évêque, ce qui était un signe de déposition, ou qu'on récitât sur lui le psaume cent-huitième avec les malédictions, ou encore qu'on prononçât contre lui une sentence d'excommunication perpétuelle. Au nom des saints canons et en invoquant le serment que le roi avait fait de les respecter, l'évêque de Tours combattit énergi-

---

(1) *Histoire des Conciles*, trad. de l'allem., Paris, 1869-1878, tom. I et III, p.p. 624 et 573.

quement de pareilles propositions. Alors on eut recours à la violence : on fit saisir Prétextat pour le jeter en prison (1).

Telle fut l'issue de ce cinquième concile de Paris. Si l'on a remarqué la faiblesse et même la connivence de quelques prélats, l'on doit dire que la conduite de Grégoire fut vraiment épiscopale, et elle nous rappelle bien, dans ces âges barbares, celle de Basile arrachant à Modeste, l'exécuteur de l'ordre impérial, cette parole d'étonnement : « Jamais « on n'a parlé à Modeste avec tant d'audace! » Moins heureux que Basile, Grégoire n'aurait pu répliquer : « C'est « peut-être que vous n'avez jamais eu affaire à un évêque, « car, en pareille occurrence, il vous eût absolument parlé « de même (2) ».

(1) On sait que l'évêque de Rouen, ayant essayé de s'échapper, fut cruellement battu et relégué dans une île près la ville de Coutances en Normandie. Rappelé dans son diocèse, à la mort de Chilpéric, malgré l'opposition de Frédégonde, il tomba, trois ans plus tard, sous les coups de cette reine implacable.

(2) En 573, un concile, le quatrième de Paris, avait déjà tenu ses séances dans la basilique de Sainte-Geneviève. Il comprenait trente-deux évêques. Il avait été convoqué par Gontran. Bien que réuni *pro causis publicis privatorumque querelis*, sa grande affaire fut l'intrusion d'un évêque à Châteaudun. L'archevêque de Reims, Egidius, avait, avec l'assentiment du roi Sigebert, sacré et installé évêque de cette ville Promotus qui en était le curé. Le concile prononça la déposition de l'intrus, écrivit à l'archevêque pour le blâmer fortement lui-même, et au roi Sigebert pour le prier de prendre en main la sentence de déposition. Il est bon de savoir, pour comprendre et la tenue du concile et la raison de ses actes, que Châteaudun faisait partie du royaume de Sigebert et relevait, à la fois, de l'évêché de Chartres, ville qui appartenait au royaume de Gontran. (Labbe, tom. V. col. 918-922.)

Le 6e concile de Paris s'assembla également dans la basilique, ainsi que nous l'apprend un synode de Reims, tenu vers l'année 630, lequel lui donne la qualification de général : « Ut capitula canonum Parisiis acta in « generali synodo, in basilica Sancti-Petri Clotarii regis studio congregata, « omni firmitate custodiantur. » (Labbe, tom. V. col. 1689). Donc Clotaire II, qui réunit sous son sceptre toute la nation franque, convoqua en concile les évêques de son royaume. C'était en 614 ou 615. Les pères, au nombre de soixante-dix-neuf, voulurent remettre en vigueur les règles anciennes et répondre aux plaintes qui leur étaient adressées de toutes parts. Quinze canons portèrent spécialement : sur l'élection de l'évêque qui devait se faire par le métropolitain, les évêques de la province, le clergé et le peuple ; sur l'autorité épiscopale au sujet des punitions à infliger et sur

III

LES NORMANDS

L'épée de Charlemagne ne protégeait plus la France. Les Normands dont les apparitions menaçantes avaient arraché des larmes à la vieillesse de l'héroïque monarque, profitèrent de la faiblesse de ses successeurs pour pénétrer à l'intérieur du pays. Pirates avant tout, chacune de leurs flottes obéissait à un chef que sa bravoure faisait élire et qui portait le nom de *roi de la mer*. Naturellement les côtes étaient le théâtre de leurs exploits. Lorsqu'ils voulaient avancer davantage, ils remontaient les fleuves avec leurs barques, jetant sur les deux rives des bandes dévastatrices. Les habitants des campagnes étaient poursuivis comme des bêtes fauves, les villes saccagées, les églises et les monastères profanés quand ils n'étaient pas livrés aux flammes, car sous les coups de ces barbares rien n'était sacré.

En 845, Régnar ou Ragenaire ou encore Régnier, un de ces rois de mer, remonta la Seine avec une centaine de barques. Charles le Chauve se retira devant eux et abandonna Paris pour se réfugier avec la noblesse à Saint-Denis. Les chanoines de Sainte-Geneviève durent, à leur tour, quitter le monastère qui, par sa position hors des murs de la cité, se trouvait absolument sans défense. D'au-

---

le devoir pour le clerc de s'y soumettre ; sur les donations faites aux églises et qui ne pouvaient être détournées des intentions du donateur ; sur les dispositions testamentaires des membres du clergé, lesquelles seraient toujours valides, lors même qu'elles s'écarteraient des prescriptions légales. Le même jour, Clotaire donna un édit pour la confirmation et l'exécution des canons. Quelques modifications étaient apportées dont la principale regardait l'élection des évêques : Clotaire imposait, en outre, l'approbation royale. (Labbe, tom. V, col. 1649-1655.)

tre part, il fallait mettre en lieu sûr les reliques de la patronne.

Pendant cent cinquante ans, le corps de sainte Geneviève était demeuré dans son tombeau, sur lequel les fidèles venaient en foule prier. La piété qui entretenait une lampe devant ce tombeau béni, avait pu enfin se réjouir d'un autre honneur rendu aux restes de l'illustre sainte. Un enfant de Limoges qui, montrant de bonne heure de grandes dispositions pour l'art de l'orfèvrerie, y avait été initié dans sa ville natale, s'était dirigé vers le pays de France. Au service ou sous la direction de Bobbon ou Bobon, trésorier de Clotaire II, l'artiste limousin, par son habileté d'une part, un acte d'honnêteté de l'autre (1), mérita la confiance du roi et une haute situation à la cour. Eloi — car tel est son nom — s'empressa de mettre son talent au service de sa dévotion aux saints. Les châsses de saint Germain de Paris, de saint Séverin, de sainte Colombe, de saint Denis, de saint Martin de Tours furent son œuvre. La patronne de Paris ne pouvait ne pas attirer sa pieuse attention. Une magnifique châsse où l'or et les pierreries n'avaient pas été épargnés, fut offerte par l'admirable artiste, et reçut le corps de la sainte qu'on tira du tombeau. La cérémonie s'accomplit vers 630 (2). C'était ce précieux trésor qu'il fallait soustraire à la fureur des Normands.

---

(1) On sait qu'il fit pour le roi deux chaises d'or ornées de pierreries avec la matière que ce dernier avait fourni pour une seule.

(2) L'anniversaire s'en célébra dans l'abbaye le 28 octobre. (Ms. 21 précité, p.p. 145 et suiv.) Nous lisons dans ce même ms. au sujet de la châsse : « On y voyoit reluire de tous côtés l'or et les pierreries... Il est très-cons-« tant qu'elle estoit enrichie... de lames d'or d'un travail très-exquis, « puisque l'abbé Suger se plaignoit au pape que les chanoines séculiers, « ayant esté chassés de son temps de cette église, en avoient emporté « quatorze marcs d'or qu'ils avoient enlevez de dessus ce précieux reli-« quaire... Aujourd'hui on voit en celle qui conserve ces précieuses reli-« ques, certaines pierres d'émaux et de filigrane que les plus experts dans « les choses antiques ont jugé pouvoir estre des restes de la première « châsse de saint Éloy, ayant beaucoup de rapport aux autres ouvrages de « son temps. »

Les chanoines se retirèrent avec les reliques de leur sainte patronne à Athis qui faisait partie de leurs domaines (1). L'auteur des *Miracles de sainte Geneviève après sa mort*, témoin de ce qu'il raconte ou écho immédiat des témoins (2), et, à n'en pas douter, chanoine ou clerc de Sainte-Geneviève (3), a écrit que, à l'approche de la châsse, l'autel de l'église d'Athis avec la croix qui le surmontait et les reliques qui l'enrichissaient, éprouva une commotion comme pour en célébrer l'arrivée; que cette commotion cessa seule-

Le savant abbé Saintyves estime que le travail d'Éloi aura dû avoir pour objet le tombeau même de la sainte, tombeau jusqu'alors entouré d'une grille de bois que le pieux artiste aurait remplacée par une riche décoration. (*Vie de sainte Genev.*, p.p. 131 et 187.) Mais cette induction ne nous parait pas suffisamment fondée.

(1) *Miracula S. Genov. post mortem*, § LXXII : « Deduxerunt Dominam suam ad Ategias, sui villam. » Disons aussi, une fois pour toutes, que relativement à cet opuscule, comme nous l'avons déjà fait, nous prenons les divisions et le texte corrigé dans Saintyves, *Vie de sainte Geneviève*, p.p. cxii et suiv.

(2) Un autre écrivain entreprit, en 847 ou 848, de narrer les mêmes faits. Voici son début : « La septième année du règne du magnifique roi « des Francs, notre seigneur, fils du sérénissime empereur Louis, de « sainte mémoire, et qu'il aimoit au-dessus de tous, nous avons jugé bon « de confier à l'écriture les merveilles que le Créateur de l'Univers étoilé, « après le très-glorieux trépas de la très-heureuse vierge Geneviève et en « considération de ses célestes mérites, a publiquement opérées. » L'écrivain affirme que, de ces miracles, les uns sont consignés dans un « récit véridique » (*relatu veridico*), celui que nous suivons sans aucun doute, tandis que les autres, et « en plus grand nombre », ont été accomplis « en sa présence. » Malheureusement nous ne possédons qu'un fragment de cette nouvelle narration, également en latin. Ce fragment apporterait au récit du premier auteur, si besoin était, un *confirmatur*, car il est le même pour le fond.

Ce fragment a été imprimé en note dans l'ouvrage de M. l'abbé Saintyves, *Vie de sainte Genev.*, p. cxii, d'après le ms. de l'Arsenal, II. 42, in-fol., lequel a pour titre : *De miraculis et virtutibus ejusdem*. Nous ferons remarquer, avec le même historien, que le ms. latin H. 2, in-8°, de la Bibliothèque Sainte-Geneviève contient, à sa dernière page, la première phrase, et encore non achevée, de l'écrit avec ce titre qui précède : *Incipiunt sententiæ de virtutibus beatissimæ virginis Genovefæ quas Deus omnipotens per diversa loca sub honore ejusdem manifeste nuper declarare dignatus.*

(3) *Mirac. S. Gen. post mort.*, § LXXII, où nous lisons : « *reduximus* « Dominam *nostram* ad locum sanctum suum; » et : « Cumque Beveris alveolum *transissemus....* »

ment, pour ne plus recommencer, au moment où la châsse franchissait le seuil de l'église.

La veille de Pâques, les Normands entrèrent dans Paris qu'ils pillèrent, sans épargner les habitants qui n'avaient pas fui et qu'ils pendirent aux arbres. Mais, si la prudence avait sauvé les restes de sainte Geneviève, le ciel se chargea de veiller sur son église. Trois ou quatre fois, dit un auteur ancien, on essaya d'incendier l'édifice sans pouvoir réussir, grâce à une intervention d'en haut. L'église Saint-Germain dut à un secours semblable sa propre conservation (1).

Athis n'offrant pas une sécurité suffisante, les chanoines passèrent la Seine pour se fixer, avec le saint trésor, à Draveil, riche domaine dont ils avaient été gratifiés par Dagobert (2). Là encore, continue le narrateur anonyme, la puissance de Geneviève se faisait sentir : nombre d'infirmes obtinrent leur guérison (3).

Charles le Chauve avait acheté honteusement la paix au prix de sept mille livres d'argent. Le péril, pour l'instant du moins, était éloigné. On rapporta, au milieu d'un grand concours de fidèles, les saintes reliques à Paris. On ne descendit point la châsse dans la chapelle souterraine où elle était demeurée jusque-là : on la déposa au-dessus de l'autel des Apôtres. Cette place d'honneur, si semblable expression est permise, sur les autels s'accordait déjà aux restes des saints, en attendant que l'usage en devint plus général.

Les lâches concessions de Charles le Chauve étaient une

---

(1) Aimoin, *Fragment. de Nortmann. gestis*, dans du Chesne, *Hist. Franc. scriptor.*, tom. II, p. 656 : « Ecclesiis apostoli Petri almique Germani ignem « ter quaterque supponere nitentes, cum defecissent, eas incendere amborum meritis non valentes... »

(2) Bouillart, *Histoire de l'Abbaye* de Saint-Germain des Prés, *Recuei des pièces justif.*, p. IV, où le testament du roi est reproduit.

(3) *Mirac. S. Gen. post mort., ibid.* : « Cumque multorum languores continuatis ibidem redimeret miraculis... »

amorce pour les Normands dont les ravages se continuaient en effet sur divers points de l'empire et dont les approches durent, vers 850 (1), jeter encore l'épouvante dans Paris, car nous apprenons que la châsse de sainte Geneviève fut de nouveau transportée à Draveil, mais non sans répandre de nouvelles bénédictions (2).

Régnard, après la prise de Paris, avait rapporté au roi des Danois « combien le pays était bon, fertile, riche, combien le peuple qui l'habitait se montrait craintif et lâche au moment du combat (3). » En effet, « qui ne s'affligerait, nous citons le même chroniqueur, de voir les armées prendre la fuite avant la bataille, abattues avant les premiers coups, renversées avant le choc des boucliers (4). » L'année 857 ramena donc les mêmes dévastateurs à Paris qui, ne se trouvant pas mieux protégé que la première fois, éprouva le même sort. La basilique de Sainte-Geneviève, avec plusieurs autres églises, fut livrée aux flammes. C'était le 28 décembre (5).

Heureusement la même prudence avait présidé au salut des reliques. Cette fois, on les avait transportées, à quinze lieues de Paris, à Marisy qui porta depuis le nom de la sainte, et où l'abbaye comptait aussi un domaine (6). La

---

(1) 850 est la date assignée par du Molinet. (Même ms. 21, p. 153.)

(2) *Mirac. S. Gen. post mort.*, § LXXIX : « ... Puer ejusdem villæ, contractionis incommodo laborans, sacro corpori subterjacuit, et statim in parte mortua revixit. »

(3) Aimoin, *Fragment.* dans du Chesne, tom. II, p. 657.

(4) *Ibid.*, p. 655.

(5) *Gesta Normann.*, an. 857, dans *Hist. Normann. scriptor.*, p. 2 : « Quarto kalendas januarii, Northmanni Lutheciam Parisiorum invadunt « atque incendio tradunt, basilicam sancti Petri et sanctæ Genovefæ in- « cendunt... » Dudon, abbé de Saint-Quentin, rapporte le même fait, *Annales Franc. Bertiniani*, dans du Chesne, tom. III, p. 209 : « Dani, Se- « quana insistentes, cuncta libere vastant, Lutetiam Parisiorum aggressi « basilicam sancti Petri et sanctæ Genovefæ incendunt. »

(6) *Miracula S. Genov. post mortem*, § LXXX. — Dulaure prétendant s'appuyer sur Étienne de Tournay, le traduisant même dans ce sens, a écrit au sujet de ces reliques, que « ce corps saint ne fut point respecté par les Normands : il fut brûlé avec l'église. » (*Histoire de Paris*, Paris

châsse y demeura pendant cinq ans (1), tant on se trouvait peu rassuré contre les incursions sans cesse renouvelées de ces enfants du Nord qui, en 861, portèrent leurs ravages, en passant par Paris, jusque dans la ville de Melun (2).

On eût dit que, dans ce village, sainte Geneviève se complaisait à soulager ceux qu'éprouvaient les misères ou les malheurs de la vie humaine et dont l'ardente prière portait vers elle leur profonde confiance. Les uns obtenaient l'usage de leurs membres ou de leurs organes ; d'autres voyaient leurs souffrances se calmer ou leurs infirmités disparaître. Ici cédait la fièvre opiniâtre, là le mal incurable. Dans d'autres circonstances, des actions de grâces se faisaient entendre pour d'autres merveilleuses faveurs. Le démon se trouvait lui-même impuissant à résister. En consignant qu'il serait impossible d'énumérer tous les prodiges accomplis, le pieux écrivain que nous suivons ajoute : « Ce que nous savons, ce que nous affirmons en « présence de l'auteur même des miracles, c'est que tous « s'en retournèrent chez eux en parfaite santé (3). »

1837-1838, tom. II, p. 105, nte 1.) Il fallait que les préoccupations antireligieuses de l'écrivain fussent bien fortes pour lui faire lire aussi mal ce passage de la lettre adressée à l'évêque, non pas de « Londres », mais de Lunden : « Ecclesiam apostolorum Petri et Pauli, in qua beata « virgo Genovefa requiescit in corpore,... miserabili concremarunt in- « cendio, nec sacro loco, nec beatæ virgini aliisque sanctis qui ibi re- « quiescunt, reverentiam exhibentes. » (Épistolæ, Paris, 1679, p. 218.) Est-ce que pour Dulaure les temps des verbes ne servaient plus à marquer si l'on parlait au passé ou au présent ?

(1) *Miracula*..., § XCVI.
(2) *Gal. christ.*, tom. VII, col. 34.
3) *Miracula S. Genovef. post mortem*, § LXXX-XCV.
Nous plaçons ici la traduction du récit de l'historien.
« Dans ce village de Marisy, un nommé Fulchérique avait les jambes « tellement retirées sous lui qu'il était impossible de les lui faire allon- « ger. On le porta devant la vierge, et aussitôt ses jambes se redressèrent. « Sautant de joie, il éleva la voix pour louer le Seigneur.
« Un homme de Rebais (*Resbacensis*) s'étant permis de moudre la nuit « d'un dimanche, un grain de blé que lança la meule lui fit perdre un œil. « Cette perte fut suivie d'un malheur plus grand encore. Bientôt, en effet, « cet homme se mit à se frapper la poitrine et le ventre avec les poings à « coups violents et tellement répétés qu'il vomissait le sang. Pendant une

Quand les chanoines estimèrent la sécurité suffisante, ils se firent un devoir de rendre la châsse à son sanctuaire

« année entière, il demanda la guérison à nombre de sanctuaires de dévo-
« tion. Il obtint, enfin, cette grâce par l'intervention de la bienheureuse
« vierge. Il vint au lieu que celle-ci rendait célèbre par ses miracles, il s'y
« mit en prières, les fidèles en firent autant : il retira ses mains de sa
« poitrine pour les élever au ciel, et sa voix rendit des actions de grâces.
« Les assistants, remplis d'admiration, glorifièrent également Dieu ; et
« l'église résonnait de ce concert de louanges.

« Une femme du nom de Foucoire qui avait la moitié du corps paralysée
« fut portée et déposée devant la sainte. Le troisième jour, à l'exemple de
« la résurrection du Sauveur, elle se trouva complètement rendue au mou
« vement et à la vie. Après avoir remercié Dieu et la vierge, elle revint
« à sa demeure.

« Une autre femme de Marisy, victime depuis longtemps d'une posses-
« sion, fut trainée par force et les mains liées devant la châsse où on la tint
« prosternée. Sous l'action du démon, elle s'agitait écumante, lorsqu'enfin
« la délivrance s'opéra avec un vomissement de sang.

« Un jeune homme de Chouy (*de Caviaco villa*) avait les bras tout à
« fait raides. Conduit au même endroit, il supplia la vierge pendant deux
« jours pour sa guérison et, le troisième, ses bras recouvrèrent la flexi-
« bilité pour devenir plus aptes que jamais à tout ouvrage.

« Dans le même temps, un serf de la vierge arriva du village d'Arcis
« (*de Arcioca villa*). Il était travaillé par la fièvre et couvert de lèpre.
« On lui frotta soigneusement le corps avec l'huile de la sainte, et la
« lèpre et la fièvre disparurent, le saint médicament ayant enlevé les
« taches de la lèpre au dehors et éteint au dedans l'ardeur de la fièvre.

« Une jeune fille qui avait perdu un œil, vint supplier la vierge de lui
« en rendre l'usage. Après sa prière, elle alluma, selon la coutume, un
« cierge, et, illuminée elle-même, elle recouvra entièrement la vue. Pen-
« dant que les personnes présentes s'abandonnaient à l'admiration du
« fait, elle remercia le Père des lumières qui lui avait été
« rendue, et elle retourna chez elle ne cessant de chanter les louanges de
« la vierge.

« Une femme de Chouy, du nom d'Amilde, fut portée à la vierge dont
« elle attendit longtemps l'assistance à la porte de l'église. Le moment
« venu, on la plaça, à l'intérieur, devant les saintes reliques, et son
« corps retrouva la santé. Elle qui ne pouvait marcher, se releva saine
« et sauve sans le secours d'autrui. Ceux qui étaient présents s'unirent
« à elle pour célébrer, comme il convenait, le miracle de la vierge ;
« et cette femme élevait la voix pour dire que la guérison était entière,
« qu'elle ne ressentait plus rien de sa douleur passée.

« Non loin de Marisy, se trouve un monastère dédié à saint Germain,
« confesseur, et que la vierge Geneviève illustra un jour de sa présence
« et des miracles qu'elle y opéra. Une femme, affligée d'une grande con-
« traction de nerfs, y avait été transportée par des mains charitables et,
« demandant un prompt secours, elle remplissait le sanctuaire de ses
« cris. De pareilles supplications ne pouvaient ne pas être entendues de

et à la ville de Paris. On était en l'année 863. La translation s'accomplit solennellement. Plusieurs jours y furent consa-

« la vierge dont la compassion se fit bientôt sentir. Ainsi rendue à la
« santé, cette femme retourna saine et sauve chez elle et n'éprouva plus
« rien de sa douleur passée.

« Un homme, tourmenté du démon, approcha de la sainte. Mais parce
« qu'il ne saurait y avoir d'alliance entre les lumières et les ténèbres,
« le démon s'enfuit, chassé qu'il était de l'homme possédé, et celui-ci rendit
« des actions de grâces pour sa délivrance. Après cela, il retourna chez
« lui, parfaitement tranquille, grâce à l'assistance de la vierge apos-
« tolique à laquelle les démons sont aussi soumis. C'est là réellement une
« participation à la vertu des Apôtres dans la société desquels Geneviève
« se réjouit au ciel et sur la terre.

« On vit arriver un autre démoniaque qui, sur l'invitation de quelqu'un,
« offrit un denier à l'autel de la vierge. Bientôt, sous l'impulsion du dé-
« mon, il s'adressa à Martin, gardien du monastère, pour le menacer de
« mort, si l'offrande ne lui était rendue. On voulut s'emparer de lui, mais
« il s'échappa des mains. Cependant on parvint à le prendre et à le lier
« pour le conduire au sanctuaire de la vierge. Le lendemain on l'y con-
« duisit également : la possession cessa et il retourna tranquillement chez
« lui.

« Il y avait dans le même village de Marisy un serf de la vierge, du nom
« de Flodégise. Il se trouvait si cruellement tourmenté par les démons,
« qu'il grinçait sans cesse, se mordait la langue et vomissait le sang,
« sans donner le moindre signe de raison. On le conduisit par force de-
« vant les saintes reliques et il fallut de grands efforts pour l'étendre
« à terre. Après être demeuré là longtemps, comme s'il était mort, il
« releva sans le secours de personne. Heureux d'être ainsi délivré, il
« offrit un *ex-voto* à la vierge et, l'usage entier des sens lui étant rendu
« il se rendit lui-même à sa demeure.

« Il est bon de mentionner encore que, en la présence de la vierge,
« aucun énergumène ne pouvait rester caché. Un démoniaque, appelé
« Erchamfredus, avait dissimulé sa possession avec tant de succès, qu'on
« le prenait simplement pour un fou. Il entra un jour avec les autres
« fidèles dans le sanctuaire de la vierge et se livra à la prière. Mais
« en présence des saintes reliques le démoniaque dut se manifester, afin
« que dans sa guérison se manifestât la puissance de la vierge. Il se mit
« donc à pousser de grands cris, comme les démoniaques, à se déchirer les
« mains avec les dents et les habits avec les mains. On voulut le prendre
« et l'enchaîner. Il s'échappa des mains et s'enfuit. Sa mère courait après
« pour le ramener ; mais, s'étant retourné, il lui jeta des pierres et la pour-
« suivit ainsi jusqu'au sanctuaire de la bienheureuse vierge Geneviève.
« Alors les prêtres bénirent un grand vase d'eau et, quand on fut parvenu
« bien difficilement à le tenir enchaîné, on l'y plaça. Après l'immersion,
« on le transporta devant les saintes reliques, on fit sur lui le signe de la
« croix ; et il fut complètement guéri.

« Vers le même temps, s'approcha de la vierge très-sainte une femme
« qui avait perdu la parole. Elle se mit à prier, et, comme Moïse, elle

crés et le chemin marqué de plusieurs stations. C'est encore le même auteur qui nous sert de guide (1).

La première station se fit à Mareuil-sur-Ourcq (2) qui était une dépendance du chapitre. Il y avait dans ce village une femme détenue en prison avec sa fille à cause des dettes de son mari qui avait pris la fuite. A l'approche de la châsse, les chaînes se brisèrent, la prison s'ouvrit, et les captives vinrent au devant de la sainte pour lui rendre des actions de grâces. C'est là qu'on passa la nuit. L'église de Saint-Martin avait reçu le précieux dépôt, après avoir été témoin d'un nouveau prodige, la guérison d'une femme affligée de surdité.

Le lendemain, au milieu d'un grand concours de fidèles, on porta la châsse à Lisy-sur-Ourcq, où le chapitre possédait la cure de Saint-Médard (3). Elle fut déposée dans l'église même de ce nom. Au moment où on l'entrait, une jeune fille infirme, étendue à la porte, s'écria : « O bien-« heureuse Geneviève, puissé-je par votre intervention « être guérie et vous accompagner jusqu'en votre sanc-« tuaire! » Elle achevait, lorsqu'elle put se lever ; et, en souvenir du bienfait, elle demeura toute sa vie attachée au

---

« criait vers le Seigneur sans faire entendre de voix. Après la prière, elle
« parlait parfaitement. Aussi, revint-elle à sa demeure en rendant grâces
« au ciel et en chantant des hymnes à la vierge.

« Un certain Génébald, en ce temps-là, souffrait d'une telle contraction
« de nerfs, que ses pieds, ramenés sous lui, ne pouvaient aucunement être
« allongés. Grâce à des mains charitables, on le présenta à la vierge :
« un instant après, il se tenait sur les pieds ; et il ne lui resta plus rien
« de sa souffrance passée ni de sa difformité.

« On vit aussi arriver près de la vierge sainte beaucoup de fiévreux de
« toutes sortes dont nous ne parlons pas en particulier, parce que nous ne
« pouvons énumérer une telle multitude... »

(1) *Miracula S. Gen. post mort.*, §§ XCVI et suiv.

(2) *Ibid.* : « Mansionem primam habuit Maroglium, sui villam. » Les mss. 21 et 22 portant *Mareuil* pour les anciennes possessions de l'abbaye, nous croyons devoir nous en tenir à Mareuil-sur-Ourq à l'exclusion de Marolles qu'arrose la même rivière.

(3) *Ibid.* : « Lisiacum venit, in ecclesiam sancti Medardi confessoris juri et potestati ipsius virginis mancipatam. »

service de la sainte. Geneviève rendit également l'usage des mains à une femme de la localité.

De Lisy on alla à Trilbardoux, autre domaine du chapitre (1), et l'on y passa la nuit. Le matin du jour suivant, on se mit en marche pour Rosny. Mais, au moment du départ, deux jeunes gens apportèrent une femme percluse devant la sainte qui la guérit. Le cinquième jour, la procession passa la Seine sur des bateaux préparés à cet effet. L'affluence devint considérable et la joie était dans le cœur de tous : « Tout le clergé et le peuple de Paris lui vint au-devant, « l'accompagna jusqu'en son église avec des hymnes et « des applaudissements publics, rendant grâces à Dieu de « ce qu'en une 'perte générale de tous leurs biens, il avait « eu encore la bonté de leur conserver un si précieux « trésor (2). »

Puisque tel est le récit du pieux auteur qui, comme témoin, a écrit l'histoire du chapitre et de la châsse de sainte Geneviève pendant ces invasions, du Molinet estime, avec raison, que les mauvais traitements dont les chanoines, suivant quelques-uns, auraient été victimes, sont une fiction. Il porte le même jugement, et sur la prétendue introduction, dans les litanies, de l'invocation : *A furore Normannorum libera nos, Domine, de la fureur des Normands délivrez-nous, Seigneur* (3) — car on ne rencontre rien de semblable dans les anciens rituels — et sur la si grande aversion nourrie contre ces peuples, qu'on aurait fait le serment de ne recevoir aucun Normand dans le monastère —

---

(1) *Miracula S. Gen. post mort.* : « Venimus ad villam suam (virginis), nomine Truectum. »

(2) Même ms. 21., p. 156. — Les chanoines « se mirent en devoir de réparer et recouvrir l'église pour la mettre en état d'y pouvoir faire le service. » (*Ibid.*, p. 253.) Ils durent aussi faire de leur mieux pour restaurer les lieux réguliers. Nous verrons bientôt la restauration complète de l'abbaye.

(3) L'abbé Saintyves, toutefois, fait remarquer que la fameuse invocation a été réellement insérée dans la liturgie du diocèse de Chartres. (*Vie de sainte Genev.*, p. 311.)

car il y a des faits qui établissent le contraire : la tombe de Thomas Benoît, prieur en 1370, ne portait-elle pas, par exemple, qu'il était originaire de Saint-Lô (1) ?

Quelque vingt ans plus tard, Paris reçut de nouveau la visite des terribles dévastateurs.

Carloman s'était vu contraint à acheter d'eux la paix. Après sa mort, Godefroid, chef des Normands établis dans la Frise, prétendit n'être plus lié par les traités. Charles le Gros, qui réunissait pourtant sous son sceptre le plus vaste empire depuis celui de Charlemagne, désespérant de vaincre Godefroid, le fit mourir dans des embûches. Pour tirer vengeance, les barbares recommencèrent leurs ravages. Sigefroid, autre chef Normand, entreprit, après avoir porté la désolation sur les bords de la Somme et de l'Oise, de remonter par cette dernière rivière la Seine jusqu'à Paris et au delà. Pontoise, malgré de récents travaux de fortifications, fut prise et incendiée. La flotte, comprenant sept cents barques, couvrait la rivière sur un espace de deux lieues. Elle se présenta devant Paris le 25 septembre 885.

La ville ne comprenait toujours que l'île connue aujourd'hui sous le nom de Cité. On y pénétrait par deux ponts, celui du Nord, qui est le Pont-au-Change, et celui du Sud, qui s'appelle encore le Petit-Pont. Chacun était défendu au dehors par une tour. Les habitants, de leur côté, se préparaient à opposer une résistance énergique. Ils avaient à leur tête Eudes, comte de Paris, Robert, son frère, tous deux fils de l'illustre Robert le Fort, Gozlin, évêque de Paris, l'abbé Ebble, son neveu, et Anchésise, abbé de Saint-Germain des Prés. Tous, prêtres, religieux, laïques, étaient disposés à combattre comme soldats.

Les diverses reliques et, entre autres, les corps de sainte Geneviève et de saint Germain avaient été transportés dans la cité.

---

(1) Même ms. 24, p. 251-252.

Le lendemain de son arrivée devant Paris, le 26 novembre, Sigefroid alla trouver Gozlin pour lui tenir ce langage (1) : « Gozlin, aie pitié de toi et de ton troupeau ; si tu
« ne veux périr, nous te prions d'écouter favorablement nos
« demandes. Permets-nous de passer au delà de cette ville :
« nous n'y toucherons point, mais nous nous efforcerons
« de vous conserver tous vos honneurs, à toi et à Eudes. »
Le prélat répondit : « Cette ville nous a été confiée par
« Charles, notre empereur, qui régit sous ses lois presque
« tout le monde, après Dieu, toutefois, le roi et le domina-
« teur des maîtres de la terre. Ce n'est pas pour qu'elle
« serve à la ruine de son royaume, mais au contraire pour
« qu'elle le sauve et le maintienne en paix. Si des remparts
« avaient été confiés à ta garde, comme ceux-ci à la nôtre,
« et que tu eusses fait ce que tu nous conseilles de faire,
« que devrais-tu espérer ? — Ma tête, reprit le barbare,
« aurait mérité de périr par le glaive et de servir de pâture
« aux chiens. Si cependant tu ne cèdes à mes prières, nos
« camps trouveront, au lever du jour, des traits empoison-
« nés, à son coucher, le fléau de la famine ; et ils recom-
« menceront tous les ans (2). »

Gozlin et Sigefroid se séparèrent pour se préparer au combat de part et d'autre.

---

(1) Nous avons suivi sur le siège le moine Abbon, poète et historien tout à la fois, car son récit est celui d'un témoin oculaire. « Dis-moi
« donc, écrit cet auteur au commencement de son poème, dis-moi donc,
« o belle ville, quel présent vient t'offrir le peuple danois, ami de Pluton,
« dans le temps où un prélat, un aimable héros, Gozlin, te nourrissait
« comme un pasteur ? — Je m'étonne, dit-elle : personne ne peut-il ra-
« conter ces faits ? ne les as-tu pas vus toi-même de tes propres yeux ?
« Raconte-les donc. — Oui, je les ai vus, et j'obéirai volontiers à tes ordres,

« Vidi equidem, jussisque tuis parebo libenter »

Nous reproduisons à peu près intégralement la traduction de M. Taranne. Le lecteur saura bien distinguer la couleur poétique donnée au récit.

(2) *De bell. Par. urb.*, lib. I, v.v. 20 et suiv.

Comme la tour du Nord n'était pas achevée (1), les Normands commencèrent l'attaque de ce côté, au lever de l'aurore. « Alors tous s'élancèrent de leurs barques, s'ap-
« prochèrent de la tour, la frappant à coups de béliers et
« la couvrant de flèches. » Dans la ville, « les citoyens
« s'agitaient, les ponts tremblaient, tous accouraient pour
« la défense de la tour. Ici, brillaient les comtes Eudes
« et Robert, son frère, et avec eux le comte Ragenaire; là le
« neveu du pontife, Ebble, le valeureux abbé. En ce mo-
« ment, l'évêque fut légèrement blessé d'un javelot aigu;
« un de ses jeunes soldats, Frédéric, fut frappé d'un trait
« semblable : le jeune homme périt; le vieillard revint à la
« santé, guéri par Dieu qui fut son médecin. Sur d'autres
« points, plusieurs des nôtres trouvèrent leur dernier
« jour; mais ils laissèrent des blessures cruelles à un plus
« grand nombre. Les ennemis se retirèrent enfin empor-
« tant les corps de plusieurs Danois abattus (2). »

La seconde journée fut plus terrible encore. Les chrétiens combattaient admirablement. « Mais que peut une goutte d'eau pour éteindre mille bûchers (3)? » Bientôt, en effet, une brèche est pratiquée. « De l'intérieur, les
« seigneurs déjà nommés apparaissent à l'ennemi qui les
« voit tout couverts de leurs aigrettes, et lui-même est
« exposé à leurs regards; il les compte, mais il n'entre pas,
« car la crainte le retient et son audace est glacée (4). » Les barbares ont recours au feu qui enveloppe la tour d'une épaisse fumée. Mais « le Seigneur ne peut voir plus long-
« temps ses fidèles en péril, et, touché de compassion,

---

(1) Elle ne présentait qu'un premier rang de meurtrières :

    Nil prorsus species turris renitens erat adhuc
    Perfectæ, fundamentis tantum bene structis.
    Ac modicum ductis sursum factisque fenestris
    Gaudebat.
              (*De bell. Par. urb.*, *ibid.*, v. 78-80.)

2) *Ibid.*, v.v. 62 et suiv.
(3) *Ibid.*, v. 113.
(4) *Ibid.*, v.v. 136 et suiv.

« il ordonne que ce nuage obscur se porte contre le peu-
« ple qui l'a produit (1) ». Dans le même instant « cent
« javelots rapides frappent cent corps ennemis et en chas-
« sent la vie avec le sang. » Alors, « couvert de honte, tel
« qu'un loup audacieux qui, n'ayant pu saisir sa proie,
« regagne les profondeurs des forêts, l'ennemi se retire,
« n'emportant avec lui que l'avantage d'une fuite secrète,
« et pleurant trois cents soldats reçus dans la barque de
« Caron », tandis que, « grâce à la protection divine, peu
« de guerriers du côté des fidèles ont péri (2). » Les Normands continuaient le siège, ravageaient les environs et
préparaient un troisième assaut qui se livra le 31 janvier.

« De part et d'autre, Mars s'agite furieux et règne en
« vainqueur superbe. De chaque église, l'airain concave
« mugit et remplit les airs de sons lugubres. La citadelle
« tremble, les citoyens s'agitent, les trompettes font en-
« tendre leur voix terrible, l'effroi pénètre tous les habi-
« tants et les défenseurs des tours. Là brillent plusieurs
« grands et généreux guerriers; mais le pontife Gozlin
« s'élève par-dessus tous. » Là aussi se montre le noble
comte Eudes « qui abat autant de Danois qu'il lance de
« javelots. Le peuple réprouvé lutte avec efforts ; le peuple
« chéri de Dieu se défend avec vigueur (3) », mais sans
succès. Le Tout-Puissant, à la vue de son peuple presque
vaincu, « ranime le courage et les forces de nos guerriers
« et envoie aux autres un sentiment d'effroi : alors les
« Normands tombent en foule, et, tournant leurs armes
« vers leurs vaisseaux, y portent leurs compagnons
« expirants (4). »

C'était pour mieux revenir à la charge avec le jour. Les
machines battent de nouveau la tour, pendant qu'on s'ef-

---

(1) *De bell. Par. urb.*, *ibid.*, v.v. 149 et suiv.
(2) *Ibid.*, v.v. 163 et suiv.
(3) *Ibid.*, v.v. 237 et suiv.
(4) *Ibid.*, v.v. 289 et suiv.

force de combler les fossés qui l'environnent. On va jusqu'à massacrer les prisonniers pour faire servir les cadavres à cet ouvrage. A cette vue, Gozlin ne peut retenir ses larmes et adresse à haute voix cette prière à la Vierge Marie :
« Mère du Rédempteur et du salut du monde, étoile de la
« mer, qui brilles par-dessus tous les astres, prête une
« oreille attentive à nos humbles prières : s'il te plaît que
« je célèbre encore la sainte messe, fais que cet impie,
« ce barbare, ce cruel sans pitié qui massacre ses captifs,
« soit lui-même enveloppé dans les filets de la mort (1). »

Si la Vierge Marie sauva alors la cité, ainsi que le chante le poète (2), il était réservé à sainte Geneviève et à saint Germain de donner une égale assistance.

Le 6 du même mois de février, les barbares, profitant de la chute du Petit-Pont, sous les eaux de la Seine qui était débordée, avaient dirigé leurs efforts sur la tour qui la protégeait, et, comme ils ne pouvaient s'en emparer, ils l'avaient incendiée, puis avaient traîtreusement mis à mort les guerriers qui la défendaient. La paix fut vainement conclue : Sigefroid, qui avait reçu soixante livres d'argent pour lever le siège, ne put entraîner ses guerriers.

Un septième assaut fut livré et repoussé. Mais Gozlin « ce prélat du Seigneur, ce héros si humain », dut laisser les combats pour aller « dans le séjour des astres, astre brillant lui-même, habiter avec le Seigneur », après avoir été pour Paris « un bouclier, une hache à deux

---

(1) *De bell. Par. urb.*, v.v. 314 et suiv.
(2) *Ibid.*, v. 328 :

Auxilio cujus fruimur vita modo tuti.

Et un nouvel assaut avait été tenté, sans plus de succès, le 2 février.

Tertia lux hujus fuerat belli recolendæ
Sancta Genitricis tum Purificatio Christi
Quæ nostræ tribuit plebi gaudere triumpho.

(*Ibid.*, v. 435-437.)

tranchants, un arc et une flèche terrible (1). » La peste s'unit à la guerre pour multiplier les victimes dans la cité. Henri de Saxe, envoyé pour la seconde fois au secours des assiégés, trouva la mort dans une embuscade. On était ainsi arrivé au mois de juilllet ou d'août. La sécheresse avait rendu très basses les eaux du fleuve. Les Normands crurent le moment favorable pour donner l'assaut général.

« Les murs de la ville furent investis par les barbares.
« De tous côtés, elle éprouvait les fatigues d'un rude
« combat; la guerre était partout : sur les murs, sur les
« tours, sur tous les ponts. La terre même combattait con-
« tre les eaux qui la couvraient à peine. Les trompettes en
« sonnant ordonnaient aux citoyens d'abandonner la table :
« Allons, s'écriaient les cors, quittez tous votre repas! La
« ville et les habitants étaient pénétrés de terreur, et il
« n'était dans la ville aucun lieu étranger à la guerre. Les
« javelots et les dards brisés fondaient sur les tours, comme
« la pluie sur les campagnes; et les boucliers gémissaient,
« frappés par des balles de plomb et de grosses pierres :
« tels étaient toujours leurs présents. De leur côté, les nô-
« tres envoyaient à ces sauvages des pierres et des balis-
« tes lancées avec roideur, accompagnées d'une grêle de
« flèches. L'air en était obscurci et on ne voyait voler autre
« chose entre le ciel et la plaine. Mars régnait de plus en
« plus furieux, et s'enorgueillissait du carnage. »

Mais voici que « la Vierge de Dieu, Geneviève, est portée à la tête de la ville (2) », point où le danger est extrême.

---

(1) *De bell. Par. urb.*, lib. II, v. v. 70 et suiv. :

<pre>
Gozlinus, Domini præsul, mitissimus heros,
Astra petit Domino migrans, rutilans velut ipsa :
Nostra manens turris, clypeus, nec non bis acuta
Romphea, fortis et arcus erat, fortisque sagitta.
</pre>

(2) A la pointe orientale de l'île.

« Aussitôt, par sa protection, les nôtres obtiennent l'avan-
« tage et repoussent l'ennemi loin des remparts (1). »

Ailleurs, le combat n'était pas moins acharné, et le péril devenait imminent, car « les chrétiens fatigués ne pouvaient soutenir l'attaque »; et « les barbares joyeux pous-
« saient vers le ciel de grands éclats de rire, se croyant déjà
« les maîtres des remparts. » Dans cette extrémité, « tous
« s'écrièrent d'une voix plaintive : *O bienheureux Ger-*
« *main, protège tes enfants; autrement nous mourrons!*
« *O saint prélat, viens à notre secours, nous périssons!*
« La terre et le fleuve retentissaient du nom de Germain, et
« les rivages et les forêts d'alentour renvoyaient ces cris :
« *O saint Germain, aie pitié de nous, nous t'en supplions!*
« En même temps, les cloches des temples les répétaient
« en s'agitant avec un son lugubre; le sol ébranlé et les
« gouffres du fleuve les redisaient en mugissant, et dans la
« ville, qui se croyait à son dernier moment, tout était
« rempli de pleurs et de sanglots.

« Germain qui mérite les hommages de tout l'univers,
« entend les vœux et se présente avec son corps pour les
« secourir dans l'endroit où le combat est le plus furieux :
« il donne en proie à la mort plusieurs porte-enseigne des
« Normands, puis un plus grand nombre de ces barbares
« et les repousse de la ville et du pont (2). » Un dernier effort de la part des assiégeants n'a pas plus de succès.
« Percés de divers traits, les Normands tombent à terre
« comme la pluie du ciel et sont emportés dans leurs vais-

---

(1)   Virgo Dei Genofeva caput defertur ad urbis,
Quo statim meritis ejus nostri superarunt;
Inde fugaverunt etiam pinnis procul illos.
(*De bell. Par. urb.*, lib. II, v. 247-249.)

(2)   Omnibus en Germanus adest recolendus in orbe,
Corpore subsidoque simul, nil vota moratus,
Quo majora tenebantur certamine Martis,
Signiferosque Danûm lucrari morte coegit;
Atque dehinc alios perplures; protenus urbe
Ponte simul pellens illos.
(*Ibid.*, v. 279-284.)

« seaux (1) ». Enfin l'incendie qu'ils allument s'éteint devant la croix.

Charles le Gros allait, vers le mois d'octobre, couronner une si glorieuse défense par le plus honteux traité : ce n'était pas assez de promettre sept cents livres d'argent, il permettait encore aux barbares de piller la Bourgogne. C'était les ramener prochainement devant Paris pour toucher le tribut qui était payable au mois de mars suivant. C'était même un nouvel appât pour de futurs exploits. Aussi la « cité qui brille comme une reine entre toutes les autres (2) », vit-elle les quatre années qui suivirent, réapparaître aux pieds de ses murs les terribles visiteurs. Mais le ciel la protégeait toujours ; et le successeur de Gozlin, Anschéric, n'en oubliait pas le glorieux exemple : noble, généreux, ardent (3) à entraîner son peuple dans les sentiers de l'Évangile, il savait aussi se mettre à sa tête pour le conduire à la victoire (4).

Les reliques des saints durent rester dans la ville, tant que le péril ne parut pas suffisamment éloigné. Dès lors il ne semble pas qu'on doive fixer, avant la fin de 890 ou le commencement de 891 (5), le retour de la châsse de sainte Geneviève dans l'église qui associait déjà dans son

(1) Dilabuntur humi vario trajecta mucrone
Viscera, quo pluviæ cœlo, ratibusque feruntur.
(*De bell. Par. urb.*, v. 291-292.)

(2) Sum polis ut regina micans omnes super urbes.
(*Ibid.*, lib. I, v. 12.)

(3) Nobilis egregiusque sacræ pompatus honore
Totius Anschericus virtutis germine clarus.
(*Ibid.*, lib. II, v. 336-337)

(4) Præterea quadringentis a mille remotis
Acephalos prostravit humi, peditum comitatus
Agmine tercentum pastor.
(*Ibid.*, v. 485-487.)

(5) C'est le sentiment de dom Toussaint du Plessis : «' Vers la « même année, dit-il, 890 ou 891, les châsses de sainte Geneviève et de « saint Cloud doivent avoir été aussi reportées dans leurs églises. » (*Nouvel. Annales de Paris*, p. 188.)

vocable le nom de la puissante vierge à celui du prince des Apôtres.

Si ce siège et ces malheurs de Paris ravivent naturellement le souvenir d'un autre siège et d'autres malheurs, comment, en même temps, ne pas appliquer à la France d'aujourd'hui les paroles que le poète adressait à la France d'autrefois? Ne dirait-on pas qu'Abbon traçait une page des mœurs contemporaines?

« O France, s'écriait-il (1), où es-tu ? Où sont, je te le
« demande, ces forces antiques qui te faisaient vaincre et
« subjuguer des royaumes plus puissants ? Trois vices à
« expier ont fait ta ruine : l'orgueil, les honteux attraits du
« plaisir, le faste d'une parure recherchée. Voilà ce qui t'en-
« lève à toi-même. Vénus te domine à un point que tu
« ne sais pas même écarter de ton lit les femmes déjà
« mères et les vierges déjà consacrées au Seigneur ; ou,
« puisque tant de femmes se jettent dans tes bras, pourquoi
« outrager la nature ? Le juste, l'injuste, tout est confondu.
« Une agrafe d'or retient ton vêtement superbe; tu animes
« le coloris de ta peau par une pourpre précieuse ; tu ne
« souffres pour tes épaules qu'un manteau doré, pour tes
« reins qu'une ceinture où les pierres précieuses se croi-
« sent en tous sens, pour tes pieds que des lacets d'or.
« Nul humble costume, nul habit simple n'est digne de te
« couvrir. Voilà ce que tu fais; voilà ce que ne fait autant
« que toi aucune autre nation. Si tu ne renonces à ces
« trois vices, renonce donc à ta puissance et à l'empire de
« tes pères ; car de là naissent tous les crimes : ainsi l'attes-
« tent Jésus-Christ et les livres saints qui l'ont annoncé. O
« France, fuis donc bien loin de ces excès ».

(1) *De Bel. Par. urb.*, lib. II, v. v. 596 et suiv.

CHAPITRE II

LOI SALUTAIRE ET DÉCADENCE

I. LA RÈGLE DE CHRODEGANG — II. LE RÉGIME DE LA SÉCULARISATION

I

LA RÈGLE DE CHRODEGANG

Nous n'avons pas la prétention d'élucider quelque peu cette question tant débattue à la fin du xviie siècle : l'ordre canonique est-il antérieur ou postérieur à l'ordre monastique (1). La peine serait grande et le résultat minime. Bor-

---

(1) Indiquons les trois principaux ouvrages que la chaude dispute a fait naître à cette époque. La question y est envisagée sous ses divers aspects et traitée dans les différents points qui s'y rattachent.
1º *De canonicorum ordine disquisitiones*, Paris, 1697, 1 vol. in-4, par le P. Alain Le Large, de la Congrégation de France des chanoines réguliers ;
2º *Histoire des chanoines ou Recherches historiques-critiques sur l'ordre canonique*, Paris, 1699, 1 vol. in-12, par le P. Raimond Chaponel, de la même congrégation ; à part peut-être quelques conclusions forcées, c'est un des livres les mieux pensés sur l'épineux sujet ;
3º *Critique de l'histoire des chanoines ou Apologie de l'état des chanoines propriétaires depuis les premiers siècles de l'Église jusqu'au douzième*, Luxembourg, 1700, 1 vol. in 12, par le P. Ch.-L. Hugo, de l'ordre de Prémontré : c'est la critique de l'histoire précédente.

Disons aussi qu'au commencement de ce xviie siècle la question avait été longuement étudiée en Italie. Pennot, chanoine de la Congrégation de Latran et abbé de Saint-Julien de Spolette, avait entrepris de remettre

nons-nous à cette réflexion : si la vie de communauté suffisait alors pour constituer un chapitre, il est certain que l'ordre canonique remonte très haut; et nous pouvons dans son jour la vérité plus ou moins obscurcie, selon lui, par les auteurs. De là son *Generalis totius sacri ordinis clericorum canonicorum historia tripartita*, Rome, 1624, in-fol. Pennot reconnait, p. 240, aux chanoines réguliers une origine apostolique.

C'est également l'opinion de du Molinet.

« Je suppose, dit-il, avant toutes choses, ce qui est très véritable, que
« l'ordre des clercs ou des chanoines a commencé avec le sacré-collège
« des Apostres, d'où il a pris le nom d'ordre apostolique, veu que les
« Apostres ont esté les premiers clercs de l'Église, ayant tout quitté pour
« suivre Jésus-Christ et le prendre pour leur sort, leur portion et leur
« héritage, en quoy consiste l'essence de la cléricature : *Ecce nos reliqui-*
« *mus omnia et secuti sumus te*. Ils vivoient en commun et n'avoient qu'une
« bourse dont Judas estoit le dépositaire et l'économe, ayant soin des be-
« soins temporels de leur communauté : *Omnes canonici regulares sub ab-*
« *bate Christo*, dit Gerson. Les Apostres et les disciples inspirèrent par
« après ce genre de vie comme le plus parfait aux premiers chrétiens :
« *Erant illis omnia communia et dividebant illa omnibus prout cuique opus*
« *erat*, et le recommandèrent encore davantage aux clercs qu'aux autres,
« comme saint Marc à ceux d'Alexandrie ; ce qui fait que, considérant les
« premiers clercs de l'Église comme le modèle de leurs successeurs, nous
« devons establir à leur exemple ces deux choses pour leur perfection :

« La communauté des biens et la communauté de vie.

« Ces deux pratiques néantmoins, quoique très saintes, ne peurent pas
« durer longtemps parmy les premiers chrétiens à cause des persécutions
« des tyrans, qui les obligèrent de se séparer et de se cacher pour fuir
« leurs cruautés et mettre leurs vies en assurance. Quelques-uns néant-
« moins, plus fervents dans la religion et moins engagés dans le monde,
« se retirèrent dans les déserts de l'Égypte, pour continuer à y vivre en
« commun, ce qui donna commencement au saint institut des moynes.
« Mais pour ce qui est des clercs, des prestres et des évesques, il ne leur
« fut pas permis d'en faire de mesme, puisque le devoir de leur charge
« les obligeoit de demeurer dans les villes pour y fortifier les fidèles en la
« foy et leur administrer les sacrements. C'est pourquoy leur vie commune
« fut entièrement dissipée durant les persécutions. » (B. S. G., ms. fr. H. 17, in-fol. : *Les Vies des hommes illustres en sainteté, en doctrine et en dignité de l'ordre des chanoines réguliers en France*, p. 5-6.)

Dans une de ses *Réflexions sur les antiquitez des chanoines*, du Molinet tient ce langage poétique : « On peut dire, ce me semble, qu'il est de
« l'ordre des chanoines réguliers comme de certains fleuves dont le cours
« est si long et si étendu, qu'on n'a pu encore remonter jusqu'à leur source
« ny la découvrir. On sçait assez quand les Bénédictins, les Chartreux, les
« Bernardins et les autres religieux qui se sont élevez depuis dans l'Église,
« ont commencé, et quels ont esté leurs institutions; mais pour ce qui
« est des chanoines réguliers, personne n'a pu encore remarquer au vray
« les principes ny connoistre le vrai autheur. » (*Réflexions sur les anti-*

souscrire à cette pensée qu'exprime du Molinet dans un ouvrage également inédit : « La paix et la liberté ayant été « rendues par les empereurs chrétiens, quelques saints « évêques furent inspirés de renouveler parmi leur clergé « la communauté de vie qu'ils voyaient en vigueur parmi « les moines qui en furent appelés cénobites. Ceux d'Orient « commencèrent les premiers, comme saint Mélas, évêque « de Rhinocorure, au rapport de Sozomène (1), et ils furent « suivis par ceux d'Occident, savoir de saint Eusèbe à « Verceil, de saint Ambroise à Milan, de saint Augustin en « Afrique et de saint Martin... et des disciples de saint « Augustin en France... (2) ». Toutefois ces clercs qui menaient une vie commune, ne furent appelés que dans le sixième siècle *clerici-canonici*, *clercs-chanoines* (de *canon*, règle), en d'autres termes *clercs-réguliers* (de *regula*, même signification). C'était pour les distinguer des autres clercs qui conservèrent simplement le nom de *clerici* (3). Entre les cathédrales où cette vie commune s'établit successivement, il faudrait particulièrement citer Uzès sous saint *Rouée* (4), Arras sous saint Waast en 510, Bourges sous Arade en 540, Vienne sous Cadold en 645, Rouen sous saint Ouen en 650, Besançon sous Migèce en 660 (5).

quites des chanoines, au nombre de 24, 2 vol. in-8°, Paris, 1674, 12 par vol., 1re réflex. d'un vol.)

On peut voir encore une curieuse lettre de Lamber, abbé de Saint-Ruf, au XIIe siècle, lequel ferait volontiers remonter l'ordre canonique jusqu'au sacerdoce de l'ancienne loi. (Martène, *Thesaurus*, tom. I, p.p. 329 et seq.

(1) Voir *Histor. ecclesiast.*, lib. VI, cap. XXXII.

(2) B. S. G., ms. fr. H. 17, in-fol. : *Les Vies des hommes illustres en sainteté, en doctrine et en dignité de l'ordre des chanoines réguliers en France*, p. 6-7.

(3) Nous lisons, en effet, dans le IIIe concile d'Orléans, tenu en 538, canon XI, au sujet des clercs qui ne veulent point s'acquitter de leurs charges : « Inter reliquos canonicos, ne hac licentia alii vitientur, nul- « latenus habeantur, neque ex rebus ecclesiasticis cum canonicis stipendia « aut munera ulla percipiant. »

(4) Probablement *Roricius* dont il est parlé dans le *Gall. christ.*, tom. VI, col. 611.

(5) Même ms. H. 17, p. 7-8.

Si l'on accepte dans toute son étendue la pensée du savant Génovefain, il y aurait eu alors un certain nombre d'abbayes de chanoines, et on devrait ajouter à celle de Sainte-Geneviève de Paris, les abbayes de Saint-Pierre d'Auxerre, de Saint-Loup de Troyes, de Saint-Augustin de Limoges, de Saint-Aubin d'Angers, de Saint-Séverin de Château-Landon, de Saint-Marcel de Châlons-sur-Saône, de Saint-Chéron de Chartres, de Saint-Pierre de Mâcon, de Saint-Hubert dans les Ardennes, toutes fondées dans le vi^e siècle, à l'exception des deux dernières qui l'ont été vers la fin du viie (1).

A cette même époque, selon le même historien, le relâchement s'introduisait au sein des clercs-chanoines, en sorte qu'en France la vie commune était généralement délaissée. « Puisque, par le malheur des temps, la négli-
« gence des pasteurs et des fidèles s'est par trop accrue,
« qu'y a-t-il à faire pour nous qui nous trouvons en pré-
« sence de ce grand péril, sinon, avec le secours de Dieu,
« ramener, autant que nous pouvons, pour ne pas dire
« autant que nous devons, notre clergé dans la droite
« voie ? » Ainsi parlait dans le prologue de sa règle le grand législateur de l'ordre canonique au viiie siècle. Nous venons de nommer Chrodegang, évêque de Metz, et de désigner sa règle qui est, en partie et dans les limites du possible, empruntée à la règle de saint Benoît ou inspirée par elle, avec cette différence que les vœux de religion étaient compris dans celle-ci, et non dans celle-là.

Les deux législateurs consacraient deux principes qui étaient comme les deux pivots de leur œuvre, l'obéissance et le travail, l'obéissance prompte, sans tergiversation, et le travail entrepris avec ardeur, conduit avec patience. L'un et l'autre estimaient que le dortoir commun était le complément nécessaire de la vie commune. De part et

---

(1) Même ms. H. 17, p. 9.

d'autre, c'étaient les mêmes heures pour le chant des nocturnes et des laudes avec le même emploi du temps qui séparait ces deux parties de l'office. Relativement à la vie physique, nous rencontrons également des deux côtés une augmentation en nombre et un accroissement en sévérité des jeûnes et des abstinences prescrits par l'Église, une prévoyante distribution de vêtements, un sage rationnement dans la nourriture, afin, dit très bien Bossuet (1), « d'ôter à la nature tout le superflu » et « de s'empêcher de prendre du goût en prenant le nécessaire.... en sorte qu'on *paraisse moins sortir d'un repas que d'un exercice, ut non tam cœnam quam disciplinam.* » Enfin, les pénalités ne différaient pas : c'étaient les pénitences publiques et humiliantes, les corrections corporelles, l'excommunication et, au besoin, l'exclusion. Nous pouvons donc appliquer, dans une assez large mesure, à la règle de saint Chrodegang ce que le même Bossuet (2) disait de celle de saint Benoît : « Cette règle, c'est un précis du
« christianisme, un docte et mystérieux abrégé de toute
« la doctrine de l'Évangile, de toutes les institutions des
« saints Pères, de tous les conseils de perfection. Là,
« paraissent avec éminence la prudence et la simplicité,
« l'humilité et le courage, la sévérité et la douceur, la
« liberté et la dépendance. Là, la correction a toute sa fer-
« meté ; la condescendance tout son attrait ; le commande-
« ment toute sa vigueur, et la sujétion son repos ; le si-
« lence sa gravité, et la parole sa grâce ; la force son exer-
« cice, et la faiblesse son soutien... »

Infuser ainsi le plus possible la perfection évangélique dans la vie sacerdotale qui se relâchait, c'était le moyen de travailler avec succès à la réformation de cette dernière. Le saint évêque de Metz fut donc heureusement inspiré ; et le service qu'il rendit à l'Église devint d'autant plus

(1) *Panégyr. de saint Benoît*, 1er point.
(2) *Ibid.*, 3e point.

grand, que son œuvre, à l'exemple de l'œuvre de saint Benoît et pour en partager quelque temps la gloire et en subir ensuite la décadence, s'étendit dans tout l'Occident, s'imposant aux divers clergés des cathédrales et des collégiales.

C'est en nous plaçant à ce point de vue, que nous avons caractérisé dans ses traits généraux la règle de saint Chrodegang ; car, dans l'hypothèse tout à fait probable, sinon certaine, que l'église de Sainte-Geneviève fut une collégiale, il ne saurait y avoir de doute sur l'adoption, par ce chapitre, de cette règle canonique qui l'aurait régie jusqu'à la sécularisation (1).

II

LE RÉGIME DE LA SÉCULARISATION

La sécularisation de l'abbaye, comme celle d'un grand nombre d'autres, dût se consommer dans le xe siècle. Toutefois, il ne faudrait pas conclure qu'aucune règle ne présidât à la situation nouvelle, du moins en ce qui concernait Sainte-Geneviève.

Les menses avaient été converties en prébendes (2) par la force des choses et avec la permission tacite ou formelle des

---

(1) Voir, *Not. et Docum.*, l'analyse de cette règle. Cette règle est reproduite dans la collection des conciles de Labbe, tom. VII, p.p. 1445 et suiv., et dans les *Annales ecclesiastici Francorum* de Le Cointe, tom. V, p.p. 567 et seq.

Il est évident que certaines prescriptions secondaires ou locales auront dû être supprimées ou modifiées à Sainte-Geneviève. Ainsi en aura-t-il été également dans les autres chapitres où la règle a été appliquée.

(2) On sait que la *mense* désignait le revenu attaché à l'entretien d'un chanoine, quand il y avait vie commune. C'était la même chose dans l'ordre cénobitique. La portion de revenu allouée au chanoine après la sécularisation prenait le nom de *prébende*.

supérieurs ecclésiastiques. Robert le Pieux voulut consacrer le fait par son autorité souveraine pour un certain nombre de chapitres (1); et de ce nombre fut celui de Sainte-Geneviève qui l'en avait prié (2). L'autorité ecclésiastique avait donné son approbation à l'acte royal touchant ce dernier chapitre, car l'acte porte les signatures de Rainold, évêque de Paris, de Girod, évêque d'Ostie et légat du Saint-Siège, de Rambault, autre légat apostolique. Mais Rome, un siècle plus tard, devait intervenir directement, à la demande de Philippe Ier. Ce fut l'œuvre de Pascal II (3).

La vie des chanoines de Sainte-Geneviève était ainsi organisée : la communauté obéissait à un doyen pris dans son sein et ayant pour mission de présider à l'administration du chapitre conformément aux règles canoniques (4).

(1) Du Molinet cite les églises de Saint-Agnan d'Orléans, de Saint-Hilaire de Poitiers, de Saint-Martin de Tours, « qui s'estoient sécularisées, » de Saint-Rieul de Senlis, de Notre-Dame d'Etampes, de Saint-Nicolas de Paris, de Notre-Dame de Vitry-le-Brûlé, que Robert « avoit fait bastir. » (Même ms. H. 21, p.p. 305, 306.)

(2) Gall., tom. VII, Instr., col. 221, où la charte se lit : « Quoniam adientes serenitatis nostræ præsentiam dilecti nostri ex monasterio sanctorum apostolorum Petri et Pauli et sanctæ Genovefæ virginis canonici humiliter deprecati sunt quatenus sibi inibi Domino famulantibus ex claustro et ex omnibus ad suas villas vel res pertinentibus, necnon de præbendis atque præfecturis hoc præceptum nostræ auctoritatis fieri juberemus, ita ut omnia supradicta sine cujuslibet personæ inquietudine jugiter quietem obtineant. Quod nos libenter annuimus et petitionibus eorum diligenter adquievimus. » Contresignée par Franco, chancelier du palais, cette charte est aussi sans date. Du Molinet lui assigne l'année 997. (Même ms. 21, p. 306.)

(3) B. S. G., ms. lat., Cartulaire, E. 25, in-fol., p. 1, où a été transcrite la bulle, datée de Meaux, le 13 mai 1108, et adressée aux chanoines de Sainte-Geneviève : « Præbendas enim seu præfecturas ab egregiæ memo-
« riæ Roberto, Francorum rege, vestræ ecclesiæ traditas et cetera quæ in
« hac præsenti quintadecima indictione legitime possidetis, vobis ves-
« trisque successoribus apud supradictam beatæ Genovefæ virginis eccle-
« siam in canonico ordine servientibus sine quorumlibet inquietudine
« perpetuo possidenda firmamus... »

(4) Charte du roi Robert, loc. cit. : « Volumus itaque ut... eumdem locum clericalis ordo... obtineat per omne præsentis vitæ tempus secundum regulam canonicalem, semperque decanum habeat ex propria congregatione qui ipsam ecclesiam et famulos Christi ibidem degentes canonicali religione custodiat. »

Ces expressions révèlent évidemment que, hors la vie commune et ce qu'elle entraînait, il fallait ne point s'écarter des anciennes prescriptions. Pour en faciliter l'observation, le roi Robert, suivant le Nécrologe de l'abbaye, aurait donné au chapitre, autour de l'église, une sorte de cloître pour la demeure des chanoines (1).

L'on avait alors — fait qui assurément n'était pas particulier à Sainte-Geneviève — à distinguer deux sortes de chanoines : ceux qui habitaient le cloître et assistaient aux offices, et ceux dont la position ne permettait ni l'un ni l'autre. Parmi ces derniers, deux catégories se formaient naturellement, selon que les dignités ecclésiastiques retenaient ailleurs ou que les devoirs de la charge fixaient le séjour dans les bénifices. En effet, sous le régime de la sécularisation, non seulement des monastères, comme Saint-Martin des Champs de Paris (2) et Saint-Victor (3), mais

---

(1) *Claustrum huic ecclesiæ dedit*. C'était, écrit du Molinet, pour leur permettre de vivre « en la manière des autres chanoines séculiers. » (Même ms. 21, p. 306.)

La bulle de Pascal II, *loc. cit.*, portait aussi : « Concedimus etiam ut
« de vestra semper congregatione decanum eligere debeatis, qui ecclesiam
« ipsam et fratres illic Domino servientes canonicali religione custodiat. Nec
« aliquis super eos injustam potestatem exerceat, aut cuilibet eis temere
« contra ipsorum rectam voluntatem imponat.... ; ut semper in canoni-
« cali religione per Dei gratiam persistentes ejusdem ecclesiæ clerici cum
« patrocinio regio, etiam sedis apostolicæ tuitione congaudeant. »

(2) Saint-Martin, mis en possession de la prébende, probablement sous le règne de Henri 1er, les posséda jusqu'en 1192, où les religieux, « se lassant de la desservir, en souffrirent l'extinction et la réunion au domaine de Sainte-Geneviève, « en échange d'une dîme à Aulnoy en Laonnais » (*Ibid.*, p. 316).

(3) Le fait de la prébende possédée par Saint-Victor est rappelé dans une charte de Louis-le-Jeune, en date de 1138, charte dans laquelle le roi observe ; « Stephanum decanum S. Genovefæ de Monte et canonicos ejus-
« dem loci omnes communi assensu præbendam unam in sua B. Geno-
« vefæ ecclesia S. Victori possidendam libere dono perpetuo contulisse. »
(*Gal.*, col. 708.) Après l'établissement des chanoines de Saint-Victor à Sainte-Geneviève, il s'éleva une contestation entre les deux abbayes. L'affaire fut portée à Rome. Innocent III nomma, pour en connaître, avec les abbés de Vaucernay et de Châlis, le prieur de Saint-Martin des Champs. La sentence qui assignait à Saint-Victor, en échange de la prébende, « le sixième de la dîme de Rungis » et de plus « 20 sols de rente et quelques droits à Fontenay, »

des personnes ecclésiastiques, comme l'évêque de Senlis et l'archidiacre d'Auxerre, possédaient des prébendes à Sainte-Geneviève (1). Si ces monastères desservaient leur prébende, on comprend que ces ecclésiastiques se trouvaient dans l'impossibilité d'en faire autant. Outre cela, des églises ou cures, dépendance de Sainte-Geneviève, étaient annexées à certaines prébendes : ainsi, pour citer quelques noms, de Rosny, Vanves, Nanterre, Epinay, On comprend encore que les préposés à l'administration de ces cures ne pouvaient vaquer à leurs fonctions de chanoines. C'est de là que serait venue, pour les prébendes, la distinction, remarquée dans la charte de Robert et la bulle de Pascal, entre les prébendes proprement dites et celles appelées *préfectures* ou *prévôtés* (2).

Il est probable qu'en cet état de choses des contestations s'élevèrent touchant les décisions à prendre capitulairement. Toujours est-il que Louis le Gros intervint en 1118, pour déclarer valides les délibérations prises par les chanoines qui observaient la stricte résidence, même en l'absence et malgré l'opposition de ceux qui ne l'observaient pas. C'était plus que de la bienveillance pour les premiers (3). C'était en soi une mesure équitable, car un chapitre ne saurait fonctionner dans d'autres conditions.

ne termina pas le différend. L'année suivante, c'est-à-dire en 1202, grâce aux efforts d'amis communs, une transaction se signa qui rétablit « la paix et la bonne intelligence entre ces deux églises. » (Même ms. 21, p.p. 317, 318.)

(1) Sainte-Geneviève avait aussi une prébende à Notre-Dame de Paris. Elle la devait à la générosité de Thibaut, à la fois, chanoine de Notre-Dame et chantre de Sainte-Geneviève : « Obiit Thebaldus sacerdos et præcentor, qui præbendam Sanctæ-Mariæ tribuit huic ecclesiæ. » (Même ms. 21, p. 313, d'après le *Nécrologe* de l'abbaye.) L'abbaye posséda cette prébende de droit et de fait jusqu'à sa réformation. Des difficultés surgirent alors qui ne prirent fin que par la solennelle transaction de 1202, transaction sur laquelle nous aurons à revenir.

(2) Même ms. 21. passim.

(3) *Gall.*, col. 707 : « Dignum est enim, dit le roi, ut illi, qui seduli sunt « ad Dei servitium, potioris obtineant dignitatis virtutem, quam illi, qu « sine servitio possident ecclesiastici beneficii portionem. »

La non-résidence, dans ces cas, avait rendu le nombre des chanoines insuffisant pour le service divin. Trois chapelains, d'abord, et un quatrième, en 1140, leur avaient été adjoints. Du Molinet s'appuie, en particulier, sur les signatures que porte le titre de fondation de la quatrième chapellenie, pour écrire que le chapitre se composait de vingt-quatre personnes, « savoir de quatre dignités ou officiers, le doyen, le chancelier, le chantre et le cellerier, de six chanoines résidants, de dix tant externes que bénéficiers, et quatre chapelains (1). »

Les 150 ans environ que Sainte-Geneviève passa sous le régime de la sécularisation, du premier doyen, probablement Félix (2), au dernier, Etienne II, fut une période peu brillante pour l'antique abbaye.

(1) Même ms. 21. p.p. 258, 312, 313.
Les chapelains étaient attachés, les trois premiers aux trois chapelles du sanctuaire, consacrées à sainte Geneviève, à saint Médard et à saint Jean, et le quatrième à la chapelle de Notre-Dame qui était dans la crypte. Si nous ne connaissons pas la fondation des trois premières chapellenies, nous sommes mieux renseignés sur la quatrième qui est due à la générosité d'un chanoine de Sainte-Geneviève, du nom de Geoffroy. C'était au quatrième chapelain qu'il incombait de faire les offices paroissiaux, puisque la chapelle était affectée à cet usage : « Ita videlicet ut idem sacerdos in « altari beatæ Mariæ quod est in crypta secundum consuetudinem paro- « chiarum missas celebret. » Mais tous les quatre se trouvaient, en même temps, astreints au service du chœur, ainsi que le porte le titre de fondation de 1140 : « Sacerdotem ad assidue serviendum in choro et altari in eadem ecclesia, sicut tres ejusdem ecclesiæ capellani, elegit. » (*Ibid.*)

(2) Le *Gallia christiana*, col. 705, nomme pour premier doyen de Sainte-Geneviève Bernier dont il était fait, nous citons d'après le *Gallia* même, cette mention dans le *Nécrologe* de l'abbaye: « XVI cal. decembris, obiit Bernerius, hujus ecclesiæ episcopus. » On sait qu'il y avait des abbés revêtus de la dignité épiscopale. Mais que des doyens fussent élevés à cette dignité, voilà ce qui ne se rencontre que bien rarement, si tant est que cela se rencontre. Il semblerait donc plus conforme aux données de l'histoire de placer ce Bernier parmi les derniers abbés qui ont régi le monastère. Dans cette hypothèse, le premier doyen que l'histoire permette de mentionner, serait un certain Félix d'une « naissance illustre, » mais simple « lévite, » ainsi qu'il se fait connaître lui-même dans quelques vers consacrés à sainte Geneviève et placés à la suite d'une transcription de la première histoire de la patronne de Paris : *Libellus de vita et moribus sive conversatione beatissimæ virginis Genovefæ* (B. S. G. ms. latin H. 2, in-8,

LOI SALUTAIRE ET DÉCADENCE

Ce n'était pourtant pas que les faveurs royales ne se continuassent.

Les usurpations des séculiers dans le domaine religieux

fol. 52), transcription corrigée ou amplifiée dont il est lui-même l'auteur, comme l'attestent ces vers de la fin :

> Virginis angelicæ cernis, lector, Genovefæ
> Virtutes ; vitlis Felix levita piavit,
> Nobilitate illic fulgens et honore decanus.

La date assignée par le *Gallia* au ms. s'accorde avec les autres renseignements pour faire vivre ce Félix vers la fin du xe siècle ou le commencement du xie.

Nous devons un souvenir à ces deux abbés, prédécesseurs de Bernier :

Frotband qui fit « porter les reliques de saint Hilaire à une certaine localité, » Draveil, probablement (*Acta sanctorum*, janvier, tom. I, p. 796; *Gall.*, tom. VII, col. 699-700);

Herbert ou Hébert, connu surtout par un pieux larcin, l'enlèvement d'une dent de sainte Geneviève, précieuse relique qu'à titre de satisfaction il fit placer dans un beau reliquaire (*Mirac. S. Genov. post mortem,* § XVI);

Pareil souvenir doit être accordé à ces successeurs de Félix dans le décanat :

Ulric et Etienne I dont les noms seuls ont échappé à l'oubli;

Hilgot, d'abord élève, puis doyen de Sainte-Geneviève, ensuite évêque de Soissons et enfin abbé de Marmoutiers où il mourut en 1104 (Du Molinet, même ms. 21, p. 319);

Sévin, poussant le désintéressement jusqu'à faire l'abandon perpétuel de sa prébende pour la restauration de la basilique (*Gall.*, col. 706, d'après le *Nécrologe* de l'abbaye);

Lisiard dont le nom se rencontre dans la charte par laquelle l'évêque de Paris, Geoffroy, gratifia, en 1108, le prieuré de Saint-Martin des Champs de la cure de Bondy (*Ibid.*).

Vers ce même temps, le préchantre de Sainte-Geneviève, appelé Bernard, fit le voyage de Jérusalem. Il y rencontra Anseau, ancien chanoine de Paris et devenu depuis préchantre de l'église du Saint-Sépulcre. Ce dernier dont le nom se rattache à l'envoi d'une portion de la vraie croix à l'église de Paris, voulut confier au chanoine Bernard, pour la même destination, un autre objet précieux : ce fut, cette fois, une croix de pierre taillée dans le tombeau du Sauveur : « *Crucem unam de lapide Domini sepulchri....* » (*Ibid.*)

Il y a d'autres abbés dont l'histoire fait mention sans indiquer l'abbaye qu'ils gouvernaient. Le *Gallia christiana* (tom. VII, col. 703-704) estime qu'on peut les donner à Sainte-Geneviève aussi bien qu'à toute autre abbaye de la capitale.

C'est, en premier lieu, Amphiloque qui représenta Amélius, évêque de Paris, au IVe concile d'Orléans, en 541.

C'est, ensuite, Germoalde, qualifié du titre d'*abbé de Paris, abbas Pari-*

s'étaient encore accrues : en certains endroits, on donnait les abbayes et les collégiales en commande à des laïques. Craignant un sort pareil, au moins dans l'avenir, le chapitre de Sainte-Geneviève s'adressa à Henri Ier pour le supplier de lui accorder la garantie de son autorité souveraine. Le roi accueillit la demande et statua, en 1035, que ses successeurs au trône ou les princes qui gouverneraient Paris, ne disposeraient jamais du susdit chapitre en faveur des laïques, même pour rémunérer des services rendus (1).

Une coutume, conséquence sans doute des perturbations sociales, pesait sur le chapitre : les chanoines avaient à se rendre à la cour pour répondre aux plaintes portées contre eux. Ce n'était conforme ni au saints canons ni aux usages de l'Eglise. Le doyen Etienne II, qui avait été précédemment aumônier de Louis le Gros (2), adressa une supplique à ce monarque. En souvenir de la piété de son père, Louis le Gros décréta qu'à l'avenir les chanoines seraient cités dans la salle du chapitre devant le roi ou son représentant, et jugés par leurs juges naturels, le doyen et les

---

siensis, et qui souscrivit, à la place d'Audobert, évêque de Paris, le concile de Châlons-sur-Saône, vers 650.

C'est aussi Dodon, envoyé à Rome, en 767, par Pépin, suivant Mabillon. (*Annal. ord. Benedict.*, tom. II, p. 212). Le même Mabillon estime qu'il ne serait autre que le comte Dodon qui, avec le concours d'Héribert, abbé de Murbach, aurait déjà accompli une mission dans la capitale de la chrétienté, en 761, toujours d'après les ordres du roi Pépin. (*Ibid.*, p. 213).

Ce serait, enfin, celui que le livre des *Miracles de sainte Geneviève après sa mort* appellerait le *vénérable Magnard, venerabilis Magnardus nomine*, suivant certains manuscrits. Pour nous, nous préférons cette variante : *Vernaculus Magnardus nomine, un serf du nom de Magnard*, comme convenant mieux au fait, car il s'agissait d'un gardien d'abeilles. (*Miracul. S. Genev. post. mort.* § LXXVII.)

(1) *Gall. christ., Instrument.*, col. 221, 222 : « Statuimus et regali auctoritate præcipimus, insuper et sigilli nostri impressione firmamus, ut nullus succedentium regum vel principum Parisiensem urbem tenentium prædictam congregationem nunquam alicui beneficii tradat.... »

La bulle de Pascal II avait déjà statué sur ce point : « Nec alicui Francorum regi seu principi Parisiensem urbem tenenti liceat eamdem ecclesiam cuicumque in beneficium tradere... » (*Cartul.* cité).

(2) *Familiaris noster*, dit le roi dans une certaine lettre. (Ms. 21, p. 320).

membres du chapitre. La coutume antérieure était seulement maintenue pour le doyen, quand il se trouvait personnellement en cause. La charte royale, pour avoir la consécration religieuse, fut donnée sur l'autel des saints apôtres Pierre et Paul (1).

Le chapitre de Sainte-Geneviève devait finir par offrir le spectacle d'une vraie décadence.

Malgré de généreux efforts (2), les négligences s'accusaient de plus en plus, les abus grossissaient, les désordres se multipliaient. A Sainte-Geneviève, comme dans les autres chapitres où l'on avait à gémir sur le même affaiblissement de la discipline, sur la même absence de piété et de zèle, une réforme allait devenir indispensable (3) et un solennel scandale en précipiter l'application (4).

(1) *Gall.*, col. 707, d'après le *Nécrologe* : « Obiit Ludovicus, rex Fran-
« corum, qui consuetudinem illam, quam in canonicis beatorum aposto-
« lorum Petri et Pauli et sanctæ Genovefæ habuerat, eundi ad curiam
« suam causa placitandi, in perpetuum dimisit. » La charte est de 1111, la troisième du règne du roi.

(2) Le dernier doyen, Etienne II, paraissait être animé de l'esprit de Dieu, et le chapitre renfermait des personnages remarquables par leurs lumières et leur sainteté, comme le chancelier Aubery, Guillaume de Danemark, noms qui reviendront sous notre plume, Henri, plus tard évêque de Senlis, Grégoire élevé à la dignité de cardinal diacre, en 1143, et envoyé légat en Allemagne. (Ms, 21, p. p. 320 et suiv.)

(3) Suivant Etienne de Tournay qui fut abbé de Sainte-Geneviève quelques années après l'introduction de la réforme, on avait peu de souci « de la célébration religieuse de la messe, du grave devoir de l'office divin ; pour cela et pour d'autres choses qu'il n'est pas nécessaire de dire, l'état présent ne pouvait durer, il fallait l'améliorer, il fallait rendre aux choses saintes leur sainteté. » (Même ms. 21, p. 327, ou texte latin cité.)

(4) C'est vers cette époque, 1136, que date l'abbaye de Châlis, dans le voisinage de Borret. Le chapitre de Sainte-Geneviève eut la générosité de donner, d'abord, une partie du territoire affecté à l'abbaye et de permettre, ensuite, de recourir à ses forêts pour les constructions. *(Gall. christ.*, col. 708.)

CHAPITRE TROISIÈME

LA RÉFORME DANS L'ORDRE CANONIQUE

AU XIIᵉ SIÈCLE

I. S. NORBERT ET SON INFLUENCE SUR CETTE RÉFORME.
II. RÈGLE DE S. VICTOR. — CARACTÈRE GÉNÉRAL DE LA RÉFORME

La réforme qui s'introduisit dans l'ordre canonique, au xiiᵉ siècle, est trop considérable pour ne pas fournir ici la matière d'un chapitre : ce ne fut pas le retour à la règle de Chrodegand, mais bien l'établissement et l'empire d'une autre règle plus sévère et plus féconde ; et ce serait laisser dans une pénombre regrettable l'œuvre qui s'accomplit à Sainte-Geneviève, que de l'isoler, soit du mouvement général qui se produisait, soit du principe salutaire qui l'avait engendrée et l'activait (1).

(1) Le signal de la réforme dans l'Église était donné depuis un siècle. Il était parti de Rome et sous l'impulsion du célèbre et saint cardinal Pierre Damien. En ce qui concerne notre sujet, le grand synode de Rome, en 1059, avait formulé cette prescription : « ... Juxta ecclesias quibus ordi-
« nati sunt, sicut oportet religiosos clericos, simul manducent et dormiant,
« et quidquid eis ab Ecclesia venit, communiter habeant. Et rogantes
« monemus, ut ad apostolicam, communem scilicet, vitam summopere
« pervenire studeant. » (Labbe, tom. IX, col. 1099, 1100, cap. iv). Si la prescription visait le clergé de Rome, l'esprit s'en étendait naturellement à l'Église universelle.
L'application en avait été aussitôt faite au chapitre de S. Jean de Latran.

I

SAINT NORBERT ET SON INFLUENCE SUR CETTE RÉFORME

Un jeune homme, originaire de Santen, au duché de Clèves, et appartenant à une des plus illustres familles d'Allemagne, s'était vu, après avoir été élevé au sous-diaconat et pourvu d'un canonicat dans sa ville natale, admis à la cour trop mondaine de l'archevêque de Cologne. Il s'était ensuite attaché à celle de l'empereur Henri V, pour y mener la vie d'un courtisan léger et ambitieux. Un jour, il se rendait à une partie de plaisir, vêtu de soie, montant un superbe

---

Alexandre II, précédemment chanoine de S. Frigdien de Lucques, chapitre distingué par sa régularité, en avait appelé des membres en 1061 pour opérer la réforme dans celui de S. Jean de Latran. Deux ans après, le canon, renouvelé dans le nouveau synode de Rome en cette même année 1063, devint la loi vivante de l'insigne chapitre, qui dès lors, plusieurs autres suivant l'heureux exemple, devint chef d'une congrégation du même nom. (Helyot, *Histoire des ordres monastiques*..., tom. II, p.p. 28, 29).

Sainte-Marie du Port-Adriatique, monastère de chanoines réguliers assis sur les bords de l'Adriatique près de Ravenne, — de là son nom — avait dû, vers la même époque, son existence à Pierre de Honestis. Le saint homme lui avait donné des règles approuvées par Pascal II, puis adoptées par plusieurs chapitres, ce qui constitua une congrégation sous le nom de la maison-mère, et valut à Pierre de Honestis le titre de réformateur. (Helyot, *Ibid.*, p.p. 43, 44).

En France, le signal avait été aussi entendu par un homme qui devait laisser un nom illustre : nous voulons désigner Yves, évêque de Chartres. Né à Beauvais ou dans le territoire de cette ville, élève de Lanfranc à l'abbaye du Bec, n'ayant pas moins de zèle pour la pratique de la discipline que d'ardeur pour l'étudier, Yves s'ouvrit un jour à l'évêque de Beauvais au sujet d'une réforme canonique. Guy — ainsi s'appelait l'évêque — goûta les réflexions émises, éleva dans un des faubourgs de la cité le monastère de Saint-Quentin pour y établir un chapitre modèle, plaça à la tête de ce chapitre Yves lui-même qui y fit régner la vie commune, le gouverna sagement et saintement pendant quatorze ans (1078-1092), et rendit la maison « si florissante, qu'elle devint la mère de beaucoup d'autres..., où l'on voulut avoir de ces chanoines ». A ce titre, plusieurs écrivains ont salué dans l'abbé de Saint-Quentin un restaurateur de la vie canonique. Toutefois il ne paraît pas que cette abbaye soit devenue chef de congrégation. (Helyot, *Ibid.*, p. 100-103). A d'autres d'imprimer plus efficacement dans notre pays l'impulsion réformatrice.

coursier et suivi d'un domestique. Il traversait une prairie, lorsqu'un orage affreux vint à éclater. « Maître, s'écria le « serviteur, que faites-vous ? Retournez, retournez en « arrière, car la puissante main de Dieu est contre vous. » Le maître lui-même entendait une voix lui adressant ces mots : « Pourquoi me persécutez-vous ? J'ai ajouté la « richesse à tant d'avantages corporels ! vous deviez me « servir : pourquoi travaillez-vous à perdre les autres ? » A ces mots, il tomba de cheval comme frappé par une main invisible; le cheval fut renversé du même coup ; et le serviteur demeurait immobile de frayeur. Au bout d'une heure, le cavalier revint à lui, se releva et ce fut pour dire au fond de son âme et sous l'influence du repentir : « Seigneur, que voulez-vous que je fasse ? » Et cette réponse se fit entendre : « Cessez le mal et faites le bien ; cherchez la paix et la poursuivez (1). » Nouveau Paul par la générosité de ses désirs, il devait le devenir aussi par l'apostolat de sa vie : il était appelé à la mission de réformateur dans l'ordre canonique. Le lecteur a nommé saint Norbert. Nous sommes en l'année 1114.

Promu au sacerdoce, inaugurant sa vocation dans le chapitre même de Santen, se formant, avec l'autorisation du Saint-Siège, au ministère apostolique par des missions dans les diocèses de Cambrai et de Liège, il rencontra à Reims, où il s'était rendu pour faire renouveler ses pouvoirs de missionnaire par Calixte II, l'évêque de Laon, Barthélemy, qui l'emmena dans son diocèse et avisa aux moyens de l'y fixer. Le pape qui vint peu après dans cette dernière ville, encouragea le projet de l'évêque. Une petite église qui se trouvait hors de la ville et où quelques chanoines avaient été placés, fut offerte au missionnaire qui l'accepta, mais à la condition que les chanoines adopteraient sa manière de vivre; condition que ceux-ci se

---

(1) *Acta sanct.*, 6 juin, p. 821, §§ 6 et 7.

hâtèrent de repousser. Hé bien! dit alors l'évêque, « je vous montrerai les déserts qui se trouvent dans mon diocèse et qui peuvent convenir à la vie religieuse, et je vous mettrai en possession de ceux qui vous seront agréables (1). »

La forêt de Thierrache fut explorée. A deux endroits différents dont l'évêque faisait ressortir les avantages, le saint, après s'être mis en prière, répondit que ce n'était point là que le ciel le voulait. Alors on s'enfonça dans la forêt de Coucy. On arriva à un vallon d'un accès difficile, presque interdit, par les montagnes qui le formaient et les bois qui le couronnaient, à la lumière du soleil, et présentant, à cause des eaux qui en descendaient sans trouver ensuite d'issue suffisante, l'aspect d'un fétide marais : séjour si malsain qu'il avait été complètement abandonné par ses premiers hôtes. Une chapelle s'y voyait encore. Barthélemy et Norbert y entrèrent pour prier. Quand l'évêque eut fini, il avertit son compagnon qu'il ne fallait pas prolonger davantage l'entretien avec Dieu, parce qu'il se faisait tard. Celui-ci demanda à ne pas l'interrompre de la nuit. Le lendemain, l'évêque revint et il reçut de Norbert cette réponse : « Je « demeure ici, parce que je sais que cet endroit m'est destiné « par Dieu; c'est ici le lieu de mon repos et de mon existence. « Ici, par la grâce de Dieu, beaucoup seront sauvés... J'ai vu « en songe, cette nuit, une multitude d'hommes vêtus de « blanc, portant des croix d'argent, des candélabres, des « encensoirs, et faisant le tour de cet endroit en chan- « tant (2). » Ce triste et insalubre vallon, qui portait déjà le nom de Prémontré, devait, grâce à ses nouveaux habitants, obtenir une célébrité universelle. Il était dès lors destiné à devenir le principal foyer de la réforme de l'ordre canonique.

Norbert n'avait encore avec lui que deux valets, devenus ses associés dans les saints travaux, un clerc anglais

(1) *Acta sanct.*, 6 juin, p. 862, § 11.
(2) *Ibid.*, p. 863, § 13.

rencontré naguère sur le chemin de Laon, Hugues, chapelain de l'évêque de Cambrai et qui avait demandé à partager la vie apostolique du missionnaire, après qu'il eut su du premier l'abnégation du second. Dans une visite que Norbert fit à l'école de Radulphe ou Raoul, à Laon, sept jeunes gens le suivirent à Prémontré. Quelques prédications dans le diocèse de Cambrai lui attachèrent treize nouveaux disciples. Il songea alors à donner une règle à l'institut naissant. La prière, à laquelle il eut recours pour se fixer au milieu des divers conseils qui lui étaient donnés (1), lui fit adopter la vie canonique avec la règle de Saint-Augustin pour y présider. Le souvenir de l'existence commune du grand évêque avec le clergé de son Église dut avoir quelque influence sur le choix (2). Ce fut donc sous cette règle que Norbert et ses zélés compagnons se rangèrent solennellement le jour de Noël de l'année 1121.

On sait que la sœur de l'évêque d'Hippone dirigeait un couvent de religieuses. Sous le gouvernement de celle qui lui avait succédé, il y eut une sorte de révolte : après avoir longtemps obéi, les religieuses ne voulaient plus de leur supérieure. L'évêque dut intervenir. S'il écrivit à la supérieure pour l'engager à demeurer ferme dans son droit, il adressa également une missive aux religieuses pour leur rappeler leur devoir, et c'est à cette occasion et dans la même lettre, qu'il leur imposa la règle qui depuis a porté son nom. On comprend que, suggérée par des circonstances

---

(1) Les uns lui conseillaient la vie anachorétique, les autres la vie monastique sous la règle de Cîteaux.

(2) *Acta sanctor.*, 6 juin, p. 836, § 51 : « Regulam quam B. Augustinu « suis instituit, adferri præcepit ; apostolica enim vita, quam in prædicatione « susceperat, jam optabat vivere ; quam siquidem ab eodem beato viro, « post Apostolos, audierat ordinatam et renovatam fuisse. »
Suivant d'autres, saint Augustin serait apparu à Norbert pour lui dire « Augustinus ego sum, Hipponensis quondam episcopus : ecce habes re« gulam quam conscripsi, sub qua si bene militaverint fratres tui filii mei, « securi Christo astabunt in extremi terrore judicii. » (Le Paige, *Bibliotheca Præmonstratensis ordinis*, Paris, 1633, p. 51.)

critiques, cette règle avait surtout à formuler les points principaux de la vie religieuse, tandis que les choses de détail étaient laissées à la sagesse de la communauté, ou redevenaient l'œuvre de la règle particulière primitivement en vigueur. La vie commune, symbole de l'affection mutuelle; le chant des psaumes et des hymnes, acte du cœur autant que des lèvres; les abstinences et les jeûnes dans les limites de la santé; la lecture pendant les repas, afin que l'esprit se nourrisse en même temps que le corps; la modestie dans l'habillement, la démarche et les regards; l'ordre et la nature des corrections, le pardon des offenses, l'obéissance et le respect à la supérieure comme à une mère; la charité et la douceur plutôt que la sévérité à l'égard des subordonnées; voilà, en quelques mots, ce que saint Augustin prescrivait ou recommandait pour rétablir et conserver l'ordre dans le monastère si profondément troublé (1).

Cette règle est la même que celle qui fut adressée aux *Serviteurs de Dieu* (2). Quels étaient ces serviteurs de Dieu? Des moines ou des clercs? La communauté que saint Augustin avait formée pour le service de sa cathédrale, ou bien une autre qui s'était constituée à l'instar de celle-ci? Autant de points qui demeurent obscurs. Mais ce qui n'est pas contestable, c'est que la règle dans ses articles principaux a présidé à la vie commune des clercs d'Hippone. *Le fragment de la règle donnée aux clercs* (3) ne laisserait planer aucun doute sur l'assertion.

Cette règle se trouvait trop concise pour suffire à l'ordre naissant. De là, des scrupules chez les uns, de la tiédeur chez d'autres, des incertitudes chez tous. D'autre part, Norbert, voulant joindre à la vie cénobitique le ministère apostolique, devait sentir le besoin de faire des modifi-

(1) Epistola CIX, *Opera*, Paris, 1614, tom. II, p. 192.
(2) *Regula beati August. ad Servos Dei. Ibid.*, tom. I, p. 363.
(3) *Ibid.*, p. 366.

cations ou additions. La règle avait statué sur le premier point. Mais il était bon, pour ne rien laisser quelque peu obscur et donner la stabilité à l'institut, de préciser, d'un côté, et de décréter, de l'autre.

Malheureusement la règle de saint Norbert ne nous est pas parvenue. Nous ne la connaissons que par ce qui est rapporté dans les Bollandistes et par les œuvres auxquelles l'ordre s'est consacré.

Ce qui constituait l'œuvre apostolique dans l'ordre des Prémontrés, la prédication, les missions parmi les infidèles et les hérétiques, l'administration des paroisses, avait dû être l'objet de préceptes et de conseils particuliers ; mais on n'en sait pas davantage.

Nous sommes un peu plus favorisés en ce qui concernait la partie cénobitique. Norbert prescrivit donc (1) :

L'habillement de laine blanche, parce que, d'une part, la laine, suivant l'esprit de l'Église, doit couvrir les pénitents, et que, de l'autre, les anges, témoins de la résurrection, étaient vêtus de blanc ;

L'usage des vêtements de lin (*linea*), comme la pelisse, le surplis, dans l'église et pour les choses saintes, et non ailleurs ni autrement ;

L'obéissance prompte, si prompte que, en présence de la mort la plus cruelle, il fallait craindre le commandement plus que la mort ;

Le silence continuel « en tout lieu, en tout temps, en toutes choses » ;

Le jeûne perpétuel, car on devait se borner à un seul repas par jour.

Le législateur exhortait vivement à s'occuper des choses spirituelles. Pour les temporelles, elles méritaient à peine de fixer les regards. Dans un esprit de détachement, il conseillait de préférer les vieux habits. Enfin, il y avait trois

---

(1) *Acta sanct.*, 6 juin, p. 836, §§ 52, 53, 54.

choses qu'il recommandait tout spécialement : « Une ex-
« trême propreté en ce qui regardait l'autel et les saints
« mystères, la correction des fautes par excès aussi bien
« que par négligence dans le chapitre et partout, le soin
« des pauvres et la pratique de l'hospitalité ; car à l'autel
« s'affirment la foi et l'amour de Dieu, dans la purification
« de la conscience le soin de soi-même, et dans la misé-
« ricordieuse hospitalité à l'égard des pauvres l'amour du
« prochain (1). »

Pas plus que dans la règle de Saint-Augustin, pas plus que dans celle de Saint-Benoît, l'on ne trouve la mention formelle des trois vœux qui sont considérés comme l'essence de la vie religieuse, les vœux de pauvreté, de chasteté et d'obéissance. Mais, comme l'a très bien remarqué M. de Montalembert, si ces vœux « étaient impliqués essentiellement dans la condition même du moine, par tous les canons antérieurs de l'Église relatifs à l'institut monastique (2) », nous devons porter le même jugement sur la condition du chanoine placé sous la règle augustinienne, telle que législativement on l'interprétait dans la famille religieuse de Prémontré.

Norbert, tant par l'action qu'il exerça sur son siècle que par la merveilleuse extension de son institut, doit être considéré, non sans doute comme le fondateur de cet ordre presque nouveau, mais bien comme le grand moteur de la loi qui le constitua. On plaçait Norbert à côté de Bernard : si la charité excellait dans celui-ci, disait-on, la foi brillait dans celui-là (3). Les plus grands personnages venaient ou voulaient se ranger sous la loi de l'abbé de Prémontré. Les monastères de l'ordre se multipliaient :

---

(1) Pour se faire une idée plus complète de l'institut des Prémontrés, on peut lire les anciens statuts dans Le Paige. (*Biblioth. Præmonstr. ord.*, p. p. 784 et suiv.).

(2) *Les Moines d'Occident*, tom. II, Paris, 1860, p. 60, note 2.

(3) *Acta. sanct.*, 6 juin, p. 826, § 18 : « In Norberto eminet fides, in Bernardo Claravallensi charitas... »

l'évêque Barthélemy en établit jusqu'à cinq dans son propre diocèse ; il eut de nombreux imitateurs ; en sorte que, trente ans après la fondation, il y eut près de cent abbés au chapitre général (1).

II

LA RÈGLE DE SAINT-VICTOR — CARACTÈRE GÉNÉRAL DE LA RÉFORME

Prieuré sous le gouvernement de Guillaume de Champeaux, son fondateur en 1108, abbaye sous celui de Hilduin, disciple et successeur de Guillaume en 1113, Saint-Victor avait pris la place de la *Cella vetus*, retraite déjà sanctifiée, sinon par des moines, du moins par une recluse (2), et tirant son nom du héros chrétien de Marseille, son patron choisi et vénéré. Louis le Gros l'avait largement doté (3).

(1) Rohrbacher, *Histoire de l'Eglise*, Paris, 1842-1847, tom. XV, p. 174.
(2) Une chronique du XIIIe siècle rapporte qu'il y avait en ce lieu des moines de Marseille. Ainsi s'expliquerait tout naturellement le choix du patron. Ce que l'on peut dire, c'est que le fait est, pour le moins, très douteux. (Voir le *Gal.*, tom. VII, col. 657.) Quant à la recluse, son nom nous a été conservé dans cette inscription tumulaire :

Hic jacet ante piam Basilla reclusa Mariam.
(*Ibid.*, col. 656.)

(3) Nous lisons dans la charte qui est de 1113 : « Ego igitur Ludovi-
« cus..., ob remedium animæ nostræ, pro salute etiam patris nostri Phi-
« lippi regis et antecessorum nostrorum, in ecclesia beati Victoris, quæ
« juxta Parisiorum civitatem sita est, consultu quidem archiepiscoporum
« et episcoporum et optimatum regni nostri, canonicos regulariter viventes
« ordinari volui, qui videlicet tam pro nobis quam pro salute regni nos-
« tri Dei misericordiam implorarent, et memoriam nostri et nostrorum
« antecessorum in suis orationibus haberent. Et ne cura temporalis ne-
« cessitudinis fratrum spirituale propositum ad exteriorem sollicitudi-
« nem inclinaret, eamdem præfatam ecclesiam nostræ largitatis benefi-
« cio dotavi et ditavi... » (*Ibid., Instrum.*, col. 46.)

Si dans le principe le monastère se rangea simplement sous la règle de Saint-Augustin, il ne tarda pas à l'enrichir de compléments tels qu'il pût vraiment lui donner son nom. Cette règle de Saint-Victor n'est autre que le *Liber ordinis*, demeuré inédit, et dont deux copies se trouvent à la Bibliothèque nationale (1). Du Cange affirme que ce *Liber* a eu pour auteur le premier abbé de Saint-Victor, Gilduin (2), qui mourut en 1155. Quoi qu'il en soit de l'assertion du savant glossateur, il est certain que cette règle a régi l'abbaye de Saint-Victor dès les premiers temps de son existence.

Ce nouveau code religieux comprenait deux parties : les fonctions dans le monastère et les prescriptions générales pour la vie canonique.

Les fonctions étaient parfaitement définies et les devoirs clairement tracés sous les titres d'abbé, de prieur, de souspieur, d'économe, de cellérier, de cuisinier, de réfectorier, d'infirmier, d'aumônier, de portier, d'hospitalier, de garde-vestiaire, de bibliothécaire, de sacristain, de réglementaire (3).

L'élection de l'abbé était à deux degrés. Après la sépulture de l'abbé défunt, au signal donné par le prieur, on se réunissait en chapitre. Le prieur indiquait l'objet de la réunion ; et, pour rendre plus facile l'élection, les chanoines nommaient six ou sept d'entre eux, nombre que selon les circonstances on pouvait élever ou abaisser, à l'effet de s'entendre sur le choix à faire. Pendant ce temps-là, ils demeuraient dans le silence et vaquaient à la prière. Quand il y avait unanimité parmi les délégués, on proposait, le jour suivant, le choix à l'approbation de la communauté.

---

(1) Mss. lat. 14673 et 14674. Le premier de ces deux mss. est du XIIIe siècle.
Une autre copie se voit à la B. S. Genev., ms. lat. E. 11, in-4°.
(2) *Glossar. med. et. inf. lat.*, *Index auctorum* : « Gilduinus, primus abbas S. Victoris Paris., scriptor Libri ordinis S. Victoris. »
(3) *Liber ordinis*, B. N., ms. lat. 14673, fol. 1-18, cap. I-XXI.

En cas de dissentiment, quelques autres chanoines des plus pieux étaient adjoints, afin que par le secours de leurs conseils l'affaire fût menée à bien et sans retard (1).

L'élection terminée, le prieur et le sous-prieur en compagnie de quelques anciens, allaient l'annoncer à l'évêque qui fixait le jour où l'élu viendrait recevoir la bénédiction, pour faire ensuite son entrée solennelle dans l'abbaye. Il est une chose à noter avec le *Liber*. « On doit savoir, y est-il écrit, « que notre coutume n'accorde aucunement la crosse à nos « abbés ; on doit savoir aussi qu'aucune personne étran-« gère ne doit prendre part à l'élection de l'abbé, laquelle « appartient exclusivement au chapitre, et à laquelle, par-« tant, ni l'évêque ni le roi ne peuvent former opposition. » Le *Liber* conclut de là qu'il ne convient à l'abbé ni de s'asseoir dans les conciles ni de fréquenter la cour des rois ou des princes (2).

Le respect de l'abbé n'avait pas été omis : on devait le saluer en passant devant lui, se lever en sa présence et ne s'asseoir que sur son invitation (3). D'autre part (4), il était prescrit à l'abbé de ne point abuser du pouvoir qui lui avait été confié ; car il n'était pas « prélat pour être soustrait à la discipline du cloître » ; au contraire, « supérieur des « autres », il avait « la règle pour supérieure à lui-même ». En conséquence, sa vie était celle des chanoines : la présence à l'office et au chapitre, le silence, les repas au réfectoire, le repos dans le dortoir, telles étaient les principales obligations qui pesaient sur sa tête comme sur les membres de la communauté. Dans les vêtements mêmes aucune différence ne s'accusait. On permettait cependant à l'abbé pour la messe une chasuble particulière, pourvu qu'elle fût

---

(1) *Ibid.*, fol. 1 verso.
(2) *Ibid.*, fol. 2 recto.
(3) *Ibid.*, fol. 2. Le *Liber* a soin de rappeler à l'abbé qu'il lui faut faire attention à ne point passer trop souvent devant les chanoines, parce qu'alors les marques de respect deviendraient gênantes. (*Ibid.*)
(4) *Ibid.*, fol. 2 verso et 3 recto.

d'étoffe simple et sans ornements, un calice d'or ou d'argent. Il ne pouvait vendre, changer, engager les biens de la communauté qu'avec l'assentiment du chapitre. Défense à lui de rien se réserver, et ses propres dépenses étaient contrôlées comme celles de la maison.

Après l'abbé, venait le prieur. Proposé par l'abbé, sur l'avis préalable des anciens chanoines, il était agréé par le chapitre. Il avait pour fonctions ordinaires de veiller à l'observation de la discipline ; et, en l'absence de l'abbé, il tenait les rênes du gouvernement. Il y avait un sous-prieur pour le suppléer (1).

Un économe (*camerarius*) était chargé de percevoir les revenus, d'exploiter les terres, de prendre soin des diverses possessions, et de pourvoir aux besoins de la communauté (2).

Parmi les autres officiers, nous mentionnerons :

L'aumônier, ou le préposé à la distribution des aumônes, qu'on voulait « pieux et doux », afin qu'il pût « par sa piété compatir aux indigents et par sa douceur ne point s'impatienter de l'importunité des demandes » (3) ;

Les deux portiers, l'un pour ouvrir la porte extérieure, l'autre pour avoir soin à l'intérieur que le bruit ou la voix des visiteurs ne vinssent troubler la solitude du cloître (4) ;

L'hospitalier, à qui il incombait de se rendre, sans retard, à l'appel du portier, pour recevoir les étrangers (5) ;

Le bibliothécaire (*armarius*), qui avait charge de tenir fidèlement le catalogue, de faire l'inventaire des livres deux ou trois fois au moins chaque année et de veiller à leur conservation (6) ;

Le sacristain, qui, avec la garde du trésor, reliques, or-

---

(1) *Ibid.*, fol. 3-4.
(2) *Ibid.*, fol. 4 vers.
(3) *Ibid.*, fol. 8 vers.
(4) *Ibid.*, fol. 9-10.
(5) *Ibid.*, fol. 10.
(6) *Ibid.*, fol. 14 vers.

nements, vases sacrés, livres liturgiques, avait pour office de fournir ce qui était nécessaire au culte (1) ;

Le réglementaire (*matricularius*), dont le principal devoir était de sonner la cloche ou de donner les signaux pour appeler aux offices (2).

Le garde-vestiaire ne serait pas plus longuement mentionné, si, sous son article, on ne parlait du costume des chanoines (3).

Dans la composition de ce costume entraient : la chape de couleur noire, autant que possible, et d'une étoffe peu « précieuse » et peu « brillante » ; la tunique de laine blanche; par-dessus la tunique, le surplis (*superpellicium*) ; par-dessous, la robe (*pelles* ou *pallium*), noire ou blanche, mais toujours d'une seule couleur (4). Quant à la forme, la chape avait un capuce pour couvrir convenablement la tête ; elle était ronde et un peu plus courte que le surplis et la tunique qui, ronds également, de même longueur et descendant plus bas que les autres vêtements, laissaient entre la terre et l'extrémité inférieure la largeur d'une main. Tel était, dans ses parties essentielles, le costume que le *Liber ordinis*, permettant sans doute d'en faire un usage accommodé aux saisons, prescrivait aux chanoines de porter partout, à l'intérieur comme à l'extérieur de l'abbaye, dans le travail aussi bien qu'à l'office. Les frères convers portaient la chape et la tunique de couleur grise (5).

---

(1) *Ibid.*, fol. 16.
(2) *Ibid.*, fol. 17 vers.
(3) *Ibid.*, fol. 12 vers. et suiv.
(4) « Pallium vero vel ex nigro hujusmodi vel de albo puro, id est alio colore non mixto. »
Il est aussi question d'une pelisse (*pellicium*). L'on qualifie encore le *pelles* ou *pallium* de *mantellum*. Dès lors, on pourrait peut-être prendre *pellicium* dans le sens de robe et *pallium* dans celui de petit manteau. En thèse générale, ces mots ne sont pas clairement définis.
(5) « Tunicæ autem et cappæ laïcorum fratrum, id est conversorum, de grisio rusticano. »

La seconde partie du *Liber ordinis* règle minutieusement, au point de vue liturgique, disciplinaire ou spirituel, ce qui regarde les saints offices, les fêtes, le réfectoire, le dortoir, l'emploi de la journée, la sanctification de l'âme, les secours religieux à donner aux malades et même la sépulture des morts (1). Nous ne rappellerons ici que ce qui offre un intérêt particulier.

Cette seconde partie s'ouvre par trois chapitres consacrés à l'admission, au noviciat et à la profession des novices. Quand on était admis dans la maison — et pour cela les vertus seules étaient à considérer — on passait un mois sous la direction d'un chanoine nommé *ad hoc*, et, pendant un an, il y avait défense d'avoir des entretiens au dehors sinon en présence de témoins (2). Le moment de la profession était laissé à la décision de l'abbé. Cette profession se *faisait par écrit*. La formule s'en trouve, à la fin du *Liber*, ainsi tracée : « Devant Dieu et les « saintes reliques de cette église, en présence du seigneur « prélat et de tous les frères, je promets de demeurer

---

En fait de vêtements, chaque chanoine possédait : une robe, une tunique, deux pelisses, deux surplis. Outre cela — ce qui montre bien, comme le remarque du Molinet (ms. 21 précité, p. 513), qu'à la différence des autres religieux, les chanoines ont « de tout temps porté du linge par-dessous leurs robes » — chaque personne recevait deux *interulæ id est camisiæ* et deux caleçons (*femoralia*). Enfin chaque chanoine était fourni de deux paires de caliges (*caligæ*), de deux ou trois paires de brodequins (*socci*), de chaussures hautes et basses (*subtalares majores, id est coturni, vel etiam minores cotidiani.*)

Le lit comprenait : une sorte de matelas (*culcitra*), un grand coussin pour le corps (*bambucina, id est panellum*), un coussinet pour les épaules (*pulvillum humeri ad caput*), un coussin de laine pour la tête (*desuper unum laneum et cervical*), une couverture de peau de brebis (*cooptorium unum pellicium et ovinum*), et une seconde de laine blanche ou grise (*et aliud laneum album vel grisium rusticanum*). Les lits de plumes, les étoffes de lin ou veloutées étaient interdits (*in dormitorio culcitras de plumis et linteamina et villosa nullus habere debet.*) (*Ibid.*)

(1) *Ibid.*, fol. 18 à 52, cap. XXII-LXXV ou LXXVI comme porte le ms. 14674, ayant partagé en deux le chap. LXXV.

(2) « Nisi in audientia ». (*Ibid.*, fol. 21 vers.)

« toujours dans cette abbaye de Saint-Victor (1), et de
« travailler à l'amendement de mes mœurs, surtout par la
« chasteté, la vie commune, l'obéissance, selon la grâce
« que Dieu m'accordera et selon la puissance de mes
« vertus (2). »

Les matines se chantaient vers une ou deux heures du matin (3). Sans l'exprimer formellement, le *Liber* le fait suffisamment entendre (4).

Dans le chapitre, les prières liturgiques étaient suivies du sermon par l'abbé ou un autre chanoine. Après le sermon, les frères convers se retiraient et les étrangers étaient congédiés. C'était le moment de régler le service canonial de l'église jusqu'au lendemain, et de faire publiquement (5) l'aveu des fautes contre la règle avec la demande de pardon adressée à l'abbé. L'accusation ne comprenait pas les fautes occultes ; et il y avait défense de s'entretenir, hors du chapitre, de ces confessions ainsi que des points secrets qui avaient été traités (6).

Pour la confession sacramentelle, dont la pratique fré-

---

(1) On remplaçait naturellement le nom de Saint-Victor par le nom du patron de l'abbaye où l'on faisait profession, soit ici par celui de Sainte-Geneviève.

(2) *Ibid.*, fol. 52 rect.

(3) De Thoulouse, *Antiquitatum regalis Abbatiæ Sancti-Victoris Parisiensis libri duodecim*, ouvrage demeuré inédit, B. N., ms. lat. 14677, fol. 21 rect.

(4) « Ab æstivali solstitio, dit le *Liber*, fol. 42 recto, usque ad solstitium
« hiemale, horologium temperetur quatenus illud noctis spatium quod
« matutinas præcedit, per singulos menses secundum incrementa noctium
« aliquantulum crescat, donec, paulatim crescendo, tandem in hiemali,
« solstitio spatium illud quod est ante matutinas, ad illud quod post
« sequitur, dupplum fiat. Similiter per contrarium ab hiemali solstitio
« usque ad æstivale solstitium sic temperetur, quatenus spatium quod
« præcedit, secundum noctium decrementum per singulos menses de-
« crescat, donec, paulatim decrescendo, tandem in solstitio æstivali spa-
« tium quod est ante matutinas et quod post sequitur, æquale fiat. »

(5) « Quotiescumque in capitulo culpam suam coram abbate veniens confi-
« tetur, ita alte debet confiteri, ut ab eo qui in capitulo ultimus sedet,
« manifeste possit audire. »

(6) *Ibid.*, fol. 28, 29, cap. XXXIII.

quente demeurait à la dévotion de chacun, des heures étaient assignées (1) et des confesseurs aussi (2).

La règle n'était pas plus explicite en ce qui regardait l'Eucharistie. La messe conventuelle se célébrait chaque jour ; tous devaient y assister (3). Les messes privées paraissent avoir été laissées à la dévotion de chacun ; elles pouvaient même être chantées (4). Quant à la communion, elle n'était prescrite, le dimanche, que pour le diacre et le sous-diacre (5). Il y avait toutefois des jours de communion générale (6).

Comme dans la règle de Saint-Benoît, le lavement des pieds (*Mandatum*), ce grand acte d'humilité dont le Sauveur avait donné l'exemple et qu'on aimait à reproduire dans l'Église, se trouvait fixé au samedi (7).

Une large part était faite au silence : « Dans toutes les « fêtes à neuf leçons, dans les quatre premiers jours de la « semaine de Pâques et de celle de la Pentecôte, bien qu'il « n'y ait que trois leçons, et les trois derniers jours de la « Semaine Sainte, on doit garder le silence toute la jour-« née. Les autres jours, on parle seulement dans le cloître.

---

(1) *Ibid.*, fol. 27 vers., cap. xxxi : « Omni tempore ante horam prandii, « interim dum conventus in claustro sedet, et etiam post monitum usque « dum ad horam ultimum signum pulsetur, possunt patres ire ad con-« fessionem. »

(2) *Ibid.* : « De nocturnis illusionibus licet unicuique confiteri unicuique « sacerdotum voluerit. De cæteris vero confessionibus non loquatur uni-« cuique voluerit, sed illi tantummodo cui abbas officium confessionum « muniverit, vel ipsi abbati, et hoc faciat in loco ad hoc officium depu-« tato. »

(3) *Ibid.*, fol. 44, cap. lvii et lviii.

(4) *Ibid.*, fol. 28 rect., cap. xxxi et xxxii : « Omni tempore ante missam « majorem, interim dum fratres in claustro sedent, possunt privatæ missæ « cantari. »

(5) *Ibid.*, fol. 37, cap. xlii : « Secundum quod singulis diebus dominicis « diaconus et subdiaconus communicare debent... »

(6) *Ibid.*

(7) *Ibid.*, fol. 45 vers., cap. lxiii : « Omni sabbato faciendum est Man-« datum, nisi festum fuerit novem lectionum vel octavæ, aut die postero « hoc dominico festum duplex sequatur; inter Pascha et Pentecosten non « fit Mandatum. »

« Si ce n'est pas jeûne, le temps consacré aux entretiens
« sera entre none et vêpres et, en cas de jeûne, quand la
« messe est chantée avant sexte, entre tierce et sexte.
« Dans le carême, ce sera entre sexte et none (1). »

Le travail manuel prenait place parmi les obligations des chanoines de Saint-Victor (2).

Il paraît bien que primitivement, sans précepte positif, on ne servait point d'aliments gras, usage qui, plus tard, cessa d'être observé (3).

Le système, alors généralement adopté, de la saignée régulière n'était pas mis en oubli. Cette *diminution* de sang devait s'opérer cinq fois par an et à des époques déterminées (4).

Il y avait un chapitre sur la résidence des chanoines dans les bénéfices : ils ne pouvaient être moins de deux et devaient, autant que possible, mener la vie canonique de la maison-mère (5).

Enfin, dans ce code religieux, on voyait apparaître le *vœu de Stabilité* de la règle bénédictine, avec rappel des trois vœux ou de l'objet des trois vœux. Nous avons traduit. Transcrivons le texte original : « Ego, frater N. cleri-
« cus, stabilitatem corporis mei ecclesiæ N. promitto
« coram Deo et sanctis reliquiis ejusden ecclesiæ, in præsen-
« tia domini N. prælati et cæterorum fratrum, et emen-
« dationem morum meorum præcipue in castitate et in com-
« munione et in obedientia, secundum gratiam mihi a Deo
« collatam et facultatem virium mearun ».

---

(1) *Ibid.*, fol. 26, vers., cap. XXXI.
(2) *Ibid.*, fol. 26, cap. XXX.
(3) De Thoulouse, *Antiquitat. reg. abbat...*, fol. 3.
(4) *Ibid.*, fol. 47, cap. LXV : « Quinquies in anno fient generales minu-
« tiones... Prima est in septembri ; secunda est ante adventum ; tertia ante
« quadragesimam ; quarta post Pascha ; quinta post Pentecosten... Tri-
« bus diebus minutio durabit. Post tertiam diem ad matutinas venient, et
« de cætero conventu erunt ; sicque die quarta in capitulo absolutionem
« suscipient... »
(5) *Ibid.*, fol. 40-41, cap. LI.

Comparée à l'ordre de Saint-Norbert, l'abbaye de Saint-Victor, antérieure de quelques années, n'eut pas des développements comparables, et, dès lors, bien moins considérable fut son influence : la célèbre abbaye dut attendre deux siècles, pour voir se rattacher à elle quarante-quatre monastères (1).

Parmi ces monastères, un des plus illustres fut celui de Sainte-Geneviève ; et naturellement il se trouva placé sous la règle de Saint-Victor (2). Nous avons à faire le récit de l'événement.

Ne l'oublions pas, la règle de Saint-Victor et celle des Prémontrés — nous devons en dire autant des autres règles particulières engendrées du même esprit réformateur — étaient considérées comme le développement logique ou le complément utile, naturel de la règle-mère qu'avait léguée le grand docteur d'Hippone. Nous sommes donc autorisé à formuler cette assertion : la règle de Saint-Augustin avec les trois vœux monastiques ou solennels, voilà le caractère général de la réforme qui s'opéra, au XII° siècle, dans l'ordre canonique ; ainsi il y eut désormais deux sortes de chanoines, les réguliers et les séculiers, selon qu'ils adoptèrent ou n'adoptèrent pas les nouvelles modifications. Les premiers étaient de vrais religieux.

En France, la réforme fit d'importantes conquêtes : les chapitres des cathédrales et des collégiales, les monastères qui avaient perdu l'esprit de la vie cénobitique, se rallièrent en grand nombre à l'heureuse réforme, pendant que d'autres se constituaient ou se modifiaient sous son empire.

---

(1) *Gal.*, tom. VII, col. 658.
(2) De Thoulouse, dans son *Abrégé de la fondation de l'abbaye de Saint-Victor*, Paris, 1640, p. 8, parle du *Livre de l'ordre* qui « se pratiquoit généralement par toutes les maisons ». Du Molinet dit en toutes lettres : «... Les anciennes constitutions de cette abbaye (celle de Sainte-Geneviève) appelées *Liber ordinis*. » (Même ms. 21, p. 621).

LA RÉFORME DANS L'ORDRE CANONIQUE

Le même souffle régénérateur se fit sentir chez les autres nations (1), soit pour affirmir ou étendre les maisons déjà établies dans la réforme, soit pour en élever ou modifier d'autres sur les mêmes bases ou dans le même esprit (2).

Ce fut donc une véritable, salutaire, et considérable révolution dans l'ordre canonique.

Sans doute, les chauds défenseurs de la dignité de cet ordre ont prétendu que, si avant cette époque, les chanoines n'émettaient pas de vœux solennels, il ne faudrait pas conclure qu'il n'y eût pour eux aucun vœu de religion : ils admettraient, au contraire, l'existence et l'obligation des trois vœux simples dans l'ordre canonique; assertion que nous estimons, pour ne rien dire de plus, ne pas s'élever au-dessus d'une simple et assez gratuite conjecture (3).

---

(1) Nous pouvons mentionner les chanoines réguliers de Sainte-Croix de Coimbre en Portugal (1131), de Roncevaux en Navarre (1131), de Saint-Jacques de l'Epée en Espagne (1170), de Saint-Gilbert de Sempringham en Angleterre (1146), et, dans la même contrée, de Saint-Jean-Baptiste de Coventry (XIIIe siècle), du Saint-Esprit en *Sassia* et de Saint-Marc de Mantoue en Italie (XIIe et XIIIe siècles), etc. (Helyot, *Histoire des ordres monastiques*..., tom. II.)

(2) Voir Helyot, *Ibid.*

(3) Du Molinet nous paraît être un de ceux qui ont le mieux expliqué l'assertion dans ce qu'elle peut avoir de plausible. Selon lui, les clercs de S. Augustin se soumettaient aux vœux simples, vœux dont la règle du grand docteur faisait bien quelque mention. Ainsi elle rappelait le premier par ces mots : « Non dicatis aliquid proprium, sed sint vobis omnia communia » ; le second par ceux-ci : « Oculi vestri, etsi jaciuntur in aliquam feminarum, figantur in nulla »; le troisième par ces autres : « Præposito tanquam patri obediatur ». De saint Augustin à la réforme du XIIe siècle, on se serait astreint tacitement, dans le fait de la profession, aux deux vœux de chasteté et d'obéissance, comme le sous-diacre s'astreint au premier au moment de l'ordination. (*Réflexions sur les Antiquitez des chanoines*, Paris, 1674, in-4°). Néanmoins tout cela nous paraît peu concluant ou plutôt hasardé : les textes apportés sont loin d'être clairs, et la lumière ne jaillit pas davantage des raisons alléguées. Pour dire toute notre pensée, nous estimons que ces vœux-là ont été surtout mis en avant pour le besoin de la cause : on voulait montrer que l'ordre canonique ne se plaçait en rien au-dessous de l'ordre monastique.

CHAPITRE QUATRIÈME
LA RÉFORMATION

I. LA PREMIÈRE RÉFORMATION DE L'ABBAYE, ŒUVRE D'EUGÈNE III
ET DE SUGER
II. L'ABBAYE DANS LES PREMIERS TEMPS DE LA RÉFORMATION
LES TROIS PREMIERS ABBÉS
PRÉTENDU ENLÈVEMENT DE LA TÊTE DE SAINTE GENEVIÈVE
DIFFICULTÉS A L'OCCASION D'UN NOUVEAU PRIEUR. LE CHANOINE
GUILLAUME A PARIS ET EN DANEMARK

I

LA PREMIÈRE RÉFORMATION DE L'ABBAYE

En l'année 1147, Eugène III se trouvait à Paris où on lui avait fait le plus brillant et le plus sympathique accueil. Conduit à Notre-Dame, lors de son arrivée, il voulut, quelques jours après, se rendre à Sainte-Geneviève. Il devait dire la messe dans ce sanctuaire vénéré.

On le reçut avec tous les honneurs dus à sa haute dignité. Le roi vint assister à la messe pontificale. Un prie-Dieu, recouvert d'un tapis de soie, fut placé près de l'autel. Eugène III s'y agenouilla quelque temps, avant et après la messe. Quand il se fut retiré, une discussion s'éleva entre les serviteurs du pape et les employés de l'église, ceux-là prétendant que, selon un ancien usage, le tapis leur appartenait, et ceux-ci s'opposant à son enlèvement. Des paroles on passa aux coups. Le roi qui accompagnait le pape, revint sur ses pas pour se rendre compte d'un pareil tumulte dans le lieu saint. Il voulut intervenir. Malheureusement, s'étant trop avancé parmi les combattants, il fut atteint d'un coup porté par un employé de l'église. Le pape partagea l'indignation du roi. Ce fait regrettable provoqua une enquête sur le chapitre, dont on décida le remplacement « par des personne d'une vie plus exemplaire et plus réglée » (1). On se serait même entendu pour prendre ces *personnes* parmi les moines (2).

Eugène III quitta Paris avant l'exécution de la mesure. Mais il écrivit de Langres, le 29 avril de cette même année 1147, à l'abbé Suger, pour le charger d'établir à Sainte-Geneviève le prieur d'Abbeville avec huit religieux de Saint-Martin des Champs de Paris. Le prieur et les religieux étaient de l'ordre de Cluny. Ils devaient avoir pour leur subsistance les revenus du décanat (3) et les prébendes dont jouissaient, comme chanoines non résidants, le cardinal Grégoire, l'évêque de Senlis et l'archidiacre d'Auxerre (4). En même temps, le pape mandait la décision aux chanoines de Sainte-Geneviève, les engageant à se soumettre et leur garantissant leurs prébendes (5).

(1) Même ms. 21, p. 329.
(2) *Acta sanctor.*, 6 avril, p. 627, *Vita Wilhelmi*, § 12 : « Decreverunt ergo nigros monachos ibidem esse constituendos. »
L'auteur de cette *Vie*, au paragraphe précédent, — car il consigne aussi le fait en question — nous rapporte la conversation du roi et du pape : « Et, « accersito domino rege Ludovico, sic fatur (papa) : Ego, ob reverentiam Petri « et Pauli et B. Genovefæ, huc accessi divina tractare mysteria ; et canonici « hujus ecclesiæ, maligni et insipientes, timorem Domini abjicientes, famulos « meos, ut me ad iracundiam provocarent, pugnis et flagellis ceciderunt. « Sed ne diù glorientur in malitia sua, tu, qui causam ecclesiæ hujus « tueris, mihi de prædictis transgressoribus justitiam exhibere ne more-« ris. — Rex autem domino papæ, a se justitiam quærenti, ait : Pater « sancte, cui querelas injuriæ mihi illatæ exponam, aut quis mihi justi-« tiam faciet? Nam ego,..... dum eos disjungere conarer, graves ictus « furentium sustinui. Sed cum tibi a Domino ligandi atque solvendi « justo judicio collata est potestas, ecce in manu tua sunt ; redde retri-« butionem ipsorum ipsis. »
(3) Il est probable qu'Etienne II était mort. *Le Gallia* a écrit simplement : « Non excessit annum 1148. » En tout cas, le décanat paraît avoir été vacant, puisqu'on disposa sans condition de son revenu.
(4) *Epistolæ Suger.*, dans du Chesne, tom. IV, p. 491, epistola XXVII. — Ce sont différentes lettres de Suger qui sont ici nos sources.
(5) Lettre reproduite dans Dubois, *Histor. eccles. Paris.*, tom. II, p. 94.

Personne n'était plus digne que l'abbé de Saint-Denys d'une semblable mission : quelque vingt années auparavant, il avait commencé par la réforme de lui-même celle de l'illustre monastère qu'il gouvernait, ajoutant ainsi à sa gloire d'homme d'État la réputation méritée de vrai religieux et de zélé réformateur. Personne n'était plus en situation pour mener à bonne fin l'entreprise : à lui la régence du royaume pendant l'absence de Louis le Jeune qui partait pour la seconde croisade.

Les chanoines de Sainte-Geneviève furent terrifiés par la nouvelle. Leurs instances obtinrent de l'abbé de Saint-Denys la promesse de surseoir à l'exécution : ils voulaient adresser au pape une humble et ardente supplique. Le chantre et quelques chanoines partirent incontinent. Malgré l'accélération du voyage, ils joignirent seulement en Italie Eugène III qui y était retourné. Le pape se montra inflexible quant à la mesure en soi. Mais sur le désir, exprimé par les suppliants, qu'au moins l'abbaye ne fût point enlevée à l'ordre canonique, il consentit à modifier en ce sens ses résolutions et il écrivit de nouveau à Suger pour l'en instruire. Il terminait sa missive en disant que, en cas d'opposition de la part des chanoines, il fallait s'en tenir strictement à la première décision (1). Cette seconde lettre est datée de Verceil le 16 juin 1148 (2).

Elle arriva fort à propos, car, le sursis étant expiré, le régent avait déjà fixé le jour de l'installation à Sainte-Geneviève des religieux désignés. Il dut donc prendre d'autres dispositions. S'étant adjoint les abbés de Saint-Germain des Prés, de Saint-Pierre-les-Fossés (3), de Saint-Magloire, de Saint-Pierre de Ferrières et quelques autres personnages, il se rendit avec eux à l'abbaye du Mont et fit con-

---

(1) « Quod si facere noluerint, præceptum de monachis inibi statuendis inviolabiliter præcipimus observari. »
(2) *Epistolæ Suger.*, epist. XXXII.
(3) Plus tard Saint-Maur-les-Fossés.

voquer le chapitre pour en connaître le sentiment. Les opinions se partagèrent : les uns s'en tenaient à la dernière lettre pontificale, adoptant ainsi la manière de voir de leurs délégués auprès d'Eugène III; d'autres ne prenaient aucun parti; il y en avait aussi qui se refusaient absolument à toute modification du *statu quo*. Suger s'éleva fortement contre ces derniers en leur disant qu'ils ne se montraient pas dignes de l'indulgence dont le pape usait à leur égard. Ces paroles en firent rentrer en eux-mêmes plusieurs qui se rangèrent à l'avis des premiers. Restait à savoir d'où l'on tirerait les nouveaux chanoines.

Si l'ordre des Prémontrés pouvait appeler les regards par la rapidité de sa propagation, l'abbaye de Saint-Victor qui était voisine et qui, se distinguant par sa régularité, s'illustrait par ses savants, devait fixer les préférences.

Sans perdre de temps, Suger, toujours à la tête du même cortège, se dirigea vers Saint-Victor. Gilduin, le premier abbé de cette maison, la gouvernait encore. En lui exposant le but de la démarche, le régent ne lui cacha pas qu'on désirait pour abbé de Sainte-Geneviève le prieur même de Saint-Victor, Eudes, un des plus zélés compagnons de Guillaume de Champeaux dans sa sainte retraite. Gilduin déclara ne pouvoir adhérer à la demande : il se faisait vieux; il avait absolument besoin de son prieur. A ces motifs il ajouta l'éloquence des larmes. L'illustre solliciteur insista : la piété devait se proposer uniquement la gloire de Dieu, et la charité savoir s'imposer des sacrifices pour le bien des autres; et, d'ailleurs, ce ne serait pas sans avantage pour Saint-Victor, n'y eût-il que l'honneur qui en rejaillirait sur la jeune abbaye. On discuta longtemps. Les autres abbés appuyèrent les raisons de Suger. Enfin, moins persuadé que vaincu par les prières et l'autorité du solliciteur, Gilduin accorda le prieur et douze chanoines dont l'installation se fit le 28 août, fête de saint Barthélemy. Ce jour-là, l'abbé de Saint-Denys alla les prendre à Saint-Victor pour les conduire processionnellement à Sainte-Geneviève. Un certain nombre de membres du clergé s'étaient joints au cortège; et, comme toujours, les fidèles ne manquaient pas. Suger avait appelé l'évêque de Meaux pour la cérémonie. Ce fut ce dernier qui fit la bénédiction de l'abbé. Après la messe solennellement célébrée, on mit les religieux en possession du cloître, du chapitre et du réfectoire. Le lendemain, l'investiture royale fut donnée; et on intima aux sujets de l'abbaye l'ordre de ne prêter désormais qu'entre les mains du nouveau chapitre le serment de fidélité.

L'abbé de Saint-Denys rendit compte à Eugène III de l'heureux accomplissement de la grave mission. Mais, en prévision des attaques dont les nouveaux chanoines seraient infailliblement l'objet, des difficultés qui naîtraient, des périls qui pourraient surgir, il suppliait le pape d'étendre son autorité protectrice sur l'abbaye et se permettait de lui conseiller certaines mesures qu'il estimait urgentes.

« Prosterné aux pieds de votre saint apostolat, disait-il,
« nous vous supplions avec les plus vives instances de cou-
« vrir de votre protection cette œuvre, qui est l'œuvre de vos
« mains, et de faire apparaître aux yeux des adversaires et
« des jaloux le glaive de saint Pierre, d'écarter, à la fois, les
« appellations dont on voudrait troubler méchamment le re-
« pos du chapitre, et de considérer l'église ainsi renouvelée
« dans le service de Dieu comme une jeune plante qu'il faut
« cultiver avec soin, jusqu'à ce qu'elle soit parfaitement enra-
« cinée... Ordonnez que tout l'office se passe selon le rite de
« Saint-Victor, pour éviter les divergences dans la manière de
« louer Dieu, lesquelles ne pourraient que mal édifier
« les réguliers et les séculiers; par là, en même temps,
« on ne serait pas obligé de tenir les portes constamment
« ouvertes le jour et la nuit, ce qui serait une cause de
« troubles, et on éloignerait de l'abbaye le danger de cou-
« pables manœuvres, que les adversaires seraient portés à

« se permettre; par là encore, les nouveaux chanoines
« vaqueraient dignement et en paix au service du Dieu
« tout-puissant, pour la louange et l'honneur de votre
« saint apostolat, et pour l'acquittement, à votre endroit,
« de la dette de l'éternelle reconnaissance..... Il est aussi
« un autre désir que nous voulons faire connaître à votre
« paternité : ce serait, en laissant aux séculiers leurs pré-
« bendes, comme vous l'avez déjà réglé, de confier aux
« réguliers l'administration des autres bénéfices, domaines
« et biens de l'abbaye; car, si tout cela demeurait entre les
« mains des premiers, il y aurait à craindre qu'il n'y eût,
« dans de criminelles intentions, une dilapidation générale,
« et que, par suite, la pauvreté ne se fît sentir, mettant la
« maison en péril (1). » On voit, par cette missive, que l'ancien chapitre continuait à célébrer les offices selon le rite
de la maison, et que l'administration temporelle n'avait
pas été l'objet de règlements assez précis.

L'illustre abbé de Clairvaux ne pouvait ne pas unir sa
voix à celles qui, de toutes parts, s'élevaient pour féliciter le
non moins illustre abbé de Saint-Denys. Cela ne se pouvait
d'autant moins, que la voix et les écrits du premier avaient
exercé la plus salutaire influence sur l'œuvre précédente du
second dans son propre monastère, œuvre qui méritait à celui-
ci de la part de celui-là le glorieux titre de « coadjuteur de
Dieu (2) ». Saint Bernard écrivait donc à Suger : « Béni soit
« Dieu qui par votre main a opéré le salut de Sainte-Gene-
« viève, en sorte que la maison a été rendue au bon ordre
« avec la discipline. L'autorité apostolique elle-même vous
« rend grâces de ce que vous avez fidèlement et efficace-
« ment mis la main à la magnifique entreprise. Nous fai-
« sons de même, nous, dans la mesure de nos forces,
« ainsi que tous ceux qui aiment Dieu dans la vérité. C'est
« pourquoi nous vous prions avec instance et nous vous

---

(1) *Epistolæ Suger.*, epist. XL.
(2) *Opera S. Bernardi*, Paris, 1690, epist. LXXVIII, § 4.

« supplions d'étendre sur l'acte accompli votre main pro-
« tectrice, afin que ce que vous avez magnifiquement com-
« mencé, puisse, par les soins de votre grandeur, progres-
« ser de jour en jour et se parfaire heureusement (1). »

Le Souverain Pontife, dans sa réponse, félicita l'abbé de Saint-Denys du zèle déployé et du succès obtenu. Mais il ne donnait aucune décision sur les points qui lui avaient été soumis. Il se borna à recommander au régent de continuer sa puissante assistance aux nouveaux chanoines, et il lui confia le soin de faire restituer les objets que les anciens s'obstinaient à garder (2).

C'était un ordre pour Suger. L'archevêque de Reims, l'évêque de Soissons et plusieurs personnes de qualité accompagnèrent le régent à Sainte-Geneviève où, sur convocation, se réunirent les chanoines séculiers. Ceux-ci durent se soumettre ; mais il fut impossible de leur faire rendre les quatorze marcs d'or qu'ils avaient enlevés de la châsse de sainte Geneviève, et la chasuble de saint Pierre qu'ils avaient dérobée et dont l'abbaye ne conserva plus désormais qu'un fragment (3).

Suger ne s'était pas trompé dans ses craintes : ce ne fut là que le commencement des vexations. Une nuit, par

---

(1) *Opera S. Bernardi*, Paris, 1690, epist. CCCLXIX.

(2) *Epistolæ Suger.*, epist. XLV : «... Thesauros et instrumenta ipsius ecclesiæ, quæ adhuc per seculares canonicos detinentur... »

(3) Il paraît bien qu'il y eut encore d'autres vols ou malversations, puisque, plus tard, le pape chargea de nouveau Suger de faire restituer tout au trésor. (*Epistol. Sug.*, epist. CXXXVIII). Quant au fragment de la chasuble, du Molinet nous apprend que c'était un morceau « d'une étoffe de soie comme d'un damas tirant sur le vert ». (Ms. 21 précité, p. 246). Il faut savoir qu'on conservait religieusement à l'abbaye la chasuble qui avait été, croyait-on, à l'usage du prince des Apôtres pour la célébration des saints mystères et qu'on aurait rapportée d'Antioche. On raconte que, vers l'an 1080, Hugues, abbé de Cluny, faisant un pèlerinage à Sainte-Geneviève, un paralytique lui demanda guérison. Plein de confiance dans celui qui fut le chef du collège apostolique, le saint abbé prit la chasuble qu'il venait de vénérer, l'étendit sur le paralytique, en prononçant ces mots : « Que le Seigneur J.-C. te guérisse » ; et le paralytique fut guéri. (Même ms. 21, p. 245, et *Act. sanct.*, 29 avril, p. 641, § 23.)

exemple, durant le chant des matines, on vit les serviteurs des anciens chanoines forcer les portes du temple, et y pénétrer en faisant un tel tapage qu'on dut interrompre l'office. On prévint le régent qui se rendit sur les lieux et menaça d'arracher les yeux et de couper les mains aux coupables, si jamais semblable crime se renouvelait. On surveilla les abords de l'abbaye et le bon ordre finit par se rétablir.

Cependant les anciens chanoines, voulant tenter un suprême effort, envoyèrent quelques-uns des leurs à Rome. Prières, instances, artifices, tout était bon comme moyen de succès. Quand Suger apprit cela, il n'eut rien de plus pressé que de prévenir Eugène III de la démarche, en lui exposant les faits que nous venons de rappeler. A la fin de la lettre, il revint sur les mesures déjà proposées, comme pouvant seules bien terminer l'affaire de la réformation, pourvu qu'on y en ajoutât une autre devenue également nécessaire : l'exclusion absolue des anciens (1), car « il est certain, disait-il, que l'accord entre les irréguliers et les réguliers ne s'établira que par une main de fer, que la paix ne régnera entre eux qu'autant qu'elle sera, par le changement des cœurs, l'œuvre de la miséricorde divine » (2).

Il y a tout lieu de penser que le pape se prononça dans ce sens, encore que la lettre qui nous est conservée (3) ne renferme aucune décision. En effet, l'adjonction à Suger de l'évêque d'Auxerre pour l'exécution des ordres pontificaux, indique bien qu'il s'agissait de choses très importantes (4).

---

(1) *Epistolæ Suger.*, epist. XLVII : « Verum tantum, quo lætatur Eccle-
« sia Dei, quo prædicabitur sancti apostolatus vestri usque in finem
« seculi famosa beatitudo, taliter et quiete terminari poterit, si iis reli-
« giosis chorum, capitulum, claustrum et refectorium ad conservationem
« sanctæ religionis juxta ordinem Sancti Victoris, *illis exclusis*, deliberari
« feceritis. »

(2) *Ibid.*

(3) *Ibid.*, epistol. LXVII.

(4) *Ibid.* « ... Ut Sanctæ Genovefæ seculares canonici in te specialiter
« invidiæ causas non habeant exercere... »

Comme on le voit, ce fut la réelle substitution, à Sainte-Geneviève, des chanoines réguliers de Saint-Victor aux chanoines séculiers qui occupaient l'abbaye depuis un siècle et demi et dont les derniers ne conservèrent, en définitive, que leurs prébendes avec le droit ou la faculté, sans doute, d'assister aux offices du chœur.

Suger — cette parole se rencontre dans une nouvelle lettre — déclarait que, entre les œuvres par lui accomplies à l'ordre du pape ou du roi, la réformation de Sainte-Geneviève était une des deux qui avaient le plus stimulé son zèle : l'autre était une réformation pareille dans le chapitre de Compiègne (1).

A son retour d'Orient, Louis VII donna une lettre hautement approbative de ce qui s'était opéré à Sainte-Geneviève, confirmant, à la fois, les possessions, droits et privilèges de l'antique abbaye que la fondation royale plaçait tout particulièrement sous le patronage de la couronne (2).

(1) *Epistolæ Suger.*, epistol. CLXII : « Inter omnia et ex omnibus, Sanctis-
« sime Pater, quæ vel auctoritate Apostolica vel Majestatis regiæ præs-
« criptione parvitati nostræ concessa sunt negotia, hæc duo potissimum
« amplexatus sum : videlicet de statuenda religione in beatæ Genovefæ
« Parisiensis et nobili Compendiensi ecclesia... »

(2) Arch. nat., cart. L. 879, let. (copie du xvie s.) datée de Paris 1149 et que nous reproduisons, parce que nous l'estimons inédite.

« In nomine sanctæ et individuæ Trinitatis, Ludovicus Dei gratia rex
« Francorum et dux.

« Summa et principalis est gloria regum ad honorem coronæ regalis
« accedens de profectu et honestate ecclesiarum attente considerare atque
« carum statum in emendationem religionis et ordinis pietatis studio pro-
« movere : nihil enim digne magnificum, nihil tam gloriosum in operibus
« regiæ potestatis apparet quam quod Ecclesia Dei in meliorem statum
« semper exsurgat et sacrosanctæ religionis honore gloriosius convalescat.
« Tali munerum consideratione super ecclesia beatæ Genovefæ de Monte,
« quæ in manu secularium canonicorum circa profectum religionis decli-
« nabat in imperfectum, eo attentius estimavimus providendum, quo spe-
« cialius eam cognoscimus ex ipsa sui fundatione ad dignitatem coronæ
« nostræ pertinere. Qua in re, consideratis diversorum locorum ordinibus,
« venerabilis ordo canonicorum ecclesiæ beati Victoris quæ in conspectu
« hominum in estimationem magnæ religionis excrevit, gratior nobis atque
« idoneus magis occurrit. Complacuit itaque nobis, tum propter vicinitatem

II

L'ABBAYE DANS LES PREMIERS TEMPS DE LA RÉFORMATION

Dès le lendemain de l'installation (1), Eudes envoya un messager, porteur d'une missive, à Guillaume qui administrait une prévôté considérable du chapitre. On pense que cette prévôté était celle d'Épinay-sous-Sénart.

Ce Guillaume (2) dont nous avons déjà écrit le nom,

« loci, tum propter habitus similitudinem, in præfatam ecclesiam beatæ
« Genovefæ de ecclesia beati Victoris canonicæ religionis institutionem
« transferre, atque in ea, quasi ex novo, sacrosancti ordinis fundamenta
« locare. Quia ergo, auxiliante Domino, secundum desiderium nostrum præ-
« fata ecclesia beatæ Genovefæ in eminencioris ordinis gradum ascendit,
« constituto ibi videlicet in abbatem venerabili viro Odone, nos de tanto
« religionis profectu gaudentes eamdem ecclesiam in hoc statu canonicalis
« ordinis regulariter permanendam sanximus et præsentis auctoritatem
« præcepti perpetuæ stabilitatis munimento corroboramus. Statuimus etiam
« et confirmamus, ut et antiquæ libertatis immunitatem eadem ecclesia
« nihilominus universaliter habeat et obtineat, et in propriæ potestatis
« soliditate, sicut antiquitus, libera prorsus et quieta persistat. Possessiones
« quoque et bona quæcunque ad eam, vel ex antiqua, vel ex recenti acqui-
« sitione, quocunque modo, quacunque lege videntur rationabiliter pertinere,
« in perpetuum ei concedimus et confirmamus. Hujus igitur nostræ consti-
« tutionis et confirmationis stabilimentum ut inconcussum deinceps perpe-
« tuo maneat et illibatum, memoriali scripto commendari atque auctoritatis
« nostræ sigillo signari nostrique nominis subternotato charactere corrobo-
« rari præcepimus. Actum publice Parisius, anno ab incarnatione Domini
« millesimo centesimo quadragesimo nono, regni vero nostri decimo tercio,
« astantibus in palacio nostro quorum nomina subtitulata sunt et signa :
« signum Radulphi Viromandensis comitis, dapiferii nostri ; signum Gui-
« donis, buticularii ; signum Mathei, camerarii ; signum Mathei, consta-
« bularii.

« Data, cancellario nullo. (Monogramme de *Ludovicus*).

« Sigillatum sigillo oblongo sub filis sericeis crocei coloris. »

(1) Ms. fr. H. 17, in-fol., p. 469.

(2) Ce que nous allons dire de ce saint personnage est emprunté à ce même ms. 17, p.p. 695 et suiv., et aux *Acta sanct.*, 6 avril, *Vita S. Wilhelmi*, p.p. 625 et seq. L'auteur de ce ms. a puisé ses renseignements dans les « manuscrits de Sainte-Geneviève et de Surius ». (Ms. 17, p. 694).

était né en 1104. Du côté paternel, il avait un oncle appelé Hugues, qui, après avoir été religieux à Saint-Germain des Prés, en avait été élu abbé et pouvait se glorifier d'y avoir rétabli la discipline en y remettant en honneur « le culte de Dieu, la piété et les exercices de la religion » (1).

Le jeune Guillaume fut placé sous la direction de l'oncle pour être formé à la science et à la vertu. C'est ainsi que, sous la douce influence de la piété, il prenait goût déjà et se trouvait, pour ainsi dire, initié à la vie religieuse dont il devait être, plus tard, un si admirable modèle. En attendant, sa vocation à l'état ecclésiastique s'était manifestée. Son oncle le fit ordonner sous-diacre et lui procura une prébende à Sainte-Geneviève.

Le nouveau chanoine s'acquittait consciencieusement de ses nouvelles fonctions. Il s'efforçait même de bien se pénétrer de l'esprit évangélique qui régnait à Saint-Germain. De là irritation, malveillance des confrères : on craignait que le neveu ne fît à Sainte-Geneviève ce que l'oncle avait fait à Saint-Germain. On chercha donc le moyen de l'éloigner du chapitre. Mais, dans la situation, l'intrigue seule pouvait donner l'espoir de réussir.

Il y avait à Sainte-Geneviève un chanoine qui jouissait d'une réputation assez bien méritée de fin rusé. On eut recours à lui. Un jour, il s'adressa à Guillaume sous prétexte de lui faire une confidence très grave et pour laquelle il demandait le secret le plus absolu. Il s'agissait pour lui du projet de retraite dans un monastère, car il ne croyait pas pouvoir sauver son âme en demeurant dans le chapitre : vivre ainsi était plutôt mourir, puisqu'on ne devait s'attendre qu'à l'éternelle damnation.

L'adroit chanoine demanda ensuite au crédule confident si lui-même ne se trouvait pas dans la disposition d'en faire autant. Ce dernier répondit affirmativement pour le cas où

(1) Même ms. 17, p. 697.

l'exemple lui en serait donné. La chose fut donc entendue. La conversation entre les deux futurs religieux ne roula plus désormais que sur les vanités du monde et les avantages de la vie monastique. On s'entendit même sur le choix du monastère : on devait se rendre à La Charité qui était de l'ordre de Cluny (1).

Le jour fixé, les deux chanoines prirent le chemin de ce monastère où ils furent très bien accueillis. L'inspirateur du dessein commença, alors, par alléguer pour lui la nécessité d'un retour à Paris : certaines affaires qu'il n'avait pu régler avant son départ, l'y rappelaient. Il engageait son confrère à persévérer dans ses bonnes résolutions, assurant que lui-même ne tarderait pas à revenir. La surprise fut grande pour Guillaume et elle se changea bientôt en un soupçon, qui se convertit presque aussi vite en certitude, touchant le peu de sincérité du compagnon. Guillaume ne se laissa pas prendre au piège : puisque tel est l'état de vos affaires, « remettons, dit-il, à un autre temps (2) » notre entrée en religion; et ils revinrent ensemble à Sainte-Geneviève.

Comme l'abbé de Saint-Germain des Prés songeait à faire conférer à son neveu le diaconat, les chanoines, craignant que l'élévation dans les ordres n'accrût l'autorité morale de Guillaume, résolurent de s'y opposer. Ils agirent sur l'esprit de l'évêque de Paris, en mettant en avant l'indignité du sujet et en le chargeant de faits dont il était innocent. Les manœuvres réussirent. Mais l'oncle sut trouver le moyen de tourner la difficulté : il adressa son neveu avec des lettres testimoniales à l'évêque de Senlis qui l'ordonna à l'insu des chanoines.

Le samedi qui suivit l'ordination, Guillaume fut désigné pour chanter la viie leçon de l'office de la nuit. On sait qu'il

---

(1) La ville de La Charité sur la rive droite de la Loire, que le *Gallia christiana* appelle « la première fille de Cluny ». (tom. VII, col. 544).
(2) *Acta sanct.*, p. 626, § 5.

faut être diacre pour chanter l'évangile. Les chanoines s'étaient proposé d'humilier Guillaume et comptaient sur quelques écarts dont ils sauraient profiter. Quant à lui, il se dirigea tranquillement vers le pupitre et, à la grande surprise des chanoines, il demanda la bénédiction, comme le prescrit la liturgie, avant de commencer. Ceux-ci comprirent alors qu'il était vraiment diacre, et, ne pouvant supporter qu'il exerçât son ordre en leur présence, ils quittèrent le chœur, à l'exception du chancelier Aubery.

Quand, le matin, les chanoines furent réunis, ce dernier prit sujet de l'évangile du jour — c'était l'évangile du démon qui rendait muet — pour décocher ce trait à ses confrères : « Nous pouvons dire que nous avons vu, cette « nuit, des choses merveilleuses. Qui ne les trouverait « telles, en effet ? C'était prodigieux, sans doute, que le fils « du Tout-Puissant chassât un démon qui était muet : « aussi la foule fut-elle dans l'admiration, quand elle « entendit le muet parler. Mais il me semble qu'il est bien « plus prodigieux que pendant que maître Guillaume pro« nonce ces mots : *Jésus chassait un démon*, les chanoines « soient chassés de leur église, eux qui sont des hommes « raisonnables (1). »

Guillaume continuait de s'adonner à l'étude et à la piété, tâchant, à la fois, d'acquérir assez de patience pour supporter les nouvelles tracasseries dont il ne cessait d'être l'objet. Mais, tandis que les hommes cherchaient à l'humilier, Dieu se chargea de l'élever. Une fois ordonné prêtre, il fut mis à la tête de la prévôté dont il vient d'être question.

Il était à dîner en compagnie, quand le messager se présenta pour lui remettre la lettre de l'abbé de Sainte-Geneviève. Ayant pris connaissance du contenu et demandé quelques explications au messager, il fut si heureux de

---

(1) *Ibid.*, p. 626, § 8.

l'événement annoncé, qu'il ne put différer de s'en assurer par lui-même : il quitta le dîner et la compagnie pour se rendre immédiatement à Paris.

Arrivé à Sainte-Geneviève, il trouva effectivement des figures nouvelles et des costumes nouveaux. L'abbé s'empressa de lui faire le récit complet de ce qui s'était accompli : « Mon fils, ajouta-t-il, si vous désirez être riche, cherchez les vraies richesses » ; et, citant plusieurs passages de l'Écriture qui prêchent le détachement, il conclut par ces mots : « Donc renoncez à tout ce que vous possédez et portez chaque jour la croix du Christ (1). » Il prit ensuite le prévôt par la main et le conduisit dans une pièce, probablement la salle du chapitre, où il y avait un crucifix : « Contemplez bien cette image, ô mon fils; voyez par
« quelle douceur d'amour Jésus désire vous attacher à lui !
« comme il tient ses bras étendus pour vous recevoir et
« vous presser, celui qui a voulu être crucifié pour vous !
« — Hélas ! répondit Guillaume profondément ému, si je
« pouvais savoir qu'il daigne me recevoir pour serviteur,
« oublier mes iniquités passées et les erreurs de ma fra-
« gilité ! — Je suis certain, reprit l'abbé, que, si vous vou-
« lez suivre les saints avertissements, non seulement il
« vous pardonnera vos péchés, mais encore que, après la
« vie, il vous couronnera de la gloire éternelle avec les
« saints (2). » Guillaume se jeta aux pieds de l'abbé en disant qu'il voulait vivre désormais sous la nouvelle règle de la maison.

La joie fut grande dans l'abbaye, à cette nouvelle : on crut voir dans le fait une preuve de la protection d'en haut sur l'œuvre naissante.

Guillaume renonça donc à son bénéfice, se dépouilla des biens qui lui appartenaient, et dit adieu au monde, afin de ne plus vivre désormais que pauvre et pour Jésus-Christ

---

(1) *Acta sanct.*, p. 628, § 15.
(2) *Ibid.*, § 16.

L'abbaye prospérait. De tous côtés, on rendait justice à la piété des nouveaux chanoines et à la parfaite régularité du monastère (1).

Cependant Eudes ne voulut pas mourir à la tête de l'abbaye de Sainte-Geneviève. Nous pensons avec le *Gallia christiana* qu'il estima le fardeau trop lourd après la mort des trois hommes qui l'avaient si bien soutenu et encouragé, Eugène III, Suger et saint Bernard (2). Il retourna à Saint-Victor, d'où il n'était sorti que par obéissance, dans le désir d'y trouver le recueillement salutaire qu'il ambitionnait pour ses dernières années. Cette retraite du saint abbé aurait donc eu lieu vers l'année 1154 (3).

Le prieur Albert ou Aubert fut élu abbé. Sous son administration, il se passa un fait qui eut un grand retentissement (4).

---

(1) Saint Bernard disait dans une lettre à Suger : « De operibus ejus (Dei) est, quod ecclesia de Monte religionem induit et decorem. » (*Opera*, même édit., epistol. CCCLXX). L'évêque de Saint-Malo ne se lassait point de chanter les louanges de l'abbaye. (*Gall. christ.*, col. 713).

(2) On dirait que l'abbé de Clairvaux avait prévu ou craint cette retraite. Dans la lettre à Suger, citée tout à l'heure, il lui disait : « Dignamin etiam consolari abbatem loci illius, quia pusillanimis est. »

(3) Il vécut jusqu'au mois de mai 1173. En 1165, il fut choisi par le roi Louis VII pour être un de ceux qui tiendraient son fils, plus tard Philippe-Auguste, sur les fonts baptismaux, et, l'année précédente, il avait été associé aux abbés de Saint-Victor et de Saint-Germain pour instruire une affaire dont nous aurons à parler dans un instant. Son corps fut inhumé dans la chapelle de *Notre-Dame de Bonne-Nouvelle*. On fit pour lui cette épitaphe qui se lisait sur son tombeau :

> Martyris Odo prior prius et post Virginis abbas
> Martyrium didicit virginitate sequi.
> A Victore rosas certaminis, a Genovefa
> Lilia perpetui plena pudoris habens,
> Intulit has flores Paradiso, tempore florum.
> A puero senior, in sene virgo puer ;
> Mitis cum Moyse, cum Nathaele fidelis,
> Cum Samuele sacer, cum Simeone timens.
> Ne pereas, per cum te Parisius Paradiso
> Orba parente para non paritura parem.
> (*Gall. christ.*, tom. VII, col. 715).

(4) Nous avons, pour notre récit, coordonné, autant que possible, les deux narrations qui se trouvent dans les *Acta sanctorum*, l'une au 3 jan-

C'était en 1161. Louis VII avait convoqué à Paris les évêques et les grands du royaume pour leur soumettre certaines affaires d'État. Quelle qu'en fût la source, le bruit se répandit que l'abbaye ne possédait plus la tête de sainte Geneviève (1). Le roi s'émut de la chose autant que le clergé et le peuple, et il résolut de procéder à un examen canonique, jurant par le « Saint de Bethléem (2) » que, si le bruit était fondé, il chasserait les chanoines, après les avoir fait battre de verges. Pour éviter l'introduction furtive d'une nouvelle tête, il envoya d'abord apposer son sceau sur la châsse et ordonna l'enquête pour le lendemain (3). Celle-ci était confiée à l'archevêque de Sens et à l'évêque d'Auxerre. L'évêque d'Orléans, Manassès II, se joignit à eux (4). Le roi se rendit lui-même à la basilique qui fut envahie par la foule, désireuse de savoir l'issue qu'aurait l'affaire. Plusieurs mêmes auraient été armés de pierres et de bâtons pour frapper sans retard les coupables. On était au 10 janvier, un des jours dans l'octave solennelle de la fête même de la vénérée patronne de Paris.

Le serment du roi avait jeté un certain trouble dans la communauté ; mais, plus que les autres, le chanoine Guillaume, le même dont nous venons de raconter l'incorporation au nouveau chapitre et qui avait la garde des

---

vier, sous le titre : *Revelatio reliquiarum S. Genovef*, p. 152, et l'autre dans la Vie même de saint Guillaume, au 6 avril, p. 629.

(1) Du Molinet pense que les anciens chanoines n'auraient pas été étrangers à l'accusation, car ils n'avaient pu pardonner encore leur renvoi. (Ms. 21, déjà cité, p. 338.)

(2) *Act. sanct., Vita S. Wilhelmi.*

(3) L'auteur de la Vie de saint Guillaume, ne parlant point de la réunion préalable des évêques de France à Paris, rapporte que Louis VII convoqua *ad hoc* l'archevêque de Sens et ses suffragants ainsi que les abbés et les prieurs de la province.

(4) Ce Manassès était pour le moins prévenu contre les nouveaux chanoines. Aussi est-il appelé : « Oblivione potius quam memoria dignus, « veritatis inimicus, religionis hostis et honestatis promptissimus perse- « cutor... » (*Acta sanct.*, 3 janvier).

reliques, se préoccupait de pareilles mesures. Quelle combinaison secrète se cachait sous tout cela ?

Lorsqu'il fallut procéder à la descente de la châsse, Guillaume voulut se réunir à ceux qui étaient chargés de l'opération. Comme on s'y opposait, il prit un encensoir ou un chandelier en disant : « Si on ne le permet pas autrement, je monterai au moins comme clerc en fonction (1). »

La châsse descendue, on brisa le sceau royal, et, quand elle fut ouverte, le corps de la sainte apparut dans son intégrité. Transporté de joie, Guillaume, oubliant la présence des prélats, entonna d'une voix à remplir la basilique le *Te Deum* que le peuple continua. L'allégresse était générale et plusieurs pleuraient de bonheur. Une voix discordante pourtant se fit entendre : ce fut celle de l'évêque d'Orléans. « Comment — dit-il avec colère et en s'adressant à Guillaume après le *Te Deum* — « Comment, écornifleur (2), « as-tu osé témérairement, au mépris de l'autorité des « pontifes, entonner le *Te Deum* pour la tête d'une vieille « femme frauduleusement introduite ici ? — Si vous dé- « sirez savoir qui je suis, reprit Guillaume, je m'em- « presse de vous satisfaire. La qualification que vous me « donnez, je ne la mérite point : non, je ne suis point un « écornifleur, mais bien un serviteur de la bienheureuse « Geneviève. Quant à l'accusation de témérité que vous « articulez contre moi, elle n'est pas méritée davantage : si « j'ai agi de la sorte, ce n'est point par présomption, mais « sous l'impulsion du pur amour que j'ai toujours professé « pour la vierge. La tête que vous voyez, je ne nie pas « qu'elle ne soit la tête d'une femme vieille qui a toujours « conservé la fleur de la virginité. La bienheureuse Gene- « viève vécut soixante-dix années et plus, vierge toujours « pure et immaculée, jusqu'à ce qu'elle rendît son âme « au ciel et la matière de son corps à la terre. » Puis s'adres-

(1) *Acta sanct., Vita S. Wilhel.*
(2) *Seccator.*

sant aux deux autres prélats : « Pour ne pas laisser sub-
« sister le moindre doute dans vos âmes, allumez un four,
« et moi, prenant cette tête et plein de confiance dans les
« mérites de la sainte, j'y entrerai sans peur. — Avec
« cette tête, répliqua l'évêque d'Orléans, je n'entrerais pas
« dans un vase d'eau froide, et toi tu entrerais dans un four
« embrasé (1) ! » L'archevêque imposa silence à son collègue
emporté et fit, à haute voix, cette déclaration : « Nous
« sommes heureux d'annoncer que nous avons trouvé dans
« son intégrité le corps de cette très sainte vierge qui est la
« gloire de toute la France, et nous vous attestons le fait,
« afin que personne, soit présentement, soit dans l'avenir,
« ne puisse concevoir quelque doute à ce sujet (2). » Après
cette déclaration, la châsse fut fermée, et on se retira.

Les chanoines, redoutant l'influence de Manassès sur
l'esprit du roi, désiraient avoir une attestation écrite. Mais
l'archevêque de Sens et l'évêque d'Auxerre avaient déjà
quitté Paris pour retourner dans leurs diocèses. Les chanoines les firent suivre en toute hâte et leurs envoyés les
joignirent à Melun, où cette attestation fut immédiatement
rédigée : « Par ordre de la royale Sérénité, nous nous
« sommes rendus à l'église de la sainte vierge Geneviève ;
« nous avons fait ouvrir en notre présence la châsse où
« repose la très précieuse vierge et, examinant attentive-
« ment l'intérieur, des yeux et de la main, nous avons
« trouvé le très saint corps dans son intégrité, avec sa tête
« et tous ses membres, et, de plus, une pièce qui en attes-
« tait l'irrécusable authenticité. La vérité constatée, nous
« nous sommes empressés, dans notre joie, de rendre
« gloire à Dieu et d'annoncer le fait au peuple. Voilà pré-
« cisément ce que nous avons déjà exposé à notre souve-
« rain. Nous vous le déclarons de nouveau par cette lettre,
« de peur que les pervers, qui s'étudient à la destruction

(1) *Ibid.*
(2) *Act. sanct.*, 3 janvier.

« du bien, ne puissent par leurs mensonges obscurcir la
« vérité (1). » Devant un pareil témoignage, la malveillance
dut s'arrêter et le roi, complètement rassuré, continua son
amitié et sa protection à l'abbaye.

Successeur d'Albert, en 1163 (2), Guérin, affectionnant
tout particulièrement un chanoine, désirait l'élever à la
dignité de prieur. Il le désigna donc au chapitre qui était
disposé à donner son assentiment. Mais le prieur proposé
éleva une fin de non-recevoir disant que, dans une abbaye
royale, les dignitaires devaient être nommés par le roi.
« Si vous voulez accepter l'office de prieur selon la règle de
« l'ordre, dirent les chanoines, nous ratifions le choix ;
« mais, si vous voulez transgresser les sages prescriptions
« de nos pères, vous n'obtiendrez rien de nous (3). » Comme
il persistait dans sa manière de voir, l'abbé le conduisit
à la cour, et Louis VII, ignorant la clause de la règle, le
nomma prieur. L'heureux dignitaire entra immédiatement
en fonction en sonnant pour appeler les chanoines au
réfectoire. Ceux-ci manifestèrent d'une façon sensible, sans
rompre le silence pourtant, le mécontentement qu'ils
éprouvaient. Nous retrouvons encore ici le chanoine Guillaume avec son zèle ardent. Il repoussa l'intrus de la
cloche pour la remettre au sous-prieur.

L'intrus s'était retiré la rougeur sur le visage et la colère
dans le cœur. Il s'adressa à l'abbé qui convoqua le chapitre
pour y accuser Guillaume d'avoir outragé le prieur. Guillaume déclara qu'il n'avait pas commis une pareille faute.
« Si je suis coupable, dit-il, de ce que j'ai empêché, non
« le prieur, mais un violateur de la règle d'exercer la

---

(1) *Act. sanct.*, 3 janvier.

(2) Nous suivons en cela le *Gallia christiana* qui s'inspire lui-même de l'auteur de la Vie de S. Guillaume de Danemark. Ce sentiment nous paraît plus probable que celui embrassé par du Molinet qui supprime Guérin et fait vivre Albert jusque vers 1172. (Ms. 21, p.p. 342, 347).

(3) *Acta sanct.*, *Vita S. Wilhel.*

« charge de prieur, je suis prêt, punissez-moi (1). » Il fut condamné à un silence continuel, au pain et à l'eau, avec exclusion de la table, trois jours de chaque semaine. Guillaume se soumit humblement à la pénitence dans la pensée qu'il fallait, en tout état de choses, subir la sentence capitulaire. Cependant il paraît bien qu'il se décida à en appeler au Souverain Pontife.

Devant l'antipape Victor protégé par l'empereur Frédéric-Barberousse, Alexandre III avait dû chercher asile sur la terre de France. Après le concile qu'il avait réuni à Tours, il était venu à Sens. C'est probablement dans cette dernière ville que Guillaume se présenta devant lui. Mais, comme il avait quitté l'abbaye sans l'autorisation de l'abbé et du chapitre, il ne put rien obtenir et fut simplement renvoyé devant son supérieur. De nouveaux châtiments l'attendaient : Guillaume aurait été dépouillé de ses vêtements et cruellement frappé par ordre de l'abbé, puis condamné à prendre sa nourriture à terre et avec les chiens pendant sept jours. C'est une lettre du pape lui-même qui nous apprend ces faits. Écrite de Sens, le 18 août 1164, elle était adressée aux abbé, prieur et sous-prieur de Saint-Victor, à l'abbé de Saint-Germain, à Eudes, ancien abbé de Sainte-Geneviève, pour les charger de procéder sans retard à une enquête à ce sujet (2).

Si nous nous reportons de nouveau au récit que nous offre l'auteur de la Vie de saint Guillaume, et si nous essayons de le concilier avec la lettre d'Alexandre III, nous croyons pouvoir dire que, à la suite sans doute de l'enquête, le pape cita devant lui Guérin et Guillaume, blâma le premier, innocenta le second, et ordonna qu'à l'avenir on élût les dignitaires conformément à la règle.

De son côté, lorsque Louis VII, qui avait agi de bonne foi,

---

(1) *Acta sanct.*, *Vita S. Wilhel.*
(2) Martène, *Amplissima collectio*, tom. VI, Paris, 1729, col. 233, où cette lettre est reproduite.

fut instruit de l'affaire, il écrivit (1) aux chanoines pour leur rappeler que, dans l'antique abbaye de Sainte-Geneviève, l'amour de la justice au-dedans devait répondre à la splendeur du dehors, et la ferveur de la piété à la grandeur de la renommée. Il leur recommandait de se conduire selon la règle adoptée et de savoir unir la fermeté dans le devoir à la douceur de la charité (2). A cette condition, il les assurait de ses dispositions toujours bienveillantes (3).

Du fond du Danemark, une voix s'éleva vers Sainte-Geneviève pour implorer assistance dans une grande détresse spirituelle.

Roschild, ville de ce royaume, avait un évêque du nom d'Absalon, homme de *grand conseil, l'honneur du clergé, le consolateur des affligés, l'ornement de la foi, la lampe brillante dans le temple de Dieu* (4). Dans ce diocèse était l'île d'Eschil qui possédait un collège de chanoines : Eschil, « lieu qu'embellissaient des prés verdoyants et les arbres divers des forêts, séjour agréable, délicieux, où pourtant bien rarement les chanoines se trouvaient réunis en nombre complet, en sorte que c'était bien en vain qu'on les disait réguliers (5). » D'autre part, dans le cloître on se livrait à la bonne chère et on y donnait volontiers rendez-vous aux plaisirs profanes.

Profondément affligé d'un pareil dérèglement, le vénérable évêque de Roschild, cherchait souvent en lui-même ou demandait à la prière le moyen d'y porter remède. Il se souvint un jour d'un pieux et zélé chanoine qu'il avait

---

(1) Martène, *Ampliss. collect.*, tom. VI, col. 239.
(2) « Videte tamen ut ita verba paterna habeatis, ut ubera materna non desint. »
(3) A partir de 1164, nous perdons la trace de Guérin, on serait assez porté à croire que, volontairement ou par contrainte, il donna sa démission. Aurait-il été, quelques années plus tard, choisi pour remplacer à Saint-Victor l'abbé Ervisius, qui avait dû se retirer? Cette question que pose le *Gallia*, nous la laisserons indécise avec lui.
(4) *Acta sanct*, 6 avril, *Vita S. Wilhel,*. p. 630.
(5) *Ibid.*

connu à Paris, lorsqu'il y étudiait. A la piété et au zèle ce chanoine unissait la prudence et la discrétion. C'était Guillaume de Sainte-Geneviève. L'évêque eut la pensée de l'appeler en Danemark et de lui confier Eschil. Il envoya donc le demander instamment à la célèbre abbaye, en priant de lui adjoindre trois autres chanoines. L'abbé et le chapitre accueillirent avec empressement la demande de l'évêque. Ceci s'accomplissait sous le règne glorieux de Waldemare I, fils de Canut, roi des Obotrites et duc de Sleswig.

Guillaume, ses trois confrères et l'envoyé de l'évêque quittèrent sans retard Paris, abordèrent en Zélande après l'Assomption et, trois jours après, arrivèrent à Ringstad où les attendaient le roi et l'évêque de Roschild. Ceux-ci les reçurent en les embrassant avec toute l'effusion d'une sainte joie, et leur promirent de « les protéger comme des enfants, de les aimer comme des pères, de les conseiller comme des amis (1) ». Les chanoines se rendirent ensuite à Roschild pour se diriger, après un repos de quelques jours dans la ville épiscopale, vers l'île d'Eschil. Ils y trouvèrent six chanoines qui pâlirent à leur arrivée et purent à peine prononcer quelques mots, tant ils pressentaient ce qui allait leur advenir !

Le soir même, après souper, ces derniers se réunirent pour aviser à ce qu'il y aurait à faire, et résolurent d'aller exposer les choses à l'évêque, comme s'il les ignorait. De son côté, l'évêque prenait le chemin d'Eschil où il arriva le lendemain de la Saint-Barthélemy. Il eut un entretien avec les anciens chanoines ; et, à la suite, Guillaume fut nommé abbé, malgré la nouveauté du nom et de la dignité pour le monastère. Le même jour, deux de ces mêmes chanoines demandèrent et obtinrent l'autorisation de se retirer. Les quatre autres restèrent ; mais leur âge avancé ne permettait guère d'attendre d'eux quelques services.

(1) *Ibid.*

Bien triste était aussi la situation matérielle du monastère, les biens ayant été dissipés ou mal administrés. L'évêque encouragea le chapitre et promit de pourvoir suffisamment aux besoins. Néanmoins, après quelque temps, les compagnons de Guillaume, ne pouvant se faire au régime ni supporter le froid de la contrée, obtinrent de l'évêque l'autorisation de rentrer en France. L'abbé lui-même désirait les suivre : il estimait l'œuvre qu'on lui avait confiée, au-dessus de ses forces. Quand il s'ouvrit à l'évêque, celui-ci fut péniblement impressionné et s'appliqua à combattre un pareil projet, en disant, entre autres choses, que le succès n'était pas au pouvoir de l'homme, qu'il fallait l'attendre du ciel. Touché par ces paroles et se rappelant, de son côté, cette phrase d'Isaïe : *Maudit soit l'homme qui met sa confiance dans un homme* (1), l'abbé consentit à demeurer.

De bien pénibles épreuves l'attendaient cette même année. La récolte avait manqué ; la maladie avait fait périr un grand nombre de bestiaux ; de là, une véritable disette dans le pays. Mais de là aussi, une vraie sédition dans l'abbaye. On maudissait le jour où le misérable Français avait mis le pied dans la maison, cet homme qui, « ne buvant rien, ne mangeant rien, mais convertissant en argent et en or les ressources communes pour s'en former un trésor » (2), leur imposait les plus cruelles privations. Ces bruits, tout dénués de fondement qu'ils étaient, prirent de la consistance, tellement l'on est porté à croire le mal ! Guillaume laissa passer l'orage et parvint par ses vertus comme par sa sagesse à vaincre toutes les oppositions, à triompher de tous les obstacles et à rendre florissante l'abbaye d'Eschil.

C'est, tout porte à le croire, c'est de cette époque et grâce à l'œuvre mémorable de Guillaume que se seraient formés,

---

(1) Jérém., XVII, 5.
(2) *Acta sanct.*, p. 631.

entre la grande abbaye de Paris et le royaume de saint Canut, les liens étroits dont nous aurons à enregistrer les heureuses conséquences.

Pour l'admirable abbé, il gouverna Eschil pendant quarante ans, agissant salutairement au dehors, soit par ses exemples de vertus ou sa puissance de saint, soit par les établissements qu'il fonda (1) ou aida à réformer dans le royaume. Il s'endormit doucement dans le Seigneur, le jour de Pâques, 6 avril de l'année 1202, à l'âge de quatre-vingt-dix ans. L'on grava sur sa tombe :

> Parisiis natus, dictis factisque beatus,
> Mundo sublatus, jacet hic Guillelmus humatus (2).

L'éclat de ses miracles s'ajouta à la grandeur de ses mérites pour le faire placer sur les autels, où il est honoré sous le nom ordinaire de saint Guillaume, abbé de Danemark.

---

(1) Les *Acta sanctorum* parlent du monastère de Saint-Thomas-Apôtre qu'il a établi avec la règle de S. Augustin : Ça aurait été à Ebbelholt en Zélande. (*Ibid.*, p. 634, annot. b).

(2) B. S. G., ms. fr. H. 17, in-fol., p. 729.

CHAPITRE CINQUIÈME

UN ILLUSTRE ABBÉ

ÉTIENNE DE TOURNAY

Le successeur de Hugues, quatrième abbé de Sainte-Geneviève (1), allait jeter un nouvel éclat sur l'abbaye, en même temps que, grâce à un zèle éclairé et infatigable, il devait la rendre à sa prospérité d'autrefois. Nous venons de nommer Étienne, originaire d'Orléans et désigné dans l'histoire par le surnom de Tournay, ville dont il fut plus tard évêque.

Il était né en 1128 (2). Après avoir appris la grammaire

---

(1) Hugues paraît avoir été d'abord religieux de Saint-Victor. Son administration n'offre rien de remarquable. Nous le voyons figurer avec les abbés de Saint-Victor de Paris et de Saint-Martin de Pontoise parmi les témoins de la convention arrêtée entre l'abbaye de Saint-Denys et les chanoines de Saint-Paul de la même ville, convention en vertu de laquelle ceux-ci reconnaissaient n'avoir aucun droit « à la nomination et à l'investiture des canonicats de leur église », convention qui, depuis, reçut d'Alexandre III l'approbation pontificale. (Félibien, *Histoire de l'abbaye royale de Saint-Denis*, p. 199-200). On rencontre aussi, à l'époque de l'administration de cet abbé, un acte par lequel Agnès, comtesse de Meulan (*Mellensis*), léguait à Sainte-Geneviève un serf et sa femme tant pour le salut de l'âme de la donatrice que pour l'accomplissement d'un vœu de son mari. (*Gall. christ.*, tom. VII, col. 718).

(2) Telle est la date donnée par l'*Histoire littéraire de la France*, tom. XV, p. 524-525. Du Molinet, dans sa *Vie d'Étienne de Tournay*, vie qui précède les *Lettres* de ce dernier, et, après cet auteur, le *Gallia*, tom. VIII, col. 1575, assignent l'année 1135. Mais le raisonnement des

sous un maître qui s'appliquait autant à former le cœur qu'à dégrossir l'esprit, il passa aux écoles des cathédrales d'Orléans, puis de Chartres. Humanités, philosophie, théologie, science canonique, tout fut étudié avec ardeur et succès. De là, la correcte latinité, l'élégance même de son style (1). De là, les grades dont il fut jugé digne dans la science de la raison pure, comme dans celle de la révélation. De là, la chaire de droit canon qui lui fut incontinent confiée et qu'il occupa brillamment (2). De là, enfin, les commentaires qu'il écrivit sur les Décrétales (3) et le titre

---

auteurs de l'*Histoire littéraire* nous a paru concluant. Ajoutons que le même du Molinet s'est trouvé plus près de la vérité dans une autre vie d'Étienne, lorsqu'il fixe l'année 1125. Cette autre vie, écrite en français et demeurée inédite, est cotée, à la Bibl. S. Gen., H. fr. 29, in-4°, et pour titre : *Le prélat exemplaire en la vie d'Estienne de Tournay*. Disons aussi que cette date de 1125 se retrouve dans deux autres mss. dont du Molinet a été pour le moins l'inspirateur et le correcteur. Ces deux mss. sont à la même Bibl., avec la cote, l'un H. fr. 17², in-fol., l'autre H. fr. 21 in-fol., et contiennent chacun, également en français, p.p. 730 et suiv. et p.p. 350 et suiv., une biographie d'Étienne, ce qui n'est guère qu'un double résumé du ms. 29.

(1) Un volume de lettres d'Étienne — nous les visions tout à l'heure, — a été publié et annoté par les soins de du Molinet. *Epistolæ*:.., Paris, 1679, in-8°. Une 1ʳᵉ édition, incomplète et défectueuse avait paru à la suite des lettres de Gerbert et de Jean de Salisbury, *Epistolæ*... Paris, 1611, in-4°.

Les lettres d'Étienne sont doublement précieuses au point de vue historique : 1° Elles jettent une certaine lumière sur les événements de l'époque — aussi plusieurs ont-elles été imprimées dans le *Recueil des historiens des Gaules et de la France*, tom. XIX, p.p. 282 et suiv.; — 2° elles contiennent les principaux éléments de l'histoire de ce célèbre personnage. Besoin n'est pas de noter que nous nous servons de l'édition de 1679. Mais il n'est que juste de déclarer que le travail si bien fait sur ces lettres, par les auteurs de l'*Histoire littéraire*, a simplifié le nôtre surtout quant à la 1ʳᵉ partie.

Disons-le tout de suite, nous aurons aussi recours pour cette notice à la *Vita* par du Molinet, placée en tête des *Epistolæ* d'Étienne, ainsi qu'aux trois mss. que nous venons de signaler, et aux deux articles du *Gallia*, tom. VIII et tom. VII.

(2). *Vita*; p. II, ms. 17², p. 731-732.

(3) Une copie de ces commentaires, venant de Saint-Victor, se trouve à la Bibl. nationale, *Fonds latin*, 14609 : *Summa mag. Stephani, Tornacensis episcopi, de Decretis*. Du Molinet, à la fin des *Epistolæ* d'Étienne, a imprimé l'introduction à l'ouvrage (*proœmium*).

de savant canoniste (*jurisperitus*) que lui donna Innocent III (1).

Bologne le vit étudiant en droit civil sous Bulgarus. Il eut pour condisciple aux leçons de ce professeur si en renom (2) ceux qui devinrent le cardinal Gratien et le pape Urbain III (3). Si l'étude des codes captivait son esprit, la profession d'avocat excitait parfois sa verve satirique (4).

A son retour en France, il fut attaché quelque temps, en qualité de secrétaire et d'aumônier (5), au jeune Guillaume de Champagne, simple clerc alors, appelé dans la suite à occuper successivement les sièges de Chartres, Sens et Reims. Mais vers 1155, par conséquent à l'âge de vingt-huit ans, il renonça au brillant avenir qui semblait s'ouvrir devant lui, pour se faire religieux à Saint-Euverte d'Orléans (6).

Quelques dix années auparavant, Saint-Euverte, simple collégiale qui laissait beaucoup à désirer, avait appelé des chanoines de Saint-Victor de Paris. C'était, par conséquent,

---

(1) **Ms.** 21, p. 350.

(2) On dit que les souverains s'en rapportaient parfois à son arbitrage et que ses décisions obtenaient force de loi. (Moréri).

(3) Epist. XXXVIII et CXXI.

(4) Epist. LXIII : « Jocosas olim confabulationes nostras fructuosis « oro sæpius orationibus expiari. Togatorum advocationes, mercimonia ; « litigantium conflictus, cæcorum pugnam; Bononiensium auditoria, fabri- « les diximus officinas. Inter hæc diversa secuti studia sumus... »

Penser que, pour rendre la satire plus piquante, la poésie aura été mise à contribution n'est pas invraisemblable, car le jeune Étienne aimait assez à faire diversion aux études sérieuses en s'exerçant dans la langue des dieux. L'*Histoire littéraire*, vol. cit., p. 585-586, dit avec raison : « Il parle dans plusieurs de ses lettres des vers qu'il avait composés dans « sa jeunesse. Écrivant au cardinal Pierre, évêque de Tusculum, qui « avait désiré les avoir : *Rogo*, dit-il, *ut puerilia mea, quamvis digna* « *sint risu, benevolo tamen suscipiatis aspectu*. Et dans une lettre à « l'abbé de La Sauve : *Quandoque lusimus metro, forsitan et prosa, nec* « *lusisse pudet.* » (Epist. XLIII et CCLXXVII).

(5) *Vita*, p. III, et mss. 29 et 17².

(6) *Hist. littér.*, tom. XV, p. 525-526; et les mss. 29 et 17², quant à l'année 1155.

la vie strictement canonique ou religieuse succédant aux règles moins sévères d'un chapitre séculier (1).

Le premier abbé, du nom de Roger, gouvernait encore la communauté, lorsque Étienne prit l'habit et fit profession. Comme ce dernier avait des aptitudes pour les affaires, on lui confia la charge de procureur de l'abbaye. Il devait succéder à Roger lui-même (1167 ou 1168) (2), et continuer la grande entreprise déjà avancée, la restauration de l'église ruinée par les Normands. Les ressources manquant, il adressait de chaleureux appels à la charité publique (3).

Lié avec saint Thomas de Cantorbéry (4) dont il se proclamait le disciple et l'ami, avec Maurice de Sully, évêque de Paris, auquel il fut adjoint pour prononcer sur un point doctrinal (5), chargé de porter la parole dans le concile provincial de Sens, à l'occasion de l'assassinat du doyen de l'église d'Orléans, et de poursuivre auprès de l'autorité souveraine la punition du crime (6), sa réputation de sain-

---

(1) Le *Gallia*, tom. VIII, col. 1574, assigne à la réformation l'année 1140 environ. Ce qui est certain, c'est que la réformation eut lieu avant 1147, car nous avons deux pièces qui portent la date de 1147, l'une bulle d'Eugène III adressée *Rogerio, abbati ecclesiæ S. Euvertii Aurelianensis*, l'autre diplôme de Louis VII où Roger est nommé *abbas* et où l'on parle de *successoribus suis abbatibus*. (Gal., tom. VIII, *Instr.*, col. 507 et 508).

(2) *Gallia*, tom. VIII, col. 1575.

(3) Epist. VIII : « Combustam Patris Evurtii renovamus ecclesiam. « Ubi, quia nostra non sufficiunt, aliena stipendia mendicamus. Eximus « in publicum nec sine rubore, rumorem abjicimus, per vicos et plateas « devotionem plebis, ut possimus, excitantes. »

(4) Même ms. 21, p. 352 : « Dominum et amicum sanctum Thomam « precor, ut, post gloriam martyrii sui, me tanquam indignum non reji- « ciat, quem ante consortio simul et colloquio suo dignum aliquando « indicabat. » Du Molinet penserait qu'en souvenir de cette amitié, Étienne aurait disposé dans la basilique de Sainte-Geneviève une chapelle dédiée à saint Thomas. Cette chapelle se trouvait sous le clocher.

(5) Sur la validité du baptême conféré par certaines personnes ignorantes, du diocèse de Clermont, sans prononcer les paroles : *Ego te baptiso*, avant celles-ci qu'on articulait : *In nomine Patris*, etc. (Epist. III, IV, V). Besoin n'est pas d'ajouter que la décision fut conforme à la doctrine de l'Église.

(6) Ce doyen, Jean de La Chaîne (*de Catena*), était tombé sous les coups d'un gentilhomme qui, usurpateur des biens du chapitre, trouva plus

teté, de science, de courage et d'ardeur apostolique le fit choisir pour abbé de Sainte-Geneviève de Paris, à la mort de Hugues, arrivée vers 1176 (1).

Cette élection causa autant de joie à Sainte-Geneviève que de tristesse à Saint-Euverte, la première maison s'estimant heureuse « de l'acquisition d'un trésor dont l'autre pleurait la perte » (2).

A Sainte-Geneviève, la discipline se maintenait dans sa vigueur première. Sous ce rapport, la mission d'Étienne ne s'annonçait pas plus difficile. Comme à Saint-Euverte, l'œuvre capitale fut la restauration de l'abbaye. Toutefois, les études s'imposaient en même temps et tout particulièrement à son attention.

Quoiqu'il y eût au parvis de l'église Sainte-Geneviève de célèbres écoles, Étienne, malgré tout son désir de voir fleurir les « bonnes lettres » dans l'abbaye, n'estimait pas opportun d'y envoyer ses religieux : il craignait pour eux les fréquentations du dehors. Voilà ce qui résulte d'une lettre à Absalon, évêque de Lunden en Danemark. Ce dernier comptait parmi les chanoines de Sainte-Geneviève un neveu qui devint évêque de Roschild et chancelier du royaume, saint prélat dont nous avons déjà constaté le zèle apostolique. L'oncle, ayant demandé à l'abbé de faire suivre au jeune chanoine les écoles publiques, en reçut cette réponse, qu'il était dans le cloître deux « écoles, l'une de vérité et l'autre de vertu » (3). Il les fallait fréquenter

---

simple de frapper que de rendre. L'abbé de Saint-Euverte, après avoir éloquemment parlé au concile, écrivit donc, par ordre des pères, une lettre pressante à Louis VII qui, on ne sait pourquoi, le trouva mauvais. L'intervention de Guillaume de Champagne ne fut pas de trop pour apaiser le roi. (Epist. I, qui est le discours prononcé au concile, et epist. II.)

(1) Le *Gallia*, tom. VII, col. 720, le fait arriver comme abbé de Sainte-Geneviève à la fin de 1176 ou au commencement de 1177.

(2) Même ms. 17², p. 741.

(3) Epist. LXXX : « Habet in claustris sapientia regulas suas, erigens sibi scholas, inde veritatis, hinc virtutis. »

avec une égale ardeur, disait-il dans une autre lettre, car c'étaient « deux mamelles dont le lait faisait parvenir promptement à une saine et robuste santé » (1).

Nous abordons le récit de l'œuvre que nous avons qualifiée de capitale.

A la suite de l'incendie de Sainte-Geneviève par les Normands, les chanoines, en reprenant possession de l'église, la réparèrent pour pouvoir y célébrer convenablement le culte. Ils durent aussi restaurer de leur mieux les lieux réguliers. Le préchantre Thibaut, celui-là même qui gratifia l'abbaye d'une prébende à Notre-Dame, avait jeté les fondements de la tour du clocher; mais il ne put l'élever que jusqu'au premier étage (2). Le travail fut continué. Un certain Maignand fit encore rétablir le portail de l'église (3). Mais la faiblesse de ces divers travaux et l'œuvre destructive du temps donnaient lieu de craindre une ruine prochaine, lorsque Étienne fut placé à la tête de l'abbaye.

Le nouvel abbé ne se laissa point rebuter par la grandeur de l'entreprise. Les ressources de l'économie vinrent s'unir à la confiance en la Providence ; et, de même qu'à Orléans, il eut recours à la charité publique. Des lettres touchantes et pressantes allèrent jusqu'en Danemark solliciter la générosité du roi, des princes et des évêques. Il s'adressait à ce royaume, parce que de ce royaume étaient sortis les barbares destructeurs de l'abbaye. Après avoir insisté sur le triste état de l'église, dont les murs *calcinés par le feu, minés par le temps et menaçant ruine, demandaient du soutien pour le bas et un toit pour le haut* (4), il

---

(1) Epist. CXI : « ... Cum neque hic sine veritate virtutem, neque ibi « sine virtute combibat veritatem. Duo sugens ubera, cito poterit impin- « guari. »

(2) *Nécrol.*, cité dans même ms. 21, p. 253 : « Obiit Thebaldus... qui turrim usque ad primum solium erexit. »

(3). *Ibid.* p. 254 : « Obiit Maignandus qui porticum ecclesiæ fecit. »

(4) Epist. CXLVI.

exaltait la générosité dont les dons devaient s'accroître en proportion du rang social; et, quand il parlait au roi lui-même, il lui représentait que son propre frère Waldémar était mort chanoine de Sainte-Geneviève; que le corps de ce frère bien-aimé reposait dans l'abbaye, en attendant la glorieuse résurrection; que le frère du ciel criait au frère de la terre, en lui montrant Sainte-Geneviève : « Frère, « donne-moi la portion de l'héritage paternel qui me « revient (1). » Un des chanoines était parti pour recueillir les offrandes (2).

Quinze ans suffirent pour la restauration complète de l'abbaye. Si Sainte-Geneviève « considère le roi Clovis comme son fondateur, elle doit regarder l'abbé Étienne comme son restaurateur » (3).

(1) Epist. CLIII.
Dans une autre lettre, il exposait ainsi l'état de l'œuvre entreprise :
« Incœpimus renovare sarta tecta ecclesiæ nostræ, stillicidio proflua,
« vento pervia, vetustate consumpta; novam lignorum materiam compa-
« ramus superimponendam parietibus et tecto plumbeo supponendam;
« parietes etiam innovamus, sectis et politis lapidibus exterius fulcien-
« tes. » (Epist. CXLV).
(2) Epist. CXLVI.
(3) Ms. 17², p. 743.
Voici comment, ms. 21, p. 254-255, est décrite cette restauration :
Étienne « commença par les murailles de l'église et fit percer de nouvelles
« fenestres beaucoup plus grandes que les anciennes qui n'avoient pas six
« pieds de hauteur... Il fit élever les trois voûtes de la nef et des ailes d'une
« égale hauteur, et ne conserva que deux choses, à mon avis, de l'ancienne
« église, scavoir les gros piliers de la nef et l'arcade qui est sur le sanc-
« tuaire..., ainsi qu'on en peut juger de la sculpture des chapiteaux de ces
« colonnes...; il fit en outre bastir et augmenter la chapelle dite du Chevet,
« où sont gardées les chasses; puis appliquant ses soins au reste du mo-
« nastère, il fit rétablir le cloistre, le chapitre et le dortoir à l'orient, la cha-
« pelle de Notre-Dame, dite de la Miséricorde, au midi, et le réfectoire à
« l'occident, au-dessous duquel il mit les caves et les greniers au-dessus. »
— Ce splendide réfectoire est aujourd'hui la chapelle du lycée, et les vastes
caves en sont devenues les cuisines.
Le tombeau de Clovis ne fut pas mis en oubli. Il est probable, suivant le même ms., p. 271, que la pierre tombale, endommagée sans doute, fut recouverte d'une sorte de coffret en bois avec une nouvelle inscription. Cette modeste restauration devait attendre, avec le déplacement du caveau, la belle décoration due aux soins du cardinal Fr. de La Rochefoucauld.

Sous l'active et l'habile administration de cet abbé, la maison était donc arrivée, au point de vue temporel, à une situation des plus satisfaisantes. D'autre part, l'état spirituel ne laissait rien à désirer. « Par la grâce de Dieu, écri-
« vait Étienne à Guillaume de Danemark (1), nous sommes
« dans la prospérité, ayant en abondance ce dont nous
« avons besoin, et, par la sainte vie de nos religieux, le
« spirituel allant d'un pas égal avec le temporel. Le nombre
« des frères s'accroît, les bâtiments se renouvellent, les
« biens s'augmentent et, ce qui est préférable, la paix et
« la concorde règnent entre les frères, la discipline régu-
« lière s'observe, les offices divins se célèbrent avec piété.
« La conscience trouve là une recommandation auprès de
« Dieu, et les fidèles l'édification. Nous nous confions tou-
« jours en la miséricorde divine qui nous envoie plus de
« biens que nous n'en demandons et n'en pouvons
« espérer. »

Il est probable que c'est à l'époque de cette restauration qu'on plaça, au haut du frontispice de l'église, le fameux anneau dont l'existence a donné lieu à une fable populaire, mais s'explique très bien par l'histoire. Voici d'abord la fable telle qu'elle nous est racontée par Sauval : « S'il est « vrai ce qu'on lit dans le roman de Robert, duc de Normandie, appelé « Robert le Diable, à cause de ses cruautés, ce prince fit attacher par les « parties naturelles l'abbé de Sainte-Geneviève, au haut du portail de son « église, à un anneau de fer, qu'on voit encore passé dans une tête de « bélier, pour lui avoir envoyé des os de chat, au lieu des reliques de sainte « Geneviève qu'il lui demandoit, afin d'être guéri de la fièvre. » (*Hist. et Recherch. des antiq. de la ville de Paris*, tom. II, p. 593). Écoutons maintenant le langage de l'histoire. D'après un usage ancien, il y avait parfois à la porte des églises, qui jouissaient, comme l'on sait, du droit d'asile, un large anneau destiné aux criminels qui s'y accrochaient pour profiter de ce droit. Lorsque, le droit disparaissant, l'anneau n'eut plus de raison d'être, on voulut cependant, en souvenir du passé, fixer l'anneau au haut du portail. (L'abbé Lebeuf, édit. de M. Cocheris, tom. II, p. 578, et *Bibl. de l'école des Chartes*, 3ᵉ série, tom. V, p. 165). Pour les raisons que nous venons d'alléguer, cette époque du xiiᵉ siècle nous parait être préférable à celle de la première restauration dans le xiᵉ. Peut-être vaudrait-il mieux encore assigner une époque postérieure. Quoi qu'il en soit, cet anneau n'a été enlevé qu'en 1746.

(1) Epist. CXLV.

L'activité évangélique d'Étienne ne se renfermait pas dans l'abbaye. En s'étendant au dehors, elle devenait, selon l'expression d'un de nos historiens, « le boulevard de tout l'ordre des chanoines réguliers » (1).

A la nouvelle que les chanoines de la cathédrale de Reims désiraient la sécularisation, après avoir vécu tant de siècles de la vie commune, il prenait la plume pour engager le doyen et le chapitre à renoncer à un pareil dessein (2).

« L'Église de Reims, disait-il, possède deux choses remar-
« quables de ses antiques usages réguliers, le réfectoire et
« le dortoir, le réfectoire où l'on observait une abstinence
« sévère, le dortoir où l'on gardait une continence très
« pure. On avait coutume d'aller ensemble de la messe au
« repas, de la réfection spirituelle à la corporelle où, après
« la bénédiction des aliments, l'on se mettait à table moins
« pour remplir son estomac que pour nourrir son âme,
« apportant la plus grande attention à la lecture de la
« parole de Dieu qui tantôt avertissait par le précepte,
« tantôt détournait par la défense, ici faisait entendre de
« terribles menaces, là consolait par de douces promesses.
« O heureuse table d'où l'on bannissait les excès pour
« faire place à la tempérance, où, le repas achevé, on
« rendait grâces à Dieu, laissant aux pauvres l'aumône
« corporelle et savourant le suc des viandes spirituelles.....
« C'est par là, par cette vie régulière et commune, que
« l'Église de Reims se montrait terrible comme une armée
« rangée en bataille, en même temps qu'aimable à ses
« enfants et admirable aux yeux des étrangers. » On dira de votre Église, continuait-il, si elle accomplit la funeste sécularisation : « Comment l'or a-t-il perdu son éclat? Comment une couleur si vive a-t-elle été ternie? » Et les Églises qui vous ont précédés dans cette voie regrettable, ajouteront : « Voilà enfin l'Église de Reims qui est devenue

(1) Même ms. 21, p. 356.
(2) La lettre était adressée *decano et toti sacro collegio*...

« comme nous, qui par son fait nous dispense de rougir et
« couvre de son autorité notre tiédeur (1). »

Étienne trouva des accents plus énergiques encore à l'endroit de Saint-Jean des Vignes de Soissons. Là, c'était assez ordinaire que, parmi les chanoines placés à la tête des paroisses, on se refusât à rentrer au monastère, quand l'abbé y rappelait ; et il paraît qu'il y avait certains évêques assez enclins à appuyer la résistance de ces chanoines-curés. Étienne crut devoir alors s'adresser jusqu'à trois fois (2) au pape lui-même. « Si vous souffrez, écrivait-il en dernier
« lieu, que le mal prenne racine, c'en est fait de l'ordre
« des chanoines : les règles établies par les pères sont
« détruites, les liens de l'obéissance rompus ; et il y aura
« dans nos maisons autant d'abbés que de curés. Nous
« avons toujours eu la liberté pleine et entière, dans tous
« les diocèses, de rappeler nos chanoines des bénéfices,
« soit pour l'utilité de nos églises, soit pour la correction
« des personnes, et, quand nécessité était, nous pouvions
« même excommunier (3). »

L'ordre de Grandmont fut aussi l'objet des sollicitudes de l'abbé de Sainte-Geneviève. Cet ordre traversait alors une terrible crise qui se prolongea trois ans (1185-1188). Les frères convers, plus nombreux que les pères et chargés, d'après un article spécial de la règle, des affaires temporelles, avaient aspiré à devenir les maîtres. Passant des désirs aux actes, ils avaient déposé le supérieur général, l'avaient remplacé par un des leurs, puis avaient chassé de leurs monastères les pères qui se refusaient à reconnaître le nouvel élu. Un pareil scandale affligea profondément Étienne. Presser les abbés de Citeaux et de Clairvaux,

(1) Epist. CXLI. Cette lettre admirable est reproduite plus complète par Marlot, *Metrop. Remens. Historia*, tom. II, p. 433-435. Nous avons suivi le texte de Marlot. Ce dernier historien, *Ibid.*, p. 432, nous apprend que le projet de sécularisation se réalisa.
(2) Epist. LXI, XCV, CLXII.
(3) Epist. CLXII.

appelés à y mettre un terme, de poursuivre vigoureusement leur mission; intervenir auprès du cardinal Albert, chancelier de l'Église romaine; puis faire parvenir une supplique à Grégoire VIII qui était ce même cardinal élevé sur le siège de Pierre : telle fut la triple médiation essayée, d'abord et volontairement, par le noble abbé (1). Celui-ci fit partie de la nouvelle commission que nomma le pape sur la demande des frères convers. Cette commission comprenait quatre autres membres : l'évêque de Paris, les abbés de Saint-Denys, de Saint-Germain et de Saint-Victor. Suivant nos manuscrits, les abbés de Cîteaux et de Clairvaux y entrèrent aussi. On procéda vigoureusement et conformément aux lois de l'Église. L'excommunication devait frapper le prétendu prieur et ses adhérents, s'ils ne rentraient pas dans le devoir; et, lorsque les bannis furent remis en possession des monastères, la menace du même anathème se fit entendre pour le cas où l'on se porterait de nouveau à un pareil attentat. Les plus timides pouvaient trembler; mais les obstinés s'endurcissaient davantage, à tel point que le roi jugea nécessaire d'interposer son autorité. La transaction qu'il imposa, n'amena pas une paix de longue durée. Il y eut une nouvelle révolte. D'abord, pour ne pas tomber sous le coup de l'excommunication, on voulait se borner à tenir les pères enfermés dans leurs cellules jusqu'à la décision de Rome, où appel de la sentence royale était porté. Une semblable garde semblant probablement trop assujétissante, on trouva plus simple la mesure précédemment adoptée : les pères virent leur emprisonnement converti en

---

(1) Epist. CXXXIV, CXXXV, CXLIV. Il y a une seconde lettre à Grégoire VIII. Cette lettre ne figure pas dans le recueil de du Molinet et a été imprimée dans les *Notices et extraits des manuscrits...*, tom. X, Paris, 1818, 2ᵉ part., p. 78. Nous y lisons : « Compellat auctoritas apostolica « conversos ad obedientiam pastoris sui : quo remedio credimus quosdam « majoris conspirationis illius auctores ad alia transituros, volentes perire « potius quam parere, abire quam obedire. His abeuntibus, reliqui facile « conquiescent, qui nec tanta intumescunt superbia, nec tantis opibus « insolescunt. »

un nouvel exil. Les quatre premiers abbés commissaires signèrent pour Clément III une lettre d'accusation contre les séditieux (1). Les frères convers députèrent à Rome deux des leurs, « dont les grandes barbes et la mine hypocrite « étaient capables de surprendre les juges et qui avaient avec « cela la bourse bien garnie, au lieu que les prêtres n'eu- « rent pour eux qu'un bonhomme nommé le P. Bernard, « qui avait plus de bonne foi que d'adresse dans les affaires « et qui ne s'appuya que sur la justice de sa cause (2). » Une nouvelle missive de l'abbé de Sainte-Geneviève plaida encore chaleureusement en faveur des persécutés Étienne parlait, cette fois, au nom du clergé de France. (3).

« Nous voyons, disait-il, périr dans l'ordre de Grandmont « une des tribus d'Israël ; c'est l'ordre renversé, pour ne « point dire perverti, car les convers dominent sur les « ministres de l'autel, en sorte que le sommet de la maison « en devient le bas, que la charrue est placée devant les « bœufs, que l'ignorant enseigne le clerc, que le laïc com- « mande au prêtre. »

Clément III, pour ne laisser subsister aucun germe de division, déposa l'ancien supérieur général, déclara non avenu le choix des frères convers et ordonna de procéder à une nouvelle élection. Ainsi prit fin la longue et périlleuse contestation (4).

Une autre querelle devenait de plus en plus vive entre

(1) Epist. CXLIII.
(2) Ms. 17², p. 753.
(3) Cette lettre ne figure pas non plus dans le recueil de du Molinet et a été également imprimée dans les *Notices et extraits des manuscrits...*, *ibid.*, p. 80.
L'auteur prenait, en même temps, les intérêts de ce clergé français qu'on accablait de taxes et de décimes.
(4) Nous avons suivi l'ordre établi entre les lettres d'Étienne par l'*Hist. littér.*, p. 550-551, et complété notre récit par les mss. 17 ² et 29. Voir aussi la même *Hist. littér.*, p. 141 du même volume.
On peut voir dans le *Gallia*, tom. VII, col. 120 et seq., plusieurs autres cas litigieux, moins importants, sur lesquels Étienne fut appelé à porter une décision ou à émettre son avis.

l'archevêque de Tours et l'évêque de Dol. Ce dernier voulait ériger son siège épiscopal en métropolitain et placer sous sa juridiction les autres évêques de la Bretagne. Le litige était toujours pendant devant le Saint-Siège qui, sur la fin du règne d'Alexandre III, avait délégué, pour en connaître, l'abbé de Sainte-Geneviève avec l'archevêque de Sens, l'évêque et le doyen de Bayeux (1). Une autre commission avait succédé à celle-ci en 1181 (2). Le duc de Bretagne soutenait l'évêque de Dol, et Philippe-Auguste l'archevêque de Tours. Le roi de France faisait du conflit une affaire d'Etat. Dans deux missives, il avait chaleureusement défendu auprès du pape les droits de l'archevêque (3). Ayant appris que la cour de Rome ne se montrait pas favorable, il exhala dans une troisième missive une mauvaise humeur qui allait presque jusqu'à la colère : « Au détri-
« ment de l'Église de Tours, qui nous appartient, écrivait-
« il au cardinal Octavien, le siège apostolique veut ériger
« dans la Petite-Bretagne Dol en archevêché, et, par là,
« entamer, diminuer, mutiler notre royaume dont l'inté-
« grité est demeurée intacte du temps de nos ancêtres.
« Voilà le souvenir des services rendus par notre royaume !
« Voilà la récompense et le merci pour la fidélité et le
« dévouement dont l'Église romaine, dans ses épreuves, a
« toujours été l'objet de la part de nos pères, prêts à im-
« poser fidèlement à leurs sujets la protection de l'Église
« de Dieu, et à s'opposer fidèlement aussi aux coups qui
« lui étaient portés du dehors ! (4) » L'affaire en demeura là pour l'instant. Philippe-Auguste partit pour la troisième

(1) *Gall.*, tom. VII, col. 721.
(2) Martène, *Thesaur. nov. anecdot.*, tom. III, p. 910.
(3) Epist. CVII, CVIII.
(4) Epist. CIX. Déjà, dans la précédente lettre, la menace perçait à travers ces expressions choisies et habilement agencées : « Cœlum et terram
« in testimonium vocamus, ut, si quando regias aures nostras vobis aut
« fratribus vestris clauserimus, excusabiles valeamus apud Deum et
« homines apparere. »

croisade. Sur certains bruits qui circulaient, la reine-mère fit parvenir à Rome d'aussi énergiques paroles, pour demander de surseoir au jugement jusqu'au retour de son fils, car, disait-elle, « celui-là pèche contre le Fils de Dieu, « pèche contre l'Esprit-Saint, qui, profitant de l'absence « du roi, absence commandée par l'amour de la religion, « jette du trouble dans le royaume, s'efforce ou permet d'y « apporter des changements... (1). » Ces lettres, placées parmi celles d'Étienne de Tournay, sont considérées avec raison comme son œuvre. On sait, du reste, qu'au besoin il servait de secrétaire au roi. Précédemment déjà, il avait pris fait et cause pour l'archevêque de Tours en recommandant les droits du métropolitain à l'archevêque de Reims, Guillaume de Champagne, qui se rendait au IIIe concile général de Latran (2). Le conflit ne prit fin qu'en 1199 : ce fut Innocent III qui prononça le jugement définitif en faveur de l'Église de Tours (3).

L'abbé de Sainte-Geneviève jouissait donc d'un grand crédit à la cour de Rome, et il se trouvait en même temps honoré de la confiance de Philippe-Auguste. Cette confiance royale s'affirma encore dans d'autres circonstances.

Le midi de la France était toujours désolé par l'hérésie

---

(1) Epist. CXL.
(2) Epist. XXXIX.
Dans ses lettres, Étienne se plaisait à jouer sur le mot : *Dol*. Nous rencontrons en effet :
Dans la lettre XXXIX : « Sic ergo habeat se precor sancta discretio vestra « in negotiis quæ dominum regem contingunt, ut in Laudunensi vos lau- « det et non doleat in Dolensi » ;
Dans la lettre CVII : « Forte non sine dolo dolorem nobis inferre conantur (clerici Dolenses) » ;
Dans la lettre CIX : « ... Qui non sine dolo Dolensis electus est... » ;
Dans la lettre CXL : « ... Nec Dolensium doleat vel impetu vel incursu... » ;
La lettre XL contient aussi ces mots : « Dolet (rex) admodum de Dolensium dolis... »
(3) *Gall. christ.*, tom. XIV, *Instr.*, col. 249-256 : « ... Ut Dolensis Eccle- « sia, perpetuis semper temporibus, suffraganea plene subjaceat Ecclesiæ « Turonensi... »

des Albigeois. Roger, vicomte d'Alby et de Béziers, et plusieurs seigneurs les favorisaient. Convaincre ces hérétiques était œuvre religieuse ; les combattre, en cas de résistance, était jugé œuvre sociale. Henri, qui d'abbé de Clairvaux avait été élevé à la dignité de cardinal et nommé évêque d'Albano, venait d'être envoyé en Languedoc en qualité de légat (1). On était en 1181. L'abbé de Sainte-Geneviève fut envoyé par le roi pour accompagner le légat dans sa mission qui fut rendue plus guerrière qu'apostolique. L'armée catholique s'avança vers les domaines de Roger, s'empara du château de Lavaur, la principale citadelle qui abritait l'hérésie, poursuivit les hérétiques dont la soumission fut due peut-être moins à la force des prédications qu'aux succès des armes (2). Étienne, dans une lettre à son prieur, marquait les dangers qu'il courait et demandait à la communauté de prier Dieu et sainte Geneviève de le conserver, s'il pouvait être encore utile à l'Église (3).

Philippe-Auguste avait choisi l'abbé de Sainte-Geneviève pour tenir sur les fonts baptismaux son fils aîné, plus tard Louis VII. Cette paternité spirituelle ne fut pas un vain mot pour Étienne. Sans doute, le devoir de protecteur était presque sans objet ; mais celui de conseiller demeurait dans sa plénitude. Aussi le parrain recommandait-il spécialement trois choses à son royal filleul : la piété envers Dieu, le respect du roi, l'amour des lettres. Si les deux premières recommandations s'imposaient assez d'elles-mêmes, il insistait sur la troisième en rappelant que les lettres sont utiles au royaume, parce qu'elles portent

---

(1) Peu de temps auparavant, étant encore abbé de Clairvaux, il avait fait partie de la mission, tout apostolique, qui avait à sa tête le cardinal Pierre de Saint-Chrysogone et qui demeura sans résultat.
(2) Dom de Vic et dom Vaissette, *Histoire générale de Languedoc*.
(3) Epist. LXXXIII. Dans cette lettre, l'abbé se gardait d'expliquer le but de sa mission auprès du légat : « Quare ad dominum legatum vado, « nescitis. Alia causa est quam ea quam mandavi vobis : de illa tamen « omnino silete, ne aliquis in contrarium interpretur. »

la lumière dans les conseils, la sagesse dans les affaires, qu'elles font régner la paix dans la nation et contribuent même au succès de la guerre (1).

Précédemment Philippe-Auguste l'avait envoyé à Rome. C'était pour remplacer l'archevêque de Reims, Guillaume de Champagne, mandé par le pape Lucius III et dont le roi, aux débuts orageux de son règne, jugeait la présence nécessaire en France (2). « Nous vous envoyons, écrivait « le roi au pape, un ami intime, un sujet dévoué, le « judicieux abbé de Sainte-Geneviève ; nous vous prions « de le recevoir avec bonté en notre place et de donner « créance à ce qu'il vous dira de notre part, absolument « comme si nous vous parlions nous-même (3). » Sans doute que la mission avait réussi ou, du moins, avait été habilement remplie, car le même abbé s'était vu sur le point d'en recevoir une autre dont la nature et l'objet demeurent complètement ignorés (4).

Il y avait environ quinze ans qu'Étienne présidait avec

(1) Epist. CCXXVII : « Intendatis litteris discendis, quia vobis et regno « vestro utiles erunt et necessariæ in consiliis palatii et negotiis regni et « concordia pacis et in victoria belli. »

(2) On sait que ce prélat était oncle de Philippe-Auguste, né du mariage d'Alix de Champagne, sœur de Guillaume, avec Louis le Jeune.

(3) Epist. CI. Les expressions de la lettre indiquent qu'il devait s'agir en cette circonstance, des affaires du royaume.

(4) Epist. CXXVII, Du Molinet, not. ibid., inclinerait à admettre une seconde mission à Rome. C'est là une simple conjecture. Mais l'interprétation des auteurs de l'*Histoire littér.*, p. 529, nous paraît bien plus hasardée, lorsqu'ils nous présentent, d'une façon très dubitative il est vrai, que cette mission pourrait n'être pas différente de la première qui alors n'aurait pas eu lieu. Si la mission était grande, elle n'était pas sans dangers, puisque nous lisons au même endroit : « Paratus ad viam cujus formidolosa sunt initia, periculosa media, novissima fastuosa... »

Disons-le aussi, cette confiance que Philippe-Auguste, en ce qui concernait les affaires de l'État, plaçait dans l'abbé de Sainte-Geneviève, fut continuée par Guillaume de Champagne, lorsque celui-ci, après le départ du roi pour la croisade, eut été chargé avec la reine-mère du gouvernement de la France : Guillaume savait avoir recours aux conseils d'Étienne. (Ms. 17², p. 754, et ms. 29.)

tant de sagesse et de bonheur aux destinées de la célèbre abbaye, quand un choix tout à fait imprévu vint l'appeler à une autre charge.

C'était en l'année 1191.

L'évêque de Tournay était mort. Le clergé et le peuple s'entendirent pour lui donner comme successeur le chantre de l'église de Paris, Pierre, surnommé précisément le Chantre. Prêtre d'une grande érudition, il professait au cloître Notre-Dame. Mais le choix déplut au métropolitain, l'archevêque de Reims, lequel était toujours Guillaume de Champagne. Ce dernier s'opposa à l'élection, sous prétexte qu'elle se trouvait entachée d'irrégularité. L'abbé de Sainte-Geneviève écrivit au métropolitain en faveur de l'élection. Au lieu de se rendre devant la solidité des raisons, Guillaume jugea plus simple de proposer Étienne lui-même à l'Église veuve qui s'empressa de donner son agrément.

Étienne mandait alors à l'archevêque de Tours : « Appelé « par un secret jugement de Dieu pour gouverner l'Église « de Tournay, je me recommande à vos prières, afin que « les suffrages d'autrui suppléent à ce qui manque à mes « mérites pour une si grande charge. Dans l'incertitude si « je suis digne d'amour ou de haine, je ne sais si je dois « attendre pour l'épiscopat récompense ou châtiment. Je « cours vers l'incertain. Plaise à Dieu que je ne ressemble « pas à ces combattants qui frappent en vain l'air de leurs « coups ! Au premier bruit de cette nouvelle, j'ai été tel-« lement saisi que je suis demeuré sans parole; puis, « revenu à moi et comme sortant d'un sommeil profond, je « me jetai entre les bras de la divine Providence dans la « confiance que, si la chose lui était agréable, elle me « donnerait soutien et force (1). »

Cependant le pape désapprouvait la manière dont cette élection avait été faite. L'évêque élu lui exposa humble-

---

(1) Epist. CLXXVII.

ment et simplement ses sentiments et sa conduite : « Je
« viens à vous entre la crainte et l'espérance, comme un
« fils à son père, un serviteur à son maître, le plus petit
« des disciples de Jésus-Christ au successeur de Pierre.
« Peut-être le père apaisera-t-il sa colère, le maître fera-t-il
« taire son indignation, le successeur de Pierre regar-
« dera-t-il l'humilité du prêtre ?... J'ai été appelé au gouver-
« nement de l'Église de Tournay, poste dont j'étais aussi
« éloigné par la pensée que par le corps, car je ne désirais
« rien moins qu'un évêché... Je ne pouvais deviner si cela
« plairait ou déplairait au Souverain Pontife (1).... »

Rome accueillit les explications d'Étienne qui fut sacré l'année suivante, le premier dimanche après Pâques, dans son église cathédrale par le prélat promoteur de la nomination.

Avant de quitter l'abbaye, il avait eu soin de faire procéder à l'élection de son successeur qui fut Jean de *Tocy* ou de *Toucy*.

Étienne fut aussi saint évêque que saint abbé. Il a décrit lui-même en ces quelques lignes sa vie à Tournay : « Je sors
« très peu de la ville ; j'assiste au service divin avec les
« chanoines autant que mes occupations le permettent ; je
« prêche mon peuple selon la grâce que Dieu m'a donnée ;
« je combats de toutes mes forces contre l'hérésie et les
« autres monstres du même genre, ne les ménageant pas
« plus que des bêtes dangereuses ; je donne les sacrements
« gratis comme je les ai reçus ; je déteste absolument,
« j'abhorre et anathématise la dépravation de Simon, la
« lèpre de Giézi ; j'ai les mains pures de tout présent con-
« damnable ; je donne, selon que Dieu m'inspire, les con-
« seils dans la confession, le remède dans la pénitence,
« la consolation dans la tristesse ; j'emploie le temps qui
« me reste, à lire l'Écriture sainte dans un endroit désigné

---

(2) Epist. CLXXIX.

« pour cela, à réfléchir sur ce que j'ai lu, à l'imprimer dans
« ma mémoire. Ma porte s'ouvre pour donner une hospi-
« talité honnête que je suis heureux d'accorder largement;
« à table, je n'aime ni l'obscure solitude ni la mesquinerie.
« Quant à ce qui se passe au fond de mon âme, la con-
« naissance en est réservée à Dieu seul qui scrute les cœurs
« et les reins;... je compte sur sa puissance et sa grâce
« relativement aux vertus qui me manquent, car celui qui
« a donné le commencement, doit selon sa volonté donner
« l'accroissement (1). »

Toujours attaché par le cœur aux deux abbayes qu'il avait gouvernées, il leur adressa sur la fin de sa vie — il mourut en 1203 — deux lettres qui doivent être considérées comme renfermant les suprêmes conseils d'un père à ses enfants.

Ses derniers jours étaient attristés, car pouvait-il y avoir pour lui lieu à la joie, quand la division régnait parmi les frères et les enfants ? Aussi était-ce l'union, la charité, la paix qu'il recommandait (2). Mais l'amertume débordait de son âme et les plus dures sévérités tombaient de sa plume, lorsqu'il s'agissait de Saint-Euverte. « O illustre et reli-
« gieuse maison de Saint-Euverte, s'écriait-il, comment es-
« tu tombée de si haut ! Tu nourrissais jadis des cèdres et
« tu n'as plus maintenant que des chardons ! Malheur à ton
« sein d'où sont sortis autrefois de saints pères et de saints
« pasteurs !... Malheur à toi, abbé, à cause de la maison
« qui t'est confiée, parce que je *suis passé par le champ d'un*
« *homme paresseux, et que ce champ était rempli d'épines*
« *et d'orties !...* Moi qui me considère encore comme ton
« religieux et ton frère,... je t'avertis, je te conseille, je te
« conjure de bien ordonner ta maison... (3) »

Vers la même époque une grande infortune lui avait

---

(1) Epist. CCVIII.
(2) Epist. CCL et CCLXXXI.
(3) Epist. CCLXXXI ; *Prov.* XXIV, 30.

inspiré des paroles aussi simples que touchantes, aussi vraies qu'émues. Ingelburge, l'épouse répudiée de Philippe-Auguste, cherchait quelque allègement à sa douleur dans l'abbaye de Cisoin. L'évêque de Tournay était allé la visiter. Profondément impressionné, il prit la plume pour dire au puissant Guillaume de Champagne : « Nous plai-
« gnons le sort de cette princesse et nous remettons sa
« cause entre les mains de Dieu, car quel cœur serait assez
« de fer ou de pierre pour n'être pas touché du malheur
« de cette jeune personne de sang royal et si recomman-
« dable par ses vertus?... Ses journées se passent à prier,
« à lire, à travailler manuellement, car elle ne connait
« point le jeu! (1) Elle prie avec larmes et gémissements
« depuis le matin jusqu'à midi, moins pour elle que pour
« le roi. Jamais elle ne s'assied dans son oratoire, mais de-
« meure toujours debout ou à genoux..... Elle est con-
« trainte par la pauvreté d'engager ou de vendre, pour
« se procurer le nécessaire, le peu qui lui reste d'habits et
« de vaisselle... Je l'ai vue souvent pleurer ; et souvent
« j'ai pleuré avec elle... Elle me disait : Mes amis et mes
« parents se sont éloignés de moi; mon unique refuge, c'est
« mon seigneur l'archevêque de Reims... Soyez, à votre
« tour, touché de ses larmes et de ses gémissements, et
« vous qui donnez abondamment à tant de pauvres, ne
« fermez pas les entrailles de votre compassion à une
« reine si noble et si malheureuse!... (2) » Admirable de délicatesse, ce langage ne manquait pas d'habileté, nous dirions même d'une certaine hardiesse, s'il ne s'agissait pas d'un ami, car il était tenu à celui-là même qui, à la tête des évêques réunis à Compiègne, avait approuvé la cri-

---

(1) *Aleam nescit, tesseram ignorat.*
(2) Epist. CCLXII. « Est apud nos — disait Étienne aux premières lignes de sa lettre — pretiosa Margarita, quæ conculcatur ab hominibus, « honoratur ab Angelis, digna thesauro regio, digna palatio, digna cœlo. « Reginam dico quæ apud Cisonium quasi ergastulo clauditur, paupertate « premitur, exilio relegatur. »

minelle et inexplicable répudiation. Mais que pouvaient contre la passion du roi et la servilité de l'archevêque, la voix de la raison et les cris du malheur ?

Nous avons utilisé les lettres d'Étienne au point de vue historique. Au point de vue littéraire, notre jugement, déjà exprimé sur un premier point, la correction de la phrase, se fait pressentir sur un second. Dans ces lettres, où l'on rencontre de nobles et admirables choses, la pensée ne se présente pas toujours avec assez de naturel; le sentiment manque aussi de spontanéité; l'amour de l'antithèse et des rapprochements y est porté trop loin, en sorte que ces figures ou tours littéraires, d'un si bon effet, quand l'emploi en est juste, sobre, habile, nous apparaissent quelquefois ici forcés et même assez puérils.

Un dernier trait à la silhouette d'Étienne, en tant que poète et orateur.

La poésie pour Étienne ne fut pas seulement un exercice de jeunesse. Sa muse — employons le mot classique — mesurait des épitaphes en l'honneur des grands hommes et des hymnes en l'honneur des saints. Si l'on remarque la coupe du vers latin dans les épitaphes (1), l'on

---

(1) Citons deux épitaphes, celle de Maurice de Sully, évêque de Paris, et celle de Louis VII, roi de France.

La première fait partie de la lettre CCLX et est reproduite dans le *Gallia*. Elle se compose de six distiques. L'*Histoire littér.*, p. 574, affirme qu'il y en avait un septième dans le ms. Nous transcrivons seulement les deux distiques qui ont été gravés sur le tombeau.

Doctor et antistes cathedra condignus utraque,
A prima meruit continuare duas.
Sana fides, doctrina frequens, elemosyna jugis
Clamat Parisius non habuisse parem.

L'auteur avait écrit lui-même dans sa lettre : « ... Paucos (versus) ele-« gos scribimus, ut ex eis duos aut quatuor, qui vobis magis placuerint, « excerpatis. »

L'épitaphe de Louis VII se lit dans du Chesne, *Historiæ Francorum scriptores*, tom. IV, p. 44. C'est le P. Chifflet qui en a découvert l'auteur (*Histoir. littér.*, p. 586). Nous croyons devoir transcrire quelques-uns de ces distiques qui sont au nombre de sept.

Transit in heredem pius ille prior Ludovicus
Nomine, sede, fide, nec pietate minus.

ne trouve dans les hymnes que de la prose arrangée selon le goût de l'époque, sorte de poétique qui empruntait au vers roman la syllabe comme pied et l'assonance pour rime (1).

Grande aussi paraît avoir été sa réputation oratoire. L'on aimait non seulement à entendre, mais à lire le prédicateur. D'où la demande de sermons écrits qu'on lui adressait parfois. Voilà bien ce que nous révèle une de ses lettres à l'archevêque de Tours, Barthélemy de Vendôme. (2) Ce n'est pas qu'on découvre la grande éloquence dans les discours d'Étienne. Non : l'on y sent l'homme qui vise à l'esprit,

> Servula, tristis, inops aliquo sub rege; sub isto
> Floruit Ecclesia, libera, læta, potens.
> . . . .
> Lingua preces vivas, lacrymas pia palpebra fudit,
> Pauperibus solidos officiosa manus.
> . . . .

(1) Sur les instances de l'abbé et des chanoines de La Sauve (*Sylva major*), Étienne a composé l'office de saint Géraud ou Gérald (Epist. CCLXXVII, CCLXXVIII, CCLXXIX). Après les *Acta sanctorum*, 5 avril, p. 430-431, du Molinet, *Epistolæ*, p. 420-424, a reproduit un extrait de cet office.
Voici le commencement de l'hymne des vêpres et des matines :

> Exaltet Aquitania Patris nostri præconia,
> Cujus gaudet præsentia sentitque beneficia.
> In hoc solemni gaudio crescat nostra devotio,
> Fruamur ut propitio Geraldi patrocinio.

L'hymne des laudes s'ouvre sur ce ton :

> Hymnum laudis et gloriæ læti canamus hodie,
> Ut sit in signum gratiæ concepta vox lætitiæ.
> Geraldus, ab illecebris mundus et mundo celebris,
> Exit de carnis latebris nec funestus nec funebris.

Les antiennes et les répons étaient également rythmés. Le lecteur aura un spécimen dans ce répons qui était le premier :

> Delectare, Sylva major, in Giraldi nomine,
> Qui, splendore veri solis et cœlesti nomine,
> Umbram tuam liberavit a mortis caligine
> Et mundavit saltus tuos ab effuso sanguine.

(2) Epist. XLI : Étienne, à cause du mauvais état de sa santé, s'excuse de ne pouvoir répondre incontinent au désir de l'archevêque ; « Hæc « sum quæ in sermonibus conscribendis et desiderio desidiam afferunt et « auferunt voto vocem. »

sacrifiant l'élévation de la pensée à la finesse du trait, la vraie chaleur du style au piquant de l'allusion, la noble simplicité à l'antithèse, au tour étudié, voire aux jeux de mots. Les défauts de l'épistolier se retrouvent dans le sermonnaire; mais ils sont peut-être moins excusables dans celui-ci que dans celui-là (1).

(1) Du Molinet, *Epistol.*, p. 436, donne la liste de trente et un sermons. Il n'en a imprimé, p. 425, qu'un seul, le premier : c'est un sermon prononcé dans un synode.
La Biblioth. nat. possède, *Fonds latin* (ancien *Fonds S. Victor*), vol. 14652, fol. 262, et vol. 15010, fol, 335, deux sermons d'Étienne, et la Bibliot. Sainte-Genev., ms. fr. H. 22² in-fol., p. 9291, et ms. lat. CC 30, in-fol., deux copies d'un recueil de vingt-sept sermons du même orateur, lesquels vingt-sept sermons, à juger par le titre et le texte, avaient place dans la liste donnée par du Molinet.

CHAPITRE SIXIÈME

DIVERSES PHASES ET RELACHEMENT

(1192-1619)

I. L'ABBAYE PENDANT CENT CINQUANTE ANS
II. LA CONSTITUTION DE BENOIT XII — III. L'ABBAYE SOUS CETTE CONSTITUTION·
NÉCESSITÉ D'UNE NOUVELLE RÉFORMATION

I

L'ABBAYE PENDANT CENT CINQUANTE ANS

Jean de Toucy (1192-1222), tirait son nom d'une terre noble de l'Auxerrois. Avait-il été précédemment chanoine de Saint-Victor, comme quelques-uns l'ont écrit ? Quoi qu'il en soit, il avait fait assez longtemps partie de la communauté de Sainte-Geneviève, pour se faire apprécier d'Étienne, qui le désigna aux suffrages des religieux de l'abbaye. Il avait pour oncle l'abbé de Hautvillers, au diocèse de Reims (1). Jeune encore, il ne se montrait pas moins versé dans les lettres que formé à la discipline monastique (2). On put louer plus tard en lui, entre autres vertus, la probité, l'économie, la prudence, la rectitude du jugement (3). Comme

---

(1) Voir *Gal. christ.*, col. 726, et *Histoir. litt. de la France*, tom. XVII, p. 228.
(2) Étienne de Tournay, Epistola CLXXVI : «...Litteratum et disciplinis regularibus eruditum... »
(3) Étienne de Tournay, Epistola CCXI : « Commendamus honestatem « tuam, laudamus sobrietatem, parcimoniam, approbamus et in exterio-

son prédécesseur, il fut plusieurs fois chargé par le Saint-Siège d'importantes missions de confiance (1). Nous aurons à raconter un long et intéressant procès qu'il soutint en cour de Rome contre l'évêque de Paris.

Galon, probablement génovéfain (2), ne fit que passer. Après s'être rendu à Saint-Germain-en-Laye, pour présenter, dit l'acte royal (3), ses hommages de vassal au sujet des fiefs dépendants de la couronne, il prit le chemin de Rome, afin d'y recevoir du pape lui-même la bénédiction d'abbé. Peu après son retour, il dut prendre un autre chemin, celui de l'éternité.

Herbert, chanoine de Sainte-Geneviève, fut élu abbé (1223). Ne pouvant aller à Rome, comme son prédécesseur, et désirant néanmoins témoigner au chef de l'Église sa piété filiale, il députa trois chanoines de l'abbaye pour lui offrir ses profonds hommages en lui faisant agréer ses sincères excuses (4).

« ribus prudentiam et in interioribus disciplinam. » Étienne de Tournay tenait ce langage au sujet de l'invitation qu'il adressait à Jean de Toucy d'assister à la bénédiction de la chapelle construite dans le palais épiscopal de cette ville. C'était en 1198. L'évêque disait encore à l'abbé : « Inter « alia divinæ gratiæ beneficia nobis a Deo concessa plurimum gloriamur « in Domino, quia promotionis tuæ, frater charissime, cooperatores extitimus « et ministri, et in recessu nostro talem nobis reliquisse meruimus « successorem. » Jean de Toucy répondait, à son tour, en s'excusant de ne pouvoir se rendre à l'invitation : « De nobis autem scire debetis, quod « ad id parati sumus quod utilitati vestræ necessarium et honori idoneum « esse cognoverimus, quod quotiens vobis expedierit, exhibitio operis pro« babit. » (Epistol. CCXIII.)

(1) *Gall. christ., ibid.*
(2) « Fratre Galone », porte la charte de Philippe-Auguste. (*Gal.*, col. 733.)
(3) *Ibid.* : « Ab ipso sacramentum, sicut moris est, recepimus » ; et encore : « Mandamus, quatenus, visis litteris præsentibus, universas res « de regalibus suis in potestatibus vestris eidem electo aut nuncio suo « latori præsentium deliberetis. »
(4) Un religieux événement était venu réjouir la France et son roi, mais non sans causer quelque souci à Sainte-Geneviève.

On sait — le fait datait de plusieurs siècles — que la couronne d'épines se trouvait dans le trésor impérial de Constantinople. L'empereur Baudoin était venu en France dans l'espoir de s'y procurer des secours au moins en argent. On lui manda de sa capitale qu'on serait probablement

L'œuvre vraiment artistique de saint Éloi avait fini par se détériorer complètement, en sorte qu'il fallait la couvrir d'une étoffe précieuse aux jours solennels de procession. Une nouvelle châsse était devenue indispensable. L'abbé Herbert réunit l'or, l'argent et les pierreries dont il voulait enrichir le travail médité (1). Mais, nouveau David, il dut

contraint d'engager la sainte relique, tant on se voyait à bout de ressources! Sous le coup de cette nouvelle, il supplia, les larmes dans les yeux, le roi et la reine Blanche d'accepter le précieux trésor, alléguant que lui, Baudoin, était français, et que, désolé de savoir sur une terre étrangère cet adorable instrument de la passion du Sauveur, il serait heureux de le confier à sa première patrie, puisque la seconde ne pouvait plus le conserver. Il ajouta, pour lever tout scrupule, qu'il ne s'agissait pas de vente, mais d'un don pur et simple. On ne pouvait offrir rien de plus agréable à la piété de Louis IX et de Blanche. Le roi, accompagné de la reine-mère, de ses frères et d'un certain nombre de seigneurs, alla jusqu'à Villeneuve-l'Archevêque, pour recevoir solennellement l'insigne offrande. Le cortège se mit en marche vers la capitale, dont, huit jours après, il touchait les murs. Le roi convoqua aussitôt, outre le clergé paroissial, les chapitres, les abbayes, les autres communautés, à l'effet de se rendre avec leurs reliques au monastère de Saint-Antoine. C'était là qu'on faisait station, et c'était de là qu'on devait se mettre en marche pour l'entrée solennelle dans la capitale du royaume. Grand embarras à Sainte-Geneviève : on aurait bien voulu se conformer à la volonté du roi, mais la coutume ne permettait pas de porter, dans ces conditions, la châsse de la patronne de Paris, car il était reçu que les reliques de la sainte *ne sortaient de leur église qu'autant que celles de saint Marcel venaient l'y chercher*. Trois chanoines furent députés vers le roi pour lui exposer respectueusement la coutume. L'archevêque de Sens et l'évêque de Senlis, qui étaient présents, confirmèrent le dire des chanoines, et le roi, ne voulant pas innover, se rangea à l'avis émis par le même archevêque de Sens et qui consistait à autoriser l'abbaye à venir seulement avec ses autres reliques. C'est ainsi que dans cette touchante et imposante cérémonie où l'on vit le roi et son frère Robert porter, pieds nus, la châsse renfermant la sainte couronne à la cathédrale d'abord, puis à la chapelle royale de S. Nicolas, la célèbre abbaye ne prit rang qu'avec les seules reliques de sainte Aude, contemporaine et amie de sainte Geneviève. (Du Chesno, *Histor. Franc. script.*, tom. V, pp. 407 et seq. où se lit la relation de ce même archevêque de Sens, Gauthier Cornu, qui de Paris à Villeneuve et de Villeneuve à Paris ne cessa d'accompagner le roi.)

(1) Les dons particuliers aidèrent l'abbaye dans les dépenses que nécessitait l'entreprise. Le seigneur Godefroy donna soixante livres, Hugues d'Athis, grand panetier de France, et Guillaume de Sainte-Marie ou Sainte-Mère, chacun vingt livres, Nicolas de Roye, évêque de Noyon, quatre-vingts livres, Robert de Courtenay dix marcs d'argent. (Du Molinet, ms. 21 pp. 163, 164; *Gal.*, col. 740.)

laisser à son successeur la gloire de la réalisation du pieux projet (1).

Le surnom que porte le nouvel abbé, Robert de la Ferté-Milon (1240), indique le lieu de sa naissance. Il conclut donc un marché avec l'orfèvre Bonard, et le travail fut achevé en 1242. Quatre-vingt-treize marcs d'argent et sept marcs et demi d'or, sans compter les pierreries, entrèrent dans la confection de la châsse. Bonard reçut deux cents livres, tant pour son travail que pour quelques pierres précieuses par lui fournies (2). Le jour fixé pour la translation des reliques fut l'anniversaire même de la première translation, 28 octobre.

Pour éviter les embarras inévitables d'une grande affluence et surtout les demandes importunes de quelques parcelles des reliques, on garda le secret sur la cérémonie qui, dès lors, s'accomplit en présence de la seule communauté. Les matines chantées vers une heure du matin, selon la coutume, et avant de commencer laudes, l'abbé et les religieux, pieds nus et en surplis, montèrent au sanctuaire pour réciter les psaumes de la pénitence et les autres prières en usage à la descente de la châsse. Aussitôt après, les religieux, vêtus d'aubes, prirent la châsse et la déposèrent sur le maître-autel, toujours consacré aux apôtres Pierre et Paul. A l'intérieur, le coffre en bois renfermant les reliques se trouvait en parfait état. On ne savait si on devait, oui ou non, l'ouvrir. Enfin, on céda à la tentation d'une pieuse curiosité. Quand apparut le corps de la sainte sous son enveloppe d'étoffe blanche, des larmes

---

(1) On inscrivit sur sa tombe :

> Quisquis es, abbatis Herberti congeme fatis.
> Tot pro peccatis mors sit et una satis.
> Semen est hominis causa, esula tinea finis.
> Flos est, cito cinis. Philosopheris in his.
> (*Gal.*, col. 737.)

(2) *Gal.* col. 739, 740, d'après *Nécrologe* et *Cartulaire* de Sainte-Geneviève.

de bonheur coulèrent des yeux. Les religieux vénérèrent les reliques en déposant sur elles un pieux baiser. Puis on referma le coffre qu'on introduisit dans la nouvelle châsse. L'hymne de l'allégresse et de la reconnaissance, le *Te Deum*, clôtura la cérémonie.

Le lendemain, on déposa les reliques sur un second autel, où elles demeurèrent treize jours, pour donner le temps de décorer l'endroit qui devait les recevoir (1). Elles y furent solennellement placées, afin de devenir, comme par le passé, « l'objet de la vénération des peuples et leurs recours dans leurs plus pressantes nécessités » (2).

A Robert de la Ferté-Milon, homme d'ordre, administrateur entendu, conservateur zélé des documents de l'abbaye (3), succéda (1245 ou 1246), dans le gouvernement de Sainte-Geneviève, Thibaut, dont la sage équité lui valut l'honneur d'être, conjointement avec l'évêque de Paris et l'abbé de Saint-Victor, chargé, par Urbain IV, d'une mission aussi importante que délicate.

Établis à Paris dès le commencement du siècle, les Trinitaires, l'un des deux ordres fondés pour la rédemption des captifs — celui de la Merci était l'autre — avaient été mis en possession de l'église de Saint-Mathurin, d'où ils tiraient leur autre nom : Mathurins. Ils suivaient une règle qui était l'œuvre commune d'Eudes, évêque de Paris, d'Absalon, abbé de Saint-Victor, du fondateur, Jean de Matha, et qui avait reçu l'approbation d'Innocent III. Cette règle était sévère. Les religieux jeûnaient une partie de l'année;

---

(1) Probablement toujours l'autel des Saints-Apôtres.
(2) Du Molinet, ms. 21, p. 163.
Cette narration est tirée du *Tractatus de translatione beatæ Genovefæ virginis, quem composuit magister Jacobus de Dinant, et legitur ad mensam in die ejusdem translationis...* Ce Jacques de Dinant, professeur de théologie, devint, en 1247, évêque d'Arras. Le *Tractatus* est reproduit dans le *Gallia, Instrument.*, col. 244.
(3) Il fit commencer le Cartulaire, dresser un nouveau livre censier, le Martyrologe et le Nécrologe. Le Nécrologe était destiné non seulement aux religieux, mais aux bienfaiteurs de l'abbaye. (Ms. 21, p. 380.)

et, malgré leurs longues et fatigantes pérégrinations, il ne leur était permis d'avoir que des ânes pour monture, ce qui les faisait parfois surnommer les *Frères aux ânes*. Quant à l'office divin, ils devaient le célébrer selon le rite usité à Saint-Victor, autant que leur petit nombre le permettait, car leurs maisons ne comprenaient que sept religieux : trois clercs, trois laïques et un supérieur, qui avait le titre de ministre. Qu'était-il advenu relativement à cette règle ? Y avait-il eu des modifications illégitimes ? Devait-on plutôt apporter quelques adoucissements reconnus nécessaires ? Tout ce que nous savons, c'est que la commission nommée a fonctionné et que ses décisions ont été suivies (1).

Nous apprenons par une lettre de Clément IV, autorisant l'élection d'un nouvel abbé (2), que Thibaut décéda à Rome. Au Souverain Pontife — tel était le droit ecclésiastique — appartenait la collation des bénéfices dont les titulaires mouraient au lieu où se trouvait la cour papale. Clément IV voulut bien, en faveur de l'abbaye, ne pas faire usage de ce droit (3).

A la tête de l'abbaye, apparaît alors (1265 ou 1266) un second Eudes, docteur en théologie et en médecine (4). En lui la sainteté brillait autant que la science : Clément IV le gratifiait de personnage « insigne par ses vertus » (5). La communauté ne se montrait pas moins recommandable que son chef. Selon l'évêque de Meaux, Jean de Poincy, qui confiait à l'abbaye la cure de Lisy, ce n'était pas seulement à Paris qu'on pouvait remarquer la vie sainte des cha-

---

(1) *Gal.*, col. 741, et ms. 21, p. 384.
(2) Martène, *Thesaurus novus anecdot.*, tom. II, col. 322.
(3) *Ibid.* « Suggerente... dilectionis affectu. »
(4)   Sacra doctrina doctor bonus et medicina,
         A logices methodo pollens jacet hic pater Odo.
                              (*Gal.*, col. 741.)

Le même *Gallia* se pose, sans essayer de la résoudre — et nous en ferons autant — la question de savoir s'il est cet « *Odo medicus* cujus habentur opera manuscripta jam a tempore sancti Ludovici... »
(5) Ms. 21, p. 386 : «... Personam tuam virtutibus insignitam. »

noines; mais au sein des diverses paroisses dont ils avaient l'administration, ils *brillaient* dans l'étendue de plusieurs diocèses, *comme des astres au firmament* (1).

A cette époque, la cour suprême de justice se trouvait appelée à décider une question indécise ou litigieuse entre la royauté et l'abbaye de Sainte-Geneviève. Il s'agissait de savoir si la première pouvait imposer les terres de la seconde. L'affaire fut fixée au parlement de l'Assomption 1270. L'abbé de Sainte-Geneviève assistait à la séance. Après examen, il fut reconnu que les droits du roi ne s'étendaient pas jusque-là : la noblesse des biens, les privilèges particuliers, tout s'y opposait (2).

Mais si le droit royal se voyait ainsi limité, l'appel à la générosité était entendu aussi bien de l'abbaye que du clergé et des autres religieux du royaume, quand les besoins étaient pressants et grandes les nécessités. Aussi, deux ans plus tard, Philippe le Hardi, se disposant à marcher contre le comte de Foix qui soutenait sa révolte les armes à la main, cette abbaye s'empressa-t-elle de contribuer pour sa part aux frais de l'expédition (3) qui s'annonçait comme devant être longue et périlleuse (4).

Nous voyons successivement préposés au gouvernement de l'abbaye : Arnoul de Romainville (1275), dont l'épitaphe

(1) *Gal.*, col. 742, lettre de l'évêque de Meaux.
(2) *Gal.*, col. 742.
(3) Voici, suivant du Molinet (ms. 21, p. 387) comment les taxes pour l'expédition furent réparties :

Rosny............	57 livres	Choisy...............	40 livres
Borret............	60	Trianon..............	12
Draveil...........	50	Epinay...............	30
Rungis...........	50	Nanterre.............	6
Tilloy.............	50	Jossigny.............	20
Vanves...........	15	Bourg de S.-Genev...	26
Auteuil...........	100	S.-Médard...........	6.

(4) Le comte s'était enfermé dans le château fort de Foix avec ses meilleures troupes et un grand nombre de machines de guerre. De là il défiait l'armée du roi de France. Il fallut tailler par le pied la montagne sur laquelle s'élevait le château, afin de s'ouvrir à travers les rochers un chemin praticable.

fait connaître le caractère bienveillant, enclin à la douceur (1), et dont quelques actes attestent le sentiment profond de la reconnaissance (2); Guillaume d'Auxerre (1281), qui avait été religieux de Saint-Victor, puis économe à Sainte-Geneviève (3); Guérin d'Audely (1285), dont l'élection fut le résultat d'une sorte de compromis, car, ne pouvant s'entendre pour former la majorité requise, on s'arrêta à cette résolution : le prieur et le sous-prieur nommeraient chacun deux religieux, auxquels serait dévolu le droit électoral (4).

(1)
Abbas Arnulphus, qui moribus hœsit, ut ulphus
Sub jacet huic tombæ, par simplicitate columbæ,
Dum fuit.....
(*Gal.*)

Le *Glossarium latino-germanicum mediæ et infimæ ætatis* par L. Diefenbach, Francfort, 1857, définit ainsi ce mot peu connu : *Ulfus, id est leccator, tabernarius*.

(2) C'est ainsi qu'il accorda une décharge au fils du tristement célèbre Pierre de La Brosse, en souvenir des bienfaits du père : « Propter quod nos, nolentes existere immemores accepti beneficii... » Une autre fois, il accompagnait une faveur octroyée de ce considérant : « Attendentes
« devotionem quam ad nos et ad monasterium nostrum habet et habuit
« ab antiquo reverendus in Christo pater Guido, episcopus Lingonensis. » (*Gal.*)

(3) La cour subissait-elle déjà l'influence des légistes en se montrant trop exigeante? Guillaume d'Auxerre se serait rendu à Montargis, où se trouvait le roi, pour lui rendre, au nom de l'abbaye, les devoirs de vasselage. Sur la réponse du conseil qu'il y avait trois choses à accomplir : l'hommage à faire, la fidélité à jurer, l'investiture à solliciter par le prieur et le couvent, Guillaume aurait juré incontinent fidélité, mais demandé du temps pour le reste, afin d'en saisir le chapitre. Le délai accordé, l'abbé serait revenu et aurait fait hommage en ces termes : « Sire, je
« deviens votre homme-lige et vous promets féauté jusqu'à la mort. »
Quant à l'investiture, les provisions pontificales auraient suppléé à tout, explication dont le monarque se serait montré satisfait. (Dubois, *Histor. Eccles. Paris.*, tom. II, p. 576; *Gal.*, col. 746.)

A la fonction d'économe (*camerarius*) de l'abbaye, fait remarquer le *Gal. christ.*, se rattachait celle qu'il définit : « Politici judicis obire munus
« in toto S. Genovefæ dominio et appenditiis, ad quod speciali utebatur
« sigillo. »

(4) Lorsque Nicolas IV, pour sauver Ptolémaïs, fit un nouvel appel à la chrétienté, ce fut dans l'église Sainte-Geneviève et sous la présidence des légats du Saint-Siège que se tint le synode de la province de Sens (1290). La mauvaise volonté du roi s'y fit-elle sentir? Toujours est-il qu'on se

Au temps de l'abbé de Vy (1292-1298), d'abord abbé de Saint-Barthélemy de Noyon (1), se rapporte très probablement une œuvre littéraire, l'histoire en vers romans de la populaire patronne de Paris. C'est en langue vulgaire la plus ancienne vie de la sainte dont nous ayons connaissance (2).

borna à déclarer que, avant d'entreprendre la guerre contre les infidèles, la paix devait se faire entre les princes chrétiens. (Labbe, tom. XI, par. 2ª, col. 1358; ms. 21, p. 392.)

(1) *Gal.*, col. 748 : « Cy gist frère Jehan, jadis abbé de S. Barthélemy de Noyon, après abbé de Sainte-Geneviève... »

(2) En voici le début :

>Madame de Valois me prie
>Que en romanz mete la vie
>D'une virge quele molt aime.
>Genevieve la nomme et Daime.
>Puisqu'il li plest et ele velt,
>Mes cuers de joie si aquelt
>D'estre ententis à son sèrvise,
>Que por lui ai ceste œuvre empise.
>Por ce la fet en romanz mettre,
>Que cil qui ne sevent la lettre,
>Oient la vie et qu'il l'entendent,
>Et que por la virge s'amendent.

L'auteur de ces vers, qui aurait nom Renaut, était, suivant le *Gallia christiana*, maître ou licencié ès arts, prieur de Sainte-Geneviève de Marisi en 1296 et économe de l'abbaye en 1306 :

>Renauz qui ceste vie dit
>Ne puet trover plus en escrit.
>Sachiez bien qu'il vos a conté
>De l'estoire la vérité,
>Ce qu'il en escrit en trova.

Le *Gallia christ.* estime aussi que cette dame de Valois aurait été Marguerite de Sicile, première femme de Charles de France, comte de Valois, fils puîné de Philippe le Hardi et père de Philippe VI, roi de France. Cette princesse mourut en 1299. C'est ainsi que le *Gallia* assigne à l'œuvre les dernières années du xiiiᵉ siècle. Le comte de Valois, il est vrai, s'est marié trois fois. Mais dans le cas où l'on n'embrasserait pas le sentiment du *Gallia*, l'on ne pourrait fixer une époque postérieure au commencement du xivᵉ siècle.

Transcrivons encore le dialogue, à Nanterre, entre l'évêque Germain et la jeune enfant.

>Sainz Germain dit à Genevieve :
>Doce fille, ne me celez,
>Nez dites moi se vos volez
>A Dam le Deu estre sacrée.

Les conflits se renouvelaient, et toujours aussi ardents, pour l'élection des abbés. Des partis se formaient qui ne voulaient parfois se prêter à aucune transaction. A la mort de Jean de Vy, il fallut l'intervention du pape Jean XXII qui nomma de sa propre autorité Jean de Roissy. Ce dernier fut appelé, avec plusieurs évêques et abbés, à donner son avis dans l'assemblée qui, au sujet des graves contestations entre Philippe le Bel et Boniface VIII, décida la convocation de nos premiers États généraux. Après lui (1), une année de lutte ne fut pas de trop pour donner à Jean de Saint-Leu-Taverny le droit de quitter les fonctions de prieur pour la crosse d'abbé qu'il sut tenir avec sagesse et fermeté pendant vingt-six ans (1308-1334) (2). En écrivant ces mots, nous n'avons pas seulement en vue

> Plest vos il, bele, ne agréa
> Comme sa fille à maintenir
> Et vostre cors chaste tenir?
> Espose qui a Deu est jointe
> Ne doit avoir au siècle acointe.
> — Biauz dolz père, fet la pucèle
> Qui el cuer a ja l'estencèle
> De Deu amer, ardanz et vive,
> Et qui plus et plus li avive,
> Je ne demant el ne covoit,
> Mes cuers ne mez talenz ne voit
> Nule autre chose, ne demande.
> Père, ton plésir me commande :
> Je sui ta fille, qui ferai
> Ce dont plaire te cuiderai,
> Que onques rien tant ne me plot.
> ....

L'évêque, sur une pareille réponse,

> Lors li dit : Fille Geneviève
> Aies en Dame Dieu fiance,
> Seure soies sanz dotance
> Que par œvres acheveras
> Tot ce qu'en ton cuer penseras.

Nous avons pris le texte dans l'abbé Saintyves qui l'a transcrit (*Vie de S. Genev.*, Notice, p. 3-5) sur le ms. latin in-8° 5667 de la Biblioth. nat. Voir ce que précédemment nous avons dit de ce ms. et de celui de la Biblioth. S. Genev.

(1) Son épitaphe portait : « Hic jacet mitissimus, bonæ memoriæ, frater Johannes de Rossiaco... »

(2) *Gall.*, col. 748 et seq., ms. 21, p.p. 394 et suiv.

le gouvernement de l'abbaye, mais aussi la défense de ses droits. Citons un fait à l'appui de cette seconde assertion.

Contraints devant les conquêtes des Sarrasins de quitter, avec les hauteurs du Carmel, l'orient qui avait été leur berceau, les Carmes s'étaient réfugiés en Europe. Saint Louis, au retour de sa première croisade, avait amené avec lui six de ces religieux et les avait établis sur la rive droite de la Seine, en dehors de la ville, dans une maison qui dépendait du prieuré de Saint-Éloi et pour laquelle le roi s'engageait à payer une rente annuelle de quarante sols parisis. L'abbaye de Sainte-Geneviève leur avait cédé aussi, et dans des conditions analogues, quelques terres avoisinantes. Au commencement du siècle suivant (1), pour se rapprocher du quartier universitaire, ils vinrent se fixer au pied de la montagne Sainte-Geneviève. Philippe le Bel les avait gratifiés d'une maison. Jean XXII, en autorisant l'aliénation de l'ancien monastère et la construction du nouveau, constitua l'évêque de Paris juge des indemnités, pour le cas où il y aurait lieu d'en accorder (2). On construisait sur

---

(1) Si leur première habitation fit, dans la suite, place au couvent des Célestins, une rue de Paris, la rue des Barrés atteste encore aujourd'hui le séjour des religieux du Carmel. On donnait à ces religieux le nom de *Barrés* « à cause de leur manteau barré de blanc et de brun ». (Félibien, *Hist. de la vil. de Paris*, tom. I, p. 353.) Ce manteau fut modifié plus tard sous ce rapport. Il est vrai que d'autres attribuent à ce nom une étymologie différente : on appelait ces religieux *Barrés* parce qu'ils « ne se laissaient voir qu'à travers des grilles et des barreaux ». (Piganiol de La Force, *Descript. de Paris*, tom. IV, p. 278.)

(2) C'est par erreur que le *Gallia* nomme Boniface VIII. La bulle, reproduite dans Félibien (*Hist. de la vil. de Paris*, tom. III, p. 219), après avoir été copiée sur l'original, porte la date de 1318. Jean XXII disait : « Quod si forte locus ipse ad quem proponitis vos transferre, et « quem etiam processu temporum pro ipsius ampliatione et commodo « justo titulo duxeritis acquirendum, alicui sæculari ecclesiæ vel regulari « aut monasterio cujuscumque ordinis fuerit censualis, vel alio quovis « modo subjectus, locum hujusmodi ab omni dominio et servitute, quibus « degentes in eo eidem ecclesiæ vel monasterio tenerentur, debita et « justa recompensatione pro censu hujusmodi ad arbitrium venerabilis « fratris nostri episcopi Parisiensis... a vobis prædictæ ecclesiæ vel monasterio assignata, authoritate apostolica eximimus... »

la seigneurie de Sainte-Geneviève et sur le territoire de Saint-Étienne du Mont. Il y avait à tenir compte des droits de l'abbaye et de la paroisse. Quelle qu'en fût la cause, on ne put s'entendre : il fallut que le même Souverain Pontife, trois ans après, nommât de nouveaux arbitres pour régler le différend (1).

Mais voici que s'impose à notre attention l'acte fécond, pour l'ordre canonique, d'un pontife réformateur.

II

LA CONSTITUTION DE BENOIT XII

L'année 1334 voyait mourir Jean XXII et élever, à la grande surprise et de l'élu et des électeurs eux-mêmes, un nouveau pontife sur la chaire de saint Pierre. D'une naissance obscure, mais d'une solide instruction, Jacques Fournier, originaire du comté de Foix, successivement abbé de Fontfroide, évêque de Pamiers, de Mirepoix, et cardinal, ne songeait pas plus au souverain pontificat pour lui qu'on ne paraissait songer à lui pour cette suprême dignité. Le *Cardinal blanc* — c'est ainsi qu'on le nommait parce qu'il continuait à porter l'habit blanc de Cîteaux — obtint l'unanimité des suffrages, encore que sur le refus persistant de Jean de Comminges, premier archevêque de Toulouse, on se proposât de faire un simple essai de scrutin. Le *Cardinal blanc* devint Benoît XII.

Un des premiers actes de son pontificat fut le renvoi, avec ordre de retourner sans retard à leurs bénéfices, des ecclésiastiques qui n'avaient pas de motifs légitimes — et il se réservait l'appréciation de la chose — pour résider à la

(1) L'acte pontifical est de 1321. (*Gal.*, col. 750, où reproduit en partie.)

cour d'Avignon. Cette mesure, si juste à tous les points de vue, pouvait faire présager de salutaires réformes dans l'Église.

Les moines de Saint-Benoît, les religieux de Saint-François et de Saint-Dominique attirèrent son attention et de sages règlements leur furent expédiés et imposés (1). Les chanoines réguliers de Saint-Augustin devaient être l'objet d'une égale sollicitude. D'un côté comme de l'autre, il y avait à reprendre, corriger, enjoindre. Rappeler aux constitutions primitives, en combler les lacunes, en développer l'esprit, réprimer les abus introduits, prévenir ceux qui pourraient naître, prescrire des mesures d'intérêt général, telles furent la pensée et l'œuvre de la constitution apostolique adressée à l'ordre entier des chanoines réguliers (2). « Ne voulant pas, disait le pontife, négliger le remède de « la réformation dans un ordre qui, nous l'avons reconnu, « en a besoin, et estimant que les statuts de cet ordre « comme les règles tracées par les saints canons doivent « demeurer dans toute leur force, nous nous proposons « d'ajouter les compléments que l'expérience a montrés « désirables et que conseille le bien, le salut même de « l'ordre (3). » La bulle est du 15 mai 1339.

Le noviciat et la profession étaient d'abord traités. Pour le noviciat, on exigeait qu'il se fît dans une communauté de sept chanoines au moins, sous la direction d'un maître spécialement désigné pour donner au novice la science de la règle et des offices divins. Si l'admission à la dignité de chanoine appartenait à l'abbé, ce droit désormais ne devait être exercé qu'avec l'assentiment du chapitre. Dans le cas où sans raisons vraies, sérieuses, cet assentiment serait refusé, l'abbé pourrait choisir les plus anciens chanoines, mais

---

(1) Voir le Bullaire de Mainard.
(2) *Bullarum, privilegiorum...*, édit. Mainard, tom. III, par. 2ª, p.p. 264 et seq.
(3) *Ibid., Proœmium.*

dans cette proportion, que leur nombre s'élevât au moins au tiers du chapitre, leur soumettre la cause et se contenter de leur adhésion. La profession se ferait ouvertement (*non clandestine, sed patenter*) et, autant que possible, dans l'église et à la messe (1).

Tout monastère, qui n'était pas abbaye et qui ne reconnaissait pas de supérieur ou même qui comprenait douze chanoines ou plus, aurait à sa tête un prieur nommé par qui de droit et conformément aux statuts. Le titre de prieur se trouvait maintenu dans les autres maisons où l'usage l'avait introduit. En cas d'absence ou d'impossibilité de remplir la charge, les prieurs et les autres supérieurs étaient tenus de désigner le chanoine qui les remplacerait (2).

La tenue du chapitre était obligatoire chaque jour. Il n'y avait d'exception que pour les petites communautés de quatre chanoines ou plus, détachés de la maison principale en vue de fonctions particulières : pour ces communautés le chapitre était de rigueur une fois par semaine; mais on demeurait libre de le tenir plus souvent, si telle s'affirmait la coutume (3).

Outre ce chapitre ordinaire, le pontife prescrivait le chapitre annuel.

Faisaient partie du chapitre annuel les abbés, prieurs, supérieurs des communautés particulières, ceux qui avaient des fonctions administratives (*administratores*), et même, quand l'usage était établi, et dans la proportion qu'il autorisait, les simples chanoines. On s'y occuperait, sous le rapport tant spirituel que temporel, de la gestion de chacun et des mesures à adopter. Quand on ne pourrait s'y rendre, on aurait soin de s'y faire représenter par un mandataire muni de pleins pouvoirs et d'instructions suffisantes, sous peine

---

(1) *Ibid.*, §§ 2, 3, 4.
(2) *Ibid.*, § 6.
(3) *Ibid.*, § 7.

de se voir condamner et frapper par le tribunal que constituerait le chapitre lui-même. Les rapports et les pièces produites à l'appui seraient fidèlement conservés (1).

Tout cela était de la bonne administration. Mais le pontife visait plus haut encore. Il statua sur la mise en pratique du décret du quatrième concile de Latran au sujet des chapitres généraux à tenir par les abbés, décret qui s'appliquait aux chanoines réguliers aussi bien qu'aux moines (2).

Benoît XII rappelait donc à l'observance de la loi conciliaire. Mais, pour les chanoines réguliers, il rendait quadriennale, de triennale que l'avaient faite les Pères de Latran, la tenue de ces chapitres généraux ou provinciaux. Étaient membres de ces chapitres, avec les abbés, prieurs, supérieurs de communautés indépendantes, les doyens et dignitaires des églises cathédrales. Là encore, la présence ou la délégation d'un mandataire étaient exigées, et le chapitre invité à édicter contre les délinquants. L'examen, les délibérations de l'assemblée devaient porter sur les questions de discipline. Les décisions devenaient obligatoires pour tous les chanoines de la province. Benoît XII prescrivait aussi, en conformité du décret de Latran, de nommer les visiteurs de la province jusqu'au prochain chapitre, et lui-même traçait minutieusement leurs graves devoirs (3).

Que fallait-il entendre par provinces ? La bulle le déterminait avec précision. La France, par exemple, se trouvait divisée en six provinces : la première était formée des archidiocèses d'Embrun, de Vienne, d'Aix et d'Arles ; la seconde des archidiocèses de Lyon, de Besançon avec la Tarentaise ; la troisième des archidiocèses de Reims et de Sens ; la quatrième des archidiocèses de Rouen et de Tours ; la cinquième des archidiocèses de Bordeaux et de Bourges

---

(1) *Ibid.*, § 8.
(2) Décret 12, Labbe, *Concilia*, tom. XI, par. 1a, col. 163-165.
L'ordre des Prémontrés, du reste, avait eu, dès le principe, ses chapitres généraux.
(3) *Bullarum...*, *ibid.*, §§ 9, 10, 12, 15, 20.

avec l'évêché d'Annecy ; la sixième des archidiocèses de Narbonne, Toulouse et Auch (1). Cette division avait été précédemment fixée par le même pontife et pour le même but en ce qui concernait les moines noirs, c'est-à-dire les religieux bénédictins, à l'exception de ceux de Cîteaux qui portaient, nous l'avons déjà vu, l'habit blanc (2).

Les études ont toujours été une des grandes préoccupations de l'Église. Aussi, le pontife ordonnait-il que dans chaque établissement conventuel il y eût un maître pour enseigner aux chanoines les sciences grammaticale, logique et philosophique, cours où les séculiers ne seraient pas admis. Si le maître n'appartenait pas au chapitre, l'on était tenu de pourvoir à ses besoins et de lui assurer un salaire convenable qui pourtant ne dépasserait pas vingt petites livres tournois. Lorsque, pour une raison quelconque, ces cours ne pourraient avoir lieu dans le monastère, on se trouvait autorisé à recourir à d'autres écoles, pourvu qu'elles fussent tenues par des réguliers (3). Après ces études premières, l'enseignement supérieur, c'est-à-dire théologique et canonique. En conséquence, Benoît XII décidait qu'un chanoine sur vingt — et pour cela on aurait égard aux aptitudes — serait choisi par le chapitre — le mode d'élection était même tracé — et envoyé aux « études solennelles » (*ad solemnia studia*), en d'autres termes, aux cours des universités. Les communautés indépendantes qui ne comptaient pas vingt chanoines, ne se voyaient pas pour cela affranchie de l'obligation ; mais la question était réservée aux visiteurs qui auraient à examiner les ressources de ces communautés et présenteraient un rapport au chapitre provincial. Celui-ci statuerait sur l'affaire. Par ce nombre de vingt, la bulle n'avait d'autre but que de fixer un *minimum*. A la communauté de sup-

(1) *Ibid.*, § 19.
(2) *Bullarum... ibid.*, p. 216.
(3) « Dummodo ibidem vigeat observantia regularis. »

porter les frais de ces études, en assurant la pension des étudiants et en payant les honoraires des professeurs. La pension assignée aux étudiants en théologie était de quarante petites livres tournois et de trente pour les étudiants en droit canon. Les professeurs en théologie auraient comme honoraires soixante ou quarante petites livres tournois selon qu'ils seraient docteurs ou bacheliers, tandis que les professseurs en droit canon n'en recevraient, selon leur grade, que cinquante ou trente. Ce n'était pas assez de la parole du maître. Pour la suivre, la méditer, la mieux comprendre, des livres devenaient nécessaires. Le pontife imposait donc aux chapitres l'obligation de pourvoir les étudiants de livres, et aux étudiants celle d'en avoir le plus grand soin, de s'en considérer seulement dépositaires, à tel point que les détériorer, les aliéner rendait pendant deux ans inhabile à posséder aucun bénéfice, exposait à être rappelé immédiatement pour subir une pénitence sévère (1).

Mais la règle canonique, qu'allait-elle devenir pendant ce séjour auprès des universités? Benoît XII avait prévu le cas. Il voulut qu'elle fût observée dans la mesure du possible. De là, pour les chapitres des provinces où il y avait des universités, l'obligation d'assigner aux chanoines étudiants un local commun et de placer à leur tête un prieur choisi parmi eux et dont le devoir serait de veiller au maintien de la discipline, à la régularité du travail, à la fidélité aux cours. Il fallait six ans d'études théologiques avant d'être

---

(1) Ces prescriptions ou recommandations du pontife, au sujet des livres, nous remettent en mémoire un admirable décret du concile de Paris de 1212, décret qui range parmi les œuvres de religion ou de miséricorde le prêt des livres. « Interdicimus, disaient les Pères, inter alia « viris religiosis, ne emittant juramentum de non commodando libros « suos indigentibus, cum commodare inter præcipua misericordiæ opera « computetur. Sed, adhibita consideratione diligenti, alii in domo ad « opus fratrum retineantur, alii secundum providentiam abbatis, cum « indemnitate domus, indigentibus commodentur. » (Labbe, tom. XI, part. a, col. 70.)

admis à enseigner l'Écriture sainte, et huit pour expliquer le Maître des sentences. Relativement au droit canon, six années d'études comme élève ou cinq années de professorat en qualité de bachelier, étaient ordonnées pour passer maître en cette science (1). Encore ici, sous le rapport des études, Benoit XIV renouvelait, à peu près, les prescriptions de sa bulle aux moines noirs (2).

L'acte pontifical statuait ensuite, pour nous en tenir à ce qu'il y a de principal, sur les résidences séparées — les chanoines devaient être pour le moins au nombre de deux ; — sur la simplicité de la vie — pas de chevaux, pas de voitures, pas de domestiques séculiers sinon pour les offices communs ; — sur la réception des ordres sacrés — il y avait, à moins d'un empêchement sérieux, obligation pour tout bénéficier de se faire ordonner dans l'année ; — sur l'âge qui rend apte à posséder un bénéfice — vingt-cinq ans étaient requis ; — sur le costume — la réglementation s'en montrait assez précise sans pourtant vouloir déroger aux règles antérieures ni aux usages légitimement établis ; — sur les sorties — il fallait une permission ; — sur l'aliénation des biens — l'autorisation du Saint-Siège devenait nécessaire sous peine de nullité ; — sur les contrats fictifs, les emprunts et les locations — les premiers étaient défendus, les seconds et les troisièmes se feraient avec le consentement du chapitre ; — sur les inventaires — commandement de les dresser avec soin tant pour les meubles que pour les immeubles ; — sur les abstinences — elles demeuraient obligatoires pour tous les vendredis et samedis et pendant l'avent, ce qui ne dispensait pas des règles plus sévères ; — sur la célébration des mystères — obligation pour les prêtres de les célébrer au moins deux fois par semaine ou une fois tous les quinze jours, selon qu'on appartenait aux cathédrales, aux abbayes, aux prieurés, ou

(1) *Ibid.*, p. 270-275, § 22-29.
(2) *Ibid.*, p.p. 220 et suiv.

bien aux écoles, à de simples résidences ; — sur la fréquentation des sacrements — obligation pour les chanoines non prêtres de se confesser une fois par quinzaine et de communier une fois par mois, actes religieux qu'on pouvait, qu'on devait accomplir plus souvent, selon que la règle ou la coutume le permettaient ou le prescrivaient ; — sur les heures canoniales — c'était le chant en commun ; — sur la chasse — c'étaient des exercices ou divertissements défondus ; — sur les accusations à porter contre les supérieurs — personne ne serait admis à le faire à moins de s'engager préalablement à subir telle ou telle peine, au cas où l'on ne réussirait point à établir les faits imputés ; — sur les cabales, les complots — ceux qui s'en rendraient coupables seraient privés et de leurs bénéfices et de leurs offices ; — sur les chanoines qui, au mépris de la règle, ne craindraient pas de posséder, de trafiquer — on les déclarait inhabiles à obtenir prieuré, bénéfice, et même à être placés à la tête d'une administration quelconque ; — enfin sur les chapitres dont les désordres disciplinaires seraient tellement grands qu'on ne pourrait espérer d'eux-mêmes une réforme salutaire — il y avait ordre d'y appeler quelques chanoines connus pour leur régularité, afin d'y faire renaître la discipline, et, quant aux principaux fauteurs du mal, ils seraient incorporés à d'autres chapitres pour travailler à leur amendement, mesure d'ordre général qui était dévolue aux chapitres provinciaux (1).

Par cette constitution, Benoît XII avait soin de déclarer qu'il n'entendait nullement déroger aux droits des ordinaires (2).

Le pontife terminait en ces termes : « Afin que cette « constitution, donnée pour le salut et la prospérité de « l'ordre des chanoines réguliers, parvienne à leur con- « naissance à tous et soit par eux fidèlement, inviolable-

(1) *Ibid.*, p. 275-285, § 30-61.
(2) *Ibid.*, p. 286, § 63.

« ment observée, nous ordonnons, au nom de l'autorité
« apostolique, d'en donner lecture du commencement à la
« fin dans les premiers chapitres provinciaux, de l'y pro-
« mulguer solennellement et de la faire transcrire à l'effet
« d'en remettre à chaque chapitre une copie... qui y sera
« lue deux fois par an... (1) »

La constitution de Benoît XII fut reçue, pour les archidiocèses de Reims et de Sens, dans le chapitre général tenu
en 1342, à l'abbaye de Notre-Dame de Chage-lez-Meaux.

Elle n'apportait guère de modifications à la règle de
Sainte-Geneviève, règle qui, n'ayant cessé de présider au
gouvernement de l'abbaye, en avait maintenu le bon ordre
et assuré l'état prospère. En fait comme en droit, la constitution pontificale se présentait surtout pour Sainte-Geneviève comme un complément sagement décrété. Si l'on se
reporte au *Liber ordinis*, que nous avons précédemment
analysé, l'on voit que le complément se réduisait à ces
quelques points principaux : les chapitres annuels et généraux, qui étaient une prescription nouvelle ; le noviciat
dans une résidence de sept chanoines au moins ; la profession religieuse avec l'assentiment capitulaire ; les sacrements de pénitence et d'eucharistie, dont la réception se
trouvait réglementée ainsi que la célébration de la messe ;
les études, qui n'avaient pas eu besoin d'être prescrites pour
se maintenir florissantes à l'abbaye ; l'âge requis pour obtenir un bénéfice ; l'esprit de simplicité et la loi de pauvreté ;
certaines mesures pour garantir la bonne administration
du temporel comme pour sauvegarder l'autorité des supérieurs et le cours régulier de la discipline.

(1) *Ibid.*, § 64.

III

L'ABBAYE SOUS CETTE CONSTITUTION

Si l'abbaye devait tirer profit de cette constitution, elle se trouvait encore naturellement destinée, eu égard à sa régularité, à exercer par ses abbés un rôle assez considérable dans l'œuvre de l'application aux chanoines de la province.

Après Jean de Borret (1334-1343) et Robert de la Garenne (1343-1349) (1) qui prirent part, l'un au premier chapitre général que nous venons de mentionner, l'autre au second qui se réunit à Saint-Barthélemy de Noyon, l'administration de l'abbaye passa aux mains de Jean de Viry (1349-1358). Cet abbé avait dû son élection autant à l'éminence de sa science qu'à la grandeur de ses vertus. Il siégea avec honneur au troisième chapitre général de Saint-Vincent de Senlis, et, dans le quatrième tenu encore à Notre-Dame de Chage, il se vit nommer visiteur pour les diocèses de Paris, de Meaux et de Chartres.

Jean d'Ardenne (1358-1363) ne se distingua pas moins que son prédécesseur par sa haute piété et ses amples connaissances : son épitaphe le qualifie d'un des plus célèbres docteurs de l'époque (2).

Sous Jean Bassemain (1364-1386 environ), lequel avait

---

(1) Notre manuscrit parle de la taxe annuelle payée par ces deux abbés pour l'entretien de la cour romaine pendant le séjour des papes à Avignon. En l'année 1335, cette taxe fut de cent trente-quatre florins d'or pour les officiers du pape, de deux cents pour les cardinaux et de huit pour les officiers de ces derniers. (Ms. 21, p. 401.)

(2) « ... Magister in artibus et licentiatus, doctor doctorum præcipuus, in omni scientia et pietate præclarus »

Entre Jean d'Ardenne et Jean Bassemain, on élut Bernard de la Rochelle à qui la mort ne permit pas de prendre possession.

aussi le grade de maître ès arts, l'abbaye ressentit le contre-coup du *grand schisme d'Occident* qui venait d'éclater, à la mort de Grégoire XI, par la double élection d'Urbain VI et de Clément VII. La France se prononça pour Clément VII. L'abbé de Sainte-Geneviève suivit le mouvement. Mais Josse Ghisil, chancelier de l'abbaye et de l'université, double dignité d'ordinaire réunie, prit parti, avec plusieurs docteurs de Paris, pour Urbain VI. L'abbé le destitua. Le destitué, soutenu par les trois nations de Picardie, de Normandie et d'Allemagne, résista. L'abbé dut faire appel à la double puissance ecclésiastique et séculière. Comme Clément VII, le parlement de Paris lui donna raison par un arrêt en 1381. Josse Ghisil se retira en Flandre, et la paix fut rendue à l'abbaye (1).

La vie d'Étienne de la Pierre (mort en 1404 ou 1405) ne fut pas sans mérites (2) ni son gouvernement sans gloire.

Le *grand schisme* continuait de désoler l'Église. Un concile fut indiqué à Pise pour y mettre fin. Sainte-Geneviève fut représentée à l'assemblée conciliaire par son abbé,

---

(1) Du Molinet, ms. 21, p.p. 598, 599.

Le Nécrologe se bornait à cette mention : « Obiit bonæ memoriæ « D. Johannes de Bassamanu... qui multa reliquiaria huic ecclesiæ « donavit. » (*Gal.*, col. 757.)

A cette époque, un écrivain de l'ordre, Thomas Benoît, originaire de Saint-Lo, traduisit en français les constitutions de l'abbaye et consigna dans la même langue les usages qui s'y étaient introduits. L'ouvrage portait ce titre : *Cy s'ensuit l'ordonnance du statut de l'église Sainte-Geneviève de Paris en la forme et manière qu'on en use pour le présent, translaté du latin en françois par religieuse personne Fr. Thomas Benoist, jadis prieur cloistré de ceste dite sainte église, au profit et honnesteté des frères, l'an 1381*. (*Gal. christ.*, col. 758.)

Ce Thomas Benoit avait précédemment (1367) traduit en la même langue la *Vie* latine de sainte Geneviève. (Voir l'abbé Saintyves, *Vie de S. Genev.*, Paris, 1846, Notice, p. 4-6.)

(2) Nous lisons parmi les vers de son épitaphe :

Moribus et vita laudantus ut Israelita.

Du Molinet a écrit : « J'ay trouvé dans les comptes de la dépense de « cette abbaye de ce temps-là que cet abbé envoya, en Flandre, au roy « Charles VI, l'an 1385, un cheval dont il luy faisoit présent ». (Ms. 21, « p. 409.)

François de Nyons (1), dont le successeur Raoul Maréchal (1414-1426) fut lui-même, comme abbé de Toussaint d'Angers, un des pères de la grande assemblée. Un docteur en droit se trouvait remplacé à la tête du monastère par un docteur en théologie.

Les crimes de la guerre civile vinrent encore s'ajouter aux malheurs de la guerre étrangère. C'était l'heure des luttes sanglantes entre les Armagnacs et les Bourguignons. L'abbé Raoul se montrait favorable aux premiers qui se rattachaient au dauphin, tandis que les seconds n'avaient pas honte de faire alliance avec les Anglais. Dans l'épouvantable massacre des Armagnacs, en 1418, à Paris, le dauphin lui-même eut péri sans le dévouement de Tanneguy du Châtel qui s'empressa de le transporter, enveloppé d'un manteau, à la Bastille, pour de là le conduire à Melun. Les partisans de la cause royale pensèrent que le dauphin ne pouvait demeurer éloigné de la capitale. Le cardinal-légat, Saint-Marc, l'évêque de Paris et plusieurs des principaux magistrats de la cité allèrent à Sainte-Geneviève pour conférer avec l'abbé, ami de Tanneguy du Châtel, sur les moyens de ménager l'urgent retour. Il fut entendu que l'abbé se joindrait à eux pour se rendre auprès du dauphin. La démarche fut inutile : le prince redoutait les émeutes de Paris et avait d'autres plans. Néanmoins Raoul lui demeura fidèle; mais ce ne fut pas sans payer sa fidélité par l'emprisonnement ni sans attirer le pillage sur plusieurs propriétés de l'abbaye.

Cellérier d'abord, Robert Michon (1426-1432 ou 33) porta dans l'administration de l'abbaye un esprit d'ordre et

---

(1) Notre ms. 21 parle d'une procession de l'université à Saint-Denys pour le succès des armes du roi, procession qu'il fixe en 1409 et Félibien en 1412 (*Hist. de la vil. de Paris*, tom. II, p. 759). Quoi qu'il en soit de la date, maîtres et écoliers y assistèrent. Le point de départ fut Sainte-Geneviève. Rarement il y eut foule semblable, car la tête de la procession entrait à Saint-Denys, quand l'autre extrémité se trouvait encore aux Mathurins.

d'économie, qui lui permit de retirer les vases sacrés et les reliquaires, que les calamités publiques avaient contraint de donner en garantie d'un emprunt (1).

Également cellérier avant d'être abbé, Pierre Caillon ou Caillot (1432 ou 33-1465) eut une administration d'autant plus traversée par les épreuves qu'elle embrassa plus d'années. L'élection même fut difficile. Plusieurs prieurs-curés alléguèrent l'impossibilité de se rendre à la convocation, si peu sûrs étaient les chemins à cette époque où les Anglais, heureux, au prix d'un forfait, de n'avoir plus à reculer devant les armes victorieuses de l'héroïne de Domrémy, reprenaient leurs espérances et leurs ravages. Un arrêt du conseil dut prescrire le courage d'affronter les périls. A l'assemblée capitulaire, on vit réapparaître les contestations du passé. Un chanoine se montra tellement emporté qu'il fallut recourir au chancelier de France qui le fit enfermer au Châtelet. L'élection enfin terminée, d'autres difficultés allaient surgir pour l'expédition des bulles. Un chanoine fut député au concile de Bâle où l'on espérait rencontrer Eugène IV. L'espérance fut déçue : la lutte continuait entre l'assemblée et le pape. Même mission fut confiée à un autre chanoine avec ordre, cette fois, de poursuivre jusqu'à Rome, si le pape se trouvait toujours absent de Bâle. Tout cela demanda du temps; et encore, malgré les lettres de recommandation de la part de l'université de Paris, fallut-il user d'instances auprès d'Eugène IV qui n'avait pas eu précisément à se louer de l'attitude de la France. Après une

---

(1) Cet emprunt, fait par Raoul Maréchal, était de trois cents livres. On inscrivit sur le tombeau de Robert Michon :

> Nomine Robertus, vir prudens atque disertus
> Et dignus titulo, clauditur hoc tumulo.

Sous l'abbé suivant, il fallut engager encore ces objets sacrés, ainsi que la mitre précieuse, et même vendre la grande croix, soit pour payer les bulles, soit pour fournir à la taxe dont le roi frappait les ecclésiastiques. Ce même abbé fut assez heureux pour arriver à dégager les reliquaires.
Ceci montre dans quelle pénurie se trouvaient les églises et les monastères, même les mieux dotés.

administration de plus de 30 ans, et lui-même plus qu'octogénaire, Pierre Caillon résigna sa dignité entre les mains de Paul II en faveur du prieur-curé de Nanterre (1).

Le *grand schisme* avait heureusement pris fin; et, à la suite de bien des revers, la *guerre de cent ans* avait tourné à l'honneur de nos armes. Comme pour la France, comme pour l'Église, des jours plus heureux allaient se lever pour Sainte-Geneviève.

Jean Bouvier ou Bonnier (1465-1479) dota l'église abbatiale d'orgues magnifiques, dont le modèle avait été celles-là mêmes que Louis XI avait données à Notre-Dame de Cléry. Le parlement, voulant ajouter quelque chose au culte national et populaire de la patronne de Paris, porta un arrêt qui rendait la fête de la sainte (*dies natalis*) fête d'obligation (2).

Philippe Langlois (1479-1488) fut très probablement redevable de la dignité d'abbé à la résignation de Jean Bouvier (3). Il était précédemment curé de Saint-Étienne du Mont et à la fois chancelier de l'université. Quelque trois ans plus tard, l'abbaye fut désastreusement frappée. Le 6 juin 1483, la foudre tomba sur le clocher qu'elle incendia avec une partie de l'église, du cloître et du dortoir. Sous l'intensité du feu, le bronze des cloches avait subi la fusion. L'œuvre de réparation commença aussitôt. Les ressources de l'abbaye ne pouvant suffire, on fit

---

(1) La bulle du pape adressée à Pierre Caillon porte : « Cum itaque... « in manibus nostris sponte cesseris, nosque cessionem ipsam admit- « tentes, de persona dilecti filii Johannis Bouvier... nobis et fratribus « nostris ob suorum exigentiam meritorum accepta, de fratrum eorumdem « consilio, auctoritate apostolica duxerimus providendum, præficiendo « ipsum eidem monasterio in abbatem... » (*Gall. christ.*, col. 762.)

On inscrivit sur la tombe de Caillon : « Hic jacet vir vitæ laudabilis. »

(2) On grava sur la tombe de Jean Bouvier : « Hic jacet monasticæ vitæ zelator maximus. »

(3) Une bulle de Sixte IV, du 4 août 1479, accorda à Philippe Langlois la permission de se faire bénir par tel évêque qu'il voudrait, et, suivant l'épitaphe consacrée à Jean Bouvier, celui-ci décéda le 17 novembre de la même année. (*Gall. christ.*, col. 763.)

des quêtes à Paris et dans un certain nombre de villes du royaume. A la recommandation du roi et de l'université, le pape accorda, pendant cinq années, des indulgences plénières en forme de jubilé à ceux qui visiteraient l'église et feraient des offrandes à l'abbaye. Innocent VIII prolongea de quatre années la concession apostolique. Ce fut de nouveau à la demande du roi et de l'université à qui s'était joint le prévôt des marchands de Paris. Grâce aux libéralités, on put remplacer le clocher par une tour de pierres (1), la surmonter d'une flèche (2), la garnir de quatre excellentes cloches, réparer les autres ruines, en remettant le tout en meilleur état. Philippe Langlois ne put voir l'œuvre achevée (3). Cette joie était réservée à son successeur, Philippe Cousin (1488-1517), qu'il choisit lui-même dans l'acte de résignation, acte qui fut agréé du Souverain Pontife (4).

Les honneurs de la terre ne faisaient pas, non plus, défaut à l'abbaye de Sainte-Geneviève. Son abbé, Guillaume

---

(1) La partie construite par le préchantre Thibaut devint la partie inférieure de la tour. Cette tour, seul reste de l'ancienne basilique, se voit encore aujourd'hui.

(2) Les entrepreneurs s'étaient engagés pour 460 livres à édifier une « esguille de clocher chantournée à huit pans, lesquels pans seront creux « pour le destournement des vens, et, pour ce que la tour est quarrée, « faire aux quatre coings de ladite tour quatre autres petites esguilles « en façon de petits clochiers pour arondir, à huit pans, icellui clocher, « lequel clocher aura seize toises de hault depuis l'arasement de la « maçonnerie jusques au bout d'en hault là où on mettera la croix. » (Paroles citées, d'après pièce des Arch. nat., par M. Cocheris, dans son édit. de l'abbé Lebeuf, tom. II, p. 616.)

(3) L'administration de cet abbé rappelle un nom illustre, Jean Standonch, un des plus célèbres docteurs de l'époque, le second fondateur du collège de Montaigu. Natif des Pays-Bas, Jean Standonch fit, alors, ses études dans l'abbaye tout en remplissant l'office de serviteur. « On lit « dans sa vie qu'il servoit à la cuisine durant le jour, et se retiroit la « nuit au clocher pour sonner matines, où il estudioit au clair de la « lune faute d'autre lumière. » (Ms. 21, p. 708.)

(4) Son épitaphe portait :

    Examinem Cousin tumulus tegit iste Philippum
    Quo pastore diu claruit ista domus.
    . . . .

Le Gallia remplace les deux premiers mots du premier vers par ceux-ci :
    Nomine cognatum...

Le Duc (1517-1534), à la séance extraordinaire du parlement, au lendemain de la désastreuse défaite de Pavie, prenait rang immédiatement après l'évêque de Paris et les présidents, par conséquent avant les maîtres de requêtes et les conseillers. Quelques années plus tard, il recevait de Rome le titre d'évêque de Belmont *in partibus*.

Philippe le Bel (1534-1557), demeuré, avec l'autorisation de Paul III, curé de Saint-Étienne du Mont, bien qu'il eût été élevé à la première dignité de l'abbaye, attacha son nom à la construction de la nouvelle église paroissiale (1).

Joseph Foullon (1557-1607), longtemps ligueur, embrassa ensuite la cause du roi. Bien qu'il eût été désigné pour célébrer, le 11 mars 1590, la messe de la solennelle procession aux Augustins, son zèle était déjà soupçonné et sa conduite surveillée. En 1592, ses sympathies royalistes ne faisaient doute pour personne. C'est à Sainte-Geneviève que les *Politiques* se réunirent plusieurs fois (2).

Or, l'abbé se vit intenter un procès dont il sut se tirer habilement. Au moment où Louis Séguier, doyen de Notre-Dame, se rendait à Saint-Denys pour assister à l'abjuration du roi, Joseph Foullon lui écrivait pour lui exprimer toute sa joie de catholique et de français dans cette circonstance. Il chargea le prieur de porter la lettre. Celui-ci eut l'indélicatesse de la faire connaître au duc de Mayenne qui en prit copie. Certaines expressions dont le sens paraissait dissimulé à dessein, firent croire à des intelligences de l'abbé avec le parti royal. Le prieur eut ordre de rapporter la ré-

---

(1) Philippe le Bel reçut dans l'église de l'abbaye à la profession Jean-Baptiste Viole, le premier jésuite qui ait prononcé les vœux de profès en France. Ce fut à la place et à la prière de Guillaume Duprat, évêque de Clermont, et protecteur de l'ordre naissant. Cet acte religieux s'accomplissait en l'année 1550. (Ms. 21, p. 437.)

Précédemment dans cette même église ou plutôt dans la chapelle *ad hoc* du monastère, Jacques Aimery, chancelier de Sainte-Geneviève, avait reçu maître ès arts François-Xavier et Ignace de Loyola, l'un en 1530, l'autre en 1533. (*Ibid.*, p. 601.)

(2) *Registre Journal de Henri IV*, collect. Michaud, p.p. 14, 93-95.

ponse du doyen. On espérait par là découvrir le nœud la trame. Mais quelque instance qu'on lui fît, Louis Séguier, s'inspirant de la prudence, concevant peut-être des soupçons, ne voulut rien écrire. Cependant le duc de Mayenne manda aussitôt l'abbé. Comme on n'avait qu'une copie à lui présenter, il nia carrément le fait ; et, en attendant une décision ultérieure, il fut confié à la garde d'un officier. La cause étant renvoyée au légat, Joseph Foullon dut comparaître devant trois juges nommés *ad hoc* et qui étaient d'ardents ligueurs : c'était Génébrard, archevêque d'Aix, Guillaume Rose, évêque de Senlis, Georges d'Aradon, évêque de Vannes. L'abbé commença par récuser le premier. La politique les avait sans doute brouillés, car c'étaient des amis auparavant, et, l'année précédente, l'un avait accordé son église pour le sacre de l'autre. Un conseiller-clerc remplaça Génébrard. Le tribunal ainsi constitué, l'abbé, avant de répondre, demanda à être édifié sur la compétence de ses juges et à connaître ceux qui se portaient parties contre lui. Le tribunal ayant refusé de faire droit à ses demandes, l'abbé refusa, à son tour, de répondre, en appela comme d'abus au parlement et fit signifier son appel par huissier. Le légat voulait que le duc de Mayenne usât de son autorité suprême pour interdire à cette cour la connaissance de l'affaire. Mais le chef de la Ligue ne voulut pas aller jusque-là. Il se borna à défendre sous menaces à l'abbé de poursuivre son appel et recommanda aux évêques de ne point donner suite au procès. L'abbé obtint son élargissement sous caution. Il se rendit auprès du roi et assista au sacre dans la ville de Chartres (1).

Joseph Foullon (2) s'était choisi un successeur dans la

(1) Du Molinet, ms. 21, p. 444-447 ; de Thou, *Histor.*, lib. CVII, cap. VI et X.

(2) Pendant sa très longue administration il « mit trois évesques de Paris en possession de leur évesché ». (Ms. 21, p. 450.) Ces trois évêques sont : Guillaume Viole, Pierre et Henri de Gondi. Nous décrirons plus loin cette cérémonie.

personne de Benjamin de Brichanteau (1607-1619), qu'il avait même associé, en qualité de coadjuteur, à son gouvernement abbatial. A la mort du titulaire, l'élection canonique vint ratifier le choix, et, sur le refus de saint François de Sales, à qui l'abbaye avait été proposée, l'approbation royale ne se fit pas trop attendre.

Les faveurs de la cour allaient même, en 1612, accorder en plus, à l'abbé, l'évêché de Laon.

De Laon, s'il négligea l'abbaye, l'évêque-abbé ne paraît pas avoir oublié la sainte patronne. Une nouvelle restauration de la châsse devenait urgente. Elle se fit, en 1614, sous l'administration de ce prélat. Les dames de la cour et de la ville se montrèrent vraiment généreuses ; et Marie de Médicis « donna le bouquet d'or et de diamants qui fut mis au haut de la châsse » (1).

---

(1) Ms. 21, p.p. 164 et suiv.

Mlle de Gournay a écrit un sonnet trop léger, à l'adresse de la reine-régente, au sujet de ces divers dons :

> Reyne dont le nom florira,
> Tu maintiens que nul n'offrira
> Le petit diable souffle-cierge
> De Geneviefve saincte vierge.
>
> Mais moy certes je l'offriray,
> Pourveu qu'un ouvrier admiré
> Compose sur ta forme belle
> L'ange tuteur de la pucelle.
>
> Car, s'il luy preste tes beaux yeux,
> Soudain que ce banny des cieux
> Esteindra la mèche enflammée,
> Leurs esclairs l'auront rallumée.

(*Les advis ou présent*, Paris, 1641, p. 921.)

Pour comprendre ces vers, il faut savoir qu'on représentait anciennement la sainte tenant à la main un cierge, qu'un diable s'efforçait d'éteindre en soufflant dessus, et qu'un ange maintenait allumé. Voici la raison de cette caractéristique : Geneviève se rendait une certaine nuit à la basilique de Saint-Denys pour y prier ; les vierges qui l'accompagnaient portaient un cierge pour éclairer la marche ; le vent vint à éteindre le cierge ; mais Geneviève le prit et il se ralluma aussitôt pour ne plus s'éteindre. (*Vita S. Genov.*, § 22.)

Source générale pour ce troisième point du chapitre : ms. 21, p. 400-453; *Gal.*, col. 751-774.

IV

LA NÉCESSITÉ D'UNE NOUVELLE RÉFORMATION

Certes, il faut le dire, l'abbaye n'était plus ce qu'elle avait été autrefois.

Depuis longtemps déjà, une période de relâchement semblait avoir été inaugurée.

« Cette maison était tombée, en ce temps-là, dans le re-
« lâche et le désordre, par le malheur des guerres et la
« corruption des temps, et peut-être aussi par la négligence
« des abbés qui avaient plus de soin du temporel que du
« spirituel, obtenant des titres d'évêques *in partibus* et
« voulant paraître parmi les grands, quoiqu'ils fussent de
« basse extraction et n'eussent point d'autres armes plus
« considérables, pour relever leur noblesse, que les épis et
« les gerbes qu'ils avaient tirés de la grange de leurs pères
« qui étaient laboureurs..., au lieu de chercher leur gloire
« dans leur vertu et leurs propres mérites (1). »

Complétons la pensée de l'historien sur deux points particuliers.

Signalons d'abord les résignations presque continuelles d'abbés devenus impotents ou aspirant au repos, actes conditionnels où le résignant faisait choix de son successeur.

L'exemple donné par Pierre Caillon, Philippe Langlois, Philippe Cousin fut suivi par Guillaume Le Duc, Philippe le Bel. Joseph Foullon ne s'écarta guère de cette voie. Sans doute, il gouverna l'abbaye jusqu'à sa mort. Mais, en se donnant un coadjuteur, il le désignait, l'imposait en quelque sorte aux suffrages du chapitre. Nous ne voulons pas dire que ces résignations ne fussent point canoniques, puisque l'autorité pontificale leur donnait la sanction

---

(1) Même ms. 24, p. 435.

requise. Mais que devenait alors le droit d'élection consacré par la règle ? Et l'amitié, qui avait infailliblement quelque part dans ces sortes de traités, était-elle toujours une bien sûre conseillère ? En tout cas, l'élection n'offrait-elle pas de meilleures garanties ? Il y a plus. Ces résignations, d'ordinaire, emportaient des réserves sur les revenus de l'abbaye (1) ? N'était-ce donc pas s'éloigner de l'esprit de pauvreté comme de la loi qui le consacrait ? Or, — qui ne le sait ? — l'exemple parti d'en haut exerce trop souvent une influence fatale.

Notons, en second lieu, que, sous l'empire des mêmes causes, la constitution de Benoît XII, sauvegarde de l'ordre canonique, avait fini par tomber en désuétude, surtout en ce qui concernait les chapitres généraux et, par là, les visiteurs. Comment, réduits à eux-mêmes, les monastères eussent-ils subi tant d'épreuves sans fléchir, traversé tant d'écueils sans sombrer ?

Deux fois, le parlement dut intervenir. Une première fois, en 1539, pour charger un de ses conseillers, Pierre Brulart, d'une enquête sur les « abus, fautes, scandales, malversations et déformités qui se faisaient en l'abbaye de Sainte-Geneviève ». Ce sont les termes de l'arrêt (2). Cependant on ne voit pas que l'enquête ait eu d'autres suites. Une autre fois, en 1563, l'abbé et les chanoines portèrent leurs plaintes réciproques devant le parlement. Le premier président, Christophe de Thou, se rendit à l'abbaye avec le conseiller Charles de Dormans, pour instruire l'affaire. L'abbé reprochait au prieur, à l'aumônier et à plusieurs chanoines de lui dénier l'obéissance ;

---

(1) Ainsi, parmi les derniers abbés de Sainte-Geneviève, Pierre Caillon se réserva une pension de 100 écus d'or ; Philippe Cousin, les revenus des terres d'Épinay, Borret, Auteuil, Rungis ; Guillaume Le Duc, une pension de 100 écus d'or avec les revenus d'Épinay, Borret, Auteuil, Grenelle. Philippe le Bel, en se démettant « entre les mains du pape », le fit à des conditions analogues. (Même ms. 21, p.p. 438, 439.)

(2) Même ms., p. 436.

les chanoines, de leur côté, accusaient l'abbé de ne pas les traiter avec charité et de leur refuser le nécessaire. Un arrêt s'ensuivit la même année : le prieur et l'aumônier se voyaient condamnés à se rendre dans d'autres résidences, sorte d'exil dont la durée était laissée à la juste appréciation de l'abbé, et celui-ci s'entendait, à son tour, rappeler à la charité fraternelle et à l'obligation de pourvoir aux besoins de la maison (1).

De décadence en décadence, la noble abbaye en était arrivée, non seulement à mettre sous les pieds la règle canonique et l'esprit religieux, mais à laisser complètement de côté la culture intellectuelle. Le dépôt littéraire et scientifique, jadis si péniblement formé (2), avait été dissipé : l'abbaye ne possédait plus dans sa bibliothèque ni imprimés ni manuscrits (3). Des documents nous révèlent un fait qui plus tard arrachait des larmes au docte du Molinet. Benjamin de Brichanteau, lorsqu'il fut promu à l'évêché de Laon, avait laissé à son aumônier l'administration du temporel de l'abbaye. Celui-ci se montra tellement zélé pour la bourse de son maître, que, dans le but de se procurer des livres de chant devenus nécessaires, il se permit de vendre à vil prix, au poids du papier, un certain nombre de manuscrits de la bibliothèque (4).

La nécessité d'une régénération se faisait sentir. Malgré de nombreux obstacles, elle s'accomplit sous l'action de la Providence et par les efforts persistants d'un nouvel abbé.

(1) *Ibid.*, p. 440-441.
(2) B. S. G., ms. fr. H. 21 ², in-fol., p. 879 : « Il ne faut pas douter que « ces sçavants personnages (les savants de l'abbaye) qui avoient l'estude « des bonnes lettres en si grande vénération, n'ayent eu soin de composer « une nombreuse bibliothèque et d'amasser un grand nombre de volumes « pour les cultiver, autant que les temps leur permettoient. »
(3) Du Molinet, préface du *Cabinet de la Bibliothèque de Sainte-Geneviève*, Paris, 1692.
(4) B. S. G., ms. fr. H. 21, in-fol., p. 452. L'auteur du ms. ajoute : « Plu« sieurs bibliothèques de Paris s'en sont accommodées ; j'en ay trouvé « quelques-uns en icelle du cardinal Mazarin, et j'en ay rencontré d'autres « chez des libraires, que j'ay racheptés. »

CHAPITRE SEPTIÈME

LE CARDINAL F. DE LA ROCHEFOUCAULD

ET LA SECONDE RÉFORMATION

(1619-1624)

I. RÉFORMES QUE LE CARDINAL A OPÉRÉES OU FAVORISÉES DÉJA
DANS TROIS ABBAYES. COMMENCEMENTS DU P. FAURE
II. PREMIÈRES TENTATIVES DE RÉFORME A SAINTE-GENEVIÈVE
III. LE CARDINAL EST NOMMÉ COMMISSAIRE APOSTOLIQUE POUR LA
RÉFORMATION, EN FRANCE,
DES ORDRES DE SAINT-AUGUSTIN, DE SAINT-BENOIT,
DE CLUNY ET DE CITEAUX
IV. BASES D'UNE CONGRÉGATION GÉNÉRALE — V. LA RÉFORME A SAINTE-
GENEVIÈVE

A la mort de Benjamin de Brichanteau (juillet 1619), les chanoines élurent à la première dignité de leur monastère le propre frère du défunt, Philibert de Brichanteau, qui s'engageait à prendre l'habit et à faire profession. Il fallait l'agrément du roi. Le cardinal, François de La Rochefoucauld, parent des Brichanteau par leur mère, Catherine de La Rochefoucauld de Barbésieux, consentit, sur les désirs de la famille, à faire une démarche auprès de Louis XIII (1). Le roi écouta l'éminent solliciteur. « Je souscris à votre demande, dit-il, pourvu que l'abbaye soit pour vous. » Voyant l'étonnement du cardinal, il ajouta : « Oui, à votre
« prière, j'accorde à Philibert l'évêché de Laon et l'abbaye
« de Barbeaux ; mais vous, vous accepterez Sainte-Gene-

---

(1) Le 12 mai précédent, le cardinal avait conclu et signé le *Traité d'Angoulême*, qui était la première, mais non durable réconciliation entre le roi et la reine-mère. (B. N., *Fonds Dupuy*, ms. 92, fol. 153 et suiv.)

« viève pour y introduire les réformes nécessaires : elle est
« située dans la capitale, et le bien qui s'y fera sera d'un
« salutaire exemple. »

Comment accepter pour soi un bénéfice qu'on vient solliciter pour un autre, et surtout quand cet autre est un parent ? D'autre part, l'abbaye ne pouvait dans ce cas être donnée qu'en commende ; et, outre que Sainte-Geneviève n'avait jamais été réduite à cette condition, les commendes étaient un véritable abus dans l'Église. Toutes ces raisons furent présentées au roi avec prière, pour conclusion, de vouloir bien agréer un respectueux refus.

« Mais, reprit le roi, je n'entends pas faire perdre à l'ab-
« baye son caractère ; je n'entends pas, en vous la don-
« nant, enfreindre sa règle, mais l'y ramener. » Le roi persistant dans sa résolution, le cardinal demanda quelque temps pour réfléchir et ne reparut plus à la cour.

Huit jours étant écoulés, Louis XIII, sans plus attendre de réponse, fit remettre au cardinal le diplôme de nomination que celui-ci accepta par obéissance, mais pour le rendre aussitôt, parce qu'il y était dit que la collation était la récompense de services rendus, *intuitu servitiorum*. Tel était le style de la chancellerie de l'État, que le cardinal avait toujours improuvé. « Ces expressions, dit-il, sentent
« le profane ; et de même que je ne voudrais pas rendre
« des services au roi en vue de bénéfices ecclésiastiques,
« ainsi je n'estime pas qu'il me veuille conférer des béné-
« fices ecclésiastiques, eu égard seulement aux ser-
« vices à lui rendus : autre est la destination des biens de
« l'Église. »

Avant de se prononcer, le cardinal demanda encore un délai de quelques jours. De louables scrupules ne cessaient d'agiter sa conscience. Tout cela lui paraissait trop irrégulier : il n'était pas chanoine ; comment devenir abbé ? Des personnes aussi éclairées que pieuses furent appelées à donner leurs conseils, à résoudre la question. En soi, l'irrégularité était incontestable ; mais, dans l'espèce, elle devait disparaître devant cette considération majeure : la nécessité de la réforme et, dans l'abbaye, aucun chanoine pour l'introduire ; et, d'ailleurs, quand pour l'œuvre heureusement accomplie l'on n'aurait plus rien à craindre, qui empêcherait l'abbé commendataire de se démettre en faveur d'un abbé régulier ?

En présence de ces raisons, et sous le bénéfice de cette éventualité, le cardinal fléchit. Le diplôme royal fut expédié à Rome ; et, sur la demande du nouvel abbé, l'on inséra cette clause dans les bulles : « En cas de mort, de résigna« tion ou de tout autre mode de cession, l'abbaye ne sera « plus donnée en commende, mais elle sera pourvue d'un « abbé régulier capable, absolument comme si elle n'eût « jamais été en commende entre vos mains (1). »

I

RÉFORMES QUE LE CARDINAL A OPÉRÉES DÉJA OU FAVORISÉES
COMMENCEMENTS DU P. FAURE

François de La Rochefoucauld, né en décembre 1558, était le second fils de Charles de La Rochefoucauld, comte de Randan en Auvergne. Destiné de bonne heure à l'Église, il fut à seize ans maître de la chapelle du roi, et à vingt-six évêque de Clermont (2). Grâce à sa vigilance et à son zèle, l'hérésie ne put prendre pied dans son diocèse. L'ardeur de sa foi en fit un adhérent convaincu de la Ligue ; et il fut le dernier évêque du royaume à reconnaître Henri IV. Le

---

(1) *Gall. christ.*, tom. VII, col. 774-776.
(2) Son cours de théologie terminé, le jeune François avait fait avec un de ses frères le voyage d'Italie. En passant par Milan, les deux voyageurs avaient eu le bonheur de voir saint Charles Borromée, qui les reçut dans son palais et leur donna, ce qui était le comble de leurs vœux, sa sainte bénédiction.

prince cependant, oubliant le passé pour ne tenir compte que du mérite, demanda à Rome la pourpre pour le prélat. Elle fut accordée en décembre 1607. Le roi, désirant le rapprocher de lui, allait bientôt le nommer à l'évêché de Senlis (1).

Le cardinal n'était pas à ses débuts de réformateur de maisons religieuses.

Abbé de Tournus dès sa première jeunesse (2), il put, aussitôt que l'âge et l'esprit ecclésiastique lui permirent de se rendre compte des choses, constater combien l'état religieux laissait à désirer dans cette abbaye (3). La sécularisation lui parut un remède nécessaire, et il l'obtint de la cour de Rome : les moines devinrent des chanoines séculiers (4). Plus tard, il eut adopté une autre mesure.

(1) P. de La Morinière, *Les vertus du vray prélat représentées en la vie de Monseigneur l'Éminentissime cardinal de La Rochefoucauld*, Paris, 1646, in-4°, *passim*.

(2) Il n'avait pas encore quinze ans révolus.

(3) L'importance de cette abbaye date de l'arrivée de la famille religieuse de saint Philibert, en 875, laquelle, chassée par les Normands de l'île Her ou Heria, fut mise en possession de l'humble monastère de Saint-Valérien, près *Tornutium*. Le monastère conserva ce vocable, mais reçut, en même temps, ceux de Notre-Dame et de Saint-Philibert. L'abbaye est plus connue sous le seul nom de Tournus. (*Gall.*, tom. IV, col. 965. Voir aussi P. Chifflet, *Histoire de l'abbaye royale et de la ville de Tournus*.)

Nous lisons dans La Martinière (*Dictionnaire*) au sujet du site de cette abbaye : « Sans la belle apparence de l'église et de ses deux clochers « haut élevés en façon de pyramide, on la prendrait plutôt pour un « château ou pour une citadelle, que pour un monastère religieux. »

L'abbé avait seul la seigneurie temporelle de Tournus.

Quant à l'île dont mention vient d'être faite, le P. Chifflet s'exprime en ces termes : « Cette isle, nommée par les anciens *Herus* ou *Herius* (qui « n'est ny l'isle de Rhé ny celle d'Oléron, comme d'aucuns ont voulu dire), « prit le nom de Hermonstier depuis que S. Philibert y eut dressé un mo- « nastère... Le vulgaire..., au lieu de dire Hermonstier, a nommé cette isle « Nermonstier et dit depuis encore Noirmonstier et en latin *Nigrum mo-* « *nasterium*) (*op. cit.*, p. xlv, avec renvois). C'est, par conséquent, l'île de Noirmoutier sur les côtes de la Vendée.

(4) François de La Rochefoucauld conserva l'administration du monastère, qu'il avait soin de visiter, et la jouissance du revenu abbatial dont il faisait le plus noble usage, « Estant une fois à Tournus, raconte La « Morinière, un bon vieillard qui n'avoit que peu de bien et beaucoup « d'enfans, vint pour le saluer, menant avec luy un petit garçon de neuf

Devenu, à la mort de son jeune frère, en 1604, abbé de Saint-Mesmin, près Orléans, il trouva de plus grands désordres encore (1). Cette fois, il ne voulut pas avoir recours à la sécularisation, parce qu'il avait mieux à faire. Saint-Mesmin était, comme Tournus, une abbaye de bénédictins. Il voulut la maintenir à cet ordre illustre, mais en y introduisant la règle de la famille des feuillants, cisterciens réformés de la fin du siècle dernier, et dont l'austère régularité jetait alors beaucoup d'éclat. Le pape et le roi donnèrent leur approbation au noble projet. Les feuillants furent établis à Saint-Mesmin ; et, quant aux anciens religieux, on leur assura une pension leur vie durant (2).

Saint-Vincent de Senlis allait attirer l'attention du prélat. Cette abbaye, depuis longtemps, se trouvait dans le plus lamentable désarroi (3). Bien des tentatives avaient été

ou dix ans. Et comme il n'estoit pas malaisé de l'aborder, il entre faci-
« lement dans sa chambre et luy fait la révérence et le compliment à sa
« mode. Monsieur le cardinal l'ayant receu fort humainement, luy
« demande entr'autres choses si cet enfant estoit à luy. — Ouy, Monsei-
« gneur, répond le bon-homme, je vous l'ay amené. — Et pourquoi faire ?
« repart Monsieur le cardinal en souriant. — Parce que, dit-il, Monsei-
« gneur, je vous paye la dixme de tous les fruicts que Dieu m'envoye ;
« et parce qu'il m'a donné onze enfans, voici le dixième que je vous pré-
« sente. — Certes, répond le cardinal, il est raisonnable ; or sus laissez-le-
« moy et ne vous en mettez plus en peine ; je le reçoy volontiers et je
« vous promets d'en avoir soin. Le vieillard, ravy du succez de sa bonne
« rencontre, se retire bien content après luy avoir fait les actions de
« grâces de la faveur qu'il venoit de recevoir. Dès aussi-tost on fait
« habiller le petit garçon, quoy qu'il ne fust pas encor capable de rendre
« grand service, et Monsieur le cardinal l'affectionna toujours beaucoup
« depuis. » (*Les vertus du vray prélat*..., p.p. 305, 306.)

(1) Qu'on attribue ou non la fondation de cette abbaye à Childebert Ier, fils de Clovis, toujours est-il que l'époque la plus glorieuse pour Saint-Mesmin (*Miciacus, Micy*, nom primitif) est antérieure au viie siècle. Cette antique maison abrita un grand nombre de saints : Euspice et Mesmin, ses fondateurs, Avit, Lifard, Léonard, Viator, Calais, Frambaud, etc. Tombant dans le relâchement au viie siècle, ruinée par les Normands, elle se releva pour subir ensuite les dévastations des Anglais et des Huguenots, et arriver à l'état moral que nous venons de constater. (*Gall.*, tom. VIII, col. 1526, 1527.)

(2) *Les vertus du vray prélat*..., p. 548-549.

(3) Cette abbaye prit la place d'une église ruinée et en adopta le vocable. Ce fut l'œuvre de la veuve de Henri Ier, Anne de Russie, qui

faites pour la rendre, sinon à sa splendeur d'autrefois, au moins à une vie régulière. Les magistrats de la cité s'en étaient préoccupés. Le parlement de Paris avait cru devoir intervenir. La justice elle-même avait dû frapper de grands coupables. Rien n'avait réussi. Telle était la triste situation de l'abbaye, quand le cardinal fit prendre possession de son nouveau siège au commencement de l'année 1610. Mais une mission diplomatique que Henri IV avait confiée au prélat près du Saint-Siège, ne permit pas à ce dernier d'appliquer de sitôt le remède (1).

Pourtant, un digne chanoine, du nom de Rançon, essayait, par son zèle et sa parole évangélique, de jeter dans les âmes les premières semences de la réformation. Maître des novices, il avait compris que c'était en eux qu'il fallait placer les saintes espérances. Aussi chercha-t-il par tous les moyens à leur inspirer l'esprit de l'état religieux. Mais— ainsi la puissance du mauvais exemple—le succès ne répondait pas aux efforts du maître. Deux chanoines, néanmoins, touchés de la vie exemplaire de Rançon autant que de ses sages conseils, rentrèrent en eux-mêmes pour s'amender sans retard. Il faut déjà savoir leur nom : ils s'appelaient Beaudoin et Branche (2). Le jour même de l'entrée du

consacra son douaire royal à la fondation (1069). Le monastère fut donné à des hommes religieux qui « devaient embrasser la vie régulière des saints Apôtres et du bienheureux Augustin ». Au siècle suivant, la règle de Saint-Victor de Paris devint celle de Saint-Vincent de Senlis (1138). (*Gall.*, tom. X, col. 1493, 1494.) Voir, pour plus de détails, la *Notice sur l'ancienne abbaye de S. Vincent*, par M. l'abbé Magne, s. l., 1860, in-8°.

(1) Cette mission avait surtout pour objet de rassurer le Saint-Siège au sujet de l'adhésion de la France à l'Union de Hall. (V. notre ouvr. *Henri IV et l'Église*, p. 381-382.) Henri IV avait saisi pour cela, s'il ne l'avait pas fait naître, l'occasion du voyage du prélat à Rome pour recevoir le chapeau cardinalice : « M. le cardinal... s'acheminant à Rome par le com-
« mandement du roy pour baiser les pieds de nostre saint-père le pape,
« recevoir le chapeau et prendre possession au Sacré-Collège, en la
« forme accoustumée, de la séance et dignité... » (B. N., *Fonds Dupuy*, ms. 557, fol. 101.) *L'instruction à M. le card. de La Rochefoucauld allant à Rome* porte, à la fin : *Faict à Fontainebleau le 16 octobre 1609*.

(2) Baudoin (Robert) était né à Vigny, village des environs de Pontoise, en 1589. Placé par ses parents au noviciat de Saint-Vincent en 1605, il fit

nouvel évêque dans sa ville épiscopale, en 1613, plus de trois ans après sa translation et à son retour de Rome, où il avait rempli quelque temps la charge de vice-protecteur des affaires de France, un jeune homme de dix-neuf ans, animé de l'esprit religieux, se présentait à l'abbaye pour y être reçu. Quelques mois après, le 7 février 1614, il prenait l'habit, pour faire profession, à la suite d'un fervent noviciat, au mois de mars de l'année suivante. C'était une précieuse recrue.

Le jeune chanoine se nommait Charles Faure. Il était né en novembre 1594, à Luciennes, village des environs de Paris. Le père, appartenant à l'honorable famille des Faure en Auvergne, et commissaire ordinaire des guerres, s'était chargé de l'instruction de l'enfant jusqu'à l'âge de dix ans. Les jésuites avaient continué l'œuvre paternelle dans leurs collèges de Bourges et de La Flèche.

A Senlis, Faure se lia naturellement avec Baudoin et Branche, car, pour Rançon, il avait dû, devant la persécution, quitter l'abbaye et même, en expiation de son zèle, passer plusieurs mois dans les prisons de l'officialité. Tous trois allaient devenir, avec l'appui de l'évêque, les heureux agents de la transformation tant désirée. Mais ce ne fut pas sans avoir à soutenir bien des luttes, à subir bien des épreuves. Leur vie, vraiment canonique, étant la condamnation vivante et continuelle de la vie peu édifiante des autres, ne pouvait leur attirer de la part de ceux-ci que tracasseries, haine, vexations.

Déjà l'évêque, instruit de pareils désordres, avait répondu que tout cela aurait un terme, dût-il faire sentir le poids de sa crosse. Les États généraux le retinrent quelque temps

---

profession l'année suivante. (B. S. G., ms. fr. H, 17³, in-fol., p.p. 115 et suiv.)

Branche (Claude) était du même âge et prit l'habit la même année. Ses parents habitaient Neuilly-en-Chelle. Sa vocation se jugea surtout à la beauté de sa voix! Baudoin était lettré, mais Branche l'était peu. (Même ms., p.p. 493 et suiv.)

à Paris. Rendu à son diocèse, il voulut constater par lui-même l'état moral et religieux du chapitre. Un certain jour de fête, il vint à l'abbaye sans être attendu, et il put se rendre compte de la vie joyeuse qu'on savait y mener. Le prieur fut aussitôt invité à donner sa démission, et, comme il faisait le récalcitrant, l'évêque lui accorda huit jours de réflexion pour prendre ce parti, sinon il aviserait lui-même. Le prieur céda. Un autre fut élu, mais seulement pour trois ans. Les commencements de l'administration promettaient. C'était de la part du nouveau prieur prudence humaine, habileté, calcul, plutôt que zèle vrai, religion sincère. Aussi s'arrêta-t-il bien vite; et même les trois vertueux chanoines devinrent l'objet de ses poursuites malveillantes (1). L'évêque menaça. Mais que pouvaient produire des menaces, des coups même, quand le mal était si profond. Heureusement la Providence s'en mêla : six des chanoines les moins réguliers ou les plus pervertis furent, en assez peu de temps, frappés de mort, et un septième dut même expier un crime sous les coups de la justice humaine.

Avec eux, prenait fin l'ardente, déplorable et toujours victorieuse opposition. C'était même le moment d'élire un nouveau prieur. Nos trois chanoines allèrent trouver l'évê-

---

(1) Le P. Branche se laissait parfois aller aussi à l'impétuosité de son zèle.

Un jour, comme c'était la coutume à la fête patronale, on s'amusait à jouer. Le bon père, trouvant la chose inconvenante, « entra dans les cham-
« bres où l'on jouoit, renversa les tables, jetta les cartes au feu et reprit
« aigrement ses confrères... Il descendit de là dans la cour, où, en en
« voyant d'autres qui jouoient pareillement, il prit les quilles et les boulles
« qu'il jetta par-dessus les murailles ».

Voici un saint tour, si l'on peut s'exprimer ainsi, qu'il aimait à jouer au prieur, lorsque celui-ci expliquait à sa manière le règlement : « Le P. Bran-
« che se cachoit en quelque endroit et quand il (le prieur) avançoit quel-
« que chose contraire aux vrayes maximes de la vertu, il disoit tout haut :
« Ce n'est pas de la sorte que cela se doit entendre; mes enfants, ne le
« croyez pas; il vous dit les choses autrement qu'elles ne sont; ne vous y
« laissez pas surprendre... »

(Même ms. 17^3, p. 503-504).

que pour le prier de venir rehausser l'élection par sa présence, ce qu'il s'empressa de promettre. Au jour fixé, après avoir assisté à la messe solennelle du Saint-Esprit, il se rendit à la salle du chapitre où, prenant la parole, il entretint, pendant une heure, les chanoines de l'excellence de la vocation religieuse, du bonheur qu'on goûte dans ce sublime état, des fruits spirituels qu'on y recueille, et il termina en exprimant sa ferme espérance de voir bientôt la maison canoniquement transformée. Baudoin fut élu à l'unanimité prieur triennal ; mais il ne consentit à donner son adhésion qu'à la condition d'une promesse faite sincèrement par les religieux devant Dieu et l'évêque, à savoir qu'ils vivraient dans l'étroite observance de leurs vœux et de la règle. La condition fut acceptée. L'engagement devait être tenu. L'heure de la réformation était donc véritablement sonnée.

Mais c'était, en même temps, l'heure d'une réformation générale pour l'ordre des chanoines réguliers de Saint-Augustin. Commencée à Saint-Vincent de Senlis sous les auspices de François de la Rochefoucauld, la réformation allait être appliquée par lui à Sainte-Geneviève de Paris pour s'étendre ensuite à toute la France (1).

Le père Faure devait être le principal coopérateur du cardinal. En lui, la science ecclésiastique s'unissait à la vertu religieuse : quatre années d'études à Paris (1616-1620) lui avaient valu le grade de bachelier en théologie ; et, s'il ne poursuivit pas jusqu'au doctorat, ce fut pour se rendre aux instances de ses frères en religion qui estimaient sa présence nécessaire dans l'abbaye.

(1) Pour la réformation à Saint-Vincent de Senlis, B. S. G., ms. fr. H. 21[3], in-fol. : *Histoire des chanoines réguliers de l'ordre de Saint-Augustin de la Congrégation de France*, p. 1-100. Voir aussi La Morinière, *Les vertus du vray prélat...*, p.p. 551 et suiv., et *La Vie du révérend père Charles Faure*. Paris, 1698, in-4, p.p. 14 et suiv.

II

PREMIÈRES TENTATIVES DE RÉFORME A SAINTE-GENEVIÈVE

Le cardinal prit possession de l'abbaye de Sainte-Geneviève au mois d'octobre 1619.

L'œuvre réformatrice était sa grande préoccupation. Il n'avait accepté que pour cela cette nouvelle dignité. Mais, à l'exemple de la Providence qui règle tout avec poids et mesure, il fallait ne rien brusquer, disposer, au contraire, prudemment les âmes pour mieux assurer le succès.

Souvent il réunissait les chanoines, traitait devant eux de la vie canonique, leur expliquait en quoi consistait la parfaite observance des vœux, les exhortait à mener en tout une vie conforme à leur sublime vocation, leur citant comme exemple Saint-Vincent de Senlis. Il voulait même que les Génovéfains pussent s'édifier des vertus qu'on pratiquait dans cette abbaye; et, à cette fin, il les envoyait successivement y faire quelque séjour. En même temps, il tenait la main à ce que les constitutions écrites et les usages légitimement introduits fussent observés; mais ce n'était pas sans rencontrer des difficultés. Deux ans s'écoulèrent ainsi.

A la fin d'octobre 1621, il pria les supérieurs des ordres réformés de Paris et quelques religieux des plus recommandables par la science et la piété de vouloir bien se réunir chez lui, afin de l'aider de leurs lumières. Il leur soumit son important projet, en leur demandant quels seraient les moyens les plus propres à faire réussir la sainte entreprise. De l'assemblée sortit un règlement qu'on proposait à l'acceptation franche des chanoines :

« 1° Les permissions de sortir de la maison, quand il faut

« coucher hors d'icelle, doivent être données par l'abbé,
« et, pour aller à la ville, le prieur claustral les donnera.

« 2° Le prieur claustral est obligé à la même permis-
« sion de l'abbé, et, s'il est curé, il suffira que ladite per-
« mission lui soit baillée une fois pour toujours pour ce
« qui concerne seulement les fonctions de ladite cure. Le
« même sera observé par les autres religieux qui auront
« des cures.

« 3° Le prieur claustral et les autres ayant offices en
« ladite abbaye prendront garde que toutes choses soient
« bien observées selon la règle et les constitutions approu-
« vées de ladite abbaye pour chacun d'eux.

« 4° En ce qui sera d'extraordinaire, comme réceptions
« de novices, professions d'iceux et établissement d'offi-
« ciers, réformations, mortifications et toutes autres intro-
« ductions des choses nouvelles, rien ne sera fait que le
« prieur n'en ait communiqué à l'abbé.

« 5° L'abbé commettra un sacristain pour le soin de la
« sacristie députée pour les séculiers qui voudront célé-
« brer la sainte messe en ladite abbaye; commettra aussi
« un religieux pour être maître des novices en la conduite
« régulière.

« 6° Tout ce que les religieux de la communauté ont
« ci-devant possédé en particulier, sera mis en commun
« et administré par celui des religieux qui sera commis par
« l'abbé. Les religieux-curés qui mettront le revenu de
« leurs bénéfices en commun, seront pourvus libéralement
« de tout ce qui leur sera nécessaire. Aux autres religieux
« qui ont des bénéfices, non curés, il n'est jugé raisonnable
« de leur donner plus qu'au reste des autres religieux.

« 7° Les religieux ne se peuvent confesser qu'à ceux qui
« seront approuvés par le supérieur de la maison (lequel)
« peut réserver à soi les cas... exprimés en la bulle de Clé-
« ment VIII sur ce sujet..... Au cas que les religieux se
« trouvent éloignés, en voyage ou autrement, ils se pour-

« ront confesser aux prêtres approuvés par les ordinaires
« des lieux où ils seront, avec condition toutefois que, s'ils
« étaient tombés, que Dieu ne veuille ! en quelque cas
« réservé, ils pourront être absous par les susdits prêtres
« approuvés par l'ordinaire, mais avec obligation de se repré-
« senter au supérieur étant de retour en ladite abbaye.

« 8° Tous les religieux seront traités également, sauf les
« malades et les débiles, et leur sera charitablement pourvu
« selon leur nécessité, ainsi que veut la règle de Saint-
« Augustin...

« 9° Aucuns serviteurs ne seront reçus que par la per-
« mission du supérieur.....

« 10° Tout ce qui sera nécessaire pour les malades, leur
« sera charitablement administré selon qu'il sera ordonné
« par le médecin de l'abbaye, lequel ne sera appelé sans
« permission du supérieur.

« 11° Les novices et autres religieux qui auront permis-
« sion du supérieur pour étudier, vaqueront à cet exercice
« selon le formulaire qui en sera dressé pour le lieu, la
« forme et la dispense de l'office au chœur.

« 12° L'année échue, la profession sera faite entre les
« mains du supérieur. Et en attendant qu'il y ait des reli-
« gieux en ladite abbaye qui puissent enseigner les lettres,
« leur sera baillé par le supérieur un précepteur ou maître
« d'étude laïque, lequel sera logé et nourri. Il est expé-
« dient que les novices, qui sont à présent en l'abbaye, ne
« fassent profession qu'une année après la réformation
« embrassée.

« 13° L'année échue, la profession sera faite entre les
« mains du supérieur publiquement avec le formulaire qui
« sera advisé.

« 14° En l'absence de l'abbé hors la ville, le prieur claus-
« tral fera ce que l'abbé peut pour ce qui concerne la con-
« duite ordinaire, et pour l'extraordinaire sera attendu son
« retour ou lui sera donné avis par lettres et, si son absence

« devait être éloignée de plusieurs mois, ledit abbé pour-
« voira à l'ordre qu'il faudra observer en cela durant son
« absence, et, en cas que l'abbé n'y puisse pourvoir, ce sera
« affaire au chapitre d'y pourvoir (1). »

En définitive, ces quatorze articles n'étaient guère — pouvait-on faire mieux ? — que la reproduction de ce qu'il y avait de principal dans la règle même du monastère, le *Liber ordinis*, et dans la constitution que Benoît XII avait donnée touchant l'ordre canonique. Quelques points seulement se trouvaient mieux précisés ou plus développés.

Le règlement ne pouvait donc rencontrer raisonnablement d'opposition. Il y eut même des chanoines qui l'accueillirent avec joie pour le pratiquer avec fidélité. On eût dit qu'une vraie, une sérieuse rénovation s'inaugurait. Ce fut en vain qu'on l'espéra un moment. L'esprit de pauvreté était trop méconnu ; et là se rencontra le premier écueil : on allait parfois jusqu'à se disputer les objets de la communauté, se quereller pour les meilleurs habits.

Le cardinal comprit qu'il faudrait prendre d'autres mesures, qu'une plus grande autorité surtout lui serait nécessaire. Cette autorité, il espérait s'en voir bientôt revêtu. Rome, sur la demande du roi, devait la lui accorder.

Mais, en attendant, il voulut faire consacrer par la couronne un article de la réforme qu'il projetait : c'était de rendre élective et triennale la dignité d'abbé. Il s'adressa donc à Louis XIII qui s'empressa de faire droit à sa demande par lettres patentes du mois de février 1622. Ces lettres portaient : après « le décès ou démission » du titulaire actuel, la « dignité d'abbé de Sainte-Geneviève sera élective de trois ans en trois ans ; ... en l'élection n'assisteront que les religieux qui auront accepté ladite réformation et vivront en l'entière observation d'icelle, et ladite élection sera faite par eux de telle personne vivant en ladite règle et

---

(1) B. S. G., ms. fr. H. 21 ³, in-fol. : *Histoire des chanoines réguliers...*, p. 133-136 ; et *Vie* du card., par La Morinière, p. 577.

réformation qu'ils jugeront la plus propre en leur conscience ». Le roi renonçait même à ce qu'il appelait son « droit de nomination. » Il autorisait encore le cardinal, l'œuvre accomplie, à faire élire successivement des abbés ou prieurs triennaux qui seraient ses coadjuteurs, « pour par ce moyen les duire et enseigner du devoir et exercice » de la charge (1).

III

LE CARDINAL EST NOMMÉ COMMISSAIRE APOSTOLIQUE

Les pouvoirs, que Rome allait conférer au cardinal, s'étendraient au delà de Sainte-Geneviève. Tel était l'état des monastères en France, qu'une réforme plus ou moins radicale se faisait presque partout désirer (2). L'épiscopat

(1) B. S. G., *Ibid.*, p. 137-140. Les lettres patentes, datées de Paris, sont transcrites intégralement. D'autres lettres patentes, données à Saint-Germain-en-Laye, vinrent confirmer celles-ci en novembre 1626. (*Ibid.*, p. 303-309.) Elles sont reproduites, même Bibl., ms. fr. H. 22 ⁹, tom. IX du Recueil général de pièces, p. 177-184.

(2) Les mémoires où nous puisons, marquent en ces termes les trois causes principales de la décadence des monastères dans le royaume. — On en remarquera deux que nous avons déjà signalées relativement à Sainte-Geneviève. — « La guerre causa une licence si universelle dans la « plupart des monastères, qu'en peu de temps la soumission et la dé-« pendance, qui sont comme les nerfs de la discipline régulière, en furent « entièrement relâchées. Il n'y eut plus d'autre loi ni d'autre règle que « celles des armes. Les officiers de guerre se faisoient obéir au lieu des « supérieurs, les religieux quittoient leurs monastères, et plusieurs, « comme je l'ay appris de ceux-là mesmes qui l'ont veu, quittoient la robe « et le bréviaire pour aller prendre party dans quelques compagnies de sol-« dats. Combien de monastères ont esté renversez ! Combien d'églises « brûlées ! Et en quelle désolation et profanation ont esté réduits tous « les lieux saints et réguliers !

. . . .
« L'hérésie a exercé des cruautez inouïes sur tous les religieux. Elle « n'a rien épargné pour effacer toutes les marques de religion dans les « églises, les monastères et les lieux saints. Elle a employé le fer et le feu « pour les détruire. Elle a dispersé et mis en fuitte ceux qui les habitoient;

l'appelait de ses vœux, ne pouvant agir assez efficacement. Dans ces circonstances, l'autorité royale crut devoir prendre l'initiative. Voici comment, et le mémoire adressé au Saint-Siège explique pourquoi.

Donc un mémoire approuvé par le conseil du roi fut envoyé au marquis de Cœuvres, notre ambassadeur à Rome, pour être présenté au pape. Paul V était prié de vouloir bien confier à des prélats français, assistés de quelques saints et éminents personnages, l'urgente mission de la réformation monastique dans le royaume. Le roi ne voulait pas en charger des laïques, et, d'ailleurs, si l'on abandonnait ce soin à la magistrature, il y aurait usurpation de juridiction. L'action de l'épiscopat était limitée, entravée : on opposait en maints endroits les privilèges de l'exemption. Recourir à la congrégation des réguliers n'était pas conforme aux usages, et même, en ce cas, de regrettables lenteurs devenaient inévitables. Le pape, d'après le droit coutumier et concordataire, ne pouvait se réserver personnellement la connaissance directe des faits qui devaient être jugés sur les lieux. La seule mesure sage, canonique, efficace à adopter, c'était donc une délégation de pouvoirs. Déjà, plusieurs fois, semblables délégations avaient été

« et ce qui est encore plus étrange, c'est que plusieurs d'entre eux, pré-
« férant leurs plaisirs à leur conscience, par une malheureuse liberté,
« embrassèrent leur party, faisant banqueroute à la foi et à la religion.

« Les commendes qu'un sçavant jurisconsulte appelle : *Pestis et exitium*
« *totius reipublicæ christianæ*, la peste et la ruine de toute la république
« *chrestienne*, n'ont esté guère moins pernicieuses à l'Église et aux ordres
« religieux que les guerres et l'hérésie. Elles ont premièrement apporté
« la diminution de l'office divin par le retranchement du nombre des reli-
« gieux ; elles ont introduit la dissolution dans le cloistre par la demeure de
« plusieurs séculiers ; et enfin elles ont esté cause que les bâtimens sont
« demeurez en ruine sans estre reparez, que les droits et les biens des
« monastères se sont perdus et aliénez ; en un mot, que toutes choses
« sont tombées en une confusion incroyable.

« C'est de la sorte que la guerre, l'hérésie et les commendes réduisirent
« les ordres réguliers sur la fin du siècle passé en un estat le plus déplo-
« rable qu'il ait pu jamais avoir esté... » (Même ms. : *Histoire des chanoines réguliers.....*, p. 7-9.)

accordées pour des cas particuliers ; mais aujourd'hui le mal se trouvait trop étendu pour ne pas demander une délégation générale (1). On proposait même plusieurs noms au Saint-Père (2).

Rome opposa quelques difficultés. L'affaire n'était-elle pas trop grave pour être confiée à une simple commission ? D'autre part, il y avait des droits à sauvegarder : c'étaient ceux des généraux d'ordres, car comment, en pareil cas, les isoler de leurs propres familles ou les dépouiller de la haute direction qui leur appartenait ?

Ces difficultés, le conseil du roi essaya de les résoudre ou de les aplanir. Le Saint-Père le savait, ceux qui étaient proposés pour composer la commission, présentaient toutes les garanties désirables : l'esprit de Dieu qui les animait, l'intégrité de la vertu, l'honorabilité de la situation, la science qui juge, l'expérience qui guide, la prudence qui ne précipite rien. Deux généraux d'ordres, les abbés de Cluny et de Clairvaux, étaient appelés à faire partie de la commission. Quant aux autres, même ceux qui habitaient l'Italie et l'Espagne, ils seraient admis à prendre rang parmi les commissaires.

Plusieurs cardinaux appuyèrent les demandes de la cour de France. L'assistant du général des Jésuites, Christophe Balthazar, prêta également un précieux concours. Enfin, après plus de deux années de négociations, le cardinal de Sourdis, chargé des affaires de France, au retour du mar-

(1) *Ibid.*, p. 105-110, où le mémoire est longuement analysé.
(2) C'étaient les cardinaux de La Rochefoucauld et de Retz, les archevêques de Lyon et de Sens, les évêques d'Angers et de Soissons, d'Arbouze, abbé élu de Cluny, Largentier, abbé de Clairvaux, le P. Séguiran, jésuite, dom Ogier, chartreux, le P. Honoré Champigny, capucin, dom Eustache Asseline, feuillant.
On aurait proposé ensuite comme devant faire également partie de la commission : Le P. de Bérulle, depuis cardinal, le P. Arnoux, jésuite, Michel de Marillac qui devint peu après garde des sceaux, le sieur de Hagen, Mathieu Molé, procureur général au parlement de Paris. (*Ibid.*, p. 110-111.)

quis de Cœuvres, put enfin obtenir le bref désiré que Grégoire XV signa le 8 avril 1622.

Le pape ne nommait pas de commission. Il conférait au cardinal de La Rochefoucauld, pour six ans, puissance pleine et absolue, avec droit de coercition ecclésiastique, à l'effet de réformer, en France, les ordres de Saint-Augustin, de Saint-Benoît, de Cluny et de Cîteaux. Un des moyens indiqués était l'institution de congrégations spéciales, soit qu'on reconstituât solidement les anciennes, soit qu'on réunît en corps les monastères indépendants. Le Saint-Père enjoignait, en même temps, au cardinal de demander, à cette fin, avis et concours aux supérieurs et aux meilleurs religieux de ces divers ordres (1).

Le roi reçut le bref, à Saint-Jean-d'Angely, le 28 du même mois, et l'expédia aussitôt au cardinal. Le 15 juillet suivant, il signait, à Carcassonne, des lettres patentes qui, donnant force de loi civile à l'acte pontifical, établissaient juges de tous les différends qui pourraient surgir dans l'application, le cardinal de Retz, l'archevêque de Bourges, les évêques d'Angers et de Senlis, les conseillers d'État de Châteauneuf, Jeannin, de Caumartin, de Roissy, de Marillac et d'Aligre, les deux maîtres des requêtes La Poterie et Lezeau. Le roi mandait, en même temps, à tous juges et officiers de justice dans le royaume de donner assistance et main forte, quand ils en seraient requis, à l'exécution des ordonnances et règlements du commissaire apostolique (2).

Que le lecteur ne croie pas à une distraction de notre part, lorsque tout à l'heure nous avons nommé l'évêque de Senlis comme faisant partie de la commission judiciaire. Le cardinal avait renoncé, au commencement de l'année, à

---

(1) Le bref est imprimé dans le *Gall. christ., Instrument.*, col. 168-169.
(2) Les lettres patentes sont transcrites dans le ms. précité : *Histoire des chanoines réguliers......*, p. 119-121. C'est ce même manuscrit qui nous a fait connaître les négociations avec Rome, p. 105-119.

son évêché, pour mieux se consacrer à l'œuvre qu'il avait tant à cœur. Cette même année, il est vrai, le roi le nomma premier ministre à la place du cardinal de Retz (Henri de Gondi), poste qu'il occupa de 1622 à 1624 et dans lequel il eut pour successeur le cardinal de Richelieu (1). Mais les affaires de l'État ne lui firent perdre de vue ni ses devoirs d'abbé ni sa grave mission de commissaire apostolique.

IV

BASES D'UNE CONGRÉGATION GÉNÉRALE

Le cardinal commença par se donner un conseil. Il connaissait cette parole de l'Esprit-Saint : *La sagesse habite dans les conseils et inspire l'intelligence des conseillers* (2). C'était

---

(1) Le cardinal de Retz était mort à Béziers en août 1622 (La Morinière, *Vie* du card. de La Rochefoucauld, p. 151), et, le 18 septembre suivant, le roi adressait, du camp de Montpellier, cette lettre au cardinal de La Rochefoucauld : « J'ay toujours estimé vostre vertu et vostre prudhomie autant qu'il se pouvoit, et, sachant ce que vous valez et la force de vostre esprit, j'ay désiré de vous voir auprès de moy en condition et en place où toutes vos bonnes qualitez me profitassent et au public : c'est pourquoy, après m'estre très bien trouvé des bons conseils de mon cousin le cardinal de Retz, et ayant recognu que le rang et la qualité que vous tenez dans l'Église pourront servir à authoriser les délibérations que je forme, j'ay résolu de vous appeler auprès de moy, voulant que désormais vous preniez part aux affaires les plus importantes, et moy recevoir cette satisfaction d'écouter les conseils et les propositions d'un homme sage comme vous ; je vous prie donc de vous acheminer à Lyon et de m'y attendre, me donnant ce contentement que ce courrier que je vous envoye exprès, m'assure à son retour que vous acquiescez à mon intention, et lors, en recevant encore un plus grand pouvoir, je vous témoigneray aussi avec plus de commodité la satisfaction que je conçois par les espérances que je tiens infaillibles de recevoir en toutes rencontres toutes sortes de bonne assistance de vous... » (*Gall. christ.*, tom. VII, col. 777.)

Le cardinal demanda ensuite sa retraite au roi qui la lui accorda, à condition que l'ex-ministre continuerait à siéger dans le conseil. (*Vie* du cardinal de La Rochefoucauld, par la Morinière, p. 151.)

(2) *Proverb.*, VIII, 12.

aussi l'esprit, sinon la lettre, du bref pontifical. Ce conseil fut formé des supérieurs des monastères les mieux réglés de la capitale, auxquels on adjoignit quelques religieux. Dans la première séance, il fut entendu, selon le désir du cardinal, qu'on s'occuperait d'abord des chanoines réguliers de Saint-Augustin et que la réformation s'inaugurerait par l'abbaye de Saint-Victor. On arriverait par là à l'abbaye de Sainte-Geneviève et on espérait que la première pourrait être encore un principe de salut, de prospérité, de gloire pour la seconde. Les supérieurs des monastères sous la dépendance de Saint-Victor ou se rattachant à cette maison devaient être convoqués en la demeure abbatiale de Sainte-Geneviève.

Le cardinal ne perdit pas de temps. La convocation fut faite pour le 10 octobre de cette même année 1622. Une copie du bref et des lettres patentes était expédiée en même temps pour être lue en chapitre. Ordre était donné d'apporter un état de chaque maison au point de vue temporel et spirituel. La réunion avait surtout pour but de nommer un supérieur général.

La convocation était adressée aux monastères de Saint-Victor de Paris, de La Victoire près Senlis, de Château-Landon, de Chage près Meaux, de Livry, de Saint-Lazare de Paris, de Saint-Maurice de Senlis, de Saint-Sauveur de Melun. Huit monastères! voilà à quoi se réduisait ce qu'on pouvait considérer comme constituant encore la famille de Saint-Victor.

Au jour fixé, chaque monastère fut représenté par son supérieur ou par un député.

Le député de Chage souleva une difficulté. L'évêque de Meaux, dit-il, exerçait le droit de visite dans cette maison. L'évêque de Paris prétendait l'exercer sur tous les religieux de Saint-Victor. Chage se trouverait donc soumise à deux visites! En conséquence, il demandait, au nom de sa communauté, à n'entrer point dans la congrégation.

Le cardinal, sans tenir compte de la réclamation, fit procéder immédiatement à l'élection du supérieur général qui fut, à l'unanimité des voix, le prieur de Saint-Victor (1). Le lendemain, on se réunit de nouveau dans cette dernière abbaye. Là, on s'entretint de l'état des diverses maisons et on confia au nouveau supérieur général le soin de veiller partout au rétablissement et au maintien de la vie régulière.

Ainsi furent rendus à Saint-Victor ses anciens droits que la négligence avait laissé périmer. Il est vrai que tout cela ne pouvait plus être que l'ombre de ce qu'avait été autrefois la grande abbaye, appelée par le cardinal de Vitry : *La sainte et glorieuse armée de ceux qui combattent dans le camp du Seigneur* (2).

Quelques jours plus tard, d'autres convocations se firent dans les mêmes conditions. Le but premier était de jeter les bases d'une congrégation générale. Devaient donc se réunir, le dernier jour du même mois d'octobre, en l'hôtel abbatial de Sainte-Geneviève, les abbés, prieurs ou supérieurs de Saint-Jean des Vignes, Saint-Crépin-en-Chaie et Saint-Jean-au-Bois dans le diocèse de Soissons ; de Saint-Vincent de Senlis ; de Saint-Quentin-lez-Beauvais et Saint-Martin-au-Bois (*in Bosco*) au diocèse de Beauvais ; de Saint-Jacques de Provins et Saint-Jean du Jard au diocèse de Sens ; de Notre-Dame d'Hérivaux au diocèse de Paris ; de Saint-Chéron, Saint-Jean-en-Vallée, Notre-Dame de Clairefontaine, Saint-Vincent-au-Bois (*in Nemore*) au diocèse de Chartres ; de Bourg-Moyen en la ville de Blois ; de Juilly dans le diocèse de Meaux. Sainte-Geneviève de Paris ne se trouvait pas oubliée dans ces convocations : c'était rattacher sa réformation à une mesure générale.

---

(1) Depuis bientôt un siècle, l'administration de Saint-Victor se trouvait confiée *à des prieurs vicaires perpétuels*. (*Gal. christ.*)

(2) *Sancta et omni acceptione digna, militantium in castris Domini congregatio* ; paroles citées dans le même ms. fr. H. 21 ³, in-fol., p. 144.

Quelques monastères ne répondirent pas à l'appel. Parmi les directeurs présents, plusieurs donnèrent leur adhésion ; d'autres se permirent des remontrances ou alléguèrent qu'ils n'avaient pas qualité pour engager leur monastère ; en définitive, le plus grand nombre remit à plus tard pour se prononcer. Le cardinal accorda un délai de quinze jours. Passé ce temps, on procéderait quand même à l'exécution du bref et des lettres patentes.

Le cardinal fit également appeler, quelques jours après, l'abbé du Val des Écoliers, le prieur commendataire et le sous-prieur de Sainte-Catherine du même ordre, à Paris, lesquels ne firent aucune opposition.

Restaient les récalcitrants, car il en demeura. Il fallait agir. Le cardinal réunit, le dernier jour de novembre, le conseil qu'il s'était donné. On y prit ces résolutions :

1° Le commissaire apostolique s'entourerait d'un conseil sage et éclairé ;

2° Il pourrait subdéléguer des visiteurs qui feraient acte de juridiction ;

3° Il y avait lieu pour lui de faire usage de son autorité, même pour frapper les opposants.

Le conseil se trouvait tout constitué (1) : c'était celui-là même qui avait déjà assisté de ses lumières le commissaire apostolique. On y fit entrer quelques religieux de Saint-

(1) En recueillant les signatures qui se lisent à la suite des deux principales délibérations, nous voyons que ce conseil, en grande partie, était ainsi composé sous la présidence du cardinal :
Louis du Hamel, prieur, et Jacques Guillemin, procureur de Sainte-Geneviève ; Robert Baudoin, Charles Faure, Claude de l'Ostel, l'un prieur, le second sous-prieur et le troisième religieux de Saint-Vincent de Senlis ; Pierre Guérin, minime ; Adam Ogier, chartreux ; Régnier, prieur des Blancs-Manteaux ; Gérard Dezaleux, prieur de Saint-Faron-lez-Meaux ; Pierre Ranquet, prieur du couvent réformé des Frères-Prêcheurs du faubourg Saint-Honoré, et Georges Laugier du même ordre réformé ; Saint-Eustache de Saint-Paul, visiteur des Feuillants ; Jean Filleau, recteur du collège de Clermont, et Étienne Binet, également jésuite. (Même ms., p.p. 156 et 164.) Nous avons rencontré des pièces où figurent quelques autres noms.

Vincent de Senlis dont la piété et l'expérience furent d'un précieux secours.

L'on avait compté aussi sur le salutaire exemple de la nouvelle congrégation de Saint-Victor. Mais le supérieur général apporta si peu de zèle à l'accomplissement de sa mission, que les monastères demeuraient dans le même état. Même un jour, au sein du conseil dont il faisait naturellement partie, lorsque le cardinal insistait sur la nécessité, pour les chanoines, du renoncement aux bénéfices, il défendit l'opinion contraire non seulement avec vivacité, mais en menaçant de l'appel comme d'abus. Le cardinal dut répliquer vertement et le prier de ne plus reparaître au conseil. La nouvelle congrégation fut abandonnée à elle-même, et, quelques deux ans après, elle n'existait plus de fait : les chanoines de Saint-Victor, en séance capitulaire, rejetèrent l'affiliation, demandèrent la démission du supérieur général, signifièrent aux autres monastères l'arrêt de dissolution et écrivirent aux évêques respectifs pour les prier de s'occuper à l'avenir de ces maisons religieuses (1).

Cependant le cardinal, sans se laisser décourager par les obstacles ni la grandeur de l'entreprise, poursuivait son œuvre, l'établissement d'une congrégation générale de chanoines réguliers. Le 11 mars 1623, après plusieurs séances, son conseil arrêtait la constitution de la congrégation future. Cette constitution comprenait les articles suivants :

1° Le supérieur général sera élu, pour trois ans, par les religieux qui auront embrassé l'observance régulière, et fixera sa résidence au lieu désigné par le premier chapitre général; il pourra être continué dans sa charge, mais pour le même laps de temps seulement ;

2° Les autres officiers claustraux seront nommés par le supérieur général sur l'avis des anciens ;

---

(1) Même ms., p. 258-262.

3° Il est jugé nécessaire que les religieux renoncent aux cures dépendantes des monastères qui conserveront le droit de présentation avec les prérogatives des « curés primitifs » et assureront aux « vicaires perpétuels » la « portion congrue »;

4° On pourra avoir, pour les travaux de la maison, quelques serviteurs laïques qui seront logés en dehors de la clôture ;

5° La clôture sera réglée par le supérieur général ou les visiteurs selon la disposition de chaque monastère ;

6° Les femmes ne pourront jamais franchir cette clôture; quand elles auront besoin de parler aux religieux, elles le feront dans l'église ou dans la cour qui s'ouvre devant;

7° Personne ne sera admis à prendre l'habit qu'autant qu'il y aura forte présomption d'une vocation réelle ;

8° Il sera établi un ou plusieurs noviciats dans la congrégation ;

9° « La robe et les habits de dessous des religieux seront
« de serge ou de drap blanc, qui n'excédera le prix de cent
« sols l'aune; un surplis et un rocher de toile blanche, qui
« n'excédera vingt ou trente sols l'aune ; une chape d'escot
« noir ou serge drapée, du prix commun l'aune, qui sera
« portée dans l'église et le monastère, au temps qu'elle se
« doit porter », et en ville toujours; « l'habit pour aller en
« voyage sera blanc comme ci-dessus » avec « un manteau
« court noir et un chapeau noir. »

10° Pour les frères convers, le costume sera le même, sauf que le camail remplacera la chape, que la robe et le manteau seront de drap tanné (1).

On avait même désigné les maisons appelées à entrer d'abord dans la congrégation. C'étaient celles qui se trouvaient situées dans les diocèses environnant Paris (2).

---

(1) *Ibid.*, p. 154-156.
(2) Voici ces monastères avec les diocèses qui les renfermaient :

Diocèse de Paris. { Sainte-Geneviève.
Notre-Dame d'Iverneaux.
Notre-Dame d'Hérivaux.

Aussi, la congrégation serait-elle nommée congrégation ou province de Paris.

Baudoin et Faure, l'un prieur et l'autre sous-prieur de Saint-Vincent de Senlis, furent nommés visiteurs de ces différents monastères. Ils avaient ordre, en même temps, de signifier la défense formelle de recevoir à l'avenir des novices. On le comprend, c'était là un point capital pour la réformation. En trois mois, leur mission s'acheva, mais non sans bien des traverses : « Ils connurent par expé-

Diocèse de Senlis.	Saint-Vincent de Senlis.
Diocèse de Meaux.	Notre-Dame de Chage. Notre-Dame de Juilly.
Diocèse de Rouen.	Notre-Dame d'Eu.
Diocèse de Chartres.	Saint-Jean-en-Vallée. Saint-Chéron près de Chartres. Notre-Dame de Clairefontaine. Sainte-Madeleine de Châteaudun.
Diocèse de Sens.	Saint-Jean de Sens. Saint-Jacques de Provins. Saint-Jean du Jard.
Diocèse de Reims.	Saint-Denys de Reims. Saint-Martin d'Epernay.
Diocèse de Soissons.	Saint-Jean des Vignes. Saint-Léger de Soissons. Saint-Crépin-en-Chaie. Saint-Ferréol d'Essommes. Saint-Jean-au-Bois, précédemment Royaulieu.
Diocèse de Châlons.	Saint-Memmie ou Menge de Châlons. Toussaint *de Insula*. Notre-Dame des Vertus. Notre-Dame de Chatrices.
Diocèse d'Amiens.	Notre-Dame de Clairfay. Saint-Martin d'Amiens. Saint-Acheul.
Diocèse de Noyon.	Saint-Éloi-Fontaine. Saint-Barthélemy de Noyon. Notre-Dame de Ham.
Diocèse d'Orléans.	Saint-Euverte d'Orléans. Notre-Dame de Beaugency.
Diocèse de Troyes.	Saint-Loup de Troyes. Saint-Martin des Aires, sous les murs de Troyes. Saint-Sercin (*Serenus*) de Chantemerle.
Diocèse de Beauvais.	Saint-Quentin-lez-Beauvais. Saint-Martin-au-Bois.
Diocèse de Blois.	Notre-Dame de Bourg-Moyen, à Blois. Saint-Lazare de Blois.

Rigoureusement nous devrions placer ces deux maisons sous la dénomination : *Diocèse de Chartres*, car le diocèse de Blois ne date que de la fin du XVIIe siècle.

« rience la grande difficulté qu'il y avait d'introduire le
« bien en la plupart des monastères, y ayant été très mal
« reçus et souvent traités de paroles injurieuses et inti-
« midés de menaces des anciens ; ils pouvaient bien dire
« avec autant de raison que les Israélites qui furent
« envoyés pour reconnaître la terre de promission : *Terra,*
« *quam lustravimus, devorat habitatores suos* (1). »

Aussitôt après leur retour, les visiteurs rendirent compte de leur mission au cardinal. Celui-ci, de son côté, se hâta d'assembler son conseil qui, le 19 juillet, décida ces quatre points :

1° Il sera établi dans les abbayes de Sainte-Geneviève et de Saint-Vincent de Senlis autant de religieux, ayant adopté ou résolu d'adopter la réformation, qu'il est nécessaire pour constituer une communauté ;

2° Il y aura un noviciat en chacune de ces deux abbayes ;

3° Les défenses déjà faites de recevoir des novices seront de nouveau signifiées avec l'ordre de renvoyer les novices dans ces deux noviciats ;

4° Le roi sera prié d'ordonner que les autres monastères contribuent pour leur quote-part à l'entretien de ces noviciats (2).

Le concours royal était assuré d'avance (3). Louis XIII allait encore ordonner l'enregistrement du bref pontifical, de ses lettres patentes et des divers règlements tracés par le cardinal (4).

(1) Même ms., p. 162.
(2) *Ibid.*, p. 162-164. Quelques-uns de ces documents ont été imprimés alors et ont pris place, même Bibl., dans ms. fr. Z. 3³, in-fol.
(3) Même ms. 21³, p. 171. L'ordonnance du cardinal est du 12 octobre (*ibid.*), et les lettres patentes du roi du 22 suivant, à Saint-Germain-en-Laye (ms. fr. H. 22⁸, tom. VIII du Recueil général de pièces, fol. 871-879).
(4) L'ordonnance royale fut donnée à Compiègne, le 17 juillet 1624. (Même ms. H. 22⁸, fol. 1103-1109.)

V

LA RÉFORME A SAINTE-GENEVIÈVE

A Saint-Vincent de Senlis la gloire d'avoir été, à cette époque, le foyer béni d'où est sorti la rénovation de l'esprit et de la vie canoniques en France. Non seulement on venait à cette abbaye pour se pénétrer de cet esprit et se former à cette vie, mais souvent l'on appelait des religieux pour introduire l'un et l'autre dans les monastères. Notre-Dame d'Eu, Notre-Dame de Clairefontaine, Saint-Jean-en-Vallée avaient déjà adressé semblable appel que Saint-Vincent s'était empressé d'entendre (1). Le cardinal-abbé était résolu d'en faire autant pour Sainte-Geneviève. Il avait demandé, à l'avance, au prieur de Senlis de vouloir bien lui réserver douze religieux. Une maladie du cardinal occasionna quelque retard. Enfin, le 1er avril 1624, il manda le prieur de Sainte-Geneviève et le chargea de convoquer capitulairement les chanoines. Lui-même présiderait. Quand ceux-ci furent réunis, il prit la parole en ces termes :

« Mes frères, je vous ai déclaré plusieurs fois que, l'in-
« tention du roi, en me nommant à la dignité d'abbé en
« cette abbaye, et la mienne, en l'acceptant, ayant été de
« procurer le rétablissement de l'observance régulière, en
« ce qu'elle s'y trouverait en avoir besoin, plusieurs moyens
« en ont été proposés et conseils pris de personnes reli-
« gieuses, de votre commun consentement, pour la recher-
« che des remèdes convenables aux désordres que le temps
« avait laissé glisser parmi vous en l'observance régu-
« lière. »

(1) B. S. G., ms. fr. H. 21³, in-fol. : *Histoire des chanoines réguliers...*, p. 124-184.

Il rappela le bref du pape, la mission dont il se trouvait investi, les choses accomplies ou décidées pour l'exécution de l'acte pontifical. Il ajouta en terminant :

« C'est pourquoi je vous ai fait ici assembler pour vous
« donner communication tant dudit bref que des lettres
« patentes et règlements que nous avons faits en consé-
« quence pour la réformation de votre ordre, afin qu'ayant
« entendu vos sentiments sur ce sujet, j'avise aux moyens
« les plus propres pour en procurer l'exécution (1). »

Lecture faite aussitôt des différentes pièces, les chanoines durent donner une réponse immédiate et personnelle.

Des dix-neuf chanoines que renfermait l'abbaye, cinq adhérèrent purement et simplement. Les autres alléguèrent l'impossibilité ou la non-obligation de s'astreindre à tant de choses. Parmi les adhérents figuraient les deux principaux dignitaires du chapitre, le prieur Louis du Hamel, le sous-prieur Henri de Cuigny, et pareillement le procureur Guillemin.

Le cardinal convoqua, pour le 4 avril, son conseil qui donna une complète approbation à la mesure projetée. En conséquence, il fit savoir à Saint-Vincent de Senlis qu'il attendait les douze religieux immédiatement après les fêtes de Pâques.

La petite famille comprenait quatre prêtres, sept jeunes profès et un frère convers ; mais elle se sentait forte, en voyant à sa tête le P. Faure et en comptant dans son sein Claude Branche et François Boulart, celui-là déjà si honorablement connu, celui-ci appelé à devenir un personnage considérable. Arrivés à Paris, il furent invités à descendre dans un hôtel près de l'abbaye et en face du collège de l'*Ave Maria*. Leur surprise fut grande et d'autant plus légitime, que cet hôtel ne paraissait pas des plus recom-

---

(1) *Ibid.*, p. 184-191. Ce discours est imprimé avec des différences littérales dans la *Vie* du cardinal, par La Morinière, p. 578-581.

mandables. Le cardinal, n'ayant donné que des ordres généraux, n'était pour rien dans un pareil choix.

Néanmoins, les religieux s'installèrent dans les deux chambres qui leur avaient été préparées. C'était la vie du cloître qui s'introduisait en ce lieu profane : l'office divin s'y chantait, l'oraison et la lecture spirituelle s'y faisaient, le silence s'y pratiquait, le travail et les récréations étaient réglés; il y avait temps pour les jeûnes, les abstinences, les mortifications; « de sorte que toute la discipline régu-
« lière était étroitement observée en ce lieu public et plein
« de confusion et de débauche, et, par une rare nouveauté,
« l'on vit habiter en même temps et en une même maison
« le tumulte et la paix, le bruit et le silence, l'intempé-
« rance et la sobriété, la multitude et la solitude, en un
« mot la religion et le monde (1). »

La raison de cette mesure dont souffraient tant les bons religieux, se trouvait dans l'opposition qu'avaient formée sept anciens chanoines de l'abbaye en faisant assigner le cardinal devant le parlement. Dans cette circonstance, le cardinal eut recours au roi. Un arrêt du conseil privé défendit au parlement de connaître de cette affaire qui était réservée à l'autorité souveraine; et, en même temps, il y avait pour l'abbé de Sainte-Geneviève ordre de passer outre. Malheureusement, tout cela avait demandé plusieurs jours : la cour séjournait à Compiègne.

Le 27 avril, de très grand matin, les douze religieux reçurent avis de se tenir prêts pour faire leur entrée à l'abbaye. A neuf heures, l'ordre arriva. Ils furent conduits à l'hôtel abbatial où se trouvaient déjà des prélats, des conseillers d'État, des maîtres de requêtes, plusieurs autres personnes de distinction et les chanoines de Sainte-Geneviève. Là, le cardinal fit donner lecture de l'arrêt du conseil privé, ainsi que des lettres patentes par lesquelles le

(1) Même ms., p. 190.

roi renonçait, en faveur de la réformation, à son *droit de nomination* à l'abbaye. Puis il demanda aux chanoines s'ils auraient pour agréable l'établissement, en l'abbaye, des religieux réformés, assurant qu'il respecterait les droits des anciens dans les choses nécessaires à la dignité de leur état, que tout, sous ce rapport, leur serait procuré comme par le passé; et même il appuya sa promesse d'un engagement écrit qu'il leur présenta. Toute opposition devenait inutile. On se soumit ou, du moins, il n'y eut pas de protestation.

Le cardinal n'avait pas été sans une sorte d'inquiétude. Ce fut un de ses motifs pour inviter à la cérémonie un certain nombre de prélats et de magistrats. Le matin même, afin d'inspirer quelque crainte salutaire, il s'était fait remettre les clefs de la prison abbatiale.

Les nouveaux religieux furent donc mis aussitôt en possession de l'église, du chapitre, du dortoir, du réfectoire et autres lieux réguliers. La cérémonie se faisait au chant du *Veni Creator*, et se termina par la messe conventuelle. Le cardinal était au comble de la joie : en sortant de l'église, il déclara au P. Faure qu'il *avait reçu plus de contentement depuis deux ou trois heures que jamais en toute sa vie* (1).

Cependant on avait été témoin d'une scène scandaleuse. Deux chanoines, revenant sur leur soumission extérieure, se mirent à suivre le cortège en criant qu'ils s'opposaient à tout ce qui se faisait. Comme le cardinal ne prêtait aucune attention à ces bruyantes protestations, ils allèrent chercher un notaire pour consigner les causes de leur opposition. Quand l'acte fut dressé, ils pénétrèrent, en compagnie de l'officier ministériel, dans le chœur où le cardinal assistait à la messe conventuelle, et lui présentèrent la pièce, avec des démonstrations de mécontentement et de colère; mais le prélat n'avait pas l'air de les voir; enfin, il leur

---

(1) *Ibid.*, p. 205.

fit signe de la main de déposer la redoutable pièce devant lui.

L'après-midi, quand le nonce vint à l'abbaye, ils allèrent se jeter à ses pieds, lui demandant justice et protection; mais ce fut pour s'entendre dire par le représentant du Saint-Siège que leur conduite méritait plutôt un châtiment (1).

Voilà comment, à Sainte-Geneviève, se renouvela ce qui s'était accompli près de cinq siècles auparavant : en 1148, douze religieux de Saint-Victor y introduisirent la vie canonique régulière; en 1624, douze religieux de Saint-Vincent de Senlis l'y rétablirent; les deux réformations s'opérèrent au nom du Saint-Siège, et furent l'œuvre, la première, d'un grand ministre, la seconde, d'un illustre prélat.

Une ère nouvelle s'ouvre pour la grande abbaye. Sainte-Geneviève, comme chef d'ordre, touchera même à l'apogée de sa gloire.

(1) Même ms., p. 192-208; et *Vie* du P. Faure. Paris, 1698, in-4, p.p. 206 et 207.

CHAPITRE HUITIÈME

LA SEIGNEURIE TEMPORELLE

I. LE BOURG DU MONT OU DE SAINTE-GENEVIÈVE — II. LES SERFS DU BOURG
III. LES ARTISANS DU BOURG
IV. AUTRES DROITS FÉODAUX — V. AUTRES DOMAINES

I

LE BOURG DU MONT OU DE SAINTE-GENEVIÈVE

Le plus beau fleuron de la couronne féodale de l'abbaye était assurément le bourg du Mont ou de Sainte-Geneviève. Dans l'acception primitive du nom, c'est-à-dire en tant que comprenant le territoire de Saint-Médard, ce bourg s'étendait de la Seine à la place Royale ou Saint-Jacques (1), et du Petit-Pont en face du Petit-Châtelet, mais en s'élargissant beaucoup à l'ouest, au pont Saint-Médard, qui faisait communiquer le village de ce nom à celui de Saint-Marcel.

Il renfermait des clos de vignes, dont les principaux avaient ou devaient avoir nom : Bruneau, Monvoisin, Vigneret, Chardonnet, Saint-Symphorien. Dans la suite, le premier fit place aux rues Fromenteau, Saint-Jean de Latran, Saint-Jean de Beauvais, Saint-Hilaire...; le second aux rues Saint-Julien-le-Pauvre, du Fouarre, des Trois-

---

(1) Bulle d'Alexandre III avec notes dans *Gal. christ.*, tom. VII, *Instrum.*, col. 242.

Portes, de la Bûcherie, Galande...; le troisième est occupé aujourd'hui par le palais et les jardins de Luxembourg; l'église Saint-Nicolas du Chardonnet indique l'emplacement du quatrième; le cinquième, au midi du clos Bruneau, comprenait à peu près l'espace renfermé entre les anciennes rues des Chiens, Saint-Étienne des Grès et Saint-Symphorien. Il y avait encore, au sud de l'abbaye et en sa possession, un autre clos de vignes, d'une contenance de quinze arpents environ. Il fut traversé par la nouvelle enceinte de la cité sous Philippe-Auguste. Enfin, Grenelle, en partie du moins, à l'extrémité du faubourg Saint-Germain, était aussi une dépendance (1).

Deux allées, l'une d'amandiers, l'autre de noyers, embellissaient le versant de la montagne. Le nom de deux rues nous en ont conservé le souvenir (2).

Une place était et est demeurée célèbre, la place de la Croix-Hémon, qui devint la place Maubert. Si le premier nom se tirait de la croix placée devant la maison des Carmes, le second, comme on le croit généralement, emprunterait son origine aux cours prodigieusement suivis d'un célèbre docteur, Albert le Grand. On aurait, en souvenir des succès, appelé cet endroit *platea magistri Alberti*. Toutefois le *Gallia* fait remarquer que la place portait déjà ce dernier nom dans une charte de 1225, vingt ans avant que le célèbre Dominicain y enseignât. Ne pourrait-on pas — c'est toujours la pensée du *Gallia* — faire dériver cette appellation d'Albert ou Aubert, deuxième abbé de Sainte-Geneviève après la première réformation, et qualifié de *vir doctus* par Alexandre III (3) ?

La Bièvre arrosait les terres de l'abbaye et les séparait en

---

(1) *Ibid.*, note 1 : « Habet ecclesia S. Genovefæ terras apud Garanellas, quas propriis sumptibus ac laboribus canonici faciunt excolere. » Ce sont les paroles d'un ancien cartulaire.

(2) Pourtant la rue des Amandiers, ces années dernières, a été nommée rue Laplace.

(3) *Gal. christ.*, tom. VII, col. 734.

quelques endroits de celles de Saint-Victor. Une rue, qui conserve le nom de Bièvre, marque le parcours que suivait la rivière près de son embouchure (1).

A n'en pas douter, le poète Jean de Hauteville avait surtout cette montagne en vue, lorsque, sous Philippe-Auguste, il chantait dans un style pompeux le site agréable de Paris, la fécondité de son sol, la richesse de ses moissons, la bonté de son vin, l'abondance de ses fruits, la vigueur de ses arbres, l'air pur qui y règne, vrai paradis terrestre, s'il pouvait y en avoir encore un ici-bas (2).

(1) Cette rivière faisait mouvoir le moulin de Cupels, qui appartenait à Sainte-Geneviève. Saint-Victor, désirant prendre de l'eau au-dessous de cet endroit et l'amener jusqu'à son propre moulin, y fut autorisé par cette abbaye. Saint Bernard servit de médiateur : « Ego Bernardus... « notum fieri volo me, quadam die, cum Parisius venissem, rogasse do-« minicum Odonem, abbatem S. Genovefæ, omnesque fratres in com-« muni capitulo, ut, fraternæ dilectionis intuitu, Gilduino abbati fratri-« busque ecclesiæ S. Victoris concederent aquam *Benevim* (sans doute « pour *Beveris*) de sub molendino quod *Cupels* appellatur, accep-« tam usque ad suam ecclesiam deducere et inde versus Parisius in « Sequanam, dato idoneo pretio... aquam ducerent... Quæ Odo abbas « omnia communi fratrum suorum assensu nostro interventu benigne « concessit, ita tamen ut molendinum S. Genovefæ, quod prius est nomi-« natum, nulla operis S. Victoris machinatione aut aquæ elevatione im-« pediatur... » (*Opera* S. Bernard, Paris, 1690, tom. I, Not. in fin., p. XCI.) La convention spécifiait ainsi le prix : « Ut ecclesia S. Victoris « singulis annis in festo S. Genovefæ duos solidos census det nobis, ne « forte inter duas sorores ecclesias aliqua super hoc in posterum oriatur « contentio vel etiam contentionis occasio. » (*Gal. christ.*, col. 713.)

(2)   Exoritur tandem locus, altera regia Phœbi,
      Parrhisius, ...
      . . . .
      Dives agris, fecunda, mero mansueta colonis,
      Messe ferax, inoperta rubis, nemorosa racemis,
      Plena feris, piscosa lacu, volucrosa fluentis,
      Muna domo, fortis domino, pia regibus, aura
      Dulcis, amœna situ, bona quælibet, omne venustum,
      Omne bonum, si sola bonis fortuna faveret.
           (*Archithrenius*, lib. II, cap. XVII.)

Ce titre signifie : *Archipleureur*. C'est le nom du héros du poème, lequel, parcourant le monde, se lamente sur les misères physiques et morales de l'humanité.

Ce poème fut très apprécié au XIIIe et au XIVe siècle.

L'auteur a dit de lui-même dans le Prologue :

      Nomine si quæras, liceat dixisse : Joannes
      Est ejus nomen, cui Neustria contulit ortum.

Aussi, après les rois qui se plaisaient à y séjourner, à côté des écoles qui y attiraient la jeunesse de la France et de l'Europe, des collèges qui s'y fondaient, les nobles familles, les princes et prélats voulurent-ils fixer, à leur tour, leur résidence dans ce lieu enchanté, en sorte que les hôtels s'y élevèrent nombreux (1). Premier faubourg aristo-

---

(1) Les principaux hôtels qui s'élevèrent successivement sur le territoire de Sainte-Geneviève, furent :

Hôtel du duc de Bourgogne, rue des Sept-Voies ;
— de Joinville, rue Judas, ancienne rue allant de celle de la Montagne-Sainte-Geneviève à celle des Carmes, probablement aujourd'hui rue de l'École polytechnique ;
— de Bavière, derrière l'abbaye, rue Bordet, aujourd'hui rue Descartes ;

Jardins de la comtesse de Blois, sur la rue des Amandiers ;

Hôtel du duc de Bar, rue *Sans-Chef*, qui probablement est devenue la rue des Bernardins ;
— de Courtenay, rue des Mathurins ;
— de l'archevêque de Narbonne, converti en collège du même nom, rue de La Harpe ;

Clos du comte de Savoie, hors la porte Saint-Marcel ;

Hôtel de l'évêque de Senlis, où depuis a été le collège des Cholets, dans l'ancienne rue Saint-Symphorien ;
— de l'évêque d'Orléans, où depuis a été le collège de Boncourt, rue Bordet ;
— de l'évêque de Tournay, plus tard collège du même nom, contigu à celui de Boncourt et situé dans la même rue ;
— de l'évêque de Langres, rue Saint-Jacques, enfermé, au XVIe siècle, dans le collège de Clermont ;
— de l'évêque de Meaux, compris ensuite dans le collège de Navarre, collège qui, au XVIIe siècle, fut agrandi par l'adjonction de ceux de Tournay et de Boncourt, et forme aujourd'hui l'École polytechnique ;
— de l'évêque de Troyes, rue de Bièvre ;
— de l'évêque du Mans, où s'éleva le collège du même nom, rue de Reims ;
— de l'abbé de Cluny, près des Mathurins ;
— de l'abbé de Vézelay, lequel fit place au collège de Montaigu, rue des Sept-Voies ;
— de Nevers, rue des Amandiers ;
— d'Ambroise, sur la place Maubert ;
— d'Albret, au bas de la rue des Sept-Voies ;
— de l'abbé de Saint-Michel, derrière le collège de Montaigu ;
— de l'abbé de La Couture, rue Saint-Jacques ;
— de l'abbé de Saint-Étienne de Dijon, cloître Sainte-Geneviève ;

cratique de Paris, le mont, qui depuis longtemps déjà avait changé son nom de Locutitius en celui de la sainte patronne, devenait, à la fois, ce fameux quartier latin auquel devaient si bien convenir ces autres accents du même poète. « C'est Cirrha par les hommes, Chrysé par « les métaux, la Grèce par les livres, l'Inde par les études, « Rome par les poètes, Athènes par les sages; c'est la rose « du monde, c'est le baume de l'univers (1). »

II

LES SERFS DU BOURG

D'après les anciens titres, la plupart des sujets de l'abbaye étaient de condition servile. On les nommait *hommes de corps ou serfs de Sainte-Geneviève, homines de corpore vel servi Sanctæ Genovefæ.*

L'on a dit et écrit tant de choses fausses ou exagérées sur ce servage au moyen âge, que nous ne croyons pas inutile de faire connaître les lois qui le régissaient sur le territoire de l'abbaye, lois, disons-le, qui ailleurs étaient généralement admises en principe.

Sans doute, en pratique, elles n'étaient pas toujours et partout fidèlement suivies. Les seigneurs savaient même

— de l'abbé de Saint-Martin de Tournay, dont on ignore l'emplacement ;
— de l'abbé de Saint-Jean des Vignes, rue Saint-Jacques ;
— des Coulons et le Château-Festu, qui ont été occupés, du moins quant à l'emplacement, par le collège de Reims, au mont Saint-Hilaire.

(B. S. G., ms. fr. H. 21, in-fol., p. 681-683.)

(1) *Archithrenius, ibid.* :

Parrhisius, Cyrrhæa viris, Chrysaca metallis,
Græca libris, Inda studiis, Romana poetis,
Attica terra sophis, mundi ros, balsamus orbis.

en forcer le sens et en violer la lettre, selon leurs caprices ou pour satisfaire leurs passions. Mais c'étaient là des abus de la puissance : il faut moins les faire peser sur le régime lui-même que sur les faiblesses ou les perversités humaines.

En tenant ce langage, nous sommes bien loin de vouloir en quoi que ce soit approuver le servage. Ce ne serait pas s'inspirer de l'esprit évangélique.

Pourtant, objecte-t-on parfois, l'Église ne paraît guère l'avoir condamné, ce servage ; au contraire, elle vivait en assez bonne intelligence avec lui.

Faire un reproche à l'Église de sa conduite sous ce rapport, c'est peu se rendre compte des choses et des hommes. Legs de la civilisation romaine ou œuvre de la conquête, l'esclavage était plus qu'un fait social considérable; il s'affirmait partie intégrante de la société elle-même. Si l'Église l'eût aussitôt et complètement anathématisé, en admettant qu'elle ne se fût pas heurtée à une impossibilité, son intervention eût eu pour conséquences fatales les plus épouvantables catastrophes ou la ruine même des sociétés. Les sociétés ne se refont pas, ne peuvent pas se refaire instantanément : c'est le travail des siècles. On sait que les esclaves se trouvaient une fois plus nombreux que les hommes libres. Supposez donc qu'avec la prédication de l'Évangile, l'émancipation eût été mise à l'ordre du jour et qu'on y eût travaillé sans retard : que seraient devenus, pour ne nous arrêter qu'à ces deux points fondamentaux, la propriété et le travail? Les esclaves, mis subitement en possession de la liberté, conservant toujours la brutalité de leurs sentiments, nourrissant, au souvenir des mauvais traitements reçus, le désir de la vengeance, n'auraient-ils pas reproduit en grand, parce qu'ils auraient eu moins d'entraves, les sanglantes scènes que l'histoire avait déjà inscrites dans les temps antérieurs? Les Spartacus eussent-ils manqué aux multitudes avides de sang et de pillage? Lors même que de pareils fléaux ne se fussent pas déchaînés, que tout se fût accompli assez pacifiquement, aurait-on évité pour cela d'incalculables désastres! Les esclaves cultivaient les terres et exerçaient les arts mécaniques. Avec un affranchissement général, le travail qui alimente la société, comme le travail qui rend la vie possible ou facile, eussent donc été tout à coup supprimés! Les courtes vues humaines peuvent tenter de pareilles aventures; mais la sagesse divine qui assiste l'Église, jamais !

Réhabiliter l'esclave aux yeux du maître, en montrant que tous deux ont une commune origine et une commune destinée, qu'ils sont l'objet du même amour d'en haut, ont droit aux mêmes bienfaits de l'Évangile ; adoucir le sort du premier, en s'opposant énergiquement par la parole, les mesures tutélaires et les armes spirituelles aux caprices, comme aux exigences du second ; légiférer pour améliorer ce qui servait de code à cet ordre de choses; encourager, ménager, faciliter, sauvegarder l'émancipation : telles furent la pensée de l'Église et la règle de sa conduite. De là, la transformation de l'antique esclavage (1); de là, sous le nom historique de servage du moyen âge, cette nouvelle servitude qui, à la différence de l'ancienne, sans attribuer au maître le droit de vie et de mort, ni même le droit moins excessif de l'emploi des mauvais traitements, sans faire déchoir l'un de la dignité humaine, en le constituant absolument la chose de l'autre, attachait à la glèbe pour la cultiver, moyennant redevance, et en suivre la destination (2). La servitude était devenue plutôt réelle que

---

(1) M. Guérard, *Polyptique de l'abbé Irminon*. Paris, 1844, p. 277, donne le nom générique de *servitude* à la première phase de cette transformation, c'est-à-dire à celle qui s'accomplit de l'établissement du christianisme au règne de Charles le Chauve.

(2) Voir : M. Wallon, *Histoire de l'esclavage dans l'antiquité*, les trois derniers chap.; Balmès, *Le protestantisme comparé au catholicisme*, chap. xvii, xviii, xix ; M. Yanoski, *De l'abolition de l'esclavage au moyen âge*. Paris, 1860. On peut consulter aussi l'ouvrage de M. Paul Allard, *Les esclaves chrétiens*. Paris, 1876, IIe et IIIe livres.

personnelle. L'émancipation complète et générale devait forcément résulter de ce triple fait : la puissance mystérieuse que constituent le temps, les idées, les mœurs; le concours providentiel qu'il ne faut pas séparer des affaires de ce monde; l'action de l'Église qui ne cessait de venir efficacement à la rescousse, en secondant le temps par ses efforts, en élevant les idées et façonnant les mœurs par la vertu de l'Évangile. Comparé à l'esclavage antique et à l'affranchissement absolu, œuvre et gloire des temps modernes, le servage se présenterait donc comme l'amélioration considérable de l'un et la préparation naturelle de l'autre, comme un état transitoire mais socialement indispensable pour passer du premier au second (1).

Soit, ajoutera-t-on. Mais l'Église elle-même ne s'est pas fait scrupule de tirer profit de la situation : elle avait bel et bien des serfs qu'elle traitait en serfs.

(1) M. Laferrière note une dernière phase de la transformation avant l'entière émancipation : « L'état de mainmorte ». Or, « l'état de mainmorte fut, dès l'origine, caractérisé par le droit des affranchis mainmortables de posséder, à titre de propriétaires, leur pécule et les fonds à eux concédés en mainmorte, de les transmettre par succession à leurs descendants, et même d'en disposer à cause de mort, selon les solennités d'usage. » En cet état, les affranchis n'étaient tenus, à l'égard du seigneur, qu'à des « prestations », à des « services corporels »; ils devenaient donc simplement « tributaires ». Tout cela s'accomplissait toujours sous la même influence, celle de l'Église. (*Histoire du droit civil de Rome et du droit français*. Paris, 1846-1858, tom. III, p. 388-390.)

Il est un fait que nous ne pouvons ne pas faire remarquer ici.

Au siècle dernier, on prenait plaisir à s'élever contre le grand nombre de fêtes religieuses : tous ces jours de repos faisaient tort à l'ouvrier et lui laissaient à peine le temps de gagner sa vie. Ces inconvénients étaient plus ou moins les fils de l'animosité antichrétienne. Mais encore si on s'était donné la peine de rendre justice à la pensée éminemment humanitaire qui avait présidé pour une part à l'établissement de ces fêtes ! Le culte divin, en effet, n'était pas tout aux yeux de l'Église : elle avait voulu du même coup enlever le plus de jours possibles à la servitude de la glèbe. Si, ces jours-là, les serfs se sentaient mieux les enfants de Dieu par la prière et les pompes du temple, ils reconnaissaient mieux aussi leur dignité d'homme par la méditation des grandes vérités, les bienfaits du repos, la jouissance d'une sainte et joyeuse liberté qui semblait en présager, en appeler même une plus complète, comme l'aurore présage et appelle le grand jour.

Franchement, en entrant par ses dignitaires dans la féodalité, l'Église pouvait-elle ne pas en accepter ou mieux ne pas en subir une des lois, le servage, sans se mettre en révolte ouverte contre l'état social, et au risque de tout troubler, de tout compromettre, ainsi que nous le disions tout à l'heure? Et, d'autre part, en consentant à tout cela, que se proposait surtout l'Église? Ajouter à la force intrinsèque de sa parole et de ses décrets la puissance si salutaire de l'exemple, de l'exemple dans le respect du corps comme de l'âme du serf, de l'exemple dans la douceur des traitements à l'endroit de cette victime des lois humaines, de l'exemple dans la générosité à accorder la manumission. Par là, en réalité, l'influence de l'Église devenait plus considérable, et plus efficace son action pour préparer l'affranchissement général.

Sachons ne pas trop nous étendre sur ces réflexions, si justes soient-elles; et ceci nous coûte d'autant moins, que nous allons les voir prendre corps dans le fait du servage à Sainte-Geneviève.

Suivant le docte du Molinet, dont l'ouvrage inédit va nous fournir encore de précieux renseignements, un ancien cartulaire traçait ainsi les quatre principaux devoirs des serfs de l'abbaye :

1° Les serfs ne pouvaient faire entrer leurs fils dans la cléricature, sinon avec l'autorisation de l'abbaye, qui alors affranchissait;

2° Ils ne pouvaient unir en mariage leurs enfants avec des personnes d'une autre seigneurie, soit ecclésiastique soit séculière;

3° Ils se trouvaient liés au droit de mainmorte à l'égard de l'abbaye, c'est-à-dire à ce droit qui, à l'exclusion des collatéraux, mettait le seigneur en possession des biens meubles et immeubles des serfs décédés sans enfants;

4° Dans les nécessités, ils devaient, de leur personne

et de leurs biens, fournir à l'abbaye un secours convenable selon la coutume du royaume (1).

Non seulement l'abbaye se montrait large au sujet des affranchissements en vue de la cléricature; mais l'abbé incorporait les affranchis eux-mêmes à la sainte milice, en vertu d'un droit coutumier très ancien, qui fut ensuite consacré par une bulle de Clément IV (2).

La défense du formariage était une conséquence de la condition servile; car quelle union intime — et est-il union appelée à une plus grande intimité que celle du mariage, du mariage indissoluble pour le serf comme pour l'homme libre? — quelle union intime pouvait-il y avoir entre deux personnes attachées à des terres de seigneurie différente? Quel sort attendait les enfants qui naturellement devaient être partagés entre les deux seigneurs? C'eût été donc frapper mortellement la famille que, légalement aussi, le serf constituait. Toutefois il n'était pas rare que les seigneurs, tenant compte des désirs, donnassent les autorisations nécessaires, et même ne fissent, soit avant soit après le mariage, des échanges entre eux, afin que les conjoints vécussent effectivement de la vie commune pour élever leurs enfants à un foyer vraiment commun. De la part de Sainte-Geneviève, ces échanges ont été fréquents, soit avec le roi, soit avec Notre-Dame, Saint-Germain des Prés ou autres seigneuries (3).

---

(1) B. S. G., ms., fr. H. 21, in-fol., p.p. 695, 696 :
« Non possunt filios suos clericos facere, nisi de concessione ecclesiæ;
« Non possunt filios suos aut filias suas matrimonio conjungere cum hominibus alterius balliviæ vel dominatus;
« Caducum, id est manum mortuam debent;
« In necessitatibus ecclesiæ, dabunt auxilium conveniens de suo juxta consuetudinem regni. »

(2) La bulle, datée de Viterbe, la deuxième année du pontificat de ce pape, est reproduite dans le ms. H., 22³, in-fol., p. 307, de la B. S. G.

(3) Citons deux faits comme exemple
Le premier qui n'est pas postérieur à l'année 1152, se lit dans cette charte reproduite au tom. VII, col. 714 du *Gallia* : « Ego Hugo, abbas mo-
« nasterii Sancti Vincentii Sanctique Germani Parisiensis, amore et gratia

Le secours convenable (*auxilium conveniens*) dont il était parlé — nous ne visons que l'assistance réelle, l'assistance personnelle avait trait aux attaques du dehors contre l'abbaye, ses religieux et ses biens — le secours convenable réel, disons-nous, se devait dans ces deux circonstances particulières : quand le roi imposait l'abbaye (1) ou que des calamités faisaient éprouver à celle-ci des pertes considérables (2). Dans le premier cas, les serfs étaient généralement plus imposés que les hommes libres (3). Dans le second, la

« domini Odonis, venerabilis S. Genovefæ abbatis, simulque canonicorum
« in eadem ecclesia sub ejus regimine Christo deservientium, communi
« fratrum nostrorum assensu, concessi, quod quædam ancilla de familia
« nostræ ecclesiæ.progenita, nomine Benedicta, cuidam servo S. Geno-
« vefæ de Fontaneto, nomine Ingelberto, lege matrimonii jungatur ; quam
« videlicet Benedictam ab omni jugo servitutis, qua nobis astringebatur,
« absolvimus; et ut fieret ancilla S. Genovefæ, et in eam legem servitutis,
« in qua maritus suus tenetur, transiret, unanimiter concessimus; memo-
« ratus vero abbas S. Genovefæ et ejusdem ecclesiæ venerabilis conventus
« mutua vicissitudine concesserunt, quod quædam ancilla S. Genovefæ,
« nomine Ermeniardis, filia scilicet Guidonis majoris de Fontaneto, cuidam
« servo S. Germani, nomine Euvrardo, desponsaretur, et ut fieret ancilla
« S. Germani unanimiter concesserunt... »

Voici l'autre fait rapporté par du Molinet, même ms. 21, p. 697 :
« On en voit entre autres un tiltre considérable en notre Cartulaire de
« Guy Boutillier de Senlis, lequel estant prisonnier à Damas chez les in-
« fidèles, sa femme Élisabeth promit à Jean, abbé de Sainte-Geneviève,
« une femme en échange d'une autre de cette abbaye, qu'Archambault,
« son homme de corps, avoit espousée; mais estant délivré de prison et
« retourné en France l'an 1220, il ayant recognu que sa femme n'avoit
« pas encore satisfait à ce qu'elle avoit promis, à la place d'une femme
« qu'elle devoit, il donna un homme appelé Pierre, fils d'Henry Bari-
« gam. »

(1) On sait que, dans le gouvernement féodal, le roi n'imposait directement que ses vassaux qui, à leur tour, imposaient les hommes de leur seigneurie.

(2) Cette seconde circonstance correspondait aux quatre cas où les serfs des seigneuries séculières étaient taillables. Les seigneurs laïques pouvaient imposer leurs serfs ainsi que leurs autres sujets : 1° à l'occasion du mariage de leurs filles ; 2° pour se croiser ; 3° pour fournir au prix de leur rançon ; 4° quand on les faisait chevaliers.

(3) Voici un exemple de la manière dont l'impôt royal était réparti entre les serfs des différents domaines de l'abbaye :

Pour le bourg Sainte-Geneviève, comprenant Saint-Médard, 32 livres.
— Rosny.... .... 50 livres.
— Borret.. .. 50 livres.

fixation des redevances se trouvait naturellement laissée à l'appréciation de l'abbaye.

Les serfs n'étaient pas admis à témoigner en justice. Louis le Gros, sans aucun doute sur la demande de l'abbaye, décida qu'il y aurait exception en faveur de ceux de Sainte-Geneviève, appelant même les peines canoniques sur quiconque oserait opposer un refus : « Excommunicationi « subjaceat ejusque calumnia irrita fuit, interim etiam in « testimonio non recipiatur, nec pacis osculo a fidelibus « osculetur (1). »

Sainte-Geneviève s'empressa d'entrer dans les vues si chrétiennes du roi Louis IX. Les émancipations qu'elle accorda furent nombreuses. Il y en eut dans ses divers domaines. Elle perçut, en retour, la somme de mil six cent quarante livres dont la provenance se décomposait ainsi :

Affranchis du Mont		200 livres.
—	de Vanves	600 liv.
—	Nanterre	200 liv.
—	Rungis	500 liv.
—	Créteil	80 liv.
—	Epinay-sous-Sénart	20 liv.
—	Choisy-aux-Bœufs	20 liv.

Ailleurs l'affranchissement se fit dans d'autres conditions.

Pour Draveil	50 livres.
— Rungis	40 livres.
— Tilly-en-Brie	50 livres.
— Vanves	12 livres.
— Auteuil	100 livres.
— Choisy-aux-Bœufs	40 livres.
— Trianon	11 livres.
— Épinay-sous-Sénart	30 livres.
— Nanterre	6 livres.
— Jossigny	20 l. parisis.

(Même ms. 21, p. 700.)

(1) Même ms. 21, p. 310. La charte est de 1109, la première année du règne du roi : « Anno MCIX, unctionis nostræ primo. » Dans cette charte, Louis le Gros prend le titre de roi catholique : « ... catholicum regem ad regni gubernationem orationum assiduitate propensius adjuvare valeant. »

A Rosny, ce fut moyennant une rente de soixante livres. A Borret, la rente ne s'éleva qu'à quarante livres; mais un certain nombre de familles devaient payer annuellement et par tête une demi-livre de cire, livre de Senlis.

Le chiffre de deux cents livres pour les manumissions du bourg Sainte-Geneviève indique que le nombre des serfs avait dû déjà bien diminuer dans ce domaine considérable.

Comme ce n'était de la part des serfs qu'un rachat — le saint roi, en s'inspirant de l'Évangile, n'entendait violer les droits de personne — l'abbaye crut devoir apposer ces conditions au bienfait de l'émancipation : les affranchis demeuraient sujets de Sainte-Geneviève et acquittaient les redevances et corvées ordinaires; ils prêtaient, en cas de besoin, secours et assistance à l'abbé et aux religieux (1); s'ils venaient à se marier à une personne de rang servile, ils rentraient eux-mêmes dans la servitude (2). Cette dernière clause était encore une des lois du servage (3).

(1) Cette clause était ainsi écrite dans un ancien cartulaire : « Pro « personis et juribus ecclesiæ nostræ defendendis, seu pro prosecutione « damnorum et molestiarum illatarum nobis venire personaliter tene- « buntur, prima die ad sumptus suos, cæteris vero diebus dabimus uni- « cuique dictorum hominum sex denarios Parisienses, quousque ex parte « ecclesiæ nostræ licentientur. » (Ms. 21, p. 703.)

(2) Le *Gallia* a reproduit l'acte d'affranchissement d'un certain Guillaume, de Précy, dans le diocèse de Meaux. Nous y lisons la clause, particulièrement et absolument mentionnée, de la perte de la liberté, pour cet affranchi, en cas de second mariage : « .... Prædictis litteris liberta- « tis ejus, et possessionibus vel opportunitatibus seu consuetudinibus con- « trariis quibuscumque non obstantibus, si dictum Guillelmum quoquo- « modo ad secundas nuptias convolare contegerit, in suam consimilem « conditionem et postremam servitutem revertetur alligatus. » (*Gal.*, tom. VII, *Instr.*, col. 247.)

(3) Cependant une coutume ancienne consacrait une dérogation à cette loi, en faveur des serfs du roi et de Sainte-Geneviève, pour les trois villages de Villeneuve, Chaillot et Monceau. Cette coutume portait le nom de *Befehl*. Elle fut confirmée, en 1124, par une charte de Louis le Gros. Elle établissait donc que les femmes libres de ces trois villages ne perdraient point leur liberté en épousant des esclaves. Elle réglait même que les enfants qui naîtraient de ces mariages seraient également libres. (Du Cange, *Glossarium med. et inf. lat.*, art. *Befehl*.) Ce Villeneuve devait être le village qui est devenu Villeneuve-l'Étang ou Villeneuve-la-Garenne.

Pour Saint-Médard, il y eut dans le contrat une clause spéciale, à savoir que si les affranchis « manquaient au payement dû pour leur rachat au terme préfix, ils auraient la ville de Paris pour prison sans en oser sortir que par la permission de l'abbé, et seraient pour cet effet obligés de se venir présenter devant lui tous les soirs et matins en son église » (1).

III

LES ARTISANS DU BOURG

Sous le régime de la féodalité, au-dessus des serfs, et partant en possession de la liberté, il y avait le simple tenancier qui, à la différence des vassaux, possesseurs de fiefs nobles, « ne *tenaient* ou cultivaient des terres qu'en *roture*, c'est-à-dire à la charge de payer une redevance annuelle au seigneur. Les villes et les gros villages, du moins après la période carlovingienne, renfermaient une classe qui, sous le rapport social, peut être placée sur la même ligne : c'était celle des artisans ou gens de métier. Ceux-ci, libres comme ceux-là, relevaient néanmoins quelque peu du seigneur quant à leur profession. Les associations entre gens de même métier affranchirent graduellement les artisans des exigences féodales et finirent par les mettre plus directement sous l'autorité du roi. Appelées corporations, ces associations prenaient aussi le nom de confréries à cause du lien religieux qui venait s'ajouter. Chacune avait son patron, sa bannière, ses obligations chrétiennes. La confrérie semble même avoir donné naissance à la corporation. Quoique remontant bien haut, les corps de métiers n'eurent

---

(1) Même ms. 21, p.p. 643, 703.

guère en France, avant Louis IX, d'organisation vraiment légale, c'est-à-dire des statuts bien déterminés, approuvés par l'autorité compétente et accompagnés de privilèges authentiques.

A Paris, le célèbre Étienne Boileau (1) en codifiant les usages, en les complétant par de sages additions, en leur communiquant une force supérieurement obligatoire, fut le vrai législateur de ces corporations.

Sainte-Geneviève adopta littéralement plusieurs statuts de l'illustre législateur des métiers. Elle n'en appliqua d'autres qu'en leur faisant subir de graves ou légères modifications. Mais elle sut, en même temps, conserver certains usages ou règlements particuliers, en leur donnant une codification semblable (2).

Les artisans étaient tenus de prendre leur métier à l'abbaye et de payer le prix fixé. Au chambrier ou procureur appartenait l'exercice du droit de vente. Souvent il y avait une clause particulière qui lui accordait la faculté de vendre moins, en lui interdisant de vendre plus (3). Mais déjà, au XIIIe siècle, nous voyons le droit royal se substituer au droit abbatial.

Le travail cessait généralement le samedi à l'heure des vêpres, et, en carême, les vêpres se chantant plus tôt, à l'heure des complies. Pour certains métiers, il y avait défense spéciale de travailler la nuit : ainsi des couteliers, des serruriers, des tisserands de linge et autres. Les statuts des premiers portaient que « la clarté de la nuit » était insuffisante, eu égard à la nature de l'ouvrage. Les statuts

---

(1) Les mss. portent *Boiliaue*, dit M. Depping (*Livre des métiers d'Étienne Boileau*, p. 1). Dans l'ancien Cartulaire de Sainte-Geneviève, qui va nous servir de guide, on lit *Boilliaue*.

(2) Ce que nous allons dire, est tiré, en grande partie, *passim*, du susdit Cartulaire de l'abbaye, coté aujourd'hui, à la Bibl. S. G. : Ms. fr. H. 23, in-fol.

(3) Nous lisons, par exemple, dans le statut des couteliers : « Et le « vent à l'un plus à l'autre moins, si comme il li plaist, dessi à V sols, « lesquex V sols il ne puet passer. »

des seconds alléguaient que « l'œuvre qui est faite de nuit n'est si bonne ni si loyale que celle qui est faite de jour ». Les statuts des troisièmes s'exprimaient dans un sens analogue.

Les conditions de l'apprentissage se trouvaient réglées, et quant aux redevances, et quant à la durée qui d'ordinaire se renfermait entre cinq et huit ans. Ici, l'on prenait apprentis, comme l'on voulait. Là, le nombre en était limité, sans dépasser parfois l'unité. Le fils de maître se voyait souvent dispensé d'apprentissage, ou plutôt avait l'autorisation de se former ouvrier chez son père.

Les clauses relatives à la maîtrise ne présentaient pas moins de précision : outre le chef-d'œuvre, il y avait des droits parfaitement déterminés à acquitter.

Les infractions au règlement avaient été prévues et les amendes fixées.

Chaque corporation avait ses gardes-jurés qui prononçaient sur les points litigieux et avaient charge de veiller à l'exécution des statuts. Parfois les prudhommes remplissaient les mêmes fonctions (1).

A soixante ans, il y avait exemption du service du guet. Au nombre des cas particuliers qui en dispensaient provisoirement, l'on avait soin de comprendre le mal d'enfant pour l'épouse. L'artisan était astreint à la taille et aux charges qui pesaient sur le bourgeois. Si le juré se voyait dispensé du service du guet, il n'était pas affranchi des autres redevances.

L'émulation était vive, et forte la concurrence entre les artisans du Mont et les artisans de Paris. Il arrivait même que ceux-ci poussaient la jalousie jusqu'à faire main basse sur les produits de ceux-là. Mais le chambrier de l'abbaye s'empressait d'intervenir pour faire rendre justice à ses administrés et respecter leurs droits(2).

---

(1) Voir, *Notes et Documents*, l'ordonnance des *Tisserands de linge*.
(2) Voir, entre autres, différents procès-verbaux dans *Biblioth. de l'école. des haut. études*, 33ᵉ fascic., *Étud. sur l'industrie*..., p. 330.

Relever, à la suite de ces données générales, quelques particularités ou préciser quelques points ne nous paraît pas sans intérêt.

Il y avait deux sortes de couteliers, les *fèvres couteliers* (1), et les couteliers faiseurs de manches. Notre manuscrit renferme le statut des premiers seulement. Conforme à celui d'Étienne Boileau, il ne comprend que peu d'articles; et ces articles, si on excepte les deux déjà signalés, n'offrent rien de remarquable (2).

Une serrure neuve ne pouvait être mise en vente qu'avec sa complète garniture. Le serrurier, pour fabriquer une clef, devait avoir la serrure sous les yeux : c'était afin d'éviter les falsifications (3).

Pour le cordonnier, il y avait défense d'employer la basane dans la confection des souliers, à moins que la basane ne servît de renfort (4). Enfreindre cet article, c'était produire une œuvre condamnée d'avance à la destruction par le feu. Les cordonniers devaient annuellement pour les guêtres du roi trente-deux sous parisis payables à Pâques. Ils étaient en droit de se faire remplacer par leurs valets dans le service du guet (5).

Dans la corporation des fourbisseurs, le colportage des

---

(1) Fèvre, *faber*, signifiait ouvrier en métal.
(2) Ms. cité, fol. 6.
(3) Ms. cité, fol. 10. A la suite de ce statut, assez différent de celui d'Étienne Boileau, nous lisons : « Et nous Estienne Boilliaue, garde « de la prévosté de Paris, confermons et otroions cest establissement, « ceste otroiance, ceste ordenance pour le commun proffit dudit mestier « et pour le proffit de la ville de Paris et des genz dehors. » Puis est couchée en ces termes l'adhésion du chambrier de l'abbaye : « Et nous cham- « brier de Saincte-Geneviève, i avons II preudeshomes du mestier en nostre « terre à la requeste du commun de ce mestier pour garder cest esta- « blissement en la manière desus devise... »
(4) Nus cordouanniers ne puet ne ne doit fere soulers de bazanne avecques cordouan en nule œuvre qu'il face, se ce n'est en contrefort tant seulement.... » Le cordouan était le cuir tanné à la façon de celui de Cordoue.
(5) Même ms., fol. 9, sous la rubrique : *Bazanniers*, statut conforme à celui d'Étienne Boileau.

produits par la ville de Paris était réservé aux pauvres gens du métier. Un autre article de l'ordonnance révélait une attention toute spéciale du législateur en faveur des ouvriers : le maître ne pouvait congédier qu'autant que les raisons étaient approuvées de *quatre maîtres-gardes du métier, et de deux valets dudit métier*. On prescrivait une mise convenable aux compagnons et apprentis (1).

Il était interdit aux chandeliers de suif de mêler du saindoux à la matière ordinaire de leurs produits (2). Leurs porteurs ne devaient livrer, le dimanche, ni à Paris ni au dehors; et chaque fabricant ne pouvait en avoir que deux pour la ville. Au maître d'accompagner son apprenti pour faire chandelles en ville et de demeurer avec lui pour mettre tout en œuvre. Toutefois la fabrication demeurait interdite chez les *regratiers* (3).

Le lin se vendait en gros, et après avoir subi la préparation nécessaire au filage, et encore cette préparation devait s'effectuer à Paris même, où ce travail se faisait bien

---

(1) La raison en était donnée immédiatement : « que nus mestre ne « puisse mestre valict en euvre, se il n'a V sodées de robe sus lui pour « los ouvreoirs tenir nettement pour nobles gens, comtes, barons, cheva- « liers et autres bonnes gens qui aucune fois descendent en leurs ou- « vreoirs ». On entend par sodée (de *solidata, soldada*) la «solde», la « paye « d'un homme de guerre »; ce qui est évalué en ces termes : « Stipendium unius solidi quod datur militi » (Du Cange, *Glos. franc.* et *Glos. med. et inf. lat.*)

Cette *ordonnance des fourbisseurs*, conforme à celle donnée par M. Depping, à la suite du *Livre des métiers d'É. Boileau*, p. 365-367, a pris place dans notre ms., fol. 13 verso.

(2) C'était un point sur lequel on insistait, « car fausse œuvre de chan- « delle de suif est trop dommageuse chose au poure et au riche et trop « vileine. »

(3) La raison est la même que tout à l'heure : « Nus vallet chandelier « ne puet fere chandelles sus regratier à Paris, pource que les regratiers « i mettent leur suif de tripes et les remanans de leur oint, et tele n'est « ne bonne ne léaul. » *Regratier* a surtout ici la signification de marchand de comestibles. « Les regratiers d'alors, dit M. Depping, remplaçaient les fruitiers et les épiciers d'aujourd'hui. » (*Livre des métiers d'Étienne Boileau*, p. 31.)

Ce statut, conforme à celui d'Étienne Boileau, se trouve dans notre ms., fol. 14.

mieux qu'ailleurs (1). La vente n'en était permise que les jours de marchés aux halles et au parvis Notre-Dame. L'entrée de Paris était interdite au lin d'Epagne en Picardie et de Noyon, à cause de sa qualité trop inférieure (2).

Pour être boulanger ou talemelier, il fallait acheter le métier au roi et lui payer le hauban (3), à moins d'habiter — et Sainte-Geneviève était du nombre — une des terres ecclésiastiques privilégiées (4). Dans ce dernier cas, on pou-

(1) « Il puet estre lyniers en la ville de Paris qui veult, pour quoy il « sachent faire le mestier et il ait de quoy. Quiconques est lyniers a Pa- « ris, il puet et doit vendre son lin en gros par poigniés, par pesiaux, par « quartiers et botelettes de *Bétisy*, et lin serencié bon et léal, pour quoy il « soit prest à filler... Nul ne puet ne ne doit vendre lin serencié, se il n'est « serencié et ouvré en la ville de Paris, car l'on ne scet pas si bien le lin « serencier et ouvrer dehors de la ville comme l'on fait dedenz. »

M. Depping pense qu'il faudrait peut-être lire *Bérisi*, (*Burisis*, arrondissement de Laon) dont le lin était très renommé au moyen âge. (*Op. cit.*, p. 462.) N'y aurait-il pas autant de probabilité dans le choix d'un des deux Béthisy du département de l'Oise, Béthisy-Saint-Martin et Béthisy-Saint-Pierre?

(2) La chose était parfaitement constatée : « Nulz ne puet ne ne doit « amener à Paris lin d'Epengne ne de Noyon pour vendre, car tele « maniere de lin est faux et mauvez, et a esté esprouvé de lonc « temps. »

Cette *Ordenance des lyniers*, conforme au statut d'Étienne Boileau, se lit dans notre ms., fol. 42 verso.

(3) *Hauban* vient du mot latin *Halbannum*, « tributum, dit du Cange, « quod pecunia aut rebus ipsis a quibusdam artificibus pro licentia artes « suas exercendi regi exsolvebatur..... *Des mestiers Hautbanniers, li uns « doivent demy Hauben, c'est a sçavoir 3 sols, et li autres plein Hauben, « c'est a sçavoir 6 sols, et li autres Hauben et demy, c'est a sçavoir 9 sols. « Tous les mestiers de Paris ne sont pas Hautbanniers, ne nul ne peut estre « Hautbannier, se il n'a esté et est du mestier qui ait Hauben ou se li rois « ne lui ottroie par vente ou par grâce. »

(4) Le statut de notre ms., fol. 6 v°, porte, comme celui d'Étienne Boileau, art. 1, 2 et 3 : « Nuz ne puet estre talemelier dedens la banliue « de Paris, se il n'achate le mestier du roy, se il ne demeure a Saint « Marchel, a Saint Germain des Prés, hors de murs de Paris, ou en la « viez terre Madame Sainte-Genevieve, ou en la terre du chapitre Notre « Dame asise en Garlande, hors mise la terre Saint Magloire, dedens les « murs de Paris et dehors, et la terre Saint Martin des Chans asise hors « des murs de Paris... Nuz ne puet estre talemelier dedens la banliue « de Paris, hor mis ceus qui demeurent es terres de suz dits, qui ne poit « le hauban du roy... Li talemelier qui demeurent es devant dites terres... « seroient haubannier, se il leur plest... »

vait se faire haubanier, mais on n'y était pas astreint. Le droit à acquitter alors, taxé primitivement à un muid de vin, fut évalué sous « le roi Philippe » (1) à la somme de six sols. En échange, les haubaniers étaient exempts de certaines redevances. Naturellement deux catégories s'étaient formées dans la corporation des boulangers du Mont. Mais, en tout état de choses, demeurait l'interdiction de cuire les dimanches et fêtes. Il fallait que le pain fût au four avant la nuit précédente, à l'exception de la veille de Noël où l'on avait jusqu'au chant des matines à Notre-Dame. Les infractions étaient frappées d'une amende de six deniers sur chaque fournée. Les pains devaient être façonnés de la sorte : les plus gros ne dépasseraient pas la valeur de deux deniers, ni les plus petits celle d'une maille. La constatation des transgressions appartenait aux jurés, et la confiscation de la fournée était la peine à infliger. Le samedi, les boulangers du dehors avaient l'autorisation de vendre.

En 1295, la corporation des bouchers jura l'observation de cette ordonnance : nul ne vendra de viande qui ne provienne de la boucherie de Sainte-Geneviève ou de celle du Grand-Pont (2); on ne tuera et n'étalera que dans la semaine; on ne tuera pas ou l'on ne fera pas tuer la veille d'un jour maigre; pour les veaux, le nombre des bêtes tuées et vendues par chaque boucher en chaque semaine ne s'élèvera pas au-dessus de cinq; en cas de transgression, il y aura une amende de quarante sols parisis, dont moitié sera payée au chambrier et moitié appartiendra à la corporation (3). A la suite de l'ordonnance, jurée par la

---

(1) Quel est ce roi Philippe ? Le ms. du Châtelet porte : *Le roy Phelippe Auguste dict Dieudonné, 1181.* (*Li establissement des mestiers de Paris*, publié par MM. de Lespinasse et Bonnardot, Paris 1879, p. 4.)

(2) C'était le pont qui se trouvait en face du Grand-Châtelet. Sa boucherie, qu'on appelait encore *vieille boucherie, boucherie du Grand-Châtelet, boucherie Saint-Jacques*, a été supprimée par lettres patentes, du 13 mai 1416. (*Traité de la police*, par Delamare, Paris, 1705-1738, tom. IV. p. 683.)

(3) Ms. cité, fol. 11 v°.

corporation, scellée et registrée par le chambrier, se lit un article, ajouté en 1325, pour la rappeler à certains bouchers qui ne craignaient pas d'aller se fournir à Saint-Marcel. L'abbaye percevait annuellement cinq livres par chaque étal (1).

Dans la profession d'oublier, pour être en droit d'avoir compagnon, il fallait savoir faire au moins mille oublies par jour (2). La colporteuse devait être du métier. Ni maître ni ouvrier ne pouvaient jouer aux dés à *argent sec*. Ni maître ni ouvrier ne pouvaient exercer leur métier chez un juif. Il y avait défense spéciale de vendre des oublies dans les églises (3).

Comme on le voit par cette rapide revue, la législation entrait dans les moindres détails, tant les législateurs, en ce qui concernait les métiers, avaient estimé d'ordre public une réglementation claire, précise, circonstanciée ! (4)

---

(1) Ce droit a été consacré par plusieurs sentences et, entre autres, par une de 1337, une autre de 1339, confirmative de la 1re, une 3e de 1394. (Arch. nat., série L., carton 886.)

(2) On ne passait point sous silence la prescription de la bonne pâte : « Nus des mestres du mestier desus dit ne pueent ne ne doivent acheter « aubuns (pâte) de confrarie ne d'autres lieus, ne mettre en œuvre ne fere « en mestier nul, se il ne sont de bons œus et de loiaus. »

(3) Cette *Ordenance des oubliers*, en grande partie conforme à celle qui se trouve, p. 550-552 du *Livre des métiers d'Étienne Boileau*, publié par M. Depping, se lit au fol. 10 de notre ms.

(4) Voir, *Notes et Documents*, B, où nous analysons les statuts des autres métiers, statuts tout à fait particuliers à Sainte-Geneviève. Nous nous sommes proposé d'en donner une idée aussi complète que possible. On comprend pourquoi : ils sont inédits pour la plupart. A ce titre, un simple aperçu n'aurait pas été suffisant ici. Mais en vue du plus grand nombre de nos lecteurs, nous avons préféré une analyse détaillée à la reproduction même du texte roman.

IV

AUTRES DROITS FÉODAUX

La basse, moyenne et haute justice dans le bourg appartenait à l'abbaye. C'était cette juridiction qu'Innocent III désignait, lorsque, dans une sentence rendue en 1200, il parlait du *forum abbatiæ* (1). L'abbaye, en 1320, la revendiquait comme une prérogative immémoriale, *ab antiquo* (2), et le roi faisait droit à la requête (3).

L'exercice de cette prérogative, quoi qu'il en fût dans le principe (4), finit par être réservé pour le civil au chambrier ou procureur de l'abbaye, et dévolu pour le criminel au bailli ou *maire du Mont, major burgi*, qualification que nous rencontrons dans la fameuse transaction de 1202 entre l'évêque de Paris et l'abbé de Sainte-Geneviève (5).

(1) Ms. H. 21, p. 635.
(2) *Gall.*, tom VII, col. 750, « ex libro arrestorum curiæ parlamenti », 26 février 1320 : « Abbas et conventus S. Genovefæ Parisiensis conque-
« runtur, quod, cum ipsi fuissent ab antiquo et essent in possessione
« habendi omnimodam, altam et bassam justitiam in terris suis, cognitio-
« nem et punitionem omnium ministrorum (artisans), maxime cordu-
« banariorum (cordonniers, de *Corduba*, Cordoue) et rasunariorum (save-
« tiers) commorantium in eisdem, nihilominus camerarius Franciæ et
« ejus gentes super possessione hujusmodi impediebant. »
(3) *Ibid.*
(4) Le même ms. 21 contient ces mots, au même chapitre, p. 690 : « Il
« semble qu'en ce temps-là c'estoit un religieux de Sainte-Geneviève, qui
« portoit la qualité de chambrier ou procureur de l'abbaye, qui exerçoit la
« justice, veu qu'en tous les actes qui sont en grand nombre en ce Cartu-
« laire (le ms. fr. H. 23, in-fol., déjà bien des fois cité), il n'est fait aucune
« mention du maire ny du bailly, mais seulement du chambrier qui revendi-
« quoit au Chastelet ce que les officiers du prévost de Paris usurpoient sur
« nostre seigneurie. »
(5) Relativement à la haute justice, du Molinet en reproduit, d'après cet ancien Cartulaire, plusieurs actes. Faisons, à notre tour, en faveur de la thèse, quelques citations suivies ou accompagnées des judicieuses réflexions du savant historien.
Le lendemain de Pâques de l'année 1301, une femme fut condamnée

La police relevait également du chambrier (1). Sous les ordres de ce dernier, des sergents avaient charge d'assurer la sécurité publique. Ils faisaient, à leur entrée en fonctions, le serment de bien et loyalement remplir leur devoir. Or, arrêter les malfaiteurs pour les remettre entre les mains de la justice, surveiller les lieux suspects, se porter où besoin était, assister aux plaids, se tenir à la disposition de l'autorité compétente, telles étaient les principales clauses de leur engagement (2).

pour blasphèmes au supplice de *l'échelle*. « Il faut remarquer, ajoute du
« Molinet, que cette eschelle estoit semblable à celle qui se voit encore
« aujourd'huy en la vieille rue du Temple, au haut de la quelle il y avoit
« un petit échaffaud, ou bien un ais percé pour passer la teste et les mains
« de ceux qu'on exposoit pour quelque délit à l'opprobre et à la risée du
« peuple, comme l'on fait aujourd'hui au carcan. Il y avoit de semblables
« eschelles à Saint-Martin des Champs, à Saint-Germain des Prés, à Notre-
« Dame et aux autres justices de Paris, qui ont esté abbatues, n'y ayant
« que celle du Temple qui soit restée pour mémoire de cette antiquité. »
Cette échelle servait encore à autre chose. C'était là qu'on « coupoit les
« oreilles aux malfaiteurs, au lieu de les flestrir comme l'on fait au présent,
« ainsi qu'il arriva en la personne d'un voleur, l'an 1323, et d'un autre,
« l'an 1266, qui eurent tous deux l'oreille coupée à l'eschelle de Saint-
« Germain... »
L'an 1300, le vendredi après la Saint-Marc, une femme qui tenait une mauvaise maison, fut juridiquement expulsée de la terre de Sainte-Geneviève avec menace d'être brûlée si elle venait à rompre son ban. « J'es-
« time, dit encore avec raison du Molinet, que quand on obligeoit un
« malfaiteur à garder son bannissement sur peine d'estre bruslé, il faut
« seulement entendre par ces mots une espèce de torture..., qu'on lui
« faisoit souffrir par le feu, et non qu'on le bruslast vif, ce qui peut se
« vérifier par ces termes adjoutez en cet endroit : *ou pis avoir*, puisqu'on
« ne sauroit avoir pis, que d'estre bruslé vif. »
L'on trouve, pour l'année 1302, la peine de l'enfouissement infligée à une femme qui s'était rendue coupable d'un vol assez considérable. Ce supplice consistait à enfouir le coupable jusqu'à mi-corps pendant quelques heures. C'était une autre sorte d'exposition. « J'estime — c'est toujours du Mo-
« linet qui a la parole — que ceci se pratiquoit dans les villages pour
« le mesme sujet que dans les villes on mettoit les malfaiteurs à l'es-
« chelle. » On suppléait donc à l'échelle par l'enfouissement.
(Ms. 21, p. 685-690, d'après Cartul. H. fr. 23, in-fol.)
(1) Même ms. 21, p. 691.
(2) Même ms. H. 23, in-fol., fol. 6, où est transcrit le serment que nous transcrivons également ici :
« Le seremens des serjanz de céans si est qu'ils serjanteront bien et
« loiaument et prenderont et feront prendre tous maufeteurs a leur

Le droit de voirie était inhérent à la dignité de seigneurs hauts justiciers. C'est dire que l'abbaye en jouissait pleinement. Un jugement du Châtelet, en date du 19 décembre 1565, reconnut ce droit attaqué par le voyer de Paris, que soutenait le procureur du roi, et en consacra de nouveau le principe. L'arrêt était conçu en ces termes : «... Sur
« quoi lesdites parties ouïes, avons dit et disons que lesdits
« religieux, abbé et couvent de Sainte-Geneviève sont main-
« tenus et gardés, les maintenons et gardons... en la posses-
« sion et jouissance de tous droits de haute justice, moyenne
« et basse, de voirie, étellonnage... et tous autres droits que
« lesdits hauts justiciers peuvent avoir, tant en cette ville de
« Paris, faubourgs d'icelle qu'aucuns villages dont ils sont sei-
« gneurs, sis en la prévôté et vicomté de Paris ; avons interdit
« et défendu, interdisons et défendons tant audit Marchand,
« voyer du roi, ses successeurs et tous autres de troubler ni
« empêcher lesdits religieux, abbé et couvent en leur voirie,
« haute justice et droit d'icelle, de ne eux efforcer bailler
« aucuns allignements, permission de bâtir, mettre auvent
« ou autres choses qui concernent droit de voirie, ni aucu-
« nement entreprendre ès rues étant en ladite haute justice
« et voirie desdits de Sainte-Geneviève, sur les passants,
« habitants d'icelle, mais en laisser jouir et disposer le voyer
« desdits de Sainte-Geneviève seul... (1) »

« povoir et meteront et feront metre en tele prison comme le fet le
« requerrera..., et seront diligenz et curieuz de chercher et enquerre les
« leus soupeçonneuz, et iront aus cris et aus haros toutesfois qu'il leur
« sera denoncié et que ils porront savoir que mestier en sera, et que ils
« ne feront entendant à leur mestre par leur serement fors verité. Item
« que nus des diz serjanz ne fera semonses ne autres choses en grevance
« des autres serjanz, c'est a savoir pour moins que reson sera. Item que
« ils seront aus plez à leur povoir, se ils ne sont occupez de la serjanterie,
« se n'est pas congié. Item que ils venront toutes les foiz que ils seront
« mandez. Item que ils seront aus joutices fere, se ils n'ont loial empê-
« chement. Item que ils garderont le preu (profit) de l'église a leur povoir
« partout en serjantant et en autre manière. »

(1) Delamare, *Traité de la police*, Paris, 1705-1738, tom. IV, p. 735-736.

Voir, *Not. et Docum.*, *C*, l'analyse du statut concernant le voyer de Sainte-Geneviève.

Déjà deux siècles auparavant, le droit d'étalonnage, mentionné dans l'arrêt, avait été usurpé par le prévôt des marchands et les échevins de Paris. Un édit de 1362 le rendit à l'abbaye (1).

Toutefois le parlement crut devoir admettre ou apposer une restriction à la juridiction abbatiale. C'était dans une circonstance assez épineuse. Le prévôt de Paris avait décidé que les apothicaireries et épiceries du bourg seraient visitées, comme celles de la ville, par quatre jurés apothicaires nommés *ad hoc*. L'abbaye ayant fait opposition à ce qu'elle considérait comme un injuste empiétement, il s'en était suivi un procès. L'arrêt, rendu le 3 août 1536, statuait : 1° que pour les visites à faire dans le quartier soumis à la juridiction de l'abbaye, seraient adjoints aux quatre jurés deux docteurs de la faculté de médecine et un apothicaire du bourg ; 2° que, relativement aux amendes infligées, les deux tiers seraient versés dans la caisse de Sainte-Geneviève et l'autre tiers dans celle de la ville. Quel motif pouvait légitimer cette immixtion urbaine dans la juridiction abbatiale que l'arrêt lui-même visait comme un point en dehors de toute contestation ? Parmi les considérants, nous lisons que « l'état d'apothicairerie est de plus grande conséquence que tous les autres métiers » ; que ce sont des « poudres, drogues, confitures, sucres et autres compositions qui se débitent et se distribuent pour les corps humains et pour le recouvrement de la santé des malades » ; que, dès lors, c'est « chose merveilleusement privilégiée et à laquelle on doit bien avoir l'œil et plus qu'en nul autre état ou métier (2)... » Le parlement avait donc entendu concilier, dans sa décision, deux droits qu'il estimait également certains : le droit de juridiction dont l'abbaye se trouvait en possession de temps immémorial, et celui qui découle d'un ordre de choses supérieur, le bien public.

(1) *Gall.*, tom. VII, col. 755.
(2) *Traité de la police*, tom. I, p. 587-594, où arrêt reproduit

Sainte-Geneviève avait son moulin banal sous le Petit-Pont ; et elle percevait une rente d'un muid de blé sur les moulins du Grand-Pont, plus tard le Pont-au-Change (1).

Son premier four à destination semblable s'élevait sur la place de la Croix-Hémon ou Maubert. Un autre devint nécessaire. Il fut construit plus haut auprès d'une croix, la croix aux bouchers, et au coin d'une rue qui menait à Saint-Hilaire et que du Molinet estime avoir été la rue Judas. Les boulangers n'obtenaient droit de four chez eux qu'en payant une certaine redevance (2).

A l'embouchure de la Bièvre, il y avait un port assez considérable. Les marchandises qui y abordaient, se voyaient frappées d'une taxe en faveur de l'abbaye. Ce droit, que le procureur du roi voulut un jour contester, obtint, en 1312, la consécration juridique par sentence du Châtelet (3).

Cinq années auparavant, deux autres droits, le droit d'aubaine et celui de succéder aux bâtards, également attaqués par le trésorier royal, furent également confirmés par arrêt du parlement de la Toussaint en 1307 (4).

V

AUTRES DOMAINES

La seigneurie du monastère ne se bornait pas au mont Sainte-Geneviève. Elle avait en dehors de Paris, outre des

---

(1) Même ms. 21, p. 678.
(2) *Ibid.*, p.p. 678, 679.
(3). *Gall.*, tom. VII, col. 749.
(4) *Ibid., Instr.*, col. 250 : « Inquesta facta, judicatum est abbatem
« et conventum S. Genovefæ Parisiensis esse in saisina cognitionis et
« expectationis aubenarum et bastardorum ac bonorum ipsorum in terra
« S. Genovefæ... »

propriétés particulières, d'autres domaines où elle jouissait en tout ou en partie des droits féodaux, c'est-à-dire des droits de justice (1), de voirie, de censive (2), de dîmes, de moulin, de four, de pressoir, etc. Si l'on excepte Nanterre, Marisy-Sainte-Geneviève, La Ferté-Milon, Borret pour la haute justice, à Sainte-Geneviève, dans les divers domaines de sa seigneurie, soit par concession primitive ou postérieure, soit même par acquisition, appartenait la plénitude de ces droits. L'abbaye alors chargeait un chanoine de rendre la justice. Lorsqu'elle avait en même temps l'administration du spirituel, c'était au prieur-curé qu'incombait cette grave fonction. Dans l'hypothèse contraire, elle déléguait *ad hoc* (3). D'ordinaire, elle confiait à un laïque, sous le nom de maire, le soin et la défense de ses intérêts dans la localité (4). Les appels étaient portés à son tribunal supérieur de Paris ; et, lorsqu'on estimait la chose nécessaire, des assises se tenaient dans les domaines ruraux pour bien se rendre compte de la manière dont la justice s'y administrait (5).

— Outre un domaine particulier auquel étaient attachées quarante familles de serfs, heureusement affranchies en 1247, la seigneurie de Nanterre embrassait une partie du territoire de Colombes. Dans le premier village la dîme des terres labourables s'élevait à douze muids de blé, dans

---

(1) Le même ms. H. fr. 23, in-fol. a enregistré aussi, *passim*, un certain nombre d'actes de cette justice en différents domaines.

(2) Le mot *censive* a deux acceptions : il se prend pour l'étendue des domaines d'un seigneur censier, ou ayant droit de lever le cens ; il s'emploie aussi pour désigner la redevance annuelle payable au seigneur censier. Cette dernière acception est ici visée.

(3) Nous lisons dans notre ms. 21, p.p. 741, 742 : « Si les sergents de la « justice royale prenaient un larron dans la ville de Borret, ils le devaient « rendre au maire ou au chanoine qui y demeurait ; *et canonicus debet « eum judicare secundum opera sua.* »

(4) *Ibid.*, *passim*.

(5) Même ms. 21, p. 684 : « On remarque..... que.... les causes venoient « par appel au bailly de Sainte-Geneviève, qui va, quand il luy plaist, « avec ses officiers, tenir les assises dans ces lieux dépendans de sa jus- « tice, et voir si ses juges font leur devoir. »

le second à six muids. Il y avait, en plus, un droit de deux sols pour chaque cheval à Nanterre, et de cinq deniers par chaque laboureur à Colombes. Quand on convertissait ces terres en vignobles, on était tenu de faire usage du pressoir de l'abbaye qui, sur quatre seaux de vin, en gardait un.

L'abbaye possédait encore en propre douze arpents de prairies; et le fanage des foins était dû par les habitants, astreints, pour cela, chacun à une journée de travail ou à deux deniers. Quant au four banal, une transaction intervint, en 1315, entre l'abbé Jean de Saint-Leu-Taverny et les habitants : le droit fut fixé à un pain de quatre deniers avec un tourteau à Noël pour une cuisson d'un setier de blé (1).

— Jusqu'au règne de saint Louis, la plupart des habitants de Vanves étaient serfs de Sainte-Geneviève. Devenus hommes libres, ils en demeurèrent sujets. Le territoire produisait tant de raisin que le droit du pressoir banal, qui était d'un seau sur quatre, valut, en 1296, avec la dîme et quelques autres rentes, cent muids de vin. Issy payait à la seigneurie de Vanves cinq sols de cens pour la petite île nommée Ile-sous-Issy.

Une prérogative, qu'aujourd'hui l'on sera peut-être moins tenté de qualifier d'étrange, contestée d'abord, fut reconnue ensuite.

Les habitants de Vanves, décernaient, le dimanche de la Trinité, une épée de vingt sols au vainqueur dans la course à fournir de la porte d'Enfer à la porte qui s'ouvrait sur leur pays. On appelait cela la *solennité de l'épée*. Comme

---

(1) Même ms. 21, pp. 715 et suiv.

Il y avait très anciennement quelques autres redevances : ainsi du droit de pâture évalué à neuf sols pour chaque habitant et pour chaque année; ainsi de trente familles qui devaient une quantité d'orge pour leurs maisons, ce qui se montait à deux muids par an... (*Ibid.*)

On voit aussi dans ce même manuscrit que chaque famille de Nanterre, à part les familles serves de l'abbaye, donnait, le lundi de Pâques, au maréchal de France, un pain de la grandeur d'un fer à cheval et un denier.

seigneurs, les religieux de l'abbaye revendiquèrent le droit de présider la *solennité*, c'est-à-dire de donner le signal du départ, ce qui se désignait par ces mots : *faire le cri*. L'opposition des tenanciers amena un procès qui se termina par cette transaction en 1342 : 1° les habitants de Vanves reconnaissaient le droit de Sainte-Geneviève; 2° à titre de dommages-intérêts, ils payeraient cinq cents livres à l'abbaye ; 3° comme réparation à donner pour leur injuste prétention, ils s'engageaient à se rendre à l'endroit où se *faisait le cri*, et là, en présence du maire du bourg Sainte-Geneviève et du procureur de l'abbaye, l'un d'eux prononcerait les paroles suivantes : « Je confesse, au nom des ha-
« bitants de Vanves, que le *cri*... appartient aux religieux
« de Sainte-Geneviève, et que les empêchements que les
« habitants y ont mis, à tort l'y ont mis, et l'amendent
« auxdits religieux, *baillant le pan de la cote* (1), et promets
« que dorénavant ils ne les empêcheront ès choses sus-
« dites. » Tout cela, ajoute du Molinet, « toucha si fort »
ces bons habitants, qu'ils « n'eurent plus le courage de faire cette cérémonie, puisqu'ils demandèrent qu'on insérât dans la transaction qu'ils ne pourraient y être contraints » (2).

— La vieille seigneurie de Rosny-sous-Vincennes finit par être vivement et longtemps contestée, du moins dans la plénitude de ses droits, par les habitants de ce pays. Ceux-ci prétendaient n'être pas serfs, mais simplement colons,

---

(1) Si le verbe *bailler* se prend dans le sens du vieux français, il signifie : *toucher, manier* (du Cange, *Gloss. franc.*), et le membre de phrase deviendrait celui-ci : *touchant le pan de la cote* ou habit. En attribuant à ce verbe une signification plus moderne, celle de *donner*, on serait peut-être autorisé, puisque *pan* (*pannum*) a le sens de gage (du Cange, *Ibid.*), à traduire ainsi : *Baillant comme gage la somme des dommages-intérêts*.

(2) Même ms. 21 p.p. 722 et suiv.
Ce même dimanche de la Trinité, il y avait encore la *solennité de la rose* Cette solennité, que nous appelons aujourd'hui couronnement de la rosière, consistait à remettre une rose « à une meschine ou servante qui pouvoit se marier dans l'année ».

tenanciers (*coloni, hospites*). C'était en 1179. Le différend fut soumis au conseil du roi, Louis le Jeune, qui ordonna que, « suivant la coutume du royaume des Francs », les parties soutiendraient leurs droits par le duel. On devait se battre dans la cour de l'abbaye. Au jour assigné, les délégués de Rosny ne manquèrent pas à l'appel, mais ils refusèrent de se mesurer avec les champions du droit abbatial. L'abbé, qui était le célèbre Étienne de Tournay, prit acte du refus, et, accompagné des témoins, se dirigea aussitôt vers la cour pour rendre compte de la chose au roi. Celui-ci, après avoir fait jurer les témoins sur les Évangiles (1), conformément à l'avis de ses barons, donna gain de cause à Sainte-Geneviève (2). Philippe-Auguste confirma la décision de son prédécesseur. Le pape Lucius III prononça dans le même sens. Malgré cela, les habitants de Rosny, ne voulant pas se croire définitivement déboutés, firent de nouvelles instances à Rome qui ne laissait pas de se montrer favorable à leurs désirs, d'intervenir en leur faveur, consentait même à faire instruire et juger l'affaire. Ce ne fut qu'en 1226 que, fatigués de tant de démarches, ruinés par tant de dépenses, ils se résignèrent à leur malheureux sort. Encore quelques années, et la charité chrétienne allait leur rendre facile ce que le droit strict leur avait refusé.

Alors, les principaux droits de l'abbaye se répartirent ainsi : la dîme du blé, évaluée avec le champart (3) à dix muids, la dîme du vin, la retenue pour le pressoir,

---

(1) Ces témoins étaient : Hugues, abbé de Saint-Germain des Prés; Barbadaur et Philippe, l'un doyen et l'autre archidiacre de Notre-Dame de Paris ; Simon, chanoine de Saint-Denys ; Asselin, doyen de Saint-Marcel; Pierre, doyen de Saint-Germain-l'Auxerrois. Ce fait prouve, une fois de plus, combien les épreuves judiciaires, appelées *jugements de Dieu*, étaient profondément entrées dans les mœurs.

(2) La Charte de Louis le Jeune est reproduite en partie dans le *Gall. christ.*, tom. VII, col. 720, 721.

(3) Champart (*Campi pars*, partie du champ), droit des seigneurs de lever un certain nombre de gerbes sur les terres de leurs censives.

laquelle était d'un seau de vin sur trois, et quelques autres prestations annuelles (1). L'abbaye était elle-même propriétaire de vingt-deux arpents de vignes.

De son côté, Sainte-Geneviève remettait six oies blanches au prévôt de Paris, qui les recevait au nom du roi. Cette dette avait son origine dans la concession d'un fief, en 1162, aux templiers de Paris, fief que l'abbaye acquit ensuite par échange (2). La dette était payable à la Nativité de la Vierge d'abord, puis la veille des Rois (3).

— Ce ne fut que, en 1196, que l'abbaye obtint définitivement d'un Gaucher de Châtillon, qui le lui céda, le droit de voirie et de gruerie (4) à Jossigny (5). D'autre part, ses tenanciers dans ce village eurent, quelque temps, à acquitter, au profit de Robert, comte de Dreux et fils de Louis le Gros, un droit de *brennage* (6) qui consistait en vingt setiers d'avoine (7).

— Borret, à une lieue de Senlis, était autrefois une petite ville murée, ce qui n'empêchait pas la condition servile de ses habitants. La seigneurie de Borret s'accrut, vers 1040, d'un droit qu'elle ne possédait pas, celui de voirie, grâce à la générosité d'un comte d'Anjou, qui en avait été investi par Henri Ier. Le comte consentit encore à réduire à quatre

---

(1) Les prestations, au nombre de vingt, consistaient chacune en deux boisseaux de froment ou deux chapons.
(2) Les templiers avaient, sauf quelques réserves, cédé à l'abbaye avec le domaine leurs droits, même celui de justice, et reçu, en retour, une censive près de Sainte-Geneviève-la-Petite. (Arch. nat., série L., cart. 887, orig., juin 1224.)
(3) Même ms. 21, p.p. 728 et suiv.
(4) Gruerie (probablement de *drus*, chêne), nom désignant, entre autres choses, certaines redevances perçues sur les bois et forêts. V. *Diction. de Trévoux.*)
(5) Orig. de la cession, aux Arch. nat., série L., cart. 883.
(6) On entendait, par là, la nourriture que les tenanciers devaient aux chiens de chasse des seigneurs, « tributum, dit du Cange, quod pro « *brennio* præstatur, vel *brennium* ipsum quod tenentes dare tenentur « dominis suis pro canum venaticorum pastu ».
(7) Même ms. 21, p. 754 ; et Arch. nat., série L., cart. 883, ratification de la convention par le comte, en 1184, orig.

T. I. 16

les dix mesures d'avoine qui lui étaient dues pour le haut patronage (*pro advocatione*) dont il couvrait la seigneurie : fourniture destinée à la nourriture des chevaux du comte, quand ce dernier passait par le pays, en se rendant, soit à la cour, soit ailleurs (1).

Sous la régence de Blanche de Castille, dans l'année 1235, on vit surgir, au sujet d'une femme qui s'était pendue, un conflit de juridiction entre les officiers du roi et ceux de l'abbaye. Les uns et les autres prétendaient que la connaissance du crime leur appartenait. Des deux côtés l'on se trouvait d'accord en ceci : quand il s'agissait d'un crime qualifié de grand (*multum*), il relevait de la justice du roi et non de celle de l'abbaye (2). Mais que fallait-il entendre par grand (*multum*). D'où des difficultés pratiques. Pour le cas présent, l'affaire fut examinée au palais royal de Senlis, en présence de la reine-régente, et les barons furent unanimes pour décider que, dans l'espèce, la qualification légale n'avait pas d'application (3).

Après l'affranchissement, les habitants de Borret obtinrent ce que nous appellerons des prérogatives municipales. En 1398, le « garde de la justice », agissant au nom de l'abbaye, leur accordait, selon leur demande, la faculté de se réunir pour statuer sur leurs affaires et constituer des procureurs, à l'effet de garder, soutenir, défendre les droits, usages, franchises et libertés de la ville; et cela

---

(1) La charte se lit dans *Gall. christ.*, tom. VII, *Instrum.*, col. 222.

(2) Cette interprétation montre bien que l'abbaye ne jouissait pas à Borret du droit de haute justice.

Dans une autre circonstance, il fallut également avoir recours à la justice royale. Il s'agissait de la punition d'un porc qui avait dévoré un enfant dans son berceau. Une sentence dut être rendue au bailliage de Senlis, sur la requête du fermier des terres de Sainte-Geneviève et conformément aux conclusions du procureur du roi, autorisant l'exécution du coupable. La sentence est du 16 mai 1462. (Arch. nat., série L., cart. 883, expéd. auth.)

(3) *Gall., christ.*, col. 736.

envers et contre tous, sauf toutefois contre leurs seigneurs, les religieux de Sainte-Geneviève (1).

Les laboureurs donnaient un setier de méteil pour chaque charrue — la charrue était de quatre chevaux — et devaient, dans le même cas, quatre corvées annuelles pour le labour des terres de l'abbaye. Si l'on ne possédait pas les quatre chevaux requis, on se réunissait pour arriver à former la charrue. Le droit de terrage était de trois gerbes sur douze, y compris la dîme proprement dite. Le four banal prenait un pain pour chaque setier de farine, mais le pain devait être conditionné de manière à équivaloir à la vingt-deuxième partie du setier. Quant aux galettes qu'on avait l'habitude de faire aux fêtes de Pâques, de la Pentecôte, de la Toussaint et de Noël, il n'était rien dû pour la cuisson ou même pour la mouture. Toutefois l'usage voulait qu'on en offrît quelques-unes en retour.

Quand le roi faisait une levée d'hommes pour l'armée, le maire de Borret les conduisait à Sainte-Geneviève de Paris, et de là ils se rendaient au lieu de la destination.

En cas de disputes ou de coups entre les habitants, les parties, après justice rendue, satisfaction donnée, devaient s'embrasser d'abord, puis, la viande fournie par l'agresseur, dîner ensemble, en signe d'une sincère et parfaite réconciliation (2).

— Possédant en propre, à Épinay-sous-Sénart, trois arpents de jardins dont les arbres rapportaient jusqu'à la somme de vingt livres de fruits, Sainte-Geneviève jouis-

---

(1) Arch. nat., *ibid.*, orig., 2 juin 1398.
Mais, si l'on se montrait large, en fait de privilèges, à l'endroit des habitants de Borret, ceux-ci devaient, à leur tour, prendre part à certaines charges. Un arrêt du parlement le leur avait rappelé dès l'année 1279 : ils furent condamnés à payer à l'abbaye qui leur intenta le procès, quarante livres parisis pour leur quote-part dans les frais occasionnés par le transport des bagages de l'armée du roi. (Arch. nat., *ibid.*, février 1279, expéd. auth.)

(2) Même ms. 21, p. 737-744.
Le grand bouteiller de France jouissait, de son côté, d'un certain droit

sait encore de plusieurs avantages seigneuriaux et, en particulier, de trente censives (1). Pendant quelque temps, elle se trouva, à son tour, censitaire à l'égard du roi de France. Elle avait à Quincy, dépendance d'Épinay, des bois sur lesquels le roi percevait le droit de gruerie. Saint Louis fit abandon de ce droit, à la charge annuelle de lui fournir sept setiers d'orge, à Noël, et de lui payer neuf deniers pour ses œufs de Pâques. Un peu plus tard, pour le repos de l'âme de son père et de sa mère, il renonça à toute redevance (2).

Nous savons que Nanterre, Vanves, Rosny-sous-Vincennes, Jossigny et, selon une grande probabilité, Borret étaient des gratifications royales. Quant à Épinay-sous-Sénart, du Molinet se borne à écrire qu'il était « de l'ancien domaine de l'abbaye » (3).

— Choisy-aux-Bœufs paraît bien n'avoir été qu'une acquisition postérieure. En tout cas, le droit de haute justice et de voirie ne remonte pas au delà du xiii° siècle : il fut acheté, en 1270, de deux personnages de Versailles (4). A Choisy, se

d'avénage (redevance en avoine) sur les habitants de Borret, droit qui fut cédé aux religieux de Châlis et racheté par Sainte-Geneviève en 1659. (*Ibid.*, p. 744.)

Une charte antérieure à 1200, nous fait connaître une convention conclue entre l'abbaye de Sainte-Geneviève et les habitants de ce même Châlis, et en vertu de laquelle la première, pour quelques rentes possédées par elle dans ce pays, s'engageait à payer aux seconds, en vue de leur communion de Pâques, un muid de vin qui serait de qualité ordinaire. (Arch. nat., sér. L., cart. 883, orig.)

(1) Chaque censive consistait en un setier d'avoine, deux chapons, deux pains et un setier de vin. Ici le mot censive signifie redevance annuelle.

Un acte de la juridiction criminelle qu'exerçait l'abbaye, nous a été conservé. C'est une sentence du prévôt de la justice portant condamnation contre un berger coupable d'avoir garrotté, volé, dépouillé de ses habits un certain Nicolas Gossant. La sentence prononçait que ce grand coupable serait attaché nu au derrière d'une charrette pour être promené à travers le pays et fustigé aux carrefours ; qu'il serait mis au carcan, aurait une oreille coupée et ses biens confisqués. L'acte juridique porte la date du 12 mai 1522. (Arch. nat., sér. L., cart. 883, cop. déliv.)

(2) Même ms. 21, p. 752-753.

(3) *Ibid.*

(4) Sans doute qu'il y aura eu quelque contestation, car une sentence du

tenait le marché aux bœufs, avant d'avoir été transféré à Poissy. D'où le qualificatif du village. De ce village dépendait la ferme de Galy, dont le nom était populaire dans la contrée (1), et le hameau de Trianon que Louis XIV, moyennant indemnité, enferma dans son immense parc pour lui faire subir la transformation que l'on sait (2).

— Don d'un seigneur du nom d'Ermogault ou Ermogald et qui vivait avant les grandes incursions des Normands, le domaine de Marisy-Sainte-Geneviève était considérable et valait à l'abbaye plusieurs droits de censives et de corvées. Celui de La Ferté-sur-Ourcq, plus tard La Ferté-Milon, était d'une date plus récente (3), mais également considérable. L'un et l'autre s'accrurent encore, avec le temps, de quelques nouvelles possessions (4).

— Quand et par qui la seigneurie de Rungis avec ses trois justices, de ce village aux sources d'eau si abondantes, fut-elle octroyée à Sainte-Geneviève? Nous ne le saurions dire. Ce que les documents nous révèlent, c'est que le droit de voirie fut une concession de Louis le Gros. Dès lors, l'abbaye qui, d'autre part, avait en propre un certain

Châtelet de Paris intervint, en juin 1293, qui maintint l'abbaye en la saisine de la basse justice de Choisy et Galy. (Arch. nat., série L., cart. 883, expéd. auth.)

(1) Ms. 21, p. 736-737. Cette ferme aurait été donnée à Sainte-Geneviève par un père, honnête laboureur qui la cultivait et qui, profondément blessé de n'avoir pas été invité au mariage de son fils avec une personne de rang supérieur, l'aurait déshérité. De là ces deux vers qu'on se plaisait à répéter :

L'enfant ingrat par sa folie
A perdu le val de Galie.

Du Molinet, n'ayant rien rencontré de semblable dans les archives de l'abbaye, ne croit pas beaucoup à l'authenticité du fait.

Cette ferme devait être cédée à Louis XIV pour le domaine de Ver, au diocèse de Senlis, domaine qui reçut de là le nom de Ver de Galy. (*Gall., Instr.*, col. 242, note 25.)

(2) Même ms. 21, p. 734-736. Choisy-aux-Bœufs, situé près Versailles, n'existe plus.

(3) L'abbaye le possédait en 1085, date de la concession de la cure par l'évêque de Soissons.

(4) Même ms. 21, p.p. 745 et suiv. Par exemple, le domaine de Marisy s'accrut du fief de La Villette.

nombre d'arpents de terre (1), se trouva en possession de tous les droits seigneuriaux de censive, champart, moulin, pressoir... (2). La vieille ferme de Toutain était une dépendance de la seigneurie de Rungis.

— En 1270, Pierre de Vémars, céda à l'abbaye, partie à titre gratuit, partie à titre onéreux, ce qu'il possédait dans le village de ce nom. La cession fut approuvée par Mathieu de Montmorency. Parmi d'assez nombreux droits seigneuriaux, figurait celui de justice (3). Mais un autre droit, purement honorifique, appartenait aussi à l'abbaye : c'était de prononcer par son maire, le jour de la Toussaint, l'ouverture du jeu de *soule* ou de boule. Pour ce jeu, on se partageait en deux camps, les hommes mariés d'un côté, les non mariés de l'autre ; et c'est ainsi qu'on se disputait vigoureusement le prix de la victoire (4).

— Auteuil vint au chapitre de Sainte-Geneviève par suite d'un échange avec l'abbaye du Bec, en Normandie. Le chapitre cédait ses possessions de la ville de Vernon et d'un village des environs, Gasny, à l'abbaye qui, de son côté, abandonnait au chapitre tout ce qu'elle avait, tant à Auteuil qu'à Paris, en serfs, censives, vignes, terres labourables,

(1) Un cartulaire de 1270 porte soixante-douze arpents, *sine terris dominæ Alburgis*, nom d'une donatrice. (*Ibid.*, p. 749.)

(2) Elle jouissait en outre de quarante coutumes. On entendait, par là, un droit introduit par l'usage du consentement, au moins tacite, de ceux sur lesquels il pesait. (*Diction. de Trévoux*.) Chaque coutume valait ici un setier d'avoine, deux boisseaux de froment, deux chapons, le tout imposé sur quarante arpents de terres, sises en divers endroits.
(Même ms. 21, p.p. 749 et suiv.)

(3) Les autres droits consistaient en coutumes, champarts, corvées... Il y avait des terres aussi. (*Mémoires de la société de l'histoire de Paris et de l'Ile de France*, tom. II. Paris, 1876, p. 271; même ms. 21, p. 755; *Gall.*, col. 742.)

(4) *Mémoires...*, *ibid.*, p. 276.
Du Cange, art. *Soula*, transcrit cette pièce qui explique le jeu, assez commun alors : « Le jeu de la soulle ou boulle de Chalandas... se diver-
« sifie et divise icellui jeu en telle manière que les gens mariez sont d'une
« part et les non mariez d'autre ; et se porte laditte soulle ou boulle
« d'un lieu à autre, et la se ostent l'un à l'autre pour gaingner le pris, et
« qui mieulx la porte a le pris dudit jour. »

coutumes (1), droits de justice et autres (2). L'acte est de 1109 (3). Seigneurs d'Auteuil, les abbés de Sainte-Geneviève furent aussi qualifiés de seigneurs de Passy, lorsque ce village, démembrement du premier, eut une existence indépendante (4). Dans la suite, ce fut à Auteuil que les abbés de Sainte-Geneviève firent élever ce qu'on appellerait aujourd'hui une maison de campagne, construction due, en grande partie, à Philippe Cousin, à Guillaume Le Duc et au cardinal de La Rochefoucauld (5).

— En différents endroits (6), l'abbaye possédait encore soit des terres, soit des censives, droitures (7), coutumes diverses (8).

(1) Il y avait des coutumes qui portaient le nom de grandes et qui valaient un setier d'avoine, un minot de froment, deux chapons, deux pains du prix de quatre deniers la pièce. Chacune de ces redevances en nature furent converties en une rente de douze deniers parisis, ce qui, remarque l'historien, ne fut pas une conversion avantageuse pour Sainte-Geneviève. (Même ms. 21, p. 719.)

(2) Parmi ces droits, il y en avait un qu'on désignait ainsi : *Capitalia virorum et mulicrum*, droit « qu'on tient, écrit toujours du Molinet, avoir esté les chapperons et couvrechefs de ceux et celles qui se marioient. » (Même ms. 21, 719.)

Le même historien écrit encore : « J'ay leu aussy que les propriétaires « de certains héritages estoient obligez de fournir de la paylle pour mettre « aux pieds des femmes dans l'église la nuit de Noël. » (*Ibid.*, p. 720.)

(3) Charte reproduite dans *Gall. christ.*, tom. VII, col. 727.

(4) Lebeuf, *Histoire... de Paris*, tom. III, p. 33-41. Dans un acte officiel de 1580, les abbés recevaient déjà cette qualification.

(5) Même ms. 21, p. 718-722.

(6) Par exemple, à Vaugirard près Paris, à Ébly près Meaux, à Draveil et Champrosay, à Maulny, hameau de Laval dans la Brie, à Marly-le-Roi, à Chennevières près Champigny-sur-Marne, à Courpierre près Gif aux environs de Palaiseau, à Guigny près Orly, à Charmentroy, à Magny-le-Hongre, à Palaiseau, etc.

Relativement à Palaiseau, les Arch. nat., série L., cart. 883, nous ont conservé une pièce originale assez curieuse : c'est une reconnaissance mentionnant une sentence arbitrale, en vertu de laquelle la justice et tous les droits y attachés appartiendront à Sainte-Geneviève, mais à la charge pour l'abbaye de donner un repas à Ferry de Palaiseau et à la veuve Bachelier, faute de quoi ledit sieur de Palaiseau et ladite veuve pourront faire saisir les charrettes de l'abbaye.

(7) On appelait *droiture* le droit qui était dû au seigneur censier sur les nouveaux acquéreurs. (*Diction. de Trévoux.*)

(8) L'abbaye avait eu jadis d'autres possessions et d'autres droits, plus

Sainte-Geneviève était assez riche pour venir parfois au secours de la pénurie du trésor royal. Sont passées sous nos yeux des lettres de Philippe VI et de Charles VI, en date de novembre 1343 et août 1390, lesquelles ordonnaient le remboursement de certaines sommes, 300 livres une première fois, 200 une seconde, prêtées par l'abbaye à la couronne.

Royale par son origine, sa destination, les tombeaux qu'elle renfermait, le haut patronage qui l'abritait, l'abbaye de Sainte-Geneviève le devenait donc encore par sa grande autorité féodale, ses nombreux vassaux et ses importants domaines.

ou moins étendus : à Mareuil-sur-Ourcq, Athis-Mons, Trilbardoux, Bagneux, Bourg-la-Reine, Ivry, Vitry, Soisy-sous-Étioles, Montlhéry, Fontenay-aux-Roses, Villejuif, localités des environs de Paris ; à Saint-Germain-sur-École, diocèse de Soissons ; à La Ferté-Alais ; à Boran, diocèse de Beauvais ; à Bois-le-Roi et Tilly, diocèse de Sens, etc.

Elle avait même joui de la seigneurie de Magny-le-Hongre avec les trois justices.

La terre et seigneurie de Saint-Germain-sur-École, vendues au président de Thou (sans doute Christophe), soixante arpents de terre à Bagneux avec une censive et autres droits avaient été aliénés par l'abbaye, pour acquitter la taxe imposée, en 1579, par le pape sur les biens ecclésiastiques. Le pape autorisait l'aliénation de ces possessions jusqu'à concurrence de la somme fixée pour chacune. La taxe payée par Sainte-Geneviève s'élevait à deux mille cinq cent quarante-quatre livres. (Même ms. 21, p. 442.)

Pour cette note et la première, Cf. notre ms. 21, p. 757, et la bulle d'Alexandre III, reproduite dans le *Gall.*, tom. VII, *Instr.*, col. 241.

Ajoutons que, pour cet art. V, un certain nombre de pièces (orig. ou cop. très anciennes) sont venues confirmer et compléter notre ms. 21. Ces pièces dont plusieurs ont été mentionnées, se trouvent surtout dans la série L., cartons 883 et 887 des Arch. nat.

CHAPITRE NEUVIÈME

LA SEIGNEURIE SPIRITUELLE

I. DESSERVICE DES PAROISSES PAR L'ABBAYE
II. PAROISSE DU MONT OU SAINT-ÉTIENNE DU MONT — III. PAROISSE SAINT-MÉDARD — AUTRES PAROISSES EN DEHORS DE PARIS

I

DESSERVICE DES PAROISSES PAR L'ABBAYE

De temps immémorial, l'abbaye de Sainte-Geneviève eut des paroisses à desservir. Ainsi de celles du Mont, de Saint-Médard, de Nanterre, Vanves, Rosny-sous-Vincennes, Jossigny. C'étaient les paroisses mêmes situées sur les terres dont l'abbaye avait été royalement dotée (1). Il paraissait naturel, la règle canonique s'y prêtant parfaitement, de confier le gouvernement des âmes à ceux qui avaient déjà le domaine temporel. Épinay-sous-Sénart doit être aussi mentionné. Plus tard, on s'inspira quelquefois de cette même pensée : Choisy-aux-Bœufs, Marisy-Sainte-Geneviève et La Ferté-Milon en sont la preuve. A l'abbaye appartenaient les revenus, dîmes et offrandes.

Pendant la sécularisation, les paroisses annexées à certaines prébendes furent appelées, nous le savons déjà, *préfectures* ou *prévôtés* (*præfecturæ*). A la suite de la pre-

---

(1) L'abbaye n'avait cependant pas la cure de Borret.

mière réformation, elles reçurent le nom d'*obédiences* (*obedientiæ*). Ce nom signifiait que, comme les chanoines « n'y étaient envoyés que par l'ordre de leur supérieur et par l'obéissance qu'ils lui devaient, ils étaient aussi obligés de retourner au monastère, lorsque la même obéissance les y rappelait, et que tant qu'ils y demeuraient, ce n'était pas pour vivre plus en liberté et à leur volonté, mais pour y observer les lois que l'obéissance leur prescrivait » (1). Ce droit de révocation *ad nutum*, consigné dans les constitutions, consacré par l'autorité du Saint-Siège (2), les abbés de Sainte-Geneviève le conservèrent intact jusqu'au XVIe siècle, époque où les curés visèrent à une plus grande indépendance à laquelle la deuxième réformation apporta remède.

Les chanoines envoyés dans les paroisses devaient être au moins deux, suivant le *Liber ordinis*, au moins trois

---

(1) M. 21, p. 617.

Le chapitre du *Liber ordinis* : *De fratribus qui ad obedientias conversantur*, après avoir marqué que ces chanoines devaient, dans la mesure du possible, observer les règles de l'abbaye, fait lire, à cet effet, quelques prescriptions spéciales. En voici les principaux points : silence à table ; motif légitime pour sortir, et alors en compagnie d'un serviteur, surtout pour entrer dans les maisons des séculiers ; défense d'admettre des femmes pour le service, de prendre les parents comme hôtes habituels, et, pour leur accorder quelque chose, autorisation de l'abbé ; promenades seulement aux endroits désignés et dans le pays, car, pour aller ailleurs et dans les villages voisins, il fallait la permission du prieur ; point de visites dans les villas des environs, à moins que les affaires ne le demandassent, ce qui était réservé à l'appréciation de l'abbé, ou, si les affaires pressaient, du prieur ; autorisation de l'abbé pour se rendre à l'abbaye, à l'exception des prieurs qui pouvaient même, en cas d'urgence, y députer de leurs collaborateurs ; dans le cas où la communauté comprenait plus de quatre chanoines, prescription de chanter l'office canonial aux heures fixées et de célébrer la grand'messe au moins les dimanches et fêtes obligatoires. (B. N., *Fonds latin*, ms. 14,673, fol. 40-41, cap. LI.)

(2) Bulle de Célestin III, en date du 22 mars 1195, à l'abbé et aux chanoines de Sainte-Geneviève : « Cum autem res exegerit et fuerit opportunum, liberum sit vobis eos revocare ad claustrum et alios in loco eorum..... substituere. » (B. S. G., ms. L. E. 25 in-fol. — *Cartulaire* de l'abbaye — p. 12.) Alexandre III avait déjà tenu ce langage quelques années auparavant. (*Gall. christ.*, col. 717.)

suivant les bulles d'Alexandre III et de Célestin III (1). A moins du privilège de l'exemption, l'abbé présentait à l'ordinaire un de ces chanoines, afin que celui-ci reçût de celui-là l'institution canonique et les pouvoirs nécessaires (2). Le titulaire était généralement le supérieur ou prieur de la petite communauté. De là des prieurs-curés, prieurs par rapport aux collaborateurs, curés par rapport aux fidèles (3).

Les prieurs-curés gouvernaient sous la haute direction de l'abbé qui visitait ou faisait visiter les paroisses (4). On lui rendait compte de l'administration du temporel. Il y avait là plus qu'une question de justice : il importait à l'abbaye que l'administration fût bonne, car c'était pour elle une des sources de revenu (5).

(1) La première, du mois de novembre 1167 ou 1168, en partie reproduite par le *Gall. christ.*, col. 717, et la seconde, dont une phrase était citée tout à l'heure, statuent, « ut liceat vobis in vestris ecclesiis quatuor aut tres ad minus ex fratribus vestris instituere ».

(2) Mêmes bulles : « Dummodo qui præesse debuerit, a diœcesano Episcopo spiritualium curam recipiat. »

(3) Pour n'être pas confondus avec les prieurs-curés, les prieurs des abbayes prenaient parfois le titre de grands prieurs. C'est ce qui s'est vu aussi à Sainte-Geneviève : « Jean Jourdin, qui vivoit en 1416, et Jean « Bourgeois en 1476, furent qualifiez dans les titres grands-prieurs de « Sainte-Geneviève. » (Ms. 21, p. 619.)

(4) Du Molinet nous apprend que « l'abbé Pierre Caillon délégua pour cet effet, l'an 1449, F.-Jean Bouvier, chambrier, dont la commission se voit encore en ces termes : *Et omnes et singulas domos, prioratus, capellas, grangias et quæcumque alia loca a dicto monasterio nostro dependentia visitandi facultatem concedimus; nihilominus singulis et omnibus religiosis nobis subditis, in virtute sanctæ obedientiæ et sub pœnis suspensionis et excommunicationis, firmiter injungimus, ut in præmissis vobis pareant, quemadmodum nobis...* » (Ms. 21, p.p. 620, 621.)

(5) Le même historien ajoute relativement aux avantages pour l'abbaye, du temporel des paroisses : « L'on trouve dans le Cartulaire de cette « maison qu'en l'an 1246, tout son revenu ayant été évalué à quinze « cents livres et celuy qu'on tiroit des cures à deux cent soixante livres, « on paya au roy pour les décimes cent soixante-seize livres... On voit en « un autre endroit que, l'an 1242, le revenu des paroisses de Saint-Étienne, « de Saint-Médard et de la chapelle de Saint-Symphorien estoit de qua- « rante livres, ce qui se doit entendre de ce que la maison en tiroit. » (*Ibid.*)

II

PAROISSE DU MONT OU SAINT-ÉTIENNE DU MONT

Dans l'origine, le bourg Sainte-Geneviève était généralement habité par les familles attachées à la culture des vignes, champs et vergers (1).

La crypte de la basilique, dédiée d'abord à Notre-Dame (2), puis à saint Jean l'Évangéliste (3), et renfermant le tombeau de sainte Geneviève, servait d'église paroissiale. Un chanoine, sous le nom de *chapelain* (*capellanus*), ou simplement de prêtre (*presbyter*) remplissait les fonctions curiales.

Plus tard, les écoles de Sainte-Geneviève donnèrent d'autres paroissiens dans les jeunes gens qui venaient y chercher la science et dans les hôtes qui les hébergeaient. La population augmenta considérablement, lorsque Philippe-Auguste eut obligé l'abbaye à céder « à cens et rentes » les terres qui se trouvaient enfermées dans les nouvelles fortifications (4).

---

(1) Du Molinet estime, et avec assez de vraisemblance, qu'il y avait aussi des habitants d'une condition plus élevée, parce que le « palais royal n'estoit pas seul, mais qu'il y avoit encore d'autres logis à l'entour pour les officiers du roy ». (Ms. 21, p. 622³.)

(2) Même ms., p. 258.

(3) Inscription d'un ancien titre du Cartulaire : *De parochia Sancti Joannis in crypta Sanctæ Genovefæ*. (*Ibid.*, p. 622⁴.)

(4) Ms. 21, p. 622⁵.

On peut trouver étrange que Grenelle, à l'extrémité du faubourg Saint-Germain, se trouvât compris dans la paroisse du Mont. Du Molinet, qui partage lui-même la surprise, donne de la chose cette explication assez plausible. D'abord, il n'y avait pas d'habitation. L'on sait, d'autre part, que les terres de Grenelle, en grande partie du moins, étaient du domaine de l'abbaye? L'abbaye faisait donc cultiver ces terres par ses valets qui, partant, étaient paroissiens du Mont. Quand, postérieurement, on construisit une ferme, les valets continuèrent à appartenir à la même paroisse, et ceux qui vinrent se fixer en cet endroit, durent relever de la même autorité spirituelle. L'état de choses continua. (*Ibid.*, p. 726-727.)

Ce même monarque avait doté la capitale d'un nouveau mur d'enceinte qui, en reculant les limites des anciennes fortifications sur la rive gauche de la Seine, avait enclos l'abbaye de Sainte-Geneviève. Aux yeux de l'évêque de Paris, ce changement devait avoir pour conséquence de placer sous sa juridiction toutes les paroisses qui se trouvaient à l'intérieur de l'enceinte. Cette revendication atteignait ou pouvait atteindre les abbés de Sainte-Geneviève et de Saint-Germain des Prés dont les droits, par suite de cet élargissement de Paris, s'étendaient, à l'intérieur de la cité, sur un territoire presque égal en étendue à celui qui était soumis à l'ordinaire (1).

Le conflit parut, d'abord, se concentrer sur la paroisse du Mont, devenue véritablement importante; ou, du moins, c'est au sujet de cette paroisse qu'il s'accusa plus ardent et prit des proportions plus considérables (2).

L'évêque demanda que le chanoine placé par l'abbé à la tête de cette paroisse lui fût présenté pour recevoir de lui-même la juridiction. Un refus formel accueillit la demande. Un interdit fut lancé sur la paroisse avec défense aux fidèles d'assister au service divin dans l'église et de recevoir les sacrements de la part du curé.

Les foudres de l'évêque jetèrent le trouble dans l'âme des fidèles. L'ancien abbé de Sainte-Geneviève, Étienne de Tournay, qui se trouvait à Paris, les réunit pour les calmer, en leur assurant, sur sa *foi de prêtre* et la *damnation de son âme*, qu'ils pouvaient passer outre en toute sûreté de conscience, puisque l'évêque avait fulminé sans en avoir

---

(1) Les nouvelles fortifications commençaient, pour employer une dénomination moderne, au quai de La Tournelle, contournaient l'abbaye de Sainte-Geneviève et venaient aboutir à l'endroit où s'éleva plus tard le collège Mazarin. (Crevier, *Histoire de l'univers.*, tom. I, p. 274.)

(2) Quelques années plus tard, cependant, le différend, en ce qui concernait Saint-Germain des Prés, fut aussi porté à Rome et jugé par sentence arbitrale en faveur de l'évêque, en 1210. La sentence fut confirmée par l'autorité royale en 1211. (*Traité de la police*, par Delamare, Paris 1705-1738, tom. I, p. 139-140.)

le droit. En présence d'une pareille opposition, l'évêque cita l'abbé à Rome.

Ce dernier, qui était Jean de Toucy, s'y rendit plein de confiance dans la justice de sa cause et aussi dans le bon souvenir d'Innocent III, avec lequel il avait jadis étudié dans la capitale de la France. De son côté, Eudes de Sully — c'était le pontife qui gouvernait le diocèse — se fit représenter par le célèbre théologien Pierre de Corbeil, chanoine de Notre-Dame et professeur à l'école épiscopale, plus tard évêque de Cambray et archevêque de Sens. Si Jean de Toucy espérait dans l'ancien condisciple, Pierre de Corbeil n'était pas sans faire fond sur l'ancien élève, car il avait eu l'honneur de compter cet illustre pape parmi ceux qui suivaient ses leçons.

Trois points subsidiaires étaient introduits par l'évêque. Selon ce dernier, le curé de la paroisse du Mont devait assister au synode diocésain, recevoir de l'ordinaire les huiles saintes, et les habitants de ladite paroisse, comme ceux des autres, payer à la cathédrale le *plat des noces* (1).

L'affaire s'instruisit devant deux cardinaux nommés *ad hoc*, et dont l'un était l'évêque d'Albano. Sur le rapport qui fut présenté, le pape débouta l'évêque de Paris de son action en réintégrande (2), leva l'interdit et, pour le reste, renvoya les parties devant les abbés de Vézelay, de Saint-Pierre d'Auxerre et le doyen d'Orléans.

La commission se réunit à Auxerre. L'abbé Jean de Toucy s'empressa de se présenter à la barre des nouveaux juges, et, bien qu'il n'en soit pas parlé, il est à présumer que Pierre de Corbeil en fit autant. La sentence n'allait pas

(1) *Fercula nuptiarum, plat nuptial* ou droit à percevoir pour le mariage : « Quæ pro nuptiis celebratis curioni seu sacerdoti ex jure præs- « tabantur. » (Du Cange, art. *Fercula*.) Il s'agissait évidemment ici d'une retenue en faveur de l'église épiscopale.

(2) Le pape « jugea en faveur de l'abbé, déboutant l'évesque de la demande qu'il faisoit de la réintégrande à l'égard des droits curiaux sur la paroisse du Mont, parce qu'il n'apparaissoit point qu'il en eust esté despouillé, ne prouvant pas qu'il en eust eu auparavant la possession. »

tarder à être portée, lorsque l'abbé et l'évêque, dans la pensée d'obtenir un jugement sans appel, s'entendirent pour demander le renvoi à Rome de l'affaire ainsi instruite. Un bref fit droit aux vœux des parties.

Jean retourna à Rome et probablement aussi Pierre de Corbeil. Le premier était porteur d'une lettre de recommandation de son illustre prédécesseur pour le pape (1).

Sur le fond, l'abbé vit confirmer la première décision papale : on lui reconnut la légitime possession de la paroisse, et on décida que le bourg du Mont, formant la paroisse elle-même, ne pouvait être frappé d'interdit que par le pape ou son légat *a latere*.

Touchant les points subsidiaires, l'évêque alléguait la possession attestant parfaitement le droit. L'abbé représentait que la possession n'était pas fondée. Si le curé avait parfois assisté au synode, c'était pour entendre la parole éloquente de l'évêque Maurice. S'il avait jamais reçu de l'évêque de Paris les huiles saintes, ce n'était pas qu'il se crût obligé à la chose : sous ce rapport, l'évêque de Paris se trouvait assimilé aux autres évêques à qui on avait eu également recours ; et, quant au *plat des noces*, la perception s'était faite à l'insu de l'abbé qui s'y était opposé, aussitôt qu'il en avait eu connaissance. Les raisons de l'évêque parurent mieux établies.

Le jugement fut rendu à Anagni, le 24 décembre 1200.

Un acte de violence d'un jeune archidiacre de Paris vint remettre tout en question. Ce représentant de l'évêque, en interdisant les fonctions saintes au religieux chargé de la desserte de Sainte-Geneviève-la-Petite (2), n'avait pas craint

---

(1) Epistol. cit. CCLXX.

(2) Cette église ou chapelle, construite en mémoire et auprès de la chambre où était morte la patronne de Paris, reçut plus tard le nom de Sainte-Geneviève des Ardents. C'est à tort qu'on a avancé qu'elle avait changé de nom à l'occasion du miracle des ardents ou même avait été construite ou restaurée pour en perpétuer le souvenir. Dans la transaction dont nous allons parler, on la désigne : *Capellam Sanctæ Genovefæ*

de le dépouiller des ornements sacrés, de le chasser de l'église, et avait déclaré qu'à l'avenir il n'y aurait plus de chanoine régulier à la tête de cette église.

Jean de Toucy ne voulut rien entreprendre avant d'avoir consulté l'évêque de Tournay. Celui-ci répondit qu'il aurait fallu porter incontinent l'affaire à Rome, mais que, vu le retard, une transaction était préférable. Eudes de Sully se trouvant dans les mêmes dispositions, la transaction, arrêtée et signée au mois de juin 1202, consacra les revendications épiscopales (1). Les minimes compensations qu'obtint l'abbé, méritent à peine d'entrer en ligne de compte (2). Quelque deux ans après, Innocent III ratifia la transaction (3).

---

sitam in civitate Parisiensi. « La première fois, dit l'abbé Lebeuf, que je l'ai trouvée nommée *de miraculo Ardentium*, c'est dans un acte de l'an 1518. » (Voir *Histoire... de Paris*.) Suivant une note insérée dans Piganiol de La Force, un acte de 1511 lui donnait déjà le titre de Sainte-Geneviève des Ardents. (*Description historique* de Paris, tom. I, p. 413. Paris, 1765.) Anciennement, elle appartenait à l'abbaye. Devenue paroissiale, elle fut démolie, en 1747, quand on voulut refaire à neuf l'hospice des enfants trouvés.

(1) « ... Parisiensis episcopus habebit omne jus episcopale seu paro-« chiale in tota parochia de Monte », dit la transaction.

(2) Ainsi, entre autres, de l'exemption de la juridiction épiscopale accordée à vingt-six personnes, dont vingt logeraient dans l'abbaye et six dehors, et de la dispense d'acquitter les droits ordinaires dans le synode : « Nec tamen circatam vel synodaticum reddet. »

Ajoutons cependant que, dans ce même acte, l'évêque de Paris consentait à l'exemption du droit de procuration pour les églises de Saint-Médard, Jossigny, Épinay, Vanves, Nanterre, Rosny.

Ce mot : procuration, « dans les titres ecclésiastiques, se dit quelquefois du repas qu'on donne aux officiers qui viennent en visite dans les églises ou monastères, soit évêques, archidiacres ou visiteurs... Le droit de procuration en général n'est autre chose qu'une somme d'argent qui doit revenir à l'évêque ou à l'archidiacre dans le cours de leurs visites pour les dédommager en partie des frais du voyage. » (*Dictionn. de Trévoux.*)

(3) Le concordat et la bulle d'Innocent III qui le confirmait, sont reproduit dans *Histoir. de la vil. de Paris*, par Félibien, tom. V, p.p. 597, 599, et le concordat seulement dans le *Gal. christ.*, *Instr.*, col. 226.

Pour ce qui concerne ce long procès, outre les indications particulières, source générale : Ms. 21, p.p. 622^5 et suiv. Les citations non indiquées appartiennent à ce ms.

La paix faite, on s'entendit des deux côtés pour la construction d'une église paroissiale distincte de la basilique (1). Le pape Honorius III donna l'autorisation. Les travaux furent rapidement conduits : vers 1225, le nouveau temple put être livré au culte ; et, placé sous le patronage du premier martyr, il allait bientôt s'appeler église Saint-Étienne du Mont. Toutefois il fallait passer par la basilique pour arriver à l'église paroissiale : c'était l'attestation perpétuellement visible de la dépendance de celle-ci à l'égard de celle-là (2). Les fonts baptismaux furent même conservés dans la basilique où ils restèrent jusqu'en 1624 ou 1626.

Le chanoine-curé demeurait toujours à l'abbaye qui percevait offrandes et revenus. En 1400, on voulut bien lui accorder une habitation séparée ; et on lui abandonna, pour sa subsistance, le rapport de la cure, à la charge de payer à l'abbaye vingt livres par an (3).

La population augmentant de jour en jour, le temple de 1225 devint insuffisant. On songea à l'agrandir. Les marguilliers s'adressèrent à l'abbé, pour obtenir une cession de terrain. La cour qui était devant l'église fut cédée avec autorisation de prendre encore dix ou douze pieds du côté de l'infirmerie pour la construction d'une sacristie. Les marguilliers s'engageaient, de leur côté, à payer dix livres de rente à l'abbaye. Tout cela se décidait dans les dernières années du XVe siècle (4).

Ce projet fit place à un autre qu'on suivit, le projet de

---

(1) Il avait été arrêté dans la transaction de 1202 que « neque episcopo sine consensu canonicorum neque canonicis sine episcopo novam ecclesiam seu capellam ædificare licebit ».

(2) Pour passer de l'une à l'autre, une ouverture avait été pratiquée dans le mur septentrional de la basilique vis-à-vis du chœur. (L'abbé Lebeuf, *Op. cit.*, édit. Cocheris, tom. II, p. 593.)

(3) Cette somme fut régulièrement payée jusqu'en 1472 où le curé Robert Malaquin, s'étant refusé à le faire, fut excommunié par l'abbé « et ne put recevoir son absolution, mesme *ad cautelam*, qu'il n'eust consigné auparavant les vingt livres qu'il devoit. » (Ms. 21, p. 633.)

(4) L'acte de cession, qui est du 19 février 1491, se lit dans Félibien, *Histoire de la ville de Paris*, tom. V, p. 711-712.

construire à neuf. L'abbé céda l'emplacement nécessaire. C'était une véritable donation, car il n'imposait d'autre charge que l'offrande, chaque année, à la fête de saint Étienne, d'*une livre de bougie rouge*.

En 1517, on jeta les fondements de la partie orientale. Quelques années après, Philippe le Bel, curé de la paroisse, faisait élever le chœur dont le style peut manquer de pureté, mais non point d'élégance ni de hardiesse. Les armes de Philippe se voient encore aux clefs de voûte avec celles de l'abbaye. Le remarquable jubé ne fut commencé qu'en 1600. Pour la nef, on dut modifier le plan. On s'aperçut qu'en la plaçant sur la même ligne que le chœur, on la ferait aboutir à l'angle de l'église abbatiale, ce qui eût été très disgracieux. On prit un autre alignement au risque de donner au chœur une inclinaison à gauche trop prononcée et même d'un effet désagréable. La première pierre du grand portail fut posée, en 1610, par Marguerite de Valois, et la dédicace solennelle de l'édifice sacré devait se faire en 1626, par Jean-François de Gondi, premier archevêque du diocèse (1). Deux ans auparavant, l'abbé avait autorisé les marguilliers à élever le clocher autant qu'ils voudraient, pourvu que les cloches ne fussent pas placées plus haut que la toiture : on voulait « qu'elles n'apportassent aucune incommodité aux religieux (2) ».

Tel est, brièvement, l'historique de la construction de l'église Saint-Étienne du Mont, non seulement une des plus belles, mais, sous le rapport architectural, une des plus curieuses de Paris.

Avec la transaction de 1202, toute cause de contestation

---

(1) Préalablement (juillet 1609), il avait été entendu qu'à la pointe nord de ce portail on construirait une tourelle comme une attestation de la seigneurie et propriété de Sainte-Geneviève, dont les armes seraient y sculptées. De plus, une plaque en marbre porterait en lettres d'or que c'était bien du consentement de l'abbaye que les travaux avaient été exécutés. (Arch. nat., série L, cart. 885, orig.; voir M. Cocheris, édit. de l'abbé Lebeuf, tom. II, p. 649.)

(2) B. S. G., même ms. 21, p. 637.

entre l'évêché et l'abbaye ou la cure qui en dépendait, avait-elle donc disparu ? Les faits répondent négativement, mais les conflits ne pouvaient prendre des proportions aussi considérables que dans le passé (1).

III

PAROISSE SAINT-MÉDARD — AUTRES PAROISSES EN DEHORS DE PARIS

Le village de Saint-Médard, séparé par la Bièvre du village de Saint-Marcel, était primitivement compris dans le bourg du Mont ou de Sainte-Geneviève. En se peuplant, il reçut lui-même le nom de bourg, et devint distinct du premier dont les limites, sous ce rapport seulement, se trouvaient rétrécies. Dans la suite, il put compter trois quartiers : Saint-Médard, Lourcines, Richebourg.

L'église ou chapelle, construite pour les besoins spirituels des habitants, se vit placée sous le vocable de Saint-Médard. Ce vocable devait probablement son origine aux reliques du saint confesseur que les Génovéfains vénéraient dans ce sanctuaire. Peut-être même l'église avait-elle donné le nom

(1) En 1472, nous rencontrons un appel comme d'abus interjeté par un curé déjà nommé, Robert Malaquin. Ce dernier entendait relever de l'évêque seulement en ce qui concernait les fonctions pastorales. Or, exposait-il, l'évêque et même ses officiaux avaient franchi, à son endroit, les justes limites. (Arch. nat., série L., cart. 882, orig.)

Quarante ans plus tard, un procès s'éleva qui fit du bruit. Un autre curé, Étienne Contesse, avait dénié à l'évêque le droit de visite et, au sujet du clergé paroissial appartenant à l'abbaye, la qualité de juge et le droit de procéder par censures ecclésiastiques. Plaidé en première instance et en appel, le procès fut perdu pour le curé. (Félibien, *Hist. de la ville de Paris*, tom. V, p. 745-747.)

Cela se passait en 1512. Mais voici que, en 1524, l'évêque François de Poncher se permit de procéder à la réconciliation du cimetière public de la paroisse. C'était une usurpation de pouvoirs, car le cimetière, comme l'église, se trouvait renfermé dans l'abbaye. Une opposition fut immédiatement formée et signifiée au prélat qui déclara être prêt à se défendre en justice. Des avocats, appelés à donner leur avis, signèrent une consultation favorable à l'abbaye. Nous n'avons cependant pas trace du procès. (Arch. nat., *ibid.*)

au village ou bourg. Quoi qu'il en soit, elle était desservie par un chanoine de Sainte-Geneviève que le pape Lucius III qualifiait également de *chapelain* dans une bulle de 1184.

L'édifice, tel qu'il existe aujourd'hui, ne remonte pas bien haut : la nef est de la première moitié du XVIe siècle, et le chœur de la fin (1).

En ce même siècle, l'église Saint-Médard fut horriblement profanée. C'était, en 1561, le 27 décembre, fête de saint Jean l'Évangéliste. Deux cents huguenots environ se trouvaient réunis dans le lieu ordinaire de leur prêche pour le faubourg Saint-Marcel, en la maison du *Patriarche* (2), rue Mouffetard, à peu de distance de l'église. Les cloches sonnaient les vêpres pour les catholiques. Le bruit incommodant le ministre qui portait la parole, celui-ci envoya deux de ses auditeurs pour prier de cesser. Les deux députés furent si maltraités qu'il en resta un sur place. On ferma les portes de l'église et on se mit à sonner de plus belle. L'office commença. Un lieutenant du prévôt des marchands qui assistait au prêche, se rendit à Saint-Médard. En vain se déclara-t-il officier du roi : les portes ne s'ouvrirent point devant lui et même des pierres lui furent lancées du clocher. Il fallut se retirer. Mais les huguenots accoururent en foule, enfoncèrent les portes de l'église et firent main basse sur tout ce qu'ils rencontraient, hommes, femmes, prêtres, images, autels. Cinquante personnes furent grièvement blessées, quatorze faites prisonnières et conduites triomphalement au Châtelet.

Le lendemain matin, les Huguenots revinrent, bien armés, tenir leur prêche. Mais tout se passa dans le calme.

---

(1) Ms. 21, p. 642-643, et l'abbé Lebeuf, *Histoire... de Paris*.
Rien ne nous rappelle plus le quartier Richebourg. Mais jadis une rue a porté longtemps ce nom qui s'est même imposé au pont de la Bièvre, en attendant qu'il cédât lui-même la place à celui de Pont-aux-Tripes. (Voir Sauval, *Histoire et recherches sur les Antiquités de Paris*, tom. I, p. 133.)

(2). C'était une maison qui tirait son nom d'un patriarche d'Alexandrie qui l'avait fait bâtir. (Félibien, *Op. cit.*, tom. IV, p. 807.)

L'après-midi, un attroupement de catholiques se dirigea vers le local de ces réunions calvinistes. N'y trouvant personne, on brisa les bancs, on renversa la chaire, on mit le feu autour, si bien que l'incendie s'étendit aux maisons voisines.

Le parlement qui fut chargé de l'affaire, rendit un arrêt qui condamnait à être pendus, devant le portail de Saint-Médard, un chevalier du guet et un archer du lieutenant du prévôt des maréchaux : ces deux hommes, loin de faire leur devoir en pareille circonstance, avaient plutôt favorisé le soulèvement des religionnaires (1).

La réconciliation de l'église se fit le 17 mars suivant. Une quête dans Paris avait permis de réparer les dégâts.

Mais l'outrage au Dieu de l'Eucharistie devait être réparé aussi. Une procession solennelle fut indiquée pour le 15 juin de la même année. Le Cirier, évêque d'Avranches, ancien conseiller au parlement de Paris, présida la cérémonie. Le cortège partit de Sainte-Geneviève dans cet ordre : les religieux des quatre Mendiants, les chanoines de Notre-Dame à droite et les religieux de Sainte-Geneviève à gauche ; les évêques d'Évreux, Bayeux, Amiens, Glandèves, Auxerre, Lisieux, Châlon-sur-Saône, Nevers ; l'évêque d'Avranches, portant le Saint Sacrement et accompagné des abbés de Sainte-Geneviève et du Val des Écoliers, tous trois revêtus de leurs habits pontificaux ; les six plus anciens conseillers du parlement de Paris de chaque côté du dais, et, derrière, en chapes, les cardinaux de Bourbon, de Lorraine, d'Armagnac et de Guise ; puis venaient le maréchal de Brissac, lieutenant général du roi, la cour de parlement en robes rouges et occupant la droite, tandis que le prévôt des marchands et les officiers de la ville tenaient la gauche.

L'évêque d'Avranches célébra pontificalement la messe à Saint-Médard, et un jacobin fit la prédication au Patriarche comme pour purifier ce lieu par la parole sainte (2).

---

(1) Félibien, *Op. cit.*, tom. II, p.p. 1078, 1079 ; ms. 21, p.p. 643, 644.
(2) Ms. 21, p.p. 644, 645.

— Parmi les plus anciennes cures relevant de l'abbaye, en dehors de Paris, et déjà nommées, Nanterre mérite une mention spéciale (1).

Ce village possédait une église où Geneviève enfant aimait à aller prier et qui, nous l'avons vu, fut visitée par deux autres saints, Germain d'Auxerre et Loup de Troyes, passant par Nanterre pour se rendre dans la Grande-Bretagne. Grâce à la piété des fidèles, une chapelle remplaça la maison où Geneviève était née, renferma le puits où elle avait puisé l'eau qui rendit la vue à sa mère, quand celle-ci, punie et repentante, gémissait de ne plus voir la lumière. Dès les premiers temps, l'église et la chapelle, consacrées, l'une à saint Maurice et l'autre à sainte Geneviève, furent confiées aux chanoines de l'abbaye : le culte du berceau de la sainte appartenait naturellement à ceux qui avaient la garde de son tombeau.

Au nombre des églises postérieurement confiées nous avons également nommé Choisy-aux-Bœufs, Marisy-Sainte-Geneviève et La Ferté-Milon. La concession des deux dernières était due à Hilgot que nous avons vu passer du décanat de Sainte-Geneviève sur le siège de Soissons : l'ordonnance du prélat qui avait la mémoire du cœur, est de 1085, la première année de son épiscopat (2).

---

(1) Notons cependant quelques détails.

A Rosny, ceux qui se mariaient devaient venir en grande cérémonie présenter au prieur-curé le plat des noces.

A Vanves, le prieur-curé avait jadis vingt sols parisis de revenu, six livres d'offrandes, et là-dessus il était obligé de payer vingt sols à l'abbaye « pour la robbe de son compagnon ».

Vanves, dans un cartulaire de 1229, n'avait que le titre de chapelle, et l'on avait soin de marquer une différence entre l'église et la chapelle : la chapelle ne payait que la moitié du droit de synode et de visite, *capellam dicimus quæ non reddit nisi dimidiam synodum et dimidiam circatam.* (*Ibid.*, p.p. 665, 649. 650.)

Ces anciennes paroisses desservies par l'abbaye étaient placées sous les vocables : Rosny, de Saint-Denys ; Vanves, de Saint-Remi ; Épinay et Jossigny, de Sainte-Geneviève. (*Ibid., passim.*)

(2) Dans Étienne de Tournay, *Epistolæ*, p.163, note de du Molinet où l'ordonnance est reproduite: « ... duo altaria in Episcopio nostro, unum in villa

L'église de Saint-Éloi de Roissy en France (1), avec Vauderland (2) où l'on pourrait élever une chapelle, fut donnée en compensation d'une prébende possédée à Notre-Dame et de l'église de Sainte-Geneviève-la-Petite. Ce fut un des articles de la transaction de 1202 entre l'évêque de Paris et l'abbé de Sainte-Geneviève. Mais, tandis que l'abbé faisait un abandon pur et simple, l'évêque, se réservant la juridiction sur l'église de Roissy comme sur la chapelle de Vauderland, ne concédait que le droit de présentation (3).

Si nous ajoutons la cure de Saint-Médard, à Lisy-sur-Ourcq, dont la possession ne paraît pas avoir été continuelle (4), nous aurons complété l'aperçu que nous nous proposions de donner de la seigneurie spirituelle de la grande abbaye (5).

« Marisiaca situm, in honore S. Genovefæ virginis dedicatum, aliud vero « beato Vedasto consecratum juxta Firmitatem super Urcam fluvium, « sub præsenti testamento in perpetuo concederemus habenda... »

L'église de Choisy-aux-Bœufs avait saint Pierre pour patron.

(1) L'abbaye possédait déjà ou posséda peu après quelques terres ou revenus à Roissy. (Arch. nat., série L., cart. 887.)

(2) *Cum additamento villæ quæ dicitur vallis Derlandi.*

(3) *Gall. christ., Instr.*, col. 227.

(4) Elle n'est pas nommée dans la bulle d'Alexandre III, et elle figure, nous le savons, dans le récit des *Miracles de sainte Geneviève*. Elle a été donnée en dernier lieu, en 1268, par un évêque de Meaux, Jean de Poincy. (*Gall.*, col. 742.)

(5) Dans le passé, l'abbaye avait encore possédé, plus ou moins de temps : la chapelle Saint-Symphorien des Vignes au Bourg du Mont, à Paris;

Le prieuré de Sainte-Geneviève du Bus (de *buxo*, buis) dans la forêt de Senlis, sur la paroisse nommée jadis *Tertia* ou *Tertium* (v. bulle d'Alexandre III avec note, *Gall., Instr.*, p. 243), et ensuite Pontarmé;

La chapelle de la Chaumette, à Saint-Leu-Taverny, laquelle tirait son nom de son fondateur, Jean Chaumette, chanoine de la cathédrale de Meaux, dans la première partie du xive siècle ;

Le prieuré de Saint-Louis d'*Arcuis*, qui datait de la même époque et était dû à la générosité d'un autre chanoine, Guillaume d'Arcuis, ancien précepteur de Philippe le Bel. Cet *Arcuis* est l'*Ercuis* d'aujourd'hui dans l'arrondissement de Senlis.

(Ms. 21, p. 669-676.)

Le plus souvent, dans ces diverses localités, l'abbaye, soit par donation, soit par achat, avait quelques possessions ou jouissait de quelques droits seigneuriaux. (Arch. nat., sect. hist., surtout les pièces du cart. L. 883.)

CHAPITRE DIXIÈME

LES PRIVILÈGES ET LES DROITS

I. IMMUNITÉS — DROITS ÉPISCOPAUX
SERMENT DE L'ÉVÊQUE DE PARIS — CHAMBRE APOSTOLIQUE
MONITOIRES
II. L'ABBAYE, SON CHANCELIER ET L'UNIVERSITÉ

I

IMMUNITÉS — DROITS ÉPISCOPAUX

A son titre de *royale*, l'abbaye de Sainte-Geneviève ajoutait celui d'*apostolique*; et elle mérita ce second titre par ses privilèges d'exemption, les insignes faveurs dont elle fut l'objet, et surtout par les droits considérables dont elle jouissait sous le double rapport judiciaire et monitorial (1).

(1) Du Molinet (ms. cité 21, p. 527), comparant la basilique de Sainte-Geneviève à la basilique de Latran, a écrit : « C'est ... à bon droit que
« l'église de Sainte-Geneviève porte le nom de papale et d'apostolique, de
« mesme que celle de Latran, puisqu'elle a esté le siège et la demeure du
« pape en France, comme celle-là a esté à Rome. Ceci est si véritable, qu'il
« y avoit encore aux murs de la ville qui ferment cette abbaye du côté
« du midi, une porte communément appelée la porte papale qui fut faite
« sans doute lors de la construction de ces murs pour donner un plus
« facile accès aux souverains pontifes, lorsqu'ils honoroient la ville de
« Paris de leur visite. »
L'abbé Lebeuf (*Hist. de la vil... de Paris*, anc. édit., tom. II, p.p. 386 et 437) explique autrement le fait de cette porte papale. Selon lui, l'on aurait voulu peut-être perpétuer le souvenir de l'entrée d'Eugène III. Saint-Germain des Prés avait aussi sa porte papale qui rappelait l'entrée d'Alexandre III.

Le privilège de l'exemption dont l'abbaye se glorifiait, était reconnu à Paris et hautement invoqué à Rome.

Les églises sont sous la juridiction de l'ordinaire : ainsi le droit commun. Mais, par concession, il y en a qui se trouvent distraites de cette juridiction pour ne relever que du Saint-Siège. Le privilège peut leur être appliqué dès l'origine ou plus tard. Dans le premier cas, l'exemption constitue l'église libre; dans le second, l'église est simplement privilégiée. Or, la basilique de Sainte-Geneviève avait droit de se glorifier d'être une église libre. Nous avons, en effet, le témoignage de Rigord qui s'exprime ainsi dans sa vie de Philippe-Auguste : « Certains de nos rois ont fixé
« de leur vivant le lieu de leur sépulture dans les églises
« qu'ils avaient fondées, les gratifiant de toute immu-
« nité, comme avait fait Clovis qui le premier des rois de
« France professa le christianisme et a été enseveli avec sa
« vénérable épouse, la reine Clotilde, dans l'église, fondée
« par lui, de Saint-Pierre à Paris, laquelle porte aujourd'hui
« le nom de Sainte-Geneviève (1). » Du Molinet estime que

En 1773, le *Journal de Verdun* (octobre, p.p. 288 et suiv.) a donné place à une *Lettre de M. P. de M. de l'académie royale de Châlons-sur-Marne*, lequel Monsieur s'estimait fondé à produire, sous le voile de l'anonyme, une interprétation différente que nous n'hésitons pas à qualifier de bien moins probable, disons-le, de hasardée, car, pas plus que l'auteur, on ne saurait invoquer rien de solide à l'appui. L'interprétation a pour point de départ les appels en cour de Rome. Puis l'académicien de Châlons s'exprime en ces termes : « Il suffira de savoir pour l'éclaircissement du
« sujet qui m'occupe ici qu'entre autres formalités la partie lésée devoit se
« présenter au pape pour lui dénoncer ledit appel. Comme il auroit été
« trop dispendieux de se transporter, soit à Rome, soit dans les autres
« lieux où le pape pouvoit faire sa résidence, il y avoit à Paris et vrai-
« semblablement dans beaucoup d'autres villes du royaume une maison
« représentative de l'habitation du pape, occupée par un vice-gérent. Il
« est même très probable que, pour la commodité des appelans, on avoit
« établi dans cette capitale plusieurs de ces demeures. Il y avoit aussi
« plusieurs portiers chargés de la garde de ces portes. » La conclusion est celle-ci : « Il est très vraisemblable que les portes existantes à Paris,
« dites papales, étoient des portes de la maison représentative du souve-
« rain pontife. »

(1) *Recueil des historiens* de France, tom. XVII, p. 15 : « Quidam autem
« ex ipsis in ecclesiis quas fundaverant, sibi sepulturas viventes elege-

l'exemption aurait été accordée, au moment de la consécration, par saint Remi, archevêque de Reims et légat du pape en France (1).

Galon, évêque de Paris et agissant de concert avec le chapitre de Notre-Dame, déclarait exempte de la juridiction de l'ordinaire les personnes mêmes qui habitaient avec les chanoines, à l'exception des femmes cependant. Le cellérier ou l'administrateur des biens ne devait pas, non plus, ressortir, pour les faits délictueux de sa gestion, au tribunal de l'évêque (2).

Pascal II se réservait la haute protection du chapitre, entendant que celui-ci continuât à jouir de l'immunité accordée par les papes (3).

Eugène III se faisait un devoir de procéder à la réformation de Sainte-Geneviève, non pas seulement en qualité de chef de l'Église universelle, mais comme ayant un patronage spécial à exercer sur l'abbaye (4).

Il devait bientôt confirmer le privilège et autoriser, en outre, l'abbaye à s'adresser à n'importe quel évêque catholi-

« runt, omnimoda immunitate eas donantes, ut Clodoveus, qui primus
« omnium regum Francorum fidem Christianorum suscepit, cum venerabili
« regina Clotildi uxore sua in ecclesia beati Petri Parisius quæ, modo
« mutato nomine, Sanctæ Genovefæ ecclesia dicitur, quam ipse funda-
« verat, sepultus est. »

(1) Même ms., 21, p. 537.

(2) *Gall. christ.*, col. 706 : « Ego Galo, Parisiorum episcopus, et Stepha-
« nus archidiaconus famulos canonicorum Sanctæ Genovefæ Parisiensis,
« quos et quotquot unusquisque canonicus de suo victu pasceus in sua
« domo vel familia habuerit, excepto femineo sexu, cujuscumque ætatis,
« ita liberos et quietos esse concedimus, ut neque nos neque successores
« nostri aliquam illis dominationis inferant molestiam, nullamque chris-
« tianitatis in eis exerceant justitiam... Ad hoc etiam quicumque fuerit
« canonicorum communis cellerarius, sub hoc maneat privilegio libertatis,
« nequaquam responsurus justitiæ nostræ potestatis. » Cet acte est de 1107.

(3) B. S. G., ms. lat, E. 25, in-fol. (*Cartulaire* de l'abbaye), p. 1, bulle adressée aux chanoines de Sainte-Geneviève, le 13 mai 1108 : « Claustrum quoque in ea, quam hactenus habuit, libertate servetur. »

(4) Lettre aux chanoines de Sainte-Geneviève, citée par Dubois, *Histor. Eccles. Paris.*, tom. II, p. 94 : « ... in ecclesiis quæ de beati Petri jure existunt. »

que pour le saint chrême, les saintes huiles, la consécration des autels et des églises, la collation des ordres sacrés (1), et la bénédiction de l'abbé (2).

Quelque temps après, Alexandre III allait reproduire le même langage dans un acte aussi solennel (3). Les papes postérieurs ne furent pas moins explicites (4).

L'immunité apostolique avait encore pour conséquences ces trois points :

L'abbaye n'était point sujette à la visite de l'ordinaire ni liée par ses ordonnances ;

Le droit de procuration ne pesait point sur elle (5) ;

Elle n'avait, non plus, à acquitter aucun droit cathédratique ou autre ;

Les censures épiscopales ne pouvaient l'atteindre, en sorte que, durant les interdits — et l'on sait que c'était une arme dont on ne craignait pas de frapper au moyen âge — elle pouvait faire célébrer les offices divins (6).

---

(1) Depuis 1266, l'abbé de Sainte-Geneviève était en possession du droit de conférer les ordres mineurs à ses religieux et dans son monastère : « Omnes minores ordines libere conferre valeas auctoritate præsentium « duximus concedendum », dit Clément IV dans sa bulle datée de Viterbe, 1er octobre 1266, et reproduite, ms. fr. H. 22³, in-fol., p. 305. Il avait précédemment le droit de donner la tonsure. (*Ibid.*, p. 308.)

(2) *Cartulaire* de l'abbaye, déjà cité, p. 2, bulle du 17 décembre 1150, signée de vingt-quatre cardinaux : « Libertatem quoque sive auctoritatem « prædecessoribus nostris romanis pontificibus eidem ecclesiæ indultam... « vobis auctoritate apostolica pariter confirmamus. Constituimus quoque « ut nulli archiepiscopo vel episcopo, nisi tantum romano pontifici, eccle- « sia ipsa subjaceat. » Eugène III spécifiait ensuite les concessions particulières que nous avons énumérées.

(3) Bulle donnée à Paris, le 24 avril 1163, signée de neuf cardinaux et trois évêques, reproduite dans le *Gallia*, *Instrumenta*, col. 241.

(4) Même ms. 21, p. 540, lequel cite les papes Lucius III, Clément III, Célestin III, Innocent III et Grégoire IX. Mentionnons aussi Sixte IV, dont la bulle est de la première année de son pontificat, soit de 1471.

(5) Ce droit atteignait les monastères mêmes qui n'étaient pas « sujets à la visite épiscopale. » (*Dictionn. de Trévoux*.)

(6) Du Molinet, à l'endroit précité, dans sa comparaison entre la basilique de Sainte-Geneviève et celle de Latran, a écrit encore : « L'église « de Latran avait un privilège d'asile spécial et particulier où les criminels « estoient dans une entière sûreté... Aussi voyons-nous que celle-ci « (l'église de Sainte-Geneviève) a joui du mesme privilège, puisque Gré-

— Les exemptions qui enlevaient les abbayes à la juridiction de l'évêque étaient ordinairement accompagnées d'un autre privilège : nous entendons la juridiction exercée par l'abbé sur ses inférieurs, et en vertu de laquelle il pouvait lier et délier, excommunier et absoudre, se réserver des cas de conscience, corriger, juger, en sorte qu'il était en droit de revendiquer la cause du religieux qui se trouvait déjà aux mains de la justice soit ecclésiastique, soit séculière. Parfois même, cette juridiction vraiment épiscopale s'étendait au dehors, sur le territoire environnant,

« goire de Tours assure qu'un certain Leudaste, qui l'avoit faussement « accusé, s'y retira pour éviter le chastiment qu'il méritoit. » Grégoire de Tours, en effet, (*Hist. Franc.*, lib. V, cap. L), parle de ce *Leudastes* qui *basilicam S. Petri Parisius expetiit*. D'après les expressions de du Molinet, il s'agirait d'un privilège tout à fait exceptionnel, et dont aurait joui également Sainte-Sophie de Constantinople.

Quoi qu'il en soit, le droit d'asile, en général, n'avait pas pour conséquence l'impunité du crime, mais bien l'adoucissement de la peine. On se proposait surtout de soustraire à la mort et à la mutilation. D'autre part, ne jouissaient pas de l'immunité les grands coupables, comme les voleurs publics, les assassins, les ravisseurs de vierges, les concussionnaires, les criminels de lèse-majesté, etc. En tout cas, même en celui du privilège exceptionnel, la pénitence canonique était absolument inévitable. Admis communément chez les peuples païens, pratiqué chez les Juifs, introduit par la force des choses dans l'Église chrétienne, ce privilège sacré reçut enfin, sous l'empereur Théodose II, sa pleine consécration de la part du pouvoir civil. La loi ne reconnaissait pas seulement le droit d'asile, mais elle en réglait l'exercice en statuant sur les personnes et sur l'étendue locale de l'immunité. (Voir *Cod. Theodos.*, lib. IX, tit. XLV, *De his qui ad ecclesias confugiunt*, IIII.) Le même droit prenait place dans la législation des peuples barbares qui avaient envahi l'empire romain ; car on le trouve consigné dans le code des Wisigoths, des Lombards, des Alamans. Chez les Francs, nous avons le premier concile d'Orléans, tenu en 511 sur la demande ou la convocation de Clovis, concile dont les décrets ont été présentés à l'approbation du roi, et dont le premier était ainsi conçu : «... Conformément aux canons ecclésiastiques « et à la loi romaine, on ne doit aucunement enlever les réfugiés cou- « pables de l'église, de la cour de l'église ou de la maison de l'évêque, « avant d'avoir juré sur les Évangiles qu'ils n'auront à subir ni la mort « ni la mutilation ni aucune peine, à la condition toutefois que le « coupable s'entende avec la partie lésée pour la satisfaction à donner. » (Sirmundus, *Concilia antiqua Galliæ*, tom. I, p. 178.)

On peut lire sur ce sujet le très consciencieux travail de M. Charles de Beaurepaire, *Biblioth. de l'Écol. des chartes*, IIIe série, tom. IV, p.p. 351 et 573, tom. V, p.p. 151 et 341.

pour embrasser alors les personnes, fidèles comme ecclésiastiques, étrangères à l'abbaye. Quand on ne se proposait, porte une pièce curieuse revue par du Molinet et par lui qualifiée d'*écrit important*, quand on ne se proposait « que de pourvoir au repos et à la tranquillité des personnes et des lieux consacrés à Dieu, on a seulement donné le privilège d'exemption »; mais, quand on voulait « rendre considérables des personnes ou des lieux », objets d'une « vénération particulière, on a accordé, outre cette exemption, des marques et des caractères de grandeur et de puissance au-dessus de leur état particulier (1) ». On le comprend, ces dernières concessions devaient être papales, comme les premières.

Or, aux portes de Paris — il s'agit de Paris avant l'enceinte de Philippe-Auguste — il y avait trois abbayes qui jouissaient de cette double prérogative : Sainte-Geneviève, Saint-Germain des Prés, Saint-Denys. Elles possédaient la juridiction épiscopale dans toute « l'étendue de leur territoire et de leur justice temporelle avec les mêmes droits et les mêmes pouvoirs que les évêques ont dans leurs diocèses. Les sujets de ces abbayes, dès leur fondation, ne reconnaissaient point d'autre puissance ecclésiastique ordinaire ni d'autre tribunal (2)... »

Quant à notre abbaye, les immunités dont elle jouissait, donnèrent lieu à de nombreux conflits. L'historique des

---

(1) B. S. G., pièce cotée E. fr., in-4, avec ce titre : *Réflections sur les privilèges*. Cette pièce assigne aussi comme occasion des privilèges, en certain cas, *l'oppression épiscopale*.

Le pouvoir d'ordre ou celui de conférer les ordres sacrés — est-il besoin de le noter ? — était toujours hors de cause, les abbés n'ayant pas le caractère épiscopal, et les privilèges, nous venons de le dire, n'ayant pour objet que la tonsure et les ordres mineurs.

(2) Même ms. H. 21, p. 550. « Tres speciales filias vestras circa et « prope Paris. urbem..., scilicet ecclesiam S. Dionysi, S. Germani, « S. Genovefæ..., dolentes vident et invident adversarii nostri.., et « conantur imminuere, lædere, conculcare... » dit Étienne de Tournay dans son épître à Innocent III, en faveur de l'abbaye de Sainte-Geneviève. (Epistol. CCLXX.)

conflits purement religieux a eu sa place un peu plus haut. Un mot sur les conflits en matière mixte.

Certes, il ne fallait pas que l'évêque de Paris tentât de soumettre à son tribunal les personnes qui relevaient du tribunal de l'abbaye. Celle-ci produisait aussitôt ses justes revendications, revendications d'autant plus énergiques et pressantes, que les coups frappés par celui-là présentaient plus de gravité. Faisait-on la sourde oreille ? Devenait-il nécessaire d'en appeler à la justice ordinaire du royaume, au parlement ? Les huissiers étaient là pour rédiger et porter une assignation en règle. Y avait-il opiniâtreté épiscopale ? La procédure s'engageait vaillamment. Ici, ce sont des chanoines jetés dans les prisons du Châtelet et à la délivrance desquels l'évêque s'oppose, parce que, dans son diocèse, il se prétend le juge ordinaire des personnes engagées dans la cléricature. Là, c'est la prison même de l'évêque qui se referme sur des enfants de la même abbaye. Dans le premier cas, des arrêts interviennent pour ordonner la délivrance, et dans le second, pour faire ouvrir la geôle épiscopale (1).

(1) Esquissons un de ces curieux procès.
Jean de La Rochetaillée, qui, avec le titre de patriarche de Constantinople, administrait le diocèse de Paris, présidait un jour une procession du chapitre de Notre-Dame à Sainte-Geneviève. Il faisait porter devant lui par son chapelain sa croix patriarcale. Le cortège entra ainsi en l'abbaye. Trois Génovéfains, estimant la chose insolite, enlevèrent la croix des mains du chapelain. Le patriarche trouva le procédé, sinon le fait, délictueux. Il sollicita et obtint du parlement une commission pour procéder à une information juridique. Il était assez difficile de découvrir les coupables qui ne s'empressaient guère de se déclarer et dont on n'avait garde, à l'abbaye, de faciliter la recherche. Enfin, de grandes présomptions venant à peser sur un chanoine, il fut saisi, conduit à la prison du Châtelet, et de là à celle de l'évêché, l'évêque alléguant sa qualité de juge naturel. Le procès commença sans retard. L'abbé et l'aumônier de Sainte-Geneviève furent plusieurs fois cités. Non seulement ils faisaient défaut ; mais, de leur côté, ils obtinrent du parlement une autorisation de poursuites contre le patriarche. En pareil cas, ce qu'il y avait de mieux à faire, c'était de conclure la paix. Une transaction, homologuée par le parlement, fut signée des parties. Elle n'eut pas le résultat qu'on était en droit d'attendre. La clause qui sauvegardait les

Soit spontanément — tant on savait l'abbaye susceptible à l'endroit de ses privilèges ! — soit sur un désir exprimé — on ne prenait jamais trop de précaution — l'évêque de Paris parfois, devant paraître pontificalement dans l'église Sainte-Geneviève, reconnaissait préalablement, et même par écrit, qu'il n'entendait se prévaloir en rien contre les prérogatives de l'abbaye (1).

Dépositaires de l'autorité épiscopale, les abbés de Sainte-Geneviève en portaient les insignes : la crosse, la mitre, l'anneau, la crosse très anciennement, la mitre et l'anneau à partir de 1227, année où l'usage en fut concédé par Grégoire IX à Herbert, et à ses successeurs (2).

— On ne s'en était pas tenu à l'égard des ordinaires aux prudentes mesures que nous venons de rappeler.

droits respectifs de chacun, devenait assez naturellement, dans l'espèce, une source de difficultés. La cour dut, par arrêt, ordonner la mise en liberté du religieux. Dix-huit mois s'écoulèrent entre la transaction et l'arrêt. (Archives nation., série L., cart. 882, copie délivrée de l'homologation et de l'arrêt : l'homologation est du 26 juillet 1423, et l'arrêt du 2 décembre 1424.)

C'est dans ce même carton que nous avons trouvé (pièces originales ou copies délivrées) plusieurs des *commissions* ou *arrêts* dont nous venons de parler. On peut lire un de ces arrêts dans les *Gal., Instr.*, col. 248. Les faits dont ces actes sont l'attestation, se rapportent aux xive, xve et xvie siècles.

Comme on le voit, le parlement de Paris s'inclinait lui-même devant ces droits d'immunité et les consacrait par ses sentences. On peut citer encore notamment trois arrêts dans les années 1512, 1527, 1551. (Même ms. 21, p. 542.)

(1) Voilà bien ce qu'ont fait Pierre d'Orgemont, avant d'officier pontificalement dans l'église abbatiale, et Jacques du Chastellier, avant de s'y faire sacrer, l'un en 1392, l'autre en 1427. Le *vidimus* du prévôt de Paris ne faisait même pas défaut. (Arch. nat., série L., cart. 882, orig.) Eustache du Bellay obtint, aux mêmes conditions, la permission de célébrer la messe dans l'église abbatiale, le 3 janvier 1551, fête de sainte Geneviève. (*Ibid.*)

M. Cocheris, dans son édition de l'abbé Lebeuf, tom. II, p. 619, cite, en la puisant dans ce même carton, une lettre du légat Octavien qui reconnaît avoir invité son ami Eudes de Sully, évêque de Paris, à dîner avec lui à l'abbaye, et déclare, en même temps, que cette invitation acceptée par l'évêque ne doit pas tirer à conséquence. Ce fait remonte à l'année 1200 ou 1201.

(2) B. S. G., ms. lat. E. 25, in-fol. (*Cartul.* de l'abbaye), p. 44 : « Usum mitræ, chirothecarum et annuli », dit la bulle. L'abbé faisait usage de la mitre précieuse.

De temps immémorial (1), les évêques de Paris faisaient à leur entrée solennelle, et dans l'église Sainte-Geneviève, serment de respecter l'immunité abbatiale. La coutume était, aux yeux de tous, tellement sacrée, que jamais le chapitre de Notre-Dame ne les eût reçus, s'ils n'avaient été présentés par celui de l'abbaye (2). En cas d'impossibilité, le prélat déclarait, par acte authentique, que l'omission ne préjudicierait en rien, ni pour le présent ni pour l'avenir, aux droits de l'abbaye (3). Donc (4), lorsque le jour était fixé pour l'entrée solennelle, on en donnait avis aux cours souveraines et aux officiers de la ville avec invitation de vouloir bien y assister. La veille, l'évêque allait coucher à Saint-Victor ; et, le lendemain matin, il recevait les compliments du prévôt des marchands et des échevins, qui devaient l'accompagner à Sainte-Geneviève avec les archers et officiers de l'Hôtel de

(1) *Ab antiquo et tempore immemoriali*, procès-verbal de l'entrée d'Eustache du Bellay en 1551 (*Gall., Instrument.*, col. 234) ; *Sicut constitutum est ab antiquo* (d'après un ms. du XIIIe s., *ibid.*, col. suiv.).
(2) B. S. G., ms. fr. D. 4⁴, in-fol. : *Cérémonies qui se pratiquent à l'entrée des évesques de Paris*, p.p. 2, 3. Ce ms. cite à l'appui l'installation de Guillaume de Seignelay, transféré, en 1219 ou 1220, d'Auxerre à Paris : les chanoines de Notre-Dame opposèrent le refus signalé.
(3) Le cas s'est présenté pour Jean de La Rochetaillée, nommé à l'instant. Le malheur des temps ne permettait pas une semblable cérémonie. La déclaration est du 31 octobre 1422. (Arch. nation., série L., cart. 882, orig.)
(4) A ces sources ajouter notre ms. H. 21, p.p. 543 et suiv. Ces cérémonies « pratiquées de tout temps », écrit, à son tour, du Molinet (*Ibid.*, p. 548), si elles ont subi des modifications, elles ne les ont subies que dans les choses accessoires.
C'est ainsi que le ms. cité, D. 4⁴, constate que l'évêque couchait parfois ailleurs qu'à Saint-Victor, que le prévôt des marchands et les échevins n'allaient pas toujours prendre le prélat pour le conduire à Sainte-Geneviève, que l'abbé et les religieux de Saint-Victor ne l'accompagnaient pas toujours ; et, pour ce dernier cas, l'auteur a transcrit cette harangue du prévôt des marchands lors de l'entrée d'Étienne de Poncher en 1503 : « Monseigneur l'évesque de Paris qui icy est, nous a esté « présenté par Monseigneur l'abbé de Sainct-Victor comme nostre évesque « pour l'emmener en ceste église et estre par vous receu et faire les « solennitez en tels cas requises. » (p. 5.)
Nous avons rédigé d'après ce qui nous a paru le plus généralement usité.

ville. Les religieux de Saint-Victor conduisaient processionnellement l'évêque à Sainte-Geneviève. Au portail de l'église, la procession s'arrêtait, et l'évêque entre l'abbé et le prieur de Saint-Victor s'avançait vers l'abbé de Sainte-Geneviève qui, à la tête de ses religieux rangés dans la nef, lui présentait l'eau bénite et l'encens, le complimentait et, pendant que l'abbé de Saint-Victor et ses religieux se retiraient, le conduisait, le tenant par la main droite et le prieur par la main gauche, dans le sanctuaire. Là, après avoir fait sa prière sur un prie-Dieu préparé à cet effet, le prélat montait à l'autel et, la main sur les Évangiles, en présence des notaires apostoliques, prononçait le serment suivant :
« Moi N., évêque de Paris, je jure sur les saints Évangiles
« de Dieu que je respecterai les droits, libertés, privilèges,
« exemptions, immunités et coutumes du monastère de
« Sainte-Geneviève de Paris et autres conventions conclues
« entre mes prédécesseurs et les abbés et chanoines du
« susdit monastère de Sainte-Geneviève (1)... » Ce cérémonial fut observé jusqu'à la fin du xvi⁰ siècle, ainsi qu'en font foi les procès-verbaux des entrées des évêques Viole, en 1554, Pierre de Gondi, en 1570, et Henri de Gondi, en 1598 (2).

(1) *Ego Parisiensis episcopus juro ad hæc sancta Dei Evangelia me servaturum jura, libertates, privilegia, exemptiones, immunitates et consuetudines monasterii Sanctæ Genovefæ Parisiensis et compositiones alias habitas inter prædecessores meos et abbatem et conventum dicti monasterii Sanctæ Genovefæ. Sic me Deus adjuvet et sacrosancta Dei hæc Evangelia.* Le ms. D. 4 ⁴, p. 8, qualifie la formule d' « ancienne ».
(2) Après le serment, l'évêque faisait déposer sur l'autel la pièce de drap d'or (le manuscrit du xiii⁰ siècle porte : *pannum sericum*), laquelle, suivant la coutume, était due à l'abbaye. Lorsque le dépôt n'avait pas lieu immédiatement, engagement était pris pour l'avenir, ainsi qu'il se voit par le procès-verbal de l'entrée d'Eustache du Bellay : « Voicy, « dit ce pontife à l'abbé, Jean Messier que vous connaissez qui vous « livrera le drap d'or et ce à quoy je suis tenu vers vous. — Monseigneur, « reprit Jean Messier, j'en fourniray pour vous et en répons à Monsieur « l'abbé de Sainte-Geneviève. » Pendant que le prélat se retirait au trésor pour prendre les ornements pontificaux, les cloches sonnaient, l'église s'illuminait, l'autel se décorait. C'est alors que, la mitre en tête

— L'abbaye possédait une chambre apostolique dont la juridiction, s'étendant successivement, finit par embrasser, dans le royaume, les principaux ordres religieux et un cer-

et la crosse à la main, il recevait les hommages des députés des cours souveraines. Revenu au sanctuaire où il priait quelque temps, il prenait place sur un trône qui avait été dressé du côté de l'Évangile. Les collèges de chanoines, les paroisses, les ordres mendiants qui, n'étant pas astreints à la clôture, faisaient partie du cortège, arrivaient et passaient devant lui pour le saluer et recevoir sa bénédiction. Pendant ce temps-là, on chantait le *Te Deum*, qui était suivi de la bénédiction solennelle du pontife. Alors quatre chanoines de Sainte-Geneviève soulevaient le siège épiscopal et portaient ainsi le prélat jusqu'à la principale entrée de l'église.

Là, ils recevaient de l'évêque chacun une pièce d'or : « Nummus debet esse pretii solidorum Parisiensium », dit le ms. du XIIIe siècle; dette aussi sacrée que celle du drap précieux. Un huissier appelait aussitôt les vassaux de l'évêque qui devaient remplacer les chanoines.

Il arrivait parfois que les évêques ne se faisaient porter ni par les chanoines ni par les vassaux Nous avons deux exemples célèbres : « l'un de Guillaume Viole, qui voulut aller à pied entre l'abbé et le « prieur de Saincte-Geneviève et se contenta de faire porter devant luy sa « chaire de drap d'or, et l'autre de Pierre de Gondy, qui ne laissèrent pas « de payer les droits aux quatre religieux, ce qui se justifie par les procèz-« verbaux... » (Ms. D. 4 ⁴, p. 13). Ce même ms. nomme les vassaux : « Les sieurs, dit-il, barons de Chevreuse, de Montmorency, à cause de la « terre d'Escouan, de Macy, de Monjay, de la Trémouille, à cause de la « terre de Conflans en Brie et de Luzarches..., vassaux de « l'évesché de Paris..., sont tenus de porter et conduire leurs nouveaux « évesques, à leurs premières entrées, depuis ladicte église de Saincte-« Geneviève jusqu'en l'église de Nostre-Dame. »

On se mettait donc en marche vers Notre-Dame. L'abbaye de Sainte-Geneviève était encore appelée à figurer aux premiers rangs dans le cortège.

Le cortège, en effet, se déployait ainsi : les religieux, les paroisses, les chanoines précédant ceux de Sainte-Geneviève, les échevins et officiers de l'Hôtel de ville, les gentilshommes, les parents et amis de l'évêque, les évêques en rochet et camail, la croix et les chandeliers de Sainte-Geneviève, les deux crosses de l'évêque et de l'abbé, l'évêque entre l'abbé et le prieur; derrière eux le prévôt des marchands, le plus ancien des échevins, les présidents et autres députés des cours souveraines. On suivait les rues Saint-Étienne des Grès et Saint-Jacques.

Au couvent des Jacobins, le recteur de l'université, accompagné de ses suppôts, venait souhaiter la bienvenue à l'évêque. Le cortège continuait sa marche par le Petit-Châtelet et le Petit-Pont.

Le chapitre de Notre-Dame attendait devant la chapelle Sainte-Geneviève dans la cité ou, pour employer la dénomination moins ancienne, devant Sainte-Geneviève des Ardents. L'abbé de Sainte-Geneviève lui présentait l'évêque que complimentait le doyen au nom de ses collègues.

tain nombre de chapitres. Plusieurs décrétales avaient donné à l'abbé de Sainte-Geneviève la qualification de *juge conservateur des privilèges*. L'extension de la juridiction fut due, en particulier, à Clément VI, Jean XXIII, Pie II : le premier de ces pontifes soumit à cette chambre les ordres de Cluny (1343 ou 44) et de Cîteaux (1351) ; le second, ceux de Prémontré (1410) et de Grammont (1413) ; le troisième, les ordres de la Trinité (1458) et du Val des Écoliers (1463) (1). « Ce qui l'a rendue universelle par toute la « France, écrit du Molinet, c'est l'ordonnance du concile « national tenu à Paris, en 1404, où l'abbé de Sainte-« Geneviève fut nommé un des quatre juges conservateurs « des églises exemptes, pendant le schisme..., et depuis

Parfois le compliment décanal était bien court. Nous lisons, en effet, dans le *Gallia*, col. 765, qu'à ces paroles de l'abbé de Sainte-Geneviève : « Colendissime cœtus, insequendo laudabiles consuetudines, « olim per prædecessores nostros conditas et inviolabiliter observatas, « vobis reverendum in Christo patrem et dominum Johannem divina « miseratione Parisiensem episcopum præsentamus, ut ipsum tanquam « vestrum et verum pontificem recipere dignemini ; » le doyen répondit : « Venerabilis pater, libenter illum recipimus. » Ceci se rapporte à l'entrée solennelle de Jean Simon, en février 1494, aujourd'hui 1495.

Après le compliment, l'évêque quittait le siège qu'on reportait à l'abbaye.

Quand la tête de la procession touchait à Notre-Dame, on faisait halte et l'évêque, passant avec le chapitre entre les deux rangs, s'approchait du portail qu'il trouvait fermé et qu'il faisait ouvrir en agitant une clochette placée exprès en cet endroit. Il entrait dans la cathédrale que remplissait le son harmonieux des orgues, pendant que l'airain sacré envoyait au loin ses grandes et joyeuses volées. Il célébrait pontificalement la messe. Puis on se rendait au palais épiscopal.

Au dîner que l'évêque offrait aux officiers et aux personnes de distinction qui avaient assisté à la cérémonie, l'abbé de Sainte-Geneviève prenait place après les évêques.

Le manuscrit du XIIIe siècle termine ainsi sa description : « Et si « episcopus Parisiensis renueret facere illa quæ supra scripta sunt « ecclesiæ beatæ Genovefæ, quæ libera est a prima sui fundatione et « immunis et exempta ab omni juridictione episcopi, nos denegaremus « eidem facere reverentiam et honorem, quem consuevimus eidem facere, « sicut supra dictum est, in jocundo suo adventu. »

(1) On pourrait citer encore Grégoire XI et Innocent VIII qui placèrent sous la même juridiction, l'un la collégiale de Saint-Urbain de Troyes (1374) et l'autre celle de Saint-Aignan d'Orléans (1487.)

« il fut le seul maintenu, tant en la cour de Rome qu'en
« celle de France, en cette possession par les arrêts des
« cours supérieures et souveraines (1). » Quand une or-

(1) B. S. G., ms. H. 21, p. 556-558 ; *Gal.*, passim.
Voici, du reste, la liste des ordres, abbayes, chapitres et autres établissements qui eurent leurs causes dans la chambre apostolique de Sainte-Geneviève.

Ordres religieux.

Ordres ou monastères :

Citeaux.
Prémontré.
Cluny.
Marmoutier.
Chartreux.
Billettes.
Mathurins.
Saint-Antoine.

Ordres ou monastères :

Grammont.
Célestins.
Val des Écoliers.
Blancs-Manteaux.
Chevaliers de Saint-Jean
 de Jérusalem ou de Malte.
Chevaliers de Saint-Lazare.
Chevaliers du Saint-Sépulcre.

Églises cathédrales.

Notre-Dame de Paris.
Saint-Étienne de Meaux.

Notre-Dame de Laon.
Notre-Dame d'Amiens.

Églises collégiales.

Sainte-Chapelle de Paris.
Sainte-Chapelle de Vincennes.
Saint-Quentin de Vermandois.
Notre-Dame de Vivier en Brie.
Saint-Gery de Cambray.
Notre-Dame du Gué de Mauny, diocèse du Mans.
Saint-Urbain de Troyes.

Saint-Jean de Chaumont en Bassigny.
Saint-Aignan d'Orléans.
Notre-Dame de Poissy.
Notre-Dame de Sirck au pays messin.
La Madeleine de Vézelay.
Notre-Dame du Puy en Anjou.

Abbayes de l'ordre des chanoines réguliers.

La Madeleine de Châteaudun.
Saint-Acheul d'Amiens.

Notre-Dame de la Roche, diocèse de Paris.

Abbayes de l'ordre de Saint-Benoît.

Saint-Denis en France.
Saint-Germain des Prés à Paris.
La Trinité de Fécamp.
La Trinité de Vendôme.
Saint-Waast d'Arras.
Saint-Germer de Flay, diocèse de Beauvais.
Saint-Riquier, diocèse d'Amiens.

Saint-Fuscien-au-Bois, même diocèse.
Notre-Dame de la Seauve-Majeure (*Silva Major*), diocèse de Bordeaux.
Saint-Pierre de Ferrières.
Le Mont Saint-Quentin près Péronne.
Bourg-Dieu ou Bourg-Deols en Berry.

donnance royale, en mai 1499, vint limiter à un rayon de quatre journées le territoire sur lequel pourrait s'exercer la juridiction des juges conservateurs, elle ne devait pas atteindre la chambre apostolique de la grande abbaye, ainsi que la jurisprudence l'a parfaitement établi (1).

Cette chambre était appelée, dans les limites de sa juridiction, à statuer sur les abus de l'autorité épiscopale touchant les biens ou les droits du clergé séculier et régulier, sur la légitimité des dîmes, les conflits entre religieux d'un même ordre ou d'un même monastère ; elle se trouvait préposée à la garde des privilèges dont jouissaient les diverses églises, et il lui appartenait de connaître de tous les différends qui surgissaient en ces délicates questions.

Elle était présidée par l'official ou le vice-gérant de l'abbé de Sainte-Geneviève (2). De sa sentence on ne pouvait ap-

Abbayes de filles.

Fontevrault et toutes ses dépendances.
Saint-Louis de Poissy.
Notre-Dame de Jouarre.

Notre-Dame d'Hières dans la Brie française.
Sainte-Claire de Nogent-l'Artaud.
Longchamp, diocèse de Paris.

Collèges de Paris.

Collège des Bernardins.
— des Cholets.

Collège du cardinal Le Moine.
— de Narbonne.

Hôpitaux.

Hôpital de Beauvais.
Saint-Jacques du Haut-Pas à Paris.
Saint-Nicolas de Montreuil.

Hôpital de Sion en Suisse.
Hôpital de la Chaussée-sous-Montmirel, diocèse de Soissons.

Mentionnons encore « les conseillers, secrétaires, aumôniers, chapelains, clercs et autres officiers ecclésiastiques de la maison du roy, de la reyne et du dauphin. »

(Même ms. 21, p. 564-566.)

(1) Du Molinet cite deux arrêts : l'un, « du 2 aoust 1527, en faveur de Lambert Megret contre Jean Brissonnet, vice-chancelier de Bretagne, qui avoit interjeté appel comme d'abus de la sentence de l'abbé de Saincte-Geneviève » ; l'autre, « du 19 febvrier 1539, donné au profit de François Folion, chanoine de la Saincte-Chapelle de Paris, contre Barnabé de Fayolles, bourgeois de Thoulouze ». Il ajoute qu'il y en avait « plusieurs autres semblables ». (*Ibid.*, p. 559.)

(2) Plaçons ici les noms de quelques-uns de ces officiaux ou vice-gérants, tels qu'ils se lisent dans notre ms. 21, p. 562-563 :

Jean Le Clerc (1508) ;

peler qu'au pape ou à l'abbé lui-même qui, alors, déléguait d'autres juges par lui choisis entre les ecclésiastiques constitués en dignité, c'est-à-dire les doyens, archidiacres, officiaux, conseillers.

Les causes y affluaient jusqu'à la fin du xvie siècle. Mais la longueur de la procédure qui y était suivie, devait faire préférer aux parties, soit la seconde chambre des requêtes, créée au parlement par Henri III, soit le grand conseil, soit encore la chambre des requêtes du palais, autres tribunaux estimés compétents et desquels l'on obtenait justice plus prompte. En la chambre apostolique de Sainte-Geneviève, où l'on procédait comme à Rome, le jugement ne devenait réellement définitif qu'après trois sentences conformes, car un second appel était autorisé et d'autres juges devaient être nommés. Il arrivait même que, chacune des parties obtenant deux sentences en sa faveur, il en fallait une cinquième pour décider en dernier ressort. Que de temps! que de tracas! que de frais! Mais, en droit, la chambre subsistait toujours.

— L'abbé de Sainte-Geneviève était armé d'un autre pouvoir, non moins incontestable, également apostolique (1), bien qu'on ne puisse pas davantage en assigner l'origine précise, celui de lancer des monitoires dans tout le royaume.

Jean de Guy, conseiller au parlement de Paris (1530);
Louis de Montmirail, doyen de l'église de Montmirail, diocèse de Chartres (1531);
Jean Louis, licencié en droit (1550);
Jacques Lomédé, archidiacre de Poitiers (1549);
Jean Morel (1570).
« Le juge conservateur, continue du Molinet, tenoit une fois la semaine « son audience dans la justice de cette abbaye où les notaires apostoliques « et autres postulans venoient plaider pour les parties. »
L'abbaye de Sainte-Geneviève avait, de son côté, pour juges conservateurs les abbés de Saint-Germain des Prés à Paris, de Saint-Médard de Soissons, et de Saint-Père de Chartres. (Même ms.)
(1) La formule le mentionnait : *Authoritate apostolica qua fungimur in hac parte.*

Les cardinaux, les évêques, les magistrats n'hésitaient pas à en appeler à ce pouvoir (1) si redouté en France (2). Les cours souveraines avaient coutume d'y avoir recours dans ces deux cas particuliers : 1° quand les évêques du diocèse que devait atteindre le monitoire étaient eux-mêmes en cause, ou opposaient un refus au mandement judiciaire; 2° quand le monitoire devait être publié dans un certain nombre de diocèses. L'ordre de fulminer était parfois transmis à l'abbé sous peine de saisie de son temporel (3).

Dans l'impossibilité de spécialiser les motifs de ces insignes concessions de la part de Rome, nous ne croyons mieux faire que de transcrire simplement ces paroles de notre manuscrit : « Les papes, considérant l'abbé de « Sainte-Geneviève plus que tous les autres de France, lui

(1) Ms. 21, p. 569-570 : « On n'a qu'à feuilleter les registres du parle-« ment de Paris, on y en trouvera plusieurs contradictoires (arrêts) en « leur faveur, comme du 22 mars 1531, des 27 janvier et 17 febvrier 1540, « du 23 juillet 1556, et plusieurs autres plus récens ; on y verra comme « la cour a ordonné une infinité de fois qu'ils seroient délivrez sur les « requestes des parties et mesme des procureurs et advocats généraux, « tels que les sieurs Le Brest, de la Guesle, Molé et Fouquet. Les pre-« miers présidens et les chefs des cours souveraines y ont aussy eu « recours, quand ils en ont eu besoin dans leurs propres affaires, comme « le chancelier Pompone de Bellièvre, le garde des sceaux de Vic, le pre-« mier président de Thoulouze. Bien plus, les cardinaux et les évesques « mesmes se sont souvent addressés à l'abbé de Saincte-Geneviève, pour « en avoir en leurs propres causes, comme le cardinal de Gondy, évesque « de Paris, Charles Descars, évesque de Langres, Nicolas de Thou, éves-« que de Chartres, Philbert de Brichanteau, évesque de Laon, Jacques « Dangennes, évesque de Lisieux..... »

(2) Suivant Belleforest (*Cosmographie universelle*, Paris, 1575, in-fol., p. 206), et du Breul (*Théâtre des antiquitez de Paris*, Paris, 1612, in-4, p. 277), on croyait que ceux qui n'obéissaient pas aux monitoires étaient frappés par la mort ou le malheur, en sorte, écrit, de son côté, du Molinet, que ces monitoires « font ordinairement venir à révélation ceux qui avoient méprisé les censures épiscopales ». (Ms. 21, p. 568.) Voici les paroles du Du Breul : « Et c'est un cas fort remarquable, duquel on voit « encor des preuves tous les jours, que peu souvent celuy qui est excom-« munié par la censure ou monitoire ou autre lettre de ceste chambre « apostolique, ne vit longuement ou bien ne profite du depuis, s'il ne fait « après une aspre et longue pénitence. » Belleforest s'était exprimé à peu près dans les mêmes termes.

(3) Ms. 21, p. 570-572.

« ont donné leur pouvoir et lui ont attribué en ce royaume
« une juridiction semblable en quelque manière à la
« leur..., la mettant en cela en quelque parité avec celle de
« Rome, quoique l'une se reconnaisse toujours dépen-
« dante et émanée de l'autre, comme un ruisseau de sa
« source (1). »

II

L'ABBAYE, SON CHANCELIER ET L'UNIVERSITÉ

Rivales des écoles de Notre-Dame, les écoles de Sainte-Geneviève partageaient avec elles l'honneur d'avoir été le berceau de l'université de Paris (2). Aussi le chancelier de l'abbaye était-il demeuré debout, et avec ses prérogatives, à côté de celui de l'Église de Paris, comme une attestation vivante et perpétuelle du passé.

« La liberté d'ouvrir école, dit très bien Crevier, sans
« autre titre que le mérite et la bonne volonté, ne subsis-
« tait plus après le milieu du xiie siècle. Il était de règle
« que ceux qui voulaient enseigner, en obtinssent la *licence*
« du maître des écoles, c'est-à-dire du chancelier ou sco-
« lastique des églises sur le territoire desquels ils préten-
« daient s'établir. (3) » Ces chanceliers ou scolastiques, au nombre de deux à Paris, appartenaient, l'un au chapitre de Notre-Dame, l'autre à celui de Sainte-Geneviève.

---

(1) *Ibid.*, p. 556-557. Ce même ms. H. 21, p.p. 527-531, 536-572, a été notre principal guide pour cet article.
On peut consulter aussi Chopin, surtout en ce qui regarde la chambre apostolique, *De Sacra Politia*, lib. II, tit. V, n° 4-14.
(2) Nous nous proposons de présenter dans un autre ouvrage : *La Vieille Sorbonne*, l'historique des origines et des développements de l'illustre *Alma mater*.
(3) *Histoire de l'université*, tom. I, p. 256.

A l'origine, ce dernier licenciait en toutes branches de l'enseignement. Son pouvoir se serait, dans la seconde partie du xiiie siècle, trouvé circonscrit avec l'organisation de l'université pour ne plus s'étendre qu'à la faculté des arts (1). Restreint sous ce rapport, il s'agrandit sous un autre : en vertu d'un privilège apostolique, il put licencier pour l'univers catholique. D'abord, il n'avait à prendre conseil que de lui-même. La coutume lui imposa l'avis de quatre examinateurs, coutume que devait sanctionner l'autorité pontificale. Voilà ce que nous apprend un conflit qui s'éleva, en 1258, entre le dignitaire de l'abbaye et l'université (2).

M. Thurot a écrit sur ce chancelier : « L'abbé du monas-
« tère le présentait à la faculté des arts qui examinait ses
« titres et l'acceptait. Le nouveau chancelier jurait alors,
« en présence de la faculté, d'accorder la licence suivant
« le mérite des candidats et l'avis des examinateurs. Il
« devait être chanoine de l'abbaye de Sainte-Geneviève et
« maître ès arts; s'il ne se trouvait pas de maître ès arts
« parmi les chanoines, le chanoine nommé chancelier
« devait déléguer ses fonctions à un maître en théolo-
« gie (3). »

---

(1) Le fait de ce pouvoir sans restriction du chancelier de Sainte-Geneviève résulte évidemment de deux bulles d'Alexandre IV, car elles supposent clairement le chancelier à qui elles sont adressées, en possession de ce pouvoir même. Dans l'une, nous lisons : « Volentes igitur ut « præfata nostra ordinatio ab omnibus reverenter et simpliciter observetur, « discretioni tuæ per apostolica scripta firmiter præcipiendo mandamus, « quatinus regendi Parisius in aliqua facultate nemini licentiam tribuas, « qui dictam ordinationem noluerit observare. » L'autre contient ces paroles : « Præsentium tibi authoritate præcipiendo mandamus, qua-« tenus nullum de cætero licencies Parisius in aliqua facultate, nisi prius « juret ordinationes et statuta... » (Du Boulay, *Historia universitatis*, tom. III, p.p. 293, 351). Ce qui vient confirmer encore notre raisonnement, c'est que le même pape dans les mêmes circonstances tenait le même langage au chancelier de Notre-Dame. (*Ibid.*, p. 334.)

(2) *Ibid.*, p. 316.

(3) *De l'organisation de l'enseignement dans l'université de Paris*..... Paris, 1850, p. 54.

Notre ms. 21, parlant du chancelier, p. 591-597, présente le cas sous un

Le savant du Molinet a fait la description de l'ancien cérémonial qui, à Sainte-Geneviève, accompagnait la collation de la licence ès arts. Naturellement il dit quelques mots des examens qui précédaient (1). Nous ne ferons guère que transcrire.

Les examens pour la licence ès arts commençaient le 3 février, le lendemain de la Purification, et se continuaient les jours suivants en présence du « chancelier » ou du « sous-chancelier ». Les examinateurs étaient au nombre de quatre. Nommés d'abord par les quatre nations de la faculté des arts, ils furent ensuite admis par elles sur la présentation du chancelier. Avant de procéder, on faisait faire aux candidats sur les Évangiles les serments requis. Nous mentionnerons les deux principaux. Les candidats devaient donc, entre autres serments, jurer qu'ils avaient étudié conformément aux règlements de l'époque : 1° les deux *Priscien*, 2° les *Interprétations* d'Aristote, et ses *Prédicaments* avec l'introduction de Porphyre (2).

---

jour un peu différent, en tenant compte de la liberté de l'abbé touchant la nomination. Donc, dans le cas où le chancelier nommé n'était pas maître ès arts, il devait — cela fut prescrit formellement au xiv° siècle — se choisir un sous-chancelier qui eut ce grade ou celui de docteur en théologie. Ce sous-chancelier alors faisait serment entre ses mains et en présence de la faculté. C'était lui qui conférait la licence.

Quant à la réception du chancelier, elle était très solennelle : elle avait lieu en assemblée générale comprenant, outre la faculté, le recteur et les procureurs des quatre nations ; de son côté, celui qui était promu à cette haute dignité universitaire prononçait, avant la prestation du serment requis, entre les mains du recteur, un discours aussi cicéronien que possible. (B. S. G., ms. lat. H. 25, in-fol., fol. 35 vers.; *Histor. univers.*, tom., VI, p.p. 140, 361, 890.)

(1) Du Molinet, ms. 24, p.p. 605 et suiv. Cet historien dut prendre ses renseignements dans un vieux ms. latin de Sainte-Geneviève, in-8, coté aujourd'hui : Q. 2.

(2) Voici, en propres termes, les deux serments :

« Primo quod audistis Priscianum majorem et Priscianum minorem semel ordinarie et bis cursorie, vel contra ;

« Item quod audistis veterem artem, scilicet librum Porphyrii et Prædicamentorum et Perihermenias semel ordinarie et bis cursorie, vel contra. »

Pour comprendre ces expressions *ordinarie* et *cursorie*, il faut savoir que, à cette époque, il y avait deux sortes de leçons : les leçons *ordinaires*,

Les examens duraient parfois jusqu'au delà de mars ; car ils ne cessaient que quand tous les candidats avaient subi

données par les maîtres, et les leçons *cursoires*, généralement données par les bacheliers pendant leurs *cours* de licence. Nous disons : généralement, car les maîtres étaient aussi admis à faire de ces leçons. La différence entre elles venait du temps et de l'heure où elles se donnaient, mais surtout de la matière de l'enseignement : « La logique était l'objet exclusif « des leçons ordinaires ; les cours extraordinaires embrassaient tout ce « qui n'était pas compris dans cet enseignement fondamental, la métaphy- « sique, la morale, les sciences, la rhétorique, les langues. » (M. Thurot, *ibid.*, p. 78.)

Les autres serments — et ils étaient nombreux — se lisent dans le vieux ms. sus-désigné, fol. 5 et suiv., ms. qu'on peut considérer, du moins dans sa première partie, comme le *Cérémonial* du chancelier. Ces serments avaient pour objets les autres livres étudiés, les actes soutenus, la conduite à tenir par le candidat en cas de refus, lequel ne devait point méditer de vengeance contre les examinateurs et attendrait la fin de l'année pour se représenter, l'âge requis, qui était la vingt-unième année com- mencée, la condition relativement au mariage et à la vie religieuse, car il fallait n'avoir ni contracté l'un ni fait profession de l'autre.

Voici les trois principaux que nous transcrivons d'après le vieux ms., fol. 11 :

« Item quod fidele testimonium perhibebitis de bachalariis licenciandis, « quotiescumque per cancellarium vel subcancellarium fueritis requisiti.

« Item quod servabitis honorem et libertatem cancellarii Sanctæ « Genovefæ.

. . . . , ...

« Item quod servabitis concordiam et pacem veram inter theologos et artistas, religiosos et seculares. »

De leur côté, les examinateurs, avant d'entrer en fonction, faisaient les serments prescrits par le règlement :

« Vos jurabitis quod expedietis expediendos et dignos, et impedietis impediendos et indignos.

« Item jurabitis quod nullum ponetis in manu cancellarii....

« Item jurabitis quod, si sciveritis aliquem impeditum per magistros, « per cancellarium expeditum, vos revelabitis facultati.

« Item jurabitis quod nullum audietis, nisi prius juraverit se determi- « nasse Parisius, vel alibi ubi studium generale.

. . . .

« Item quod, ratione officii examinis, nullam gratiam a cancellario re- « quiretis. »

. . . .

(Du Boulay, *Histor. univ.*, tom. III, p. 484-485.)

Ce règlement est de la fin du xIII^e siècle. L'article III d'un autre règle- ment de la même époque statuait que, dans le cas où les examinateurs refuseraient un capable ou admettraient un incapable, ils seraient inha- biles à exercer aucune charge dans la faculté. (*Ibid.*, p. 484.)

les épreuves. « Les examinateurs donnaient leurs suffrages
« pour chacun, et il fallait avoir trois voix des quatre
« (examinateurs) pour être reçu. Ensuite le chancelier les
« avertissait du jour qu'ils devaient venir prendre leur
« licence.

« Ce jour-là, tous les bacheliers étant assemblés dans la
« nef de l'église de Sainte-Geneviève, le chancelier étant
« mis en la place qui lui était préparée, donnait le rôle des
« noms de ceux qui devaient être reçus, au bedeau qui les
« appelait. S'étant tous présentés, le chancelier commandait
« à un bachelier de chaque nation d'expliquer une leçon
« sur la matière qu'il avait proposée, et lui faisait quelque
« argument, ou le sous-chancelier en sa place. En suite de
« quoi, il faisait un petit discours, si bon lui semblait. Puis
« il faisait de rechef prêter à tous les bacheliers serment sur
« les Évangiles de se bien acquitter de leur devoir selon les
« termes prescrits en son livre. Et tous ayant dit :
« *Ita juro*, ils se mettaient à genoux, et le chancelier,
« s'étant levé et étant découvert, leur disait : *Ego aucto-*
« *ritate apostolorum Petri et Pauli, in hac parte mihi*
« *commissa, do vobis licentiam legendi, regendi, disputandi*
« *et determinandi, cæterosque actus scholasticos seu magis-*
« *trales exercendi in facultate artium Parisiis et ubique*
« *terrarum in nomine Patris et Filii et Spiritus Sancti* (1).
« Ensuite le chancelier s'étant retiré à côté d'un autel qui
« était près de la porte du chœur, il recevait les remercî-
« ments de ceux qu'il venait de licencier. »

Des changements s'introduisirent dans ce cérémonial.
Nous lisons dans le même manuscrit, à la suite du passage
précité :

« Les cérémonies qui s'observent à présent en cette

---

(1) « Par l'autorité des Apôtres Pierre et Paul, en vertu de la charge
« qui m'a été conférée, je vous donne le pouvoir de lire, régenter, disputer
« et résoudre, et d'accomplir tout acte scolaire ou magistral dans la faculté
« des arts à Paris et partout au nom du Père, du Fils et du Saint-
« Esprit. »

« action sont différentes, car les maîtres ès arts se font
« tous les samedis en la chapelle du cloître de cette
« abbaye, après y avoir été examinés en présence du chan-
« celier par les quatre examinateurs des nations (1). Mais

(1) M. Thurot, *Op. cit.*, p. 54, a distingué deux sortes d'examen. « Le
« chancelier de Sainte-Geneviève, dit-il, ne conférait la licence qu'après
« deux examens. Quatre examinateurs nommés par lui l'assistaient dans
« le premier ; quatre examinateurs élus par les nations présidaient seuls
« au second. » Il nous est difficile, pour ne point dire impossible, d'admettre ces deux examens. Voici nos raisons :

D'abord, dans l'hypothèse affirmative, comment expliquer que ni du Boulay, ni Crevier, ni les mss. de Sainte-Geneviève n'en eussent fait aucune mention?

En second lieu, les examinateurs *in communibus et in propriis*, expressions qui, interprétées par M. Thurot, deviennent la base de son système, étaient, d'après les statuts, nommés par les nations : « quod examinator
« (il y a *examinatur*, faute typographique évidente) in communibus
« eligatur per nationes quemadmodum in propriis... » (*Hist. univers.*,
tom. III, p. 361.)

Notons ce qui est certain :

1° Suivant la bulle de Grégoire IX, le chancelier ne relevait que de sa conscience relativement à l'admission à la licence. (*Hist. univ.*, tom. III, p. 141.)

2° La coutume ne tarda pas à lui imposer des examinateurs.

3° Profitant d'un trouble universitaire, la querelle de l'*Alma mater* avec les Dominicains, il voulut s'en affranchir.

4° La faculté des arts protesta et sanctionna la coutume par ce statut formel : « Cum cancellarius in examinatione B. Genovefæ super liber-
« tatibus dictæ examinationis nobis injuriari multipliciter non formidet,
« præsertim cum ipse examinatos per non deputatos a nobis... licenciare
« præsumat ; unde etiam frequenter a deputatis rite examinatos et expe-
« ditos pro suæ voluntatis arbitrio repellere nullatenus erubescit, ac si
« nullum jus in examinatione dicta nos habere recognoscat...; statuimus
« de omnium consensu magistrorum..., ut nullus bachelarius a modo
« licenciari ex parte illa per magistros a nobis non deputatos præsumat. »
(*Histor. univers., ibid.*, p. 350.)

5° Le chancelier obtint dans la suite le droit de présentation des quatre examinateurs. (Crevier, d'après Du Boulay, *Hist. de l'univers.*, tom. VI, p. 289 ; *Histor. univers.*, tom. VI, p.p. 752, 757.)

6° « Il n'étoit permis, dit encore Crevier, d'envoyer que huit candidats
« à chaque examen. S'ils étoient en plus grand nombre, on établissoit
« une seconde, une troisième, une quatrième audience (c'étoit le terme
« consacré, *auditio*) pour ceux qui n'avoient pu auparavant trouver
« place. » (*Ibid.*, tom. IV, p. 195.) *Auditio*, dans ce cas, signifiait séance supplémentaire. En supposant que ce nombre fût admis primitivement, cela supposait six séances par mois ; car « dicti examinatores non audient in uno mense ultra quadraginta octo baccalarios, proportione, quæ consuevit in nationibus observari, servata, quantum ad numerum ea-

« ils se font plus solennellement, lorsque cela se pratique à la
« fin de quelque acte ; car, après que le répondant a soutenu
« durant quatre ou cinq heures, en présence d'une grande
« assemblée, le chancelier de Sainte-Geneviève étant arrivé
« en rochet et chaperon et les quatre examinateurs avec
« leurs robes d'écarlate fourrées d'hermine, et ayant tous
« pris des places honorables, le soutenant descend et se
« présente à eux sur une chaise base. Le chancelier
« commence lui demandant quatre choses : son nom,
« son surnom, sa religion, son régent. A quoi ayant satis-
« fait, le chancelier fait un discours, si bon lui semble, ou le
« remet après l'examen. Ensuite il l'interroge, s'il veut,
« et les quatre examinateurs lui proposent quelques ques-
« tions et quelques arguments. A quoi ayant répondu et le
« chancelier ayant pris l'avis des examinateurs, celui qui
« doit être licencié se vient mettre à genoux. Le chancelier
« s'étant levé et étant découvert prononce la forme de la
« licence et lui donne la bénédiction apostolique en ces
« termes : *Nos cancellarius S. Genovefæ et universitatis*
« *Parisiensis, auctoritate apostolica...* Et ensuite il lui met le

rumdem ». (*Hist. univ.*, tom. III, p. 483.) Le nombre de quarante-huit fut bientôt réduit à seize : «... In uno mense non examinabunt nisi sexdecim scholares tantum, videlicet in qualibet auditione octo, scilicet tres Gallicanos..., duos Picardos..., duos Normannos...,unum Anglicum...» (*Ibid.*, tom. III, p. 483, tom. IV, p.p. 112 et 251.) Du Boulay dit ensuite : «... Examen B. « Genovefæ bis tantum in mense exerceri solitum, scilicet proxima die « sabbati post kalendas, et proxima post idus. Binaque auditio vocabatur. « At hodie singulis diebus sabbati exercetur. » (*Ibid.*, tom. III, p. 485.)
Restent les expressions : *In communibus et in propriis*. Comment faut-il les entendre ? Le sens des deux examens écarté, il nous semble qu'on pourrait s'arrêter à cette interprétation : l'examen *in communibus* comprenait les matières obligatoires, sur lesquelles les examinateurs, nonobstant les serments du candidat pouvaient examiner, tandis que l'examen *in propriis* regardait les sujets volontairement étudiés ou, si autrefois aux arts l'usage était le même qu'en théologie, le livre assigné au candidat par le chancelier : car nous lisons dans l'*Historia universitatis*, tom III, p. 235, d'après un document de l'époque : « .... Quisquis licentiam expetebat, « cancellarium adibat et ab eo quo in libro examinandus esset, accipie-« bat.... Examinabatur tam ab ipso cancellario quam a magistris exami-« natoribus. »

« bonnet sur la tête, lui disant : *Lauream magisterii capiti*
« *tuo imponimus* (1). »

Suivant le même historien, il appartenait à l'abbé de choisir le chancelier et de « l'établir en cette charge qui n'était pas un titre, mais une simple commission qui se donnait et se retirait » à volonté.

Ceci est confirmé par un arrêt du parlement, en 1381, lequel maintint l'abbé de Sainte-Geneviève « en la possession d'établir un chancelier et de le destituer, particulièrement quand il y avait quelque sujet grave ». Un autre fait vient à l'appui. En 1491, un nommé Jean Babillon, ne pouvant obtenir de l'abbé la dignité de chancelier, s'en fit pourvoir à Rome. A cette nouvelle, l'abbé convoqua les principaux membres de l'université pour prendre conseil d'eux. On fut d'avis que l'abbé « ne devait pas souffrir que ce religieux intrus en la charge de chancelier l'exerçât ». En vain Alexandre VI voulut-il intervenir : il fallut la nomination abbatiale qui fut donnée en 1500 (2).

---

(1) Du Molinet a ajouté de sa main sur le ms. : « J'estime que l'usage de
« donner le bonnet n'est venu que depuis que les maistres se sont servis
« de bonnets quarrés, laissant les bonnets ronds que tous portoient indiffé-
« remment..., pour les escoliers. » Il appuie son opinion sur ce qu'il n'est point question de bonnet dans les anciens manuscrits de la chancellerie, lesquels remontaient au moins à deux cents ans. Dès lors, le nouvel usage se serait introduit vers la fin du xve siècle, ou le commencement du xvie. (V. aussi E. Pasquier, *Œuvres*, Amsterdam, 1723, in-fol., tom. I, col. 396-398).

(2) Le même auteur estime même que « l'abbé de Sainte-Geneviève faisoit la fonction de chancelier, au moins quand bon lui sembloit » ; et il ajoute qu'assez probablement il n'y a « point eu de chancelier autre que luy depuis la réforme des chanoines réguliers, arrivée l'an 1148, jusqu'en l'an 1250 ». (Ms. 21, p.p. 594, 595.) Un autre ms. (ms. lat. H. 25, in-fol., vers la fin) pose et prouve cette thèse : *Jus instituendi destituendique cancellarii superioris ad abbatem Sanctæ Genovefæ attinere.* Ainsi appelait-on le chancelier de Sainte-Geneviève, tandis que celui de Notre-Dame avait la qualification d'*inferioris*. L'appellation était purement topographique.

Notre ms. 21, p.p. 597 et suiv., donne la liste de ces dignitaires génovéfains au sein de l'université. Résumons-la. Nous avons donc pour chanceliers:

Ce n'était pas seulement par son chancelier que la célèbre abbaye se rattachait à l'université.

Il y avait encore entre l'une et l'autre plus que le lien des grades universitaires, car, comme nous l'avons vu, pour ne point parler des autres, « la plupart des abbés ont été gradués (1) ».

« On ne doit point douter que les religieux de Sainte-
« Geneviève, écrivait du Molinet, ne soient en droit d'être
« du corps de l'université de Paris par-dessus tous les
« réguliers, dont ils pourraient légitimement se mettre en
« possession, si quelques considérations particulières ne
« les retenaient (2). »

Quelles étaient donc ces *considérations particulières* ?

L'abbaye n'avait pas seulement des cours pour ses religieux. « Il se trouve même — ainsi s'exprime l'historien précité au sujet des professeurs distingués qu'elle comptait autre-

---

En 1290, Guérin ;
Vers 1360, Jean de Saint-Germain, qualifié de *Docteur es loix* ;
Josse Ghisil, dont nous connaissons l'histoire ;
Gilles, prieur de Vanves, qui remplit provisoirement les fonctions ;
Jean Maugeon ;
Jean Le Merle ou Le Merleux ;
Martin Le Chat, vers 1411 ;
Jean Dupuis, vers 1440 ;
Philippe Langlois, qui ne quitta cette charge, et encore pas immédiatement, que quand il fut abbé ;
Jean Babillon qui, nous venons de le dire, ne put, par suite de difficultés, l'exercer qu'en 1500 ;
Philippe le Bel qui, nommé en 1521, ne dut pas la remplir longtemps, puisque nous voyons, la même année,
Jacques Aimery qui s'en trouve en possession ;
Macé ou Matthieu Masle, en 1540 ;
Robert Oudet, mort en 1572 ;
Nicolas Judas qui jouit peu de temps de la dignité ;
Pierre Lyard qui mourut en 1579 ;
Bernard le Bourguignon nommé par l'abbé Foullon en 1594 ;
Enfin Pierre Guillon qui remplit la charge de 1607 à 1647.

(1) Ms. 21, p. 610. A la page suivante, du Molinet cite quelques noms des autres génovéfains gradués ; il ajoute que cela suffit « pour faire voir qu'il a toujours esté permis aux religieux de Sainte-Geneviève de se faire graduer en l'université ».

(2) Ms 21, p. 613.

fois — « il se trouve même que quelques-uns y ont régenté
« publiquement la théologie dans nos écoles, qui ont été
« censées écoles publiques et du corps de l'université (1). »

Il nous semble donc que, si les Génovéfains n'ont pas
cherché, comme les ordres mendiants et autres, à faire
prononcer ou authentiquer leur admission dans le corps
enseignant, c'est qu'en fait ils se considéraient comme
apartenant à ce corps et jouissaient de son grand privilège.
Pourquoi donc soulever une question inopportune, sinon
périlleuse? Au XVIIe siècle, époque, nous le rappelons, où
écrivait l'érudit religieux, le péril eût été certain.

L'abbaye aimait à se rattacher encore à l'université par
les grades qu'elle y faisait prendre à ses religieux (2).

Lorsque, pour obéir à la constitution de Benoît XII, le chapitre général de Saint-Vincent de Senlis, en 1352, eut choisi

---

(1) *Ibid.*, p. 612. Les professeurs ici nommés étaient :

Au XVe siècle, Raoul Maréchal, aux leçons duquel « il y avoit grand concours » (*Ibid.*, p. 415);

Au XVIe siècle, Jacques Emery et Nicolas le Jeune.

En *confirmatur* transcrivons ces autres paroles sous la date de 1446 : « Eustachius Hyart fecit tertium principium in scholis Sanctæ Genovefæ. » Or par *principium*, en fait de cours, on entend *actus theologicus ad obtinendum doctoris gradum, olim in universitate Parisiensi usitatus.* (Du Cange.)

(2) Notre ms. 21, p. 611, contient une liste de ces gradués.

Nous citerons seulement Jean Berson, docteur des derniers temps, prédicateur remarquable, au dire du *Gallia* (*loc. cit.*, col. 772) et dont Pierre Le Juge décrit en ces termes les funérailles, mars 1580 : « Fut enterré le len-
« demain qui estoit le samedy, où assistèrent messieurs de la théologie
« avec telle affluence de peuple, qu'on ne pouvoit remuer, la plus grande
« partie d'iceluy plorant un si honneste homme, et singulièrement les es-
« coliers et tous le corps de l'université regrettant un tel ornement des
« estudes et des lettres. » (*Hist. de S. Genev.*, Paris, 1586, in-8, fol. 100 vers.)

Il n'est pas étonnant que ces gradués fussent nombreux à Sainte-Geneviève. En effet, Jean de Hubant, conseiller clerc, ami des lettres et de l'abbaye, ne se contenta pas de fonder le collège de l'*Ave-Maria* dont il confia l'administration temporelle à l'abbé de Sainte-Geneviève et au grand maître de Navarre. L'année suivante, c'est-à-dire en 1340, il assurait, par le don d'un capital, les frais d'études théologico-universitaires pour cinq religieux de l'abbaye : « ... Offerens nobis certam pecuniæ summam pro emendis redditibus..., maxime ad actus scholasticos necessarius. »

(Ms. 21, p.p. 401, 612 ; *Gal.*, col. 752, 753.)

Sainte-Geneviève comme une des deux maisons d'études de la province — Saint-Euverte d'Orléans était l'autre — à ce moment surtout, l'abbaye fut un centre pour les étudiants, centre désigné pour les étudiants chanoines, centre attractif pour les autres, ainsi qu'un vieux titre le rappelait en ces termes : « Dans cette partie de la ville de Paris,
« les jeunes gens, venus de divers points du monde, et
« malgré tant de périls, ont fixé leur séjour, supportant
« de grandes dépenses, pour faire des progrès dans la
« science théologique qui brille ici au premier rang parmi
« les autres sciences ; et, comme notre église occupe le
« lieu le plus élevé de la ville, les étudiants en théologie
« et autres s'y portent en foule (1). »

(1) Le texte latin cité dans ms. 21, p. 402.
Quand les collèges se fondaient sur la terre de Sainte-Geneviève, c'était avec l'autorisation de l'abbaye qui n'oubliait pas de sauvegarder les droits seigneuriaux.
Citons quelques exemples.
L'abbaye stipulait :

XIIe siècle. { Sur le collège de Danemark, 12 deniers de cens et 70 sols parisis ;

XIIIe siècle. { — des Cholets, 600 livres comptant et 4 sols de rente ;
— de Sorbonne, 58 sols de cens ;

XIVe siècle. {
— de Navarre, la réserve des droits curiaux et paroissiaux avec deux bourses dans l'établissement ;
— de Laon, 300 livres comptant à titre d'indemnité ;
— de Montaigu, 1600 écus d'or une fois payés et 50 sols parisis de cens ;
— du Plessis, 14 sols parisis de cens d'abord, et plus tard 6 livres de rente en plus ;
— de Marmoutier, 14 sols parisis de rente ;
— de l'Ave-Maria, 12 livres parisis tous les dix ans ;
— de Cambrai ou des trois évêques, 200 florins d'or avec réserve des droits seigneuriaux et paroissiaux ;
— de Boncourt, une rente foncière et quelques autres redevances ;
— de Dormans, une rente ;

Il ne faudrait pas croire cependant qu'il n'y eut jamais de tension dans les relations entre l'abbaye et l'université.

D'abord, nous avons à mentionner un fait regrettable. En 1357, quelques docteurs se réunissaient chez l'abbé de Sainte-Geneviève, Jean de Viry. Quelles difficultés surgirent ? Toujours est-il qu'il y eut voie de fait de la part des serviteurs de l'abbé. L'université se réunit sans retard aux Bernardins : l'abbé, rendu responsable, fut privé de tous ses droits et honneurs universitaires ; et la docte assemblée décida, en outre, le transfert au collège de Navarre de sa caisse, de ses archives et de son sceau, trésors dont l'abbaye avait eu jusqu'alors la garde. Si les archives de l'université, comme son sceau, semblaient devoir être confiées au chancelier, sa caisse avait deux fois sa place auprès de l'abbé, puisque ce dernier avait été chargé, avec le chancelier lui-même, par Martin IV, du soin de lever la taxe scolaire qui alimentait les ressources du corps enseignant (1).

xivᵉ siècle.
— de Fortet, une rente fixée dans la suite à 50 livres parisis ;
— de Presles, le droit de nommer aux bourses dans le cas où, faute de s'entendre, les nominations ne seraient faites ni par le collège ni par l'official de Paris.

Au xvᵉ siècle, le collège de Reims accordait 200 livres pour droit d'amortissement avec quelques cens, et celui de la Marche acquittait les droits seigneuriaux.

Au xviᵉ siècle, le collège du Mans s'établissait à la condition de satisfaire aux légitimes demandes de l'abbaye. Et, lorsque les jésuites joignirent à leur collège de Clermont l'hôtel de l'évêque de Langres, ils durent, par arrêt du parlement en date de 1565, payer une indemnité fixée « au cinquième denier du prix de l'acquisition ».

Du Molinet ajoute : « Il y a encore plusieurs autres collèges sur la terre « de Sainte-Geneviève, qui payent cens et rentes à cette abbaye comme « les écoles de droit, au clos Bruneau, rue de Saint-Jean de Beauvais, « celles de médecine, rue de la Bûcherie, celle des Quatre-Nations, rue « du Fouarre, les collèges de Sainte-Barbe, des Grassins, rue des Amandiers, de Cluny, devant la Sorbonne, de Saint-Michel, en la rue de « Bièvre, et autres. »
(Ms. 21, p. 705-715.)

(1) Ms. 21, p.p. 405, 582 ; Crevier, *Hist. de l'univ.*, tom. II, p.p. 401, 402.

Le droit de l'abbaye, en ce qui regardait la chancellerie de l'université, souleva parfois des contestations. En 1480, la faculté des arts ne voulait pas reconnaître à l'abbé le droit d'exercer les fonctions de chancelier. En 1522, elle prétendait que, dans la nomination du chancelier, l'abbé n'avait que le droit de présentation, tandis qu'à elle appartenait le droit d'investiture. En certaines circonstances, comme dans le premier cas, le litige prenait de telles proportions, qu'il appelait la décision souveraine du parlement (1).

Ainsi les choses en ce bas monde. Partout où il y a des hommes, naissent les dissensions, les querelles, les conflits ; et les droits, même les plus sacrés, ne se maintiennent, ne s'exercent qu'au prix de luttes continuelles et de triomphes renouvelés.

(1) Crevier, *Hist. de l'univ.*, tom. IV, p. 389, et tom. V, p. 152; *Gal.*, col. 764.

ÉPILOGUE

I. L'ASSISTANCE DE GENEVIÈVE DANS LES PREMIERS SIÈCLES
A L'ÉPOQUE DES NORMANDS
II. LE FEU SACRÉ. — INONDATION — LE PRÉDICATEUR DE FULDE
L'AVEUGLE DE BRUGES
ÉRASME XVIᵉ SIÈCLE ET PREMIÈRES ANNÉES DU XVIIᵉ

Libératrice de Paris par la puissance de sa sainteté, associée à une autre sainte dans l'œuvre de la fondation du royaume très chrétien, la Vierge de Nanterre devait partager au ciel avec la Vierge de Juda la prérogative d'un efficace patronage sur la France. Si, durant sa vie, Geneviève fut une nouvelle preuve de cette grande loi providentielle : *Dieu a choisi les moins sages selon le monde pour confondre les sages ; il a choisi les faibles selon le monde pour confondre les forts* (1), elle n'a cessé de se montrer, au sein de l'éternelle gloire, l'admirable interprète des vœux et des besoins de sa patrie temporelle. Sa glorieuse mission sur la terre appelait son éminente prérogative dans les cieux. *Regnum Galliæ, regnum Mariæ,* le royaume de France, c'est le royaume de

(1) *Ad Cor.*, I, 27 : *quæ stulta sunt mundi elegit Deus, ut confundat sapientes, et infirma mundi elegit Deus, ut confundat fortia.*

Marie, disaient nos pères. Nous pouvons, nous inspirant de leur foi, écrire ces autres mots, expression de leur pensée, complément de leur assertion : *Regnum Galliæ, regnum Genovefæ, le royaume de France, c'est aussi le royaume de Geneviève.*

A un point de vue socialement moins élevé, les peuples acclamèrent dans cette vierge de prédilection un amour ni moins compatissant ni moins salutaire. A l'exemple de l'époux de son âme, lequel ne rencontra ni en Judée ni en Galilée une maladie sans la guérir, une misère sans la soulager, une larme sans la sécher, Geneviève, sur la noble terre de France, rendait, nous le savons, la vue aux aveugles, l'ouïe aux sourds, le mouvement aux paralytiques, la santé aux malades, la vie aux morts ; à l'exemple de son divin époux, elle commandait aux tempêtes et à l'enfer ; et, si Jésus multipliait les pains pour rassasier les foules, elle faisait naître et rendait intarissable, pour désaltérer de nombreux travailleurs, une boisson salutaire. Comment les merveilles de cet amour eussent-elles pris fin avec le pèlerinage de la thaumaturge ? ou plutôt comment la glorification de celle-ci n'eût-elle pas toujours en notre faveur rayonné sur celui-là ?

Déjà nous avons redit l'assistance de la sainte sous les coups des Normands, et un grand nombre de ses bénédictions en présence de leurs ravages nous sont connues.

I

Bien d'autres faveurs dans ces temps anciens sont à rappeler ici : supplément demandé par l'histoire, désiré par la piété ; tâche bien douce et d'autant plus facile qu'il nous suffit de transcrire ce consciencieux écrivain qui, interprète fidèle de la tradition ou témoin oculaire, a recueilli les principaux de ces faits surnaturels pour en tresser une couronne à l'illustre sainte.

La piété des fidèles n'avait pas tardé à placer une lampe devant le tombeau qui contenait les précieux restes. Mais, ô prodige! non seulement l'huile brûlait sans se consumer, mais elle coulait comme une source abondante à laquelle les malades demandaient guérison, en sorte que « la lampe était convertie en fontaine et l'huile en remède salutaire (1) ».

Salut, ô saint tombeau qui opéras tant d'autres merveilles de miséricorde!

« Un homme, privé de la vue et de l'usage de la langue, « avait longtemps pleuré devant le tombeau de sainte « Geneviève cette double perte. Au moment de la sainte « communion, les clercs ayant chanté, selon l'office du « jour : *Faites luire sur votre serviteur la lumière de votre* « *visage* (2), cet homme recouvra la vue et la parole. La « vierge lui rendit l'une et l'autre, afin que la parole ren- « due n'eût point à gémir sur la perte des yeux, ou de « peur que la voix refusée ne pût dire merci pour la lumière « rendue.

« Un muet de naissance, Fulcoin, originaire du terri- « toire de Poissy, reçut en révélation l'invitation de se « présenter devant la bienheureuse vierge, Geneviève, et « l'assurance que là il obtiendrait l'usage de la voix que la « nature lui avait refusé. Ayant foi dans la révélation, il se « rendit au sanctuaire vénéré. C'était un dimanche. On

---

(1) Un autre auteur, déjà cité, celui qui écrivait en 847 ou 848, a également mentionné ce fait : « de quo (oleo) quidem languentium « multitudo, scilicet cæcorum atque surdorum, illuc convenientium seque « liniencium, saluti restituta est. » (Voir Saintyves, *Vie de sainte Genev.*, p. CXIV.)

(2) Ps. CXVIII, 135.

« lisait alors à la messe l'évangile où il est dit du Seigneur :
« *Il a bien fait toutes choses, il a fait entendre les sourds
« et parler les muets.* Cette parole lui inspira la confiance.
« Aussitôt sa langue se délia et il se mit à glorifier le Sei-
« gneur. Après la messe, l'abbé du monastère, Optat, lui
« demanda ce qu'il voulait faire en reconnaissance d'un
« pareil bienfait. Il répondit qu'il désirait ne point s'éloi-
« gner du lieu que la révélation divine lui avait désigné et
« où il avait inauguré l'usage de la parole. Il oubliait tout,
« les siens et sa demeure, parce qu'il ne pouvait vivre dé-
« sormais sans la présence de la vierge. L'abbé accueillit
« le désir avec joie et se chargea avec bonté de fournir la
« subsistance de cet homme.

« Dans le même temps, une femme reçut en songe
« l'invitation de porter également son fils, aveugle de
« naissance, au sanctuaire de la vierge. Le jour où elle
« arriva, on lisait la leçon évangélique où se trouve rap-
« porté le miracle de Jésus-Christ qui ouvrit les yeux de
« l'aveugle-né. Aussitôt — *comme nous avions entendu,*
« *ainsi avons-nous vu dans la cité du Seigneur des vertus, sur*
« *la montagne sainte* (1) — aussitôt s'ouvrirent les yeux de
« l'enfant qui, souriant à l'impression nouvelle, fixait sur
« chaque chose des yeux étonnés. La mère ayant allumé
« un cierge en action de grâces, selon l'usage en pareille
« circonstance, il se mit, au grand étonnement des assis-
« tants qui étaient nombreux, à embrasser ce cierge. Ainsi
« le peu de sûreté dans la vue de l'enfant attestait sa cécité
« native, et l'étonnement prouvait qu'il jouissait pour la
« première fois du spectacle de la lumière. La révélation
« divine avait précédé le miracle de la vierge sainte, afin
« que, la foi précédant, le miracle ne pût ne pas suivre,
« parce que *tout est possible à celui qui croit* (2).

« Un Parisien, qui était sous la puissance du démon,

(1) Ps. XLVII, 2, 9.
(2) *Evang. sec. Marc.*, IX, 22.

« avait été conduit, sans obtenir guérison, à plusieurs
« sanctuaires divinement favorisés. Cet homme s'aban-
« donnait à un tel désespoir qu'on était obligé d'avoir
« recours aux chaînes pour le garder. Une nuit que le
« sommeil s'était emparé de ses gardiens, le démoniaque
« s'enfuit et le Seigneur dirigea ses pas vers l'église où
« reposait le corps de sainte Geneviève. Mais, comme
« l'esprit malin ne peut demeurer près de la sainte, le
« diable ressentit tellement l'action de la puissance de la
« vierge que sur-le-champ il abandonna le possédé. Celui
« qui ne prévalut jamais contre Geneviève pendant sa vie,
« ne prévaudra jamais ni contre elle ni auprès d'elle après
« sa mort. Peu de temps ensuite, on ouvrit les portes de
« l'église pour l'office de la nuit. Cet homme entra plein
« de joie, se rendit au tombeau de la vierge, et, après avoir
« offert la chaîne qui avait servi à le lier, il retourna chez
« lui et raconta la grande grâce que Dieu lui avait faite.

« Des ouvriers étaient occupés au toit du monastère. Un
« d'eux allait être précipité du haut de l'église, lorsqu'il
« put, en enfonçant ses doigts dans la fente d'un lambris
« sculpté, se retenir suspendu dans l'espace. Les frères se
« mirent aussitôt en prières, tandis que plusieurs mon-
« tèrent vers lui et, lui ayant passé une corde sous les
« bras, l'arrachèrent du péril. Ainsi sauvé, il confessa que,
« pendant qu'il était suspendu, il n'avait point éprouvé de
« crainte, parce qu'il s'était trouvé dans une sorte de som-
« meil. Un nouveau miracle ne permit point de douter du
« premier. Car la planche que le poids d'un corps humain
« n'avait pu entraîner, tomba d'elle-même, se brisa et
« attesta ainsi la vérité du miracle.

« Il advint que, le jour de la Nativité de la glorieuse
« vierge Marie, une femme d'un des faubourgs de Paris se
« mit à carder au mépris de la solennité. Reprise à ce
« sujet par une voisine, elle ajouta une nouvelle faute à
« la première, en disant : Est-ce que Marie n'était pas une

« femme et ne faisait pas d'œuvres serviles. Aussitôt qu'elle
« eut rendu complète la malice de l'acte criminel par un
« criminel discours, le peigne avec son embarrassant far-
« deau s'attacha indissolublement aux mains indignes.
« Ainsi, par un juste retour, l'instrument qui avait servi
« à la faute, servit à la punition. La nuit suivante, la
« malheureuse alla à l'église de la bienheureuse vierge
« Geneviève, et, aux premiers chants de l'office de
« matines, le fardeau se détacha des mains... Miracle
« dont fait foi non seulement le témoignage des hommes,
« mais le peigne qui est suspendu au dehors.

. . . .

« Vous venez d'entendre, frères, les admirables triomphes
« que la vierge sainte a remportés sur les maladies et les
« périls des hommes. Écoutez maintenant sa puissance
« plus admirable encore sur les eaux. » Dans la première
moitié du ixe siècle, sous le pontificat d'Inchade (1), la Seine
débordée, un certain hiver, menaçait de tout inonder.
« En présence d'un pareil malheur, l'excellent évêque, In-
« chade, craignant que ses péchés ou ceux de son peuple
« ne missent la cité en péril, exhorta au jeûne pour apai-
« ser la colère de Dieu. Il ordonna à ses prêtres et aux
« autres officiers de son église de monter dans une barque
« avec les livres saints et les ornements sacrés, d'aller
« d'église en église et de s'assurer s'il n'y en aurait pas
« où l'on pût célébrer les divins mystères. Ricard, l'un
« d'eux, prit une barque et s'avança jusqu'au monastère
« de vierges, situé près l'église de Saint-Jean-Baptiste, et
« que la bienheureuse Geneviève avait élevé avec ses
« propres ressources. On conservait encore dans le mo-
« nastère le lit où cette vierge avait rendu son âme à Dieu.
« Le lit était entouré par les eaux sans en être atteint, bien
« qu'elles se fussent élevées jusqu'à la moitié des murailles.

(1) Inchade ou Richalde fut évêque de Paris de 810 ou 811 à 831

« Ricard, s'assurant avec soin de la réalité du prodige,
« ne put douter de la vertu du lit et s'empressa d'an-
« noncer la chose à l'évêque qui vint aussitôt en cet en-
« droit avec le clergé et une foule de fidèles; et, après
« avoir à son tour constaté le miracle, il rendit des actions
« de grâces à Dieu et à la vierge. A dater de ce jour, la
« Seine diminua sensiblement, pour rentrer dans son lit,
« en sorte que ce fait est compté parmi les miracles de la
« vierge sainte, Geneviève. C'est l'histoire de l'antiquité
« avec un miracle d'un caractère nouveau. Autrefois Moïse
« partagea la mer Rouge pour donner passage au peuple
« d'Israël et, le passage effectué, les eaux reprirent leur
« place. La vierge sainte ne priva point de la vertu de sa
« présence le lit d'où elle s'était envolée vers le ciel : absente
« de corps, présente par sa puissance, elle arrêta les eaux
« qui se précipitaient, et en forma un mur respectueux.
« Il était juste qu'il en fût de la sorte pour le lit où la
« vierge avait crucifié ses membres avec leurs vices et leurs
« concupiscences, où, pendant tant de nuits, elle avait
« cherché avec ardeur celui que son âme aimait et après
« lequel elle soupira, comme une terre sans eau, jusqu'au
« moment où il lui fut donné de boire à la fontaine qui
« étanche la soif pour toujours. »

A l'exemple du divin maître, la glorieuse sainte se laissa toucher à la prière d'un larron. Condamné au supplice, il s'échappa le soir de prison et se dirigea vers l'église vénérée. « Mais, comme selon l'usage, la porte qui est
« du côté de la ville se ferme aux approches de la nuit, il
« fit le tour du monastère pour entrer par l'autre porte où
« se trouve la chapelle de Saint-Michel. Cependant Wite-
« gaüs, gouverneur de la cité, le suivait de près avec des
« soldats. Un de ces derniers, du nom de Ratoin, sans
« respect pour la sainteté du lieu, par un mépris plus auda-
« cieux de la puissance de la vierge, tenait les devants par
« son ardeur. Le larron et le soldat allaient entrer dans le

« monastère. Le premier suppliait la vierge, et le second
« injuriait le larron comme s'il le tenait déjà. Ajoutant le
« blasphème, le soldat défiait la vierge d'arracher le criminel
« de ses mains. Aussitôt celle-ci fit sentir sa puissance : le
« soldat tomba frappé de mort. En présence d'un coup divin
« aussi effroyable, les autres soldats, rendant gloire à Dieu
« et à la vierge, emportèrent leur mort et l'ensevelirent
« sans honneur hors de la ville. O que ce lieu est terrible !
« Que la vierge qui y préside est terrible aussi ! car, par
« zèle pour son sanctuaire, comme une armée rangée en
« bataille, elle terrassa un soldat blasphémateur et sauva
« un larron qui la suppliait. En conservant la vie du larron
« par la mort du soldat, elle affirma sa puissance venge-
« resse dans l'un et sa clémence dans l'autre (1). »

Ainsi avant les invasions normandes. Dans ces temps calamiteux, à peine pouvait-on goûter quelques instants de repos. Au sein de la paix aussi bien que sous les coups des barbares, la vierge savait user de miséricorde. Paris put jouir de quelque tranquillité entre les deux séjours de la châsse à Draveil (2) ; et la vierge compatissante ajouta de nouveaux prodiges aux anciens.

« Une femme de Louvigny, (3)..... étant cruellement
« tourmentée par la fièvre, vint se présenter à la bien-
« heureuse Geneviève. Après avoir passé une nuit en
« prières, elle recouvra en partie la santé et s'en retourna
« chez elle. Huit jours plus tard, elle revint pour s'ac-
« quitter du vœu qu'elle avait fait en reconnaissance du

---

(1) *Miracula S. Genovefæ post mortem*, dans *Vie de sainte Genev.*, par l'abbé Saintyves, p.p. cxiii et suiv., § LXIII-LXXI.

(2) La châsse avait été déposée assez peu de temps à Draveil avant d'être transportée à Marisy : « Gentilium quoque metu, sancta virgine denuo « reportata Dravernum... Sub secunda igitur persecutione Normanno- « rum,... deducta est beata virgo ad Marisiacam villam... » (*Ibid.*, §§ LXXIX, LXXX.).

(3) « De Luviniaco, villa sancti Dyonisii... »

« mieux éprouvé et, veillant encore une nuit, elle obtint
« une complète guérison.

« Une autre femme, qui était d'Orgeval (1) dans le terri-
« toire de Poissy, s'était rendue coupable d'adultère. Ce
« crime occasionna la mort de son mari et attira sur elle de
« la part de la justice divine la peine du mutisme. Cette
« malheureuse eut recours à la puissance de la bienheu-
« reuse Geneviève, devant le tombeau de laquelle elle
« demeura une semaine entière, le corps étendu et pous-
« sant des gémissements. La nuit du dimanche suivant,
« comme elle se relevait à la fin de sa prière, elle fut prise,
« aux premiers sons des cloches, d'un vomissement de sang
« et gratifiée du bienfait de la parole. Elle passa la semaine
« en actions de grâces. Le dimanche, elle voulut retourner
« chez elle sans prendre congé et sans avoir entendu la
« messe. Mais elle n'avait pas franchi les limites du do-
« maine de la vierge sainte qu'elle tomba, ses jambes
« s'étant repliées par suite d'une contraction de nerfs. En
« conséquence, on la reporta au lieu saint où, après avoir
« eu longtemps recours aux âmes charitables pour vivre,
« elle fut enfin rendue à la santé.

« Une femme de Paris, privée de la vue, reçut, une nuit
« qu'elle pleurait son malheur, la révélation que l'huile
« de la lampe qui brûlait devant le tombeau de Geneviève,
« lui rendrait la lumière, si Martin, gardien de l'église,
« lui en faisait des onctions sur les yeux. Ayant confiance
« en cette révélation, elle se présenta devant la vierge
« sainte, raconta la révélation divine et, quand le gardien
« Martin lui eut fait les onctions, elle sentit disparaître la
« cécité.

« Huit jours après, cette même femme amena un aveugle
« à la vierge dont elle avait heureusement éprouvé la

(1) *Aurea-Vallis*, en latin. Orgeval est le « seul endroit des environs de Poissy à qui on puisse appliquer ce nom ». (Saintyves, *Vie de sainte Gen.*, p. 304, not. 3.)

« vertu. Une onction de la même huile ouvrit également
« les yeux de l'aveugle pour lui rendre la lumière.
« Les miracles de la vierge ne sont pas seulement précédés
« des envois des anges, mais aussi des louanges des
« hommes (1). On les annonce des cieux, on les célèbre sur
« la terre : une multitude de malades sont amenés à la
« vierge qui, par des miracles continuels, guérit tout ce
« qui lui est présenté.

« Il arriva vers le même temps qu'un serf, du nom de
« Magnoard, gardant pendant la nuit les abeilles d'un
« frère, s'abandonna au sommeil. Quand il se réveilla,
« il avait perdu la vue. Sous le coup d'un pareil malheur,
« il fit faire deux cierges de la pesanteur de son corps,
« les offrit devant le tombeau de la vierge sainte, et là,
« pendant une semaine, pria pour que le sens de la vue lui
« fût redonné. Comme la nuit du dimanche il était encore
« en prière, il crut s'apercevoir que quelqu'un passait et
« que, en passant, ce quelqu'un lui touchait les yeux avec
« un linge. Il pensa que c'était un frère, ne faisant pas
« attention à la vertu de celui qui *a passé en faisant le bien*
« *et guérissant tous ceux qui étaient sous la puissance du*
« *démon* (2). Mais bientôt, grâce au miracle dont il fut
« l'heureux sujet, il comprit la vertu de celui qui était
« passé : aux premiers coups de l'office de matines, il put
« rendre des actions de grâces pour la lumière qui lui
« était rendue.

« Dans le même temps encore, une servante de la vierge,
« affligée du même malheur, fut conduite par son mari
« devant le tombeau de sa sainte maîtresse dont elle devait
« réclamer l'assistance. La prière terminée, elle demanda
« et reçut de l'huile de la lampe de Geneviève. Dans la
« crainte que ses péchés ne retardassent le miracle, elle

---

(1) « Miracula sanctæ virginis præcurrunt non solum immissiones ange-
« lorum, verum præconia hominum. » (*Miracula...*, § LXXVI.)
(2) *Act.*, X, 38.

« en fit l'aveu avec contrition. Ainsi, après les onctions
« saintes et la pieuse confession, elle retrouva la lumière
« et rendit grâces (1). »

II

Pour nous, nous avons à cœur de tresser à la patronne de Paris et de la France une seconde couronne dont les brillants fleurons seront les merveilles postérieures.

Une maladie pestilentielle, qui avait déjà visité la France, était venue s'abattre de nouveau sur elle et multipliait particulièrement ses victimes sur le territoire de Paris. Maladie si affreuse, que le corps qui en était atteint, se desséchait et devenait noir, comme si le feu l'avait consumé : les douleurs étaient atroces et la mort d'ordinaire ne se faisait pas attendre. Le souvenir populaire en a été conservé sous les trois noms de *feu sacré, mal des ardents, feu Saint-Antoine*. Si le premier de ces noms a son explication dans la croyance à un fléau du ciel, et le second dans les horribles ravages du fléau lui-même, le troisième tire son origine de la charité qui donna naissance à l'institut des Antonins, vaillants religieux qui, sous la protection de saint Antoine, se consacraient au soulagement des pestiférés.

Donc, le premier quart du XIIe siècle s'était écoulé (2).

L'art de la médecine impuissant, le peuple de Paris attendait du ciel la délivrance. Les espérances se tournèrent vers la vierge Marie; et, pour en implorer la protection,

(1) *Miracula...*, § LXXIII-LXXVIII.
(2) On assigne ordinairement l'année 1130. Quelques auteurs cependant demeurent indécis entre les années 1129 et 1130.

on apporta à la cathédrale un si grand nombre de malades, non seulement de Paris, mais des environs, qu'à peine il y avait place pour « les offrandes du peuple et les offices des clercs (1) ». Les offices étaient parfois même interrompus, parce que, à l'exemple des fils d'Israël gémissant sous le joug étranger, on suspendait les chants et que, « à la place d'un hymne nouveau au Seigneur, on pleurait la nouvelle captivité de Babylone ».

Cependant, le fléau continuait de sévir.

A cette époque, à la tête de l'Église de Paris se trouvait un pontife, la gloire de la religion par son zèle, « l'ornement du sacerdoce » par ses vertus, « le père des pauvres et un modèle d'hospitalité ». Si sa charité s'émut des malheurs du troupeau, sa religion ne fut pas moins touchée au spectacle de la foi que montraient les fidèles. Des prières publiques furent ordonnées : on se rendit processionnellement à la cathédrale portant diverses reliques des saints et invoquant l'appui de leur intercession. Des jeûnes furent même imposés ; et le peuple accomplit fidèlement les prescriptions de l'évêque.

Cependant, le fléau continuait de sévir.

Le saint pontife comprit alors qu'à celle qui tant de fois s'était montrée le salut de la cité, il appartenait encore de faire sentir la puissance de sa médiation.

Mais la Vierge de Nanterre, « dans la crainte de briller elle-même à l'éclat du prodige, jugea bon de n'être honorée ni dans son église ni dans sa personne. Selon la loi de l'humilité, elle voulut, comme c'était justice, avoir de la déférence pour la très sainte Mère de Dieu qui apparaîtrait l'auteur du miracle, tandis qu'elle-même n'aurait eu que le rôle de suppliante. »

---

(1) *Acta sanctorum*, 3 janvier, p.p. 151 et 152, où se trouve reproduit l'opuscule : *In excellentia B. virginis Genovefæ... auctore alio anonymo ad S. Genovefam religioso*, opuscule qui a été consacré à la narration du miracle.

Le pontife, en effet, vint à l'église de la patronne de Paris et, après avoir fait convoquer le chapitre, il exprima les espérances que le passé autorisait pour le présent. Il s'agissait donc de faire porter processionnellement le corps de sainte Geneviève à la cathédrale. Aux raisons — le lecteur n'a pas oublié que l'abbaye était exempte de la juridiction de l'ordinaire qui, dès lors, ne pouvait intimer d'ordre — aux raisons le pontife ajouta les prières et même les larmes, car il avait un cœur pour sentir les malheurs des autres, et des yeux pour pleurer avec ceux qui pleuraient.

Le chapitre s'empressa d'accueillir la demande épiscopale. D'un commun accord, on fixa le jour de la procession. Un mandement de l'évêque en informa tout le diocèse. Le jour serait solennisé comme un jour de fête et on devait s'y préparer par le jeûne. Pour porter la châsse, on choisit parmi les chanoines ceux qui, par leur âge et leurs vertus, paraissaient le plus dignes de cet honneur.

Le jour désiré arriva. Les porteurs désignés descendirent la châsse, pendant que les autres chanoines étaient prosternés et priaient. Bientôt entra dans l'église l'évêque, accompagné de son clergé et suivi d'une multitude de fidèles; car — c'était un usage établi dès les premiers temps et fidèlement observé — la châsse de sainte Geneviève ne quittait son église et n'y rentrait qu'au milieu d'un pompeux cortège (1).

La procession ordonnée, on se mit en marche. On n'avançait que bien lentement, car la foule obstruait le chemin.

Paris avait porté ses malades à Notre-Dame et, dans une sorte de pressentiment, l'évêque eut soin de les faire compter (2). Ils s'y trouvaient au nombre de cent trois.

(1) *Ibid.*, § 41 : « Ab antiquis enim temporibus inviolabiliter observatur, « ut, quando beata Genovefa portatur, solemniter exeat et solemniter redu- « catur. » Mais c'est de cette époque seulement que date la coutume de porter processionnellement à la cathédrale la châsse de la patronne de Paris dans les calamités publiques.
(2) *Ibid.* : « Pia quidem dilatio morbum ad breve detinuit, sed tamen in sempiternam miraculi adtestationem profecit. »

La procession arriva enfin à la cathédrale. La châsse en franchit le seuil et — prodige de l'intervention de la sainte! — les malades furent tous guéris par le seul attouchement de la châsse, à l'exception de trois qui sans doute avaient manqué de foi (1).

Une acclamation générale accueillit le prodige : si les âmes se livrèrent à la joie, les voix s'élevèrent pour redire leur admiration. L'évêque et le clergé voulurent parler au peuple et célébrer par des chants la reconnaissance de tous; mais les transports de la multitude ne le permirent pas; et d'ailleurs de semblables accents ne sont-ils pas les plus touchants cantiques de la gratitude ?

Au milieu de cette légitime allégresse, cependant, quelques voix se firent entendre demandant qu'on gardât la châsse pour que la cité fût mieux protégée. Effrayés de semblables paroles, les chanoines s'empressèrent de rapporter la précieuse relique, sans jamais s'en éloigner ni la perdre de vue; mais il y avait encore une telle affluence de fidèles, qu'ils rentrèrent seulement, à la nuit tombante, dans leur église.

Telle fut l'œuvre bénie de la patronne de Paris. La patronne de la France fit sentir également son intervention salutaire : à partir de ce moment, le fléau entra dans une période de décroissance et cessa bientôt de désoler le royaume (2).

---

(1) *Ibid.* § 42 : « Quia *non omnium est fides*; dictum est enim centurioni a Domino : *Sicut credidisti fiat tibi.* »

(2) L'historien qui nous a servi de guide, termine son récit par ces mots : « que personne ne révoque en doute ce que nous écrivons, parce « que nous racontons, non ce que nous avons entendu, mais ce que nous « avons vu. » (*Ibid.* § 45.)

Nous ajouterons : ce fait surnaturel si connu sous le nom de *Miracle des ardents* ou guérison de ceux qui étaient dévorés par le feu, *ardentes*, s'est accompli en présence de la ville entière, a été reconnu comme suffisamment constaté, l'année suivante, par Innocent II, pendant son séjour à Paris, et solennisé par une fête annuelle, la fête de *sainte Geneviève des Ardents*, qui, fixée au 26 novembre, devait en perpétuer et en rendre vivant le souvenir au sein de la grande cité (*Gal. christ.*,

A la fin de l'année 1206, « la reine des provinces était plongée dans la tristesse ; les prêtres gémissaient, les vierges tremblaient de frayeur, les âmes ne connaissaient plus que l'amertume. » Le fleuve aux ondes furieuses et envahissantes sous les pluies torrentielles menaçait de tout submerger, de tout détruire. Après Dieu et Marie, Geneviève était encore la grande espérance. Il n'y eut qu'une voix pour demander que la châsse de la sainte fût solennellement portée à Notre-Dame. L'évêque accueillit avec empressement les vœux de tous pour les transmettre aussitôt à l'abbé qui ne s'y montra pas moins favorable. Au jour fixé, les autres reliques de la cité étant présentes, on descendit la châsse et le cortège se déploya. Les reliques de sainte Geneviève étaient précédées de celles des autres saints. Il fallait passer sur le Petit-Pont dangereusement battu par les eaux. La confiance ne permit à personne l'hésitation. « Précédé de l'Arche d'alliance, le peu-
« ple d'Israël passa autrefois à pied sec le Jourdain. Précédé
« des reliques de sainte Geneviève et des autres saints, le
« peuple de Paris passa en sécurité sur le pont ébranlé. Moïse
« divisa les eaux de la mer pour livrer passage au peuple
« d'Israël ; sainte Geneviève ménagea au-dessus des flots
« furieux un passage au peuple de Paris, soutien du pont
« plutôt que soutenue par lui. » A Notre-Dame, l'espérance s'affermit avec la sérénité du ciel. La procession franchit de nouveau le pont. Et chose admirable ! lorsque la châsse fut remise à sa place et chacun retourné chez soi, le pont s'écroula, en sorte qu'après avoir supporté le poids de la

tom. VII, col. 708), ce fait surnaturel, disons-nous, présente tous les caractères d'authenticité que peut désirer une critique saine et judicieuse.

Aussi les *Souvenirs de la marquise de Créqui* attribuent-ils ces paroles à Voltaire : « Ayez donc la justice et la bonté de ne pas m'attaquer sur
« les prodiges opérés par cette bonne Gauloise (m'écrivait un jour Voltaire,
« et je garde sa lettre); celui des *Ardents*, par exemple, m'est aussi bien
« démontré que la mort de Tibère ou la brutalité de Calvin. » (Paroles citées par M. l'abbé Saintyves, *Histoire de sainte Genev.*, p. 294.)

foule, il ne put supporter son propre poids. Dès ce jour, les pluies cessèrent et le fleuve rentra bientôt dans ses limites (1).

Si l'efficace intercession de sainte Geneviève ne cessa de se faire sentir à ceux qui l'imploraient, il y eut cependant des époques où elle fut mieux attestée ou plus célébrée. Nous voici encore à une de ces époques-là.

L'abbaye du Mont renfermait un cœur d'argent qui lui venait d'Allemagne. Hommage de la reconnaissance, il demeurait l'attestation authentique d'une guérison désespérée par l'art, mais procurée spontanément par Geneviève. C'était un prédicateur d'outre-Rhin qui, en 1505, avait été l'objet de cette grâce signalée (2).

A quelques années de là, un *ex-voto* d'un autre genre, mais inspiré par le même sentiment de gratitude, devint un éternel mémorial de la même assistance. Laissons la parole à celui qui fut l'objet de cette faveur divine, à l'aveugle de Bruges, Pierre Dupont : Pierre Dupont qui se trouvait en France, probablement à Paris, l'Athènes moderne, au moment où une peste cruelle sévissait dans le royaume et dans la cité ; Pierre Dupont qui, dans sa dévotion à la patronne de

---

(1) Labbe, *Nova bibliotheca manuscriptorum*, Paris, 1657, tom. 1, p. 662 : c'est la reproduction d'un ancien manuscrit. L'auteur écrit au commencement : «... Est propositum nostrum de his, quæ oculis nostris vidimus, veritati testimonium perhibere. » Et il n'hésite pas à attribuer la fin du fléau aux mérites de la patronne de Paris, car il conclut par ces mots : « Miremur ergo miraculum, veneremur mysterium, adoremus Deum, ad æternæ vitæ suspiremus præmium. »

(2) Ms. 21, p.p. 428, 429 : « Estant endormi, il entendit une voix qui « criant : Geneviève, Geneviève, l'éveilla. Il crut donc que c'estoit le nom « de la saincte à laquelle il devoit s'adresser. Il la pria, en effet, de lui « prester secours en cette extrémité. Sur quoy s'estant endormi, il vit « une dame, tenant un rameau vert à la main, qui lui dit qu'il estoit « guéri ; et le lendemain matin il se trouva en parfaite santé. » Le ms. ne porte pas le nom du prédicateur. Mais le P. Pierre Le Juge l'a inscrit dans son *Histoire de saincte Geneviève*, Paris, 1588, fol. 70 v° : c'était Jean Schymel, prêtre du diocèse de Wurtzbourg et prédicateur de Fulde. Il apportait lui-même, l'année suivante, son *ex-voto*,

Paris et de la France, s'étonnait que les héros de l'antiquité eussent été chantés par des Virgiles et des Lucains, tandis que l'héroïsme de Geneviève et la puissance divine ne l'avaient pas encore été dans la belle langue des poètes ; Pierre Dupont qui, sous les coups du fléau, s'était empressé de demander le salut à l'air encore pur d'une campagne éloignée. Vaine espérance ! « Voici, dit-il, qu'instantané-
« ment le feu de la fièvre s'empare de moi, le sang s'é-
« chappe abondant, les souffrances sont atroces, mes forces
« défaillent, tout annonce que la mort approche. Mes amis
« sont attérés... Le nom de Geneviève, naguère encore
« l'objet de mes méditations, me revient. Elle est si bonne,
« son assistance si efficace ! Je l'invoque en mettant toute
« mon âme dans ma prière. Cependant le mal ne cesse de
« faire des progrès. La prostration est complète. Il n'y a
« plus d'espoir. Enfin je fais un effort — on eût dit que je
« rendais l'esprit — et, les larmes dans les yeux, les mains
« tendues vers le ciel, j'appelle la vierge à mon secours,
« promettant, si elle me rend à la vie, que je consacrerais
« un poème à sa glorieuse vie. Chose merveilleuse et qui
« rencontrera peut-être des incrédules ! Aussitôt la pro-
« messe formulée, le mal disparaît, la santé est revenue,
« je m'élance plein de joie de mon lit, je me mêle à mes
« amis, aussi alerte qu'eux et armé d'un aussi bon appétit
« pour le prochain repas (1). »

De là le poème qui fut imprimé en 1512, deux ans après la miraculeuse guérison (2).

(1) *Petrus de Ponte, Cæcus Brugensis, prudentissimo in Christo patri Philippo cognato, Genovefæ ædis in Parrhysio colle moderatori vigilantissimo, cum summa humilitate, salutem.* Cette dédicace est datée : *Ex nostris ædibus Parrhysii, anno Domini M.D.XII, quinto idus decembris.*

(2) *Petri de Ponte, Cæci Brugensis, incomparandæ Genovefæ quam tutellarem totius Galliæ dominam infciari nemo potest...* Nous avons écrit : *incomparandæ Genovefæ*, estimant qu'il y a une faute dans le texte. C'est un poème en neuf chants et en vers héroïques. Au début nous lisons :

Maxima Francicolæ tutrix et gloria gentis,

Érasme, également assisté de Geneviève, lui offrit un *ex-voto* analogue. Là, à côté du croyant sincère se place le railleur, le sceptique. Le témoignage de celui-ci vient s'ajouter au témoignage de celui-là. Dans les dernières années du XVᵉ siècle, au collège de Montaigu, à Paris, celui dont la célébrité commençait déjà en Europe, fut attaqué d'une fièvre qui, résistant à tout moyen humain, céda devant un secours surnaturel. Après avoir consigné le fait dans une lettre intime (1), il se fit un devoir de le célébrer plus tard (2). « Sois propice, ô sainte, à la pensée
« pieuse d'un poète qui veut t'offrir l'hymne promis de la
« reconnaissance, féconde la verve de son esprit, donne-
« lui la force de te chanter dignement, toi, Geneviève,
« protectrice fidèle de ton peuple aussi loin que s'étend
« la France triplement partagée, mais dont un amour
« spécial abrite cette partie où la Seine s'accroît des
« flots qu'apporte la Marne pour les mêler à ceux d'un
« fleuve ami. » Oui, « il est temps, ô Geneviève, que dans
« mes vers je te rende grâces du don de la vie et qu'un
« de ceux que par milliers tu as sauvés, je te chante un
« hymne.

« Ce mal affreux et tenace qui revient tous les quatre
« jours, avait pénétré jusqu'au fond de mon être et le mi-
« nait sourdement. Le médecin appelé me console en ces
« termes : il n'y a pas de danger pour la vie ; mais la

> Hoc claudi modico si jam non despicis orsu,
> Plusquam summa tuæ referam miracula dextræ.
> . . . .
> . . . . Ergo fave, vires animumque ministra.

(1) C'est une lettre à Nicolas Werner. Il lui mandait : « Une fièvre « quarte me travaillait ; mais me voilà guéri, robuste, non par le secours « du médecin, que nous avons appelé pourtant, mais uniquement par « celui de la très noble vierge sainte Geneviève. » (*Opera*, Leyde, 1703-1706, in-fol., tom. III, 2ᵉ part., col. 1884.)

(2) La pièce fut composée sous le règne de François Iᵉʳ, car, parlant du médecin Guillaume Cop, Érasme le dit :

> . . . . . . Senio nunc fessus, in aula
> Francisci regis. . . . .

« maladie sera longue. Autant me dire : dans quatre jours
« tu seras pendu à une croix ; car, c'est renouveler de vives
« douleurs en moi qui me souviens, après bien des années,
« que cette fièvre m'avait torturé un an durant dans mon
« enfance, et que j'appelais de mes vœux la mort. Sous le
« coup de cette parole du médecin qui me déclare un mal
« plus affreux que la mort, ton nom, ô sainte, me vient à l'es-
« prit ; l'espérance réconforte mon âme et je formule cette
« prière dans mon cœur :

« O vierge, épouse chère à Dieu, toi qui aimais à
« secourir les malheureux pendant ton existence ter-
« restre — et maintenant que le ciel t'a reçu et que
« tu es plus proche du Christ, ton époux, tu peux davan-
« tage — tourne, tourne, Geneviève, les yeux vers moi,
« et chasse la fièvre de mon corps ; rends-moi, je t'en
« supplie, à mes études sans lesquelles il ne peut m'être
« doux de vivre. Oui, j'estime moins pénible de perdre la
« vie d'un seul coup que de la continuer dans une lente
« maladie. Que te promettre, à toi qui n'as pas besoin de
« nos dons ? Je chanterai donc, à mon tour, tes louanges
« dans un hymne que je te consacrerai.

« A peine, sans faire entendre aucun son de voix, avais-je
« achevé au plus intime de mon âme — ô prodige dont j'ai
« parfaitement conscience ! — je saute de mon lit, je suis
« rendu à mes études, parfaitement dispos, vigoureux, ne
« ressentant plus rien de la fièvre. Sept jours se passent sans
« ramener le mal. Au contraire, le corps devient plus frais et
« plus fort que jamais .Le médecin revient et s'étonne de ce
« qui a lieu. Il regarde mon visage, examine ma langue, se
« fait apporter le liquide que secrètent les reins, et de
« l'extrémité de ses doigts interroge mon bras. Nulle part
« trace de la maladie. — Qui donc, dit-il, t'a guéri sitôt,
« Érasme ? Qui a chassé la fièvre de ton corps et m'a
« rendu, ce dont je me réjouis, mauvais prophète ? Celui-
« là, quel qu'il soit parmi les saints, est plus puissant, je

« le confesse, que notre art de la médecine. Désormais tu
« n'as plus besoin de nos soins. — Veut-on savoir le nom de
« ce médecin ? C'était Guillaume Cop...., Celui-ci rendra
« donc le grave et imposant témoignage que c'est à toi,
« ô vierge, que je suis redevable de la santé (1)... »

Dans ce XVIᵉ siècle, si agité, si tourmenté, les cieux ne se fermaient ni aux prières ni aux bénédictions, aux prières pour les accueillir, aux bénédictions pour les laisser descendre. La poésie, à son tour, s'empressait encore de constater les unes et de chanter les autres.

Ici, l'on eût voulu être doué d'autant de langues que le soleil envoie de rayons, que la mer renferme de gouttes d'eau ; et encore les hymnes eussent-elles été au-dessous du bienfait (2). Là, la crainte d'un nouveau déluge faisant place au bonheur profondément senti de la délivrance, l'on plaçait sous les yeux de tous l'expression vraie et ardente, délicate et touchante des sentiments de tous (3).

---

(1) *Opera*, Leyde, 1703-1706, in-fol., tom. V, col. 1335 : *Desid. Erasmi Roterod. divæ Genovefæ præsidio a quartana febre liberati carmen votivum*. Erasme termine en demandant pardon à la sainte d'avoir tant différé à accomplir son vœu :

  Hoc unum superest ut te precer, optima virgo,
  Ne mihi sit fraudi, quod tanto tempore votum
  Solvere distulerim. Patere hanc accedere laudem
  Tot titulis, Genovefa, tuis. Ut castior usquam
  Nulla fuit, toto non ulla modestior orbe,
  Sic nec in æthereis clementior ulla feratur.

(2) Il s'agit d'un personnage que Pierre Le Juge ne nomme pas, mais dont il reproduit la pièce de vers. (*Histoire de saincte Genev.*, Paris, 1586, in-16, fol. 135 vº.) Ce personnage, poète improvisé ou non, débutait ainsi :

  Si Deus linguas mihi tot dedisset,
  Quot viris sol dat radios nitentes,
  Atque quot summas mare jactat undas.
    Virgo colenda,
  Non tuis in me meritis ferendam
  Gratiam verbis, decus aut triumphum
  Eloquar. . . . .

(3) Ce sont les élèves de quatrième du collège de Navarre qui, après la procession de 1530, ont composé cette nouvelle pièce de poésie latine. Cette pièce, encadrée et suspendue aux murs du temple, très vraisem-

L'ardente ligue pouvait se plaindre du peu de concours de Geneviève (1). Si la cause défendue était bonne, nationale, la défense n'était pas sans excès ni même sans crimes. Comment la vierge sainte aurait-elle dirigé ses faveurs de ce côté? D'ailleurs, une autre solution, la meilleure, la plus patriotique, n'était-elle pas prévue et ménagée?

Avec le bon roi qui finit par régner

Et par droit de conquête et par droit de naissance,

Paris et la France retrouvèrent en Geneviève leur libérale patronne.

Les largesses de Marie de Médicis et des dames de Paris attestaient, tout à la fois, la dévotion et la gratitude de la cour et de la cité (2).

Louis XIII et Anne d'Autriche, s'inspirant des mêmes

---

blablement celui de l'abbaye, a été transcrite par le même historien. (*Ibid.*, fol. 142 et suiv.) Les jeunes poètes disaient, fol. 144 :

> Jamque videtur humus, loca decrescentibus undis
> Crescunt, est formæ reddita terra suæ.
> O Genovefa, tua est hoc uno cognita virtus.

L'assistance de la glorieuse patronne était ainsi décrite :

> Cum desunt pluviæ, cœlo demittitur imber.
> . . . .
> Sed pia tu refugas nubes solemque reducis,
> Quando fluens segetes obruit unda satas.
> Si te dira fames, populosa Lutetia, torquet,
> Hac duce, frumenti copia magna datur.
> Ne faciam multis, illa es quæ provida gallos
> Assiduis precibus dux, Genovefa, regis.
> Perge, precor, Gallis ; immensi gloria mundi.
> Francorum lampas, perge favere, precor.
> Et tibi votivum libabit Gallia munus,
> Atque canet laudes tempus in omne tuas.

(1) De Thou raconte que, en 1591, les ligueurs, ayant échoué dans une attaque contre Saint-Denys, « accusèrent la sainte patronne, en laquelle ils avaient placé leur confiance de les avoir abandonnés et d'être passée dans le camp des royalistes ». Quant à ce qu'il ajoute : « Ab eo tempore observatum fuit cultum ejus antea tantopere frequentem apud plebem Lutetiæ refriguisse, » si le fait de ce refroidissement de la piété parisienne a été quelque peu vrai, il ne l'a pas été pour longtemps. (*Histor.*, lib. CI, cap. V.)

(2) Cf. p. 177 de ce volume.

sentiments, suivirent d'aussi nobles exemples (1), et les bénédictions, toujours abondantes, de Geneviève, furent le prélude de son efficace coopération à la grandeur du *grand siècle*.

(1) B. S. G., ms. fr. H. 21, in-fol. p. 212 : « Louis XIII d'heureuse mé- « moire a toujours reconnu saincte Geneviève entre ses principaux patrons, « a donné les deux colonnes de devant qui soutiennent sa châsse, qui « sont d'un marbre d'Italie de diverses couleurs et a fait insérer son « office parmi ceux qu'il récitoit dans ses prières ordinaires.... » Nous connaissons, d'autre part, la générosité de la reine.

Voir *Not. et Docum.*, D., pour certains détails historiques.

NOTES ET DOCUMENTS

A
(L'abbaye de Sainte-Geneviève, p. 72)

RÈGLE DE SAINT CHRODEGANG
Cette règle est rédigée en 34 chapitres (1)

Après avoir recommandé avec l'Écriture l'humilité qui est la base ou, du moins, une condition indispensable de la vie commune, Chrodegang marquait l'ordre que les clercs auraient à observer entre eux : c'était celui de l'ordination, sauf le cas où il s'agirait de dignitaires. La simple politesse ne se trouvait pas oubliée, car il était défendu de prononcer le nom d'un autre sans y ajouter la qualité de la personne, et le clerc qui en rencontrait un plus ancien, devait lui demander sa bénédiction, se tenir debout en sa présence, jusqu'au moment où on l'inviterait à s'asseoir (2).

La pauvreté n'était pas absolue. Il est vrai que pour entrer dans la congrégation il fallait par une « donation solennelle » transmettre ses biens à l'église de Saint-Paul de Metz, c'est-à-dire, selon toute probabilité, les attribuer à la mense du chapitre (3). On s'en réservait toutefois l'usufruit durant la vie.

---

(1) Nous donnons le texte publié par Labbe. Quant aux variantes entre ce texte et celui donné par d'Achery, *Spicilegium*, tom. I, on peut consulter Le Cointe, *Annal. ecclesiast. Franc.*, tom. V, p.p. 567 et suiv.
(2) Cap. I, II.
(3) *Annal. ecclesiast. Franç.*, tom. V, p. 583 ; « Episcopi mensa jam
« distinguebatur a mensa capituli, et in veteribus chartis utraque mensa
« per Sanctum-Stephanum et Sanctum Paulum discernitur, quoniam epis-

« Sans doute, disait le législateur, dans la primitive Église, au
« temps des Apôtres, on menait une vie si admirable d'unité
« et de désintéressement, que les chrétiens vendaient ce qu'ils
« possédaient pour en déposer le prix aux pieds des Apôtres,
« sans rien se réserver en propre, en sorte que tout était com-
« mun et qu'on pouvait dire d'eux qu'ils n'avaient qu'un cœur
« et qu'une âme..... Mais, de nos jours, nous n'avons pas assez
« d'abnégation pour nous soumettre généralement à cette per-
« fection de vie ou nous en rapprocher beaucoup..... Si donc
« nous ne pouvons pas tout abandonner, conservons seulement
« l'usage de ce que nous possédons, afin que nous le laissions,
« non à nos héritiers selon la chair, mais à l'Église au service
« de laquelle, sous l'inspiration de Dieu, nous nous sommes
« consacrés en commun (1)..... » Il y avait plus. Les chanoines
avaient la libre disposition des offrandes qui leur étaient faites,
soit comme honoraires de messes, soit à tout autre titre, à moins
que le donateur n'eût en vue la communauté (2).

La clôture ne pouvait être rigoureuse. Mais, si les chanoines
jouissaient de la liberté de sortir dans le jour, ils devaient le soir
se réunir à Saint-Étienne, l'église cathédrale, pour y chanter
complies et de là se rendre au dortoir commun où le silence était
prescrit jusqu'au lendemain matin. Les dispenses sur ce chef
n'étaient que difficilement accordées et des peines se trouvaient
édictées contre les délinquants : la première fois qu'on passait
la nuit dehors, il y avait la correction verbale; la seconde,
c'était la punition au pain et à l'eau pendant un jour; la troisième, cette même punition comprenait trois jours; et, pour
de nouvelles fautes, on réservait la discipline ou l'excommunication (3).

Nous venons de mentionner le lieu du repos pour la nuit.
Transcrivons ces autres mots : « Les chanoines auront des cel-
« lules disposées dans le cloître; chacun aura la sienne séparée
« de celle des autres et un lit pour soi; on ne suivra dans le
« placement des jeunes et des anciens d'autre ordre que celui
« marqué par la prudence, afin que les anciens et les jeunes se

---

« copi mensa per Sanctum Stephanum seu per partes Sancti Stephani, mensa
« vero capituli per Sanctum Paulum seu per partes Sancti Pauli conno-
« tatur... »

(1) Cap. xxxi.
(2) Cap. xxxii. On comprend par là qu'il n'y avait pas de vœux, du moins
les trois vœux solennels.
(3) Cap. iii, iv.

« trouvent ensemble et que ceux-là puissent savoir ce que font
« ceux-ci (1)... »

Réglementer la vie physique et la vie spirituelle ou sacerdotale, tel était et devait être le but du législateur.

Pour la première, trois choses, outre le logis, sont nécessaires : la nourriture, le vêtement et le chauffage.

Les repas étaient ordonnés ainsi qu'il suit quant au nombre par jour, à la qualité et même à la quantité des aliments.

D'abord, pour le carême où l'on doit vivre avec plus de sobriété et de piété que jamais : à l'exception des dimanches, on n'allait au réfectoire qu'après les vêpres et on mangeait aussi peu que la santé ou la dévotion permettaient (2), en s'abstenant des aliments défendus par l'évêque. De Pâques à la Pentecôte, on faisait deux repas. De la Pentecôte à la Saint-Jean-Baptiste, on faisait également deux repas, mais la viande était interdite. De la Saint-Jean-Baptiste à la Saint-Martin, la permission des deux repas demeurait et l'interdiction du gras se bornait au mercredi et au vendredi. De la Saint-Martin à Noël, il y avait tous les jours abstinence et jeûne jusqu'à none. De Noël au carême, l'abstinence était prescrite le mercredi et le vendredi, le jeûne jusqu'à none les lundis, mercredis et vendredis, tandis que les deux repas étaient accordés les autres jours (3).

Il y avait sept tables au réfectoire : la première était pour l'évêque, l'archidiacre, les hôtes (4) et les invités de l'évêque ; la seconde pour les prêtres ; la troisième pour les diacres ; la quatrième pour les sous-diacres ; la cinquième pour les autres clercs ; la sixième pour les abbés et les invités du primicier ; la septième pour les chanoines qui demeuraient en ville et qui, les dimanches et fêtes, venaient prendre leurs repas à la communauté (5).

Au réfectoire on observait un silence que seule interrompait la lecture publique (6).

---

(1) Cap. III.
(2) « Cap. XX : De cibi autem et potus perceptione, in quantum Deus auxilium dederit, paucitatem habeat. »
(3) Cap. XX.
(4) On voit par là qu'on savait pratiquer l'hospitalité. Au chapitre III, il était prescrit aux hôtes qui portaient des armes, de les laisser en dehors du réfectoire.
(5) Cap. XXI.
(6) Ibid. La règle était prévoyante : elle permettait non seulement au lecteur, mais encore au cellérier, au portier, aux cuisiniers de semaine comme à ceux qui servaient, de prendre, avant le commencement du

Les jours qui n'étaient pas consacrés au jeûne, on servait le pain à discrétion. Au dîner, qui avait lieu à l'heure de sexte, on donnait un potage, une portion (1) de viande pour deux avec une portion qui est appelée *cibaria*, et, dans le cas où cette dernière faisait défaut, on apportait deux portions de viande ou de lard. Le souper comprenait seulement avec le pain une portion de viande ou de *cibaria* pour deux. Les jours maigres, au dîner, c'était, toujours pour deux, une portion de fromage, une autre de *cibaria*, une troisième de poisson, de légume ou de tout autre chose, tandis que le souper se limitait, pour les mêmes personnes, à une portion de *cibaria* ou de fromage, et, « si Dieu accordait plus, il fallait en user avec action de grâces ». Le dîner des jours maigres devenait l'unique repas des jours de jeûne (2).

La boisson se mesurait aussi. « Puisque nous ne pouvons, « disait le saint législateur, persuader à notre clergé de ne point « boire de vin, efforçons-nous au moins d'obtenir qu'il ne se « fasse l'esclave de l'ivresse. » En conséquence, les jours où l'on faisait deux repas, les prêtres et les diacres recevaient au dîner trois coupes de vin, au souper deux ; les sous-diacres en avaient deux à chaque repas et les autres clercs deux au dîner et une au souper. Les jours où l'on ne faisait qu'un repas, le nombre de coupes se comptait comme au dîner des autres jours. Et même, tel est encore le langage de la règle, « s'il arrive qu'il n'y ait « pas assez de vin pour fournir la mesure indiquée, que l'évêque « donne ce qu'il peut, et que les frères ne murmurent point, « mais qu'ils acceptent la chose avec résignation et même en « rendant grâces à Dieu. » Quant à ceux qui s'abstenaient de vin, ils obtenaient une égale quantité de bière (3).

On faisait la cuisine chacun à son tour et hebdomadairement. Il n'y avait d'exemption qu'en faveur de l'archidiacre, du primicier, du cellérier et des trois gardiens des églises de Saint-Étienne,

---

repas commun, du pain trempé dans la boisson, *mixtum de pane et potu accipiant*.

(1) « Unam ministrationem » : telle est l'expression de la règle, quand il est question des aliments autres que le « pulmentum » et les « cibaria ». Quant aux « cibaria », elle dit simplement : « una cibaria ». Quelle était la nature de cet aliment ? Voilà ce qu'il ne nous est pas possible de préciser.

(2) Cap. xxii.

(3) Cap. xxiii. On ne saurait indiquer la mesure de ces coupes.

de Saint-Pierre et de Sainte-Marie. La dignité ou les occupations pressantes avaient motivé le privilège (1).

Après la nourriture, le vêtement (2). Les anciens recevaient chaque année des chapes neuves et devaient rendre celles de l'année précédente, lesquelles étaient données aux jeunes. Les prêtres et les diacres recevaient chaque année deux tuniques (*sarciles binos*) ou de la laine pour les confectionner, ainsi que deux chemises (*camisiles binos*). Les autres clercs n'étaient gratifiés que d'un seul de ces effets (3). Tous avaient, pour le même laps de temps, un cuir de vache et quatre paires de semelles. Les chapes et les tuniques étaient remises à la Saint-Martin, les chemises vingt jours après Pâques et la matière de la chaussure aux calendes de septembre (4).

Le chauffage, qui achève de faire face aux nécessités de la vie, avait son article. Aux chanoines de se fournir eux-mêmes de bois : quatre livres leur étaient accordées à cet effet (5).

La même précision se remarque touchant la vie spirituelle ou sacerdotale, comme le travail, l'office, la célébration des dimanches et fêtes, la confession et la communion.

Nous lisons au chapitre neuvième : « L'oisiveté est l'ennemie « de l'âme ; c'est pourquoi nous décrétons que, au commande- « ment de l'évêque, de l'archidiacre, du primicier (6) ou de ceux « qui les remplacent, on se rende du chapitre au travail ordi- « naire ou particulièrement imposé, qu'on accomplisse sa tâche « sans murmure, mais avec courage ; et, quand on aura du « temps de libre, chacun s'adonnera aux œuvres qui regardent « personnellement. »

Le chapitre avait lieu tous les jours après le chant de prime. C'était là que les ordres se donnaient, que les corrections s'infligeaient, que la parole de Dieu s'annonçait. Tous les clercs qui demeuraient dans la communauté devaient y assister, et ceux que

---

(1) Cap. xxiv. Il est probable que, à l'exemple des Bénédictins, les chanoines faisaient, tour à tour, le service des tables.
(2) Cap. xxix.
(3) Il y a pourtant dans le texte : « Subdiaconi camisile et dimidio. » Quelle est cette moitié et pour quel usage ? N'est-ce pas plutôt une faute qui s'est glissée dans le texte ?
(4) Cap. xxix.
(5) Ibid.
(6) On comprend plus clairement encore ici quels étaient les dignitaires avec juridiction dans le chapitre. L'évêque était vraiment la tête du chapitre. L'archidiacre le remplaçait. Le primicier, ou le premier des chanoines, se nommera plus tard doyen.

leurs fonctions retenaient dehors, y étaient seulement astreints les dimanches et les fêtes (1).

On se levait à deux heures de la nuit pour les nocturnes. Entre les nocturnes et les laudes, il y avait un intervalle de temps qu'il était prescrit de consacrer à la méditation ou à la lecture (2). L'ensemble de la règle fait assez comprendre que pour les autres parties de l'office on suivait les heures canoniquement fixées.

La règle recommandait fortement la dévotion pour l'office. « Si nous croyons, disait-elle, que Dieu est présent partout et « que les yeux du Seigneur savent distinguer les bons et les mé- « chants, cette croyance doit surtout se fortifier, lorsque nous « assistons à l'office divin. C'est pourquoi gardons en notre mé- « moire ces paroles du prophète : *Servez le Seigneur avec crainte* « *et réjouissez-vous devant lui avec tremblement* (3). »

La célébration des dimanches et fêtes sont le sujet d'un chapitre (4). « Au premier signal, est-il marqué, tous se rendent au « chapitre et, après la lecture, à l'église où, un nouveau signal « étant donné, on commence tierce. Cette heure terminée, cha- « cun reste à sa place, attendant le pontife, ainsi que le veut « l'usage de l'Église romaine. » Il n'était, non plus, permis de quitter cette même place, pendant la messe pontificale, à moins de fonctions à remplir ou de devoirs pressants qui appelassent ailleurs.

Au sujet de la confession dont le précepte est divin et l'usage des plus salutaires, saint Chrodegang s'exprime en ces termes : « Nous décrétons que nos clercs feront avec simplicité leur « confession à leur évêque deux fois par année, à savoir au com- « mencement du carême et depuis le milieu d'août jusqu'aux « calendes de novembre ; aux autres époques de l'année, on « pourra, selon qu'on le préférera ou estimera utile, se confesser « à l'évêque ou à un autre prêtre à qui l'évêque aura accordé « l'autorisation nécessaire. » Une pénalité se trouvait édictée contre le clerc qui cacherait une faute à l'évêque et voudrait se confesser à d'autres : il devait être déposé ou frappé d'irrégularité; on pouvait même lui faire donner la discipline et le mettre en prison (5).

(1) Cap. VIII et XXXIII.
(2) Cap. V.
(3) Cap. VII; *Ps.* II, 11.
(4) Cap. XXXIII.
(5) Cap. XIV : « Corporalem disciplinam vel carcerem patiatur. »

Enfin, « si leurs péchés ne les en rendent indignes, les clercs
« recevront les jours de dimanches et de fêtes le corps et le sang
« de Notre-Seigneur Jésus-Christ, car le Seigneur dit dans son
« Évangile : *Celui qui mange ma chair et boit mon sang, demeure*
« *en moi et moi en lui;* et, si quelqu'un participe indignement
« aux mystères très saints, *il mange et boit son jugement* (1). »

La vie spirituelle ou sacerdotale réglée, il était expédient de prévoir les manquements possibles, et, pour ne rien laisser à l'arbitraire, de promulguer le code des punitions méritées.

C'est ainsi que pour les plus grands crimes : l'homicide, la fornication, l'adultère, le vol, il y avait la discipline, l'exclusion, la prison et, après la prison, si l'évêque ou ceux qui le remplaçaient le jugeaient bon, pénitence publique pendant laquelle le coupable ne pouvait entrer dans l'église, mais devait se tenir prosterné à la porte chaque fois que les chanoines entraient ou sortaient. Le moment de la réhabilitation arrivé, il fallait que le pénitent, étendu à terre devant l'évêque ou le clergé, demandât pardon ; et l'on procédait à la réconciliation conformément aux prescriptions du droit canonique (2).

C'est ainsi que se joindre sans permission à un clerc excommunié, lui parler, lui faire parvenir des lettres, entraînait la peine de l'excommunication (3).

C'est ainsi que la désobéissance, la rébellion, l'ivrognerie, l'orgueil, l'humeur querelleuse, la transgression du jeûne devenaient l'objet d'un premier et d'un second avertissement en particulier. En cas de non-amendement, la réprimande se faisait en public. La réprimande ne portant pas ses fruits, l'excommunication était lancée. Enfin, dernière ressource, on appliquait les peines corporelles (4).

Les fautes légères contre la règle, comme le retard à l'office, au réfectoire, le bris ou la perte de quelque objet, étaient laissées à l'appréciation de l'évêque ou de ses représentants, lesquels prononçaient selon la gravité du délit et les dispositions du délinquant (5).

Le zèle était recommandé, mais le zèle bien entendu, car « de
« même qu'il est un zèle amer qui sépare de Dieu et mène à

(1) Ibid. 1; *Joan*. VI, 57; I *Cor*., XI, 29.
(2) Cap. xv.
(3) Cap. xvi.
(4) Cap. xvii.
(5) Cap. xviii.

« l'enfer, ainsi il est un bon zèle qui éloigne du vice et conduit
« au Seigneur et à la vie éternelle (1). » Sous ce rapport, il
pouvait y avoir deux sortes d'infractions causées : l'une par
excès de rigueur — et on décidait qu'il n'était permis à aucun
chanoine de frapper ou d'excommunier son frère, parce que
l'excommunication était réservée à l'évêque ou à son remplaçant ; — l'autre par excès de charité — et on rappelait qu'on
ne devait vouloir se défendre les uns les autres, parce qu'il y
avait péril à ne pas laisser la justice suivre son cours (2).

Certaines fonctions exigeaient de spéciales recommandations
comme les fonctions d'archidiacre, de primicier, de cellérier, de
portier.

En ce qui touche l'archidiacre et le primicier, « il faut, porte
« la règle, qu'ils soient prudents comme des serpents, simples
« comme des colombes, c'est-à-dire sages pour le bien et simples
« pour le mal, instruits sur l'Évangile, la doctrine des Pères,
« les canons, afin qu'ils puissent eux-mêmes instruire les clercs
« dans la loi divine et ce qui regarde cette petite communauté. »
Il faut qu'en toutes choses ils soient soumis et fidèles « à Dieu et
« à l'évêque, sans orgueil, sans hauteur, sans dédain, chastes,
« sobres, patients, bons, miséricordieux. Il faut que la miséri-
« corde tempère le jugement, afin qu'ils obtiennent eux-mêmes
« pareille chose. A eux d'aimer les clercs, de haïr les vices
« pour la répression desquels ils doivent agir prudemment, de
« peur qu'autrement ils ne brisent le vase, pendant qu'ils croient
« enlever la rouille. » Ces recommandations ne pouvaient devenir une lettre morte, car elles avaient une sanction pénale :
« Si l'archidiacre ou le primicier, sont, ce qu'à Dieu ne plaise !
« orgueilleux, hautains, querelleurs, pleins de mépris pour la loi
« canonique ou les prescriptions qui régissent cette petite com-
« munauté, ils seront avertis deux fois conformément aux pré-
« ceptes du Seigneur ; s'ils ne s'amendent pas, ils seront
« jugés par l'évêque selon la gravité de la faute; enfin, s'ils
« ne se corrigent pas, ils seront destitués (3)... »

Dans un autre ordre d'idée, le cellérier « doit avoir la crainte
« de Dieu, être sobre, non adonné au vin ni porté aux disputes
« ou à la colère, mais modeste, prévoyant et fidèle, ni pro-
« digue ni dissipateur, en sorte qu'il conserve pour l'usage des

---

(1) Cap. xi.
(2) Cap. xii, xiii, xix.
(3) Cap. xxv.

« clercs ce qui aura été confié à sa garde, qu'il ne fasse rien
« sans l'ordre de l'évêque ou de son représentant, car, s'il agis-
« sait autrement, il n'y a pas de doute qu'il n'ait à rendre compte
« de sa conduite à Dieu au jour du jugement (1). »

La charge de portier avait une importance toute particulière. La sobriété et la patience étaient les premières vertus du portier. A lui de savoir répondre, de garder fidèlement les portes du cloître. Pour le cas de contravention, l'excommunication l'attendait. Après complies, il lui était enjoint de remettre les clefs à l'archidiacre ou à celui qui le remplaçait (2).

Enfin, il y avait un chapitre — et c'est le dernier (3) — consacré à l'instruction des chrétiens pauvres, inscrits sur la matricule tant de la cathédrale que des autres églises. Saint Chrodegang leur prescrivait, sous peine d'excommunication à la troisième désobéissance, de radiation de la matricule en cas de persévérance dans l'insoumission, de se réunir à l'église épiscopale tous les quinze jours pendant l'année pour y entendre, après l'office de tierce, l'enseignement qui leur convenait. C'était à l'évêque à donner cet enseignement. Si l'évêque ne pouvait venir, la charge incombait au prêtre gardien de l'église de Saint-Étienne. Ces chrétiens devaient se confesser deux fois par an, d'abord durant le carême et ensuite dans l'intervalle de temps qui sépare la Saint-Remi de la Saint-Martin. En soignant l'âme, on ne négligeait pas le corps. A la suite de l'instruction, on distribuait à chacun, en temps ordinaire, un pain avec une portion soit de lard, soit de fromage. Dans le carême, on ajoutait au pain un setier de vin pour quatre. Le Jeudi saint, il y avait en plus une portion de lard et de fromage. Les aumônes se prenaient sur les revenus de l'église Saint-Étienne.

(1) Cap. xxvi.
(2) Cap. xxvii.
(3) Cap. xxxiv

B

(L'abbaye de Sainte-Geneviève, p. 231)

ANALYSE DE QUELQUES STATUTS DES MÉTIERS DE SAINTE-GENEVIÈVE (1)

DES CERVOISIERS

(Ordonnances touchant le faict des cervoisiers en la terre de Madame saincte Geneviefve, ms. cité, fol 63.)

Défense de vendre la meilleure cervoise ou bière au-dessus de quatre deniers la pinte.

Défense de vendre plus de vingt-quatre sols la caque de cervoise.

La contenance de la caque doit être de quatorze setiers au moins.

Pour obvier aux fraudes, il est ordonné au cervoisier qui vend sa marchandise aux cabarets, d'en vendre aussi chez lui en détail et d'en garder par devers soi une caque ou demi-caque « pour tesmoing ».

Défense de mettre en vente aucune cervoise avant trois jours d'« assiette et de repos » et sans avoir été dégustée par les jurés.

Défense de mêler diverses sortes de bière les unes avec les autres, par exemple la « grand avec la petite ».

Défense de mettre de l'eau dans les caques pour faire de l'abondance (*alongnier*).

Défense de mettre dans le brassin ni poix ni herbes ni autres mixtions interdites.

Les jurés peuvent ramener au prix de quatre deniers

---

(1) Nous devons adresser ici nos remerciements à M. Bonnardot, ancien élève pensionnaire à l'École des chartes et déjà bien connu par de solides travaux, pour l'empressement qu'il a mis à nous donner le secours de sa science de paléographe et de romaniste.

la bière vendue au-dessus, confisquer la bière malsaine, arrêter le cervoisier coupable qui sera jugé et puni sur ce fait.

Rappel des anciennes ordonnances sur le métier avec injonction de s'y conformer.

Institution de deux jurés pour tenir la main au présent règlement.

DES TANNEURS, CORROYEURS, BAUDROYEURS, CORDONNIERS

(*Ordonnance touchant les mestiers de tanneur, corroieur, baudroieur et cordoueniers a Saint-Marcel en la terre de Madame saincte Geneviefve.* ms. cité, fol. 58.)

Nul ne pourra être reçu maître et tenir ouvroir, s'il n'a été apprenti pendant quatre ans à Sainte-Geneviève ou ailleurs, à moins qu'il ne soit fils de maître.

La maîtrise de l'un de ces métiers donne droit de travailler dans les deux ou trois autres métiers similaires.

Avant d'être reçu maître, l'apprenti ou fils de maître devra justifier de sa capacité professionnelle par un chef-d'œuvre agréé par les maîtres jurés.

Si le candidat se trouve lésé par le rapport défavorable des jurés, il peut se pourvoir par-devant justice.

Aucun cordonnier, dans le temps qu'il exerce son métier, ne peut travailler aux métiers de tannerie, corroierie et baudroierie.

Quiconque aura été reçu, par décision de justice, maître ou ouvrier dans ces métiers, devra travailler bien et loyalement en gardant l'honneur du métier et le profit de la chose publique.

Les infractions seront frappées, la première fois, d'une amende de cinq sols, la seconde d'une amende de dix, et, en cas de récidive, l'amende est arbitraire.

Quiconque aura connaissance d'une infraction au règlement, d'une fraude ou malice dans le travail, devra le déclarer à la justice ou au procureur de Sainte-Geneviève.

Tout maître payera, pour sa réception, en *guise de past* (repas, banquet) une somme de cent sols, dont la moitié à l'église Sainte-Geneviève et l'autre moitié aux jurés. Les fils de maître sont exemptés de ce *past*.

La veuve de maître pourra continuer de tenir le métier pendant son veuvage, si elle a des ouvriers capables. Au cas où elle se remarierait avec un ouvrier capable, celui-ci serait dispensé du reste de son temps d'apprentissage et reçu maître moyennant un chef-d'œuvre et la redevance du *past*.

Ces clauses sont applicables à la fille du maître comme à la veuve.

Aucun tanneur de Sainte-Geneviève ne pourra tanner cuir pour autrui, sous peine de confiscation des *denrées* (marchandise) et d'amende arbitraire.

Pourront seuls travailler à ces métiers ceux qui résident sur la terre de Sainte-Geneviève, à peine de confiscation des denrées ou du payement de leur valeur.

Chaque maître ne pourra avoir qu'un apprenti pendant quatre ans; mais, à la quatrième année, il lui est permis de commencer un nouvel apprenti. Avant de mettre l'apprenti à la besogne, le maître devra verser dix sols, dont la moitié à Sainte-Geneviève et l'autre au métier (dans la caisse de la corporation).

Si le maître venait à tomber en pauvreté ou à quitter le pays, il devrait placer son apprenti chez tel autre maître capable d'enseigner convenablement et suffisamment cet apprenti.

Si un apprenti quitte son maître avant l'expiration de son apprentissage, aucun autre maître ne doit le recevoir, à peine de dix sols d'amende. Si quelque maître le reçoit et que le premier le réclame, le second payera par chaque jour de retard après la sommation une amende de cinq sols.

Il y aura dans le métier une estampille ou poinçon en fer pour marquer le cuir reconnu bon et loyal, lequel poinçon sera mis en un étui fermant à clef: l'étui sera gardé par l'un des jurés, et la clef par un cordonnier juré ou par un ouvrier non juré; et l'étui ne pourra être ouvert, sinon en présence des jurés.

Défense de transporter loin de la terre Sainte-Geneviève nul cuir qui n'ait été visité et *signé du fer commun* à peine de vingt sols d'amende.

Indépendamment de cette marque commune, chaque maître aura sa marque particulière.

DES FOULONS-DRAPIERS

(*Ordonnances anciennement faictes sur les mestiers des foulons-drappiers de la ville et terre saincte Geneviefve, faictes es registres d'enciencneté, ms. cité, fol. 25*) (1).

Le maître foulon ne peut avoir qu'un apprenti, son fils non compté. L'apprentissage ne durera pas moins de trois ans. S'il y a deux apprentis, le dernier s'en ira et le maître payera dix sols d'amende.

Toute malfaçon encourt une amende de cinq sols.

Le drap sortant du métier doit mesurer quinze aunes. Amende de cinq sols pour tout drap mesurant moins de quatorze aunes trois quarts.

Interdiction à deux maîtres foulons de travailler ensemble à un même ouvroir, sous peine d'être frappés solidairement de vingt sols d'amende.

Nul ne pourra être maître et tenir ouvroir, s'il n'a cuve et chaudière à lui appartenant pour servir de caution aux amendes qu'il pourra encourir.

Interdiction de louer à quiconque *vessel* (cuve) à fouler, sous peine de vingt sols d'amende.

Défense de fouler ni de travailler la nuit sous peine de la même amende.

Peut devenir maître quiconque sait le métier et prouve qu'il a fait l'apprentissage, moyennant une redevance de vingt sols aux maîtres du métier.

Les valets doivent se rendre à l'ouvrage au soleil levant et le quitter au soleil couchant, de la Chandeleur à la Toussaint, et, de la Toussaint à la Chandeleur, depuis le moment où l'on pourra *congnoistre homme en une rue de la veue du jour* jusqu'au soir.

Défense de mettre en gage aucun drap d'autrui donné à fouler, si ce n'est par autorisation de la justice, pour recouvrer ses frais, sous peine de bannissement de la terre Sainte-Geneviève et d'une amende de dix sols.

Défense au maître d'employer valets qui soient larrons, meurtriers, bannis de ville pour vilain cas. Une amende à fixer par

---

(1) Ces statuts sont imprimés dans la *Bibliothèque de l'école des hautes études*, 33ᵉ fascicule, *Étude sur l'industrie*,... Paris, 1878, p.p. 335 et suiv.

les maîtres sera encourue par celui qui aura engagé des valets criminels.

Défense de faire aucun drap qui contienne de la bourre ; si le maître en fait à son escient, il est passible d'une amende de vingt sols et le drap est brûlé.

Les draps de mauvaise qualité ou de fabrication défectueuse sont saisis, et le fabricant frappé de la peine méritée suivant l'appréciation des jurés qui sont établis pour garder le métier selon les ordonnances anciennes et les usages de la ville de Paris et des autres bonnes villes.

Tout drap, destiné à être vendu, qui ne serait d'aussi bonne laine *au dernier chef qu'au premier* (d'un bout à l'autre) sera déchiré en deux ou la lisière ôtée ; et il y aura, en outre, quinze sols d'amende.

Tout drap mal teint et dont la couleur sera passée, aura sa lisière ôtée ou sera reteint en autre couleur, au choix du fabricant et à ses dépens, sans préjudice de l'amende de quinze sols.

Défense de mettre le drap en *foulée* après qu'il aura été mouillé et tondu ; il y aura amende de vingt sols pour l'infracteur, et le drap sera remouillé et remis à point aux dépens de ce dernier.

Le drapier ou autre qui vend, comme drap mouillé et tondu, un drap qui ne l'est pas, payera pour chaque aune une once d'argent et *la justice* (les frais) ; si le drap a été vendu, il doit le reprendre, rendre le prix reçu et donner des dommages-intérêts.

Le drap rayé (1) par défaut dans la trame sera reteint en couleur unie ; et il y aura cinq sols d'amende.

Le drap rayé par l'emploi *d'estrange trame* (matière étrangère) sera frappé pour chaque raie d'une amende de douze deniers, et la lisière sera coupée en face la raie.

Le drap meilleur sur les lisières qu'au milieu perdra ses lisières ; et il y aura quinze sols d'amende.

Le drap plus long d'une aune en une lisière qu'en l'autre perdra sa lisière ; et il y aura quinze sols d'amende.

En la terre Sainte-Geneviève, nul ne vendra drap qui n'ait été fabriqué sur ladite terre, sous peine de dix sols d'amende.

Défense de laver le drap la nuit, sous peine de cinq sols d'amende.

---

(1) Le drap rayé est le drap présentant des raies ou nuances de diverses couleurs.

Les ouvriers ne doivent entrer en besogne les uns avant les autres et sans que les jurés le leur ait commandé ; il y aura cinq sols d'amende pour la contravention.

L'apprentissage dure trois ans, et il y aura redevance de cinq sols pour la confrérie du métier.

Nulle femme ne pourra épincer le drap, si elle n'est femme ou fille de maître.

Ni femme ni fille même de maître ne pourront épincer *à la perche* ni sur drap qui soit fait, sous peine de cinq sols d'amende, moitié à justice, moitié aux jurés.

Les apprentis qui *seront à lit et à potage sur le maître* (logés et nourris), pourront travailler dès qu'il fera jour *jusques à jour faillant*.

Nous complétons l'analyse du statut, en recourant à un autre ms. de la même Biblioth., le ms. fr. coté H. 23², in-fol., lequel, fol. 36-37, contient les autres articles.

Défense aux maîtres et valets de tenir avec eux femme, sinon épousée ; il y aura dix sols d'amende.

Il y aura au métier deux élus pour mettre les ouvriers en besogne et les envoyer travailler où il faudra et aux heures convenues. Pour quiconque des ouvriers ne se trouvant à l'heure et au lieu dit, cinq sols d'amende.

L'ouvrier étranger qui vient travailler en cette ville de Saint-Marcel, devra payer pareille bienvenue que les ouvriers de Sainte-Geneviève payeraient dans la ville d'où cet étranger arrive.

Le maître tenant ouvroir, sans avoir payé le droit de maîtrise, payera seize sols à la confrérie de Saint-Eustache, sinon interdiction de tenir ouvroir à Saint-Marceau.

Chaque valet qui *lève métier* (s'établit à son compte) payera pour sa maîtrise quinze sols à la confrérie et cinq sols à la justice, sinon ceux qui travailleront avec lui après la signification faite payeront chacun douze deniers d'amende par chaque jour de travail.

Chaque maître et valet payeront par semaine deux deniers au profit de la confrérie, s'ils ont travaillé au moins trois jours dans la semaine.

Le chômage est prescrit aux vigiles des quatre fêtes solennelles et aux vigiles des fêtes de Notre-Dame et les samedis après none ; la contravention emporte une amende de douze deniers.

Les élus, *pour signifier le service aux gens du métier*, auront de chaque compagnon qui se mariera une paire de gants neufs, et pour chaque trépassé la meilleure paire de chausses et de souliers.

Tous maîtres et valets sont tenus d'assister à la messe des noces de chacun du métier, sous peine de douze deniers d'amende.

Si aucun ou aucune de ladite confrérie trépasse, que chacun soit au service, sous peine de douze deniers d'amende ; et les ouvriers auront quatre deniers rabattus sur leur journée.

Nul étranger ne peut travailler plus de trois jours à Sainte-Marceau, si les valets de Saint-Marceau ne travaillent pas dans la ville d'où vient l'étranger. Le maître qui l'emploiera plus de trois jours, payera cinq sols d'amende.

Nul valet à journée n'ira à besogne avant que la messe de la confrérie ne soit chantée, les jours où on la chante ; la contravention emportera douze deniers d'amende.

Nul ne peut louer *hors place* (ailleurs qu'à la place d'embauchage), sous peine d'une amende de douze deniers pour le valet et de deux sous pour le maître.

DES TISSERANDS DE LINGE

Ce qui regarde les tisserands de linge est placé sous deux titres différents dans notre manuscrit. D'abord sous ce titre :

L'usage de tesserrans (fol. 6 v°),

nous lisons :

« Nus ne peut estre tesserant de lange en la terre Saincte
« Geneviève, se il n'achate le mestier de l'abbé et du couvent. Et
« le vent de par l'abbé et le couvent le chamberier ou son com-
« mandement à l'un plus et à l'autre moins, selon ce que leur
« samble bon.

« Nus Tesserrant de lange ne autre ne peut ne ne doit avoir
« le mestier de tesseranderie en la terre Sainte-Geneviève,
« se il ne set le mestier faire de sa main ou se il n'est fiuz de
« mestre. »

Nous donnons maintenant l'analyse de

L'ordennance de la texeranderie de linge de Paris (fol. 10 v°).

Achat du métier au roi.

Obligation de savoir travailler de sa main et étoffer deux fils levés et à double raie avec losange au milieu.

La veuve d'un maître peut avoir ouvriers pendant le temps de son veuvage seulement.

Toute œuvre doit être faite à la mesure de l'étalon que conservent les prud'hommes du métier depuis le temps du bon roi Philippe. Cet étalon consiste en une verge de fer mesurant le lé des nappes de la table du roi.

Interdiction d'ouvrer rien de plus grande dimension. Qui voudra tenir linge de moindre dimension, devra jurer que l'œuvre est destinée à son propre usage et non au commerce.

De toutes ces œuvres les prud'hommes maintiennent les prix et dimensions, et prélèvent une redevance de seize deniers par quarante aunes de toile, pour subvenir aux frais de suif et de bran (1) et pour l'ourture (2), la trame et le conroi (3) de ces quarante aunes.

Interdiction de tisser la nuit à la clarté de la chandelle, car on ne peut faire à la lumière de la chandelle œuvre aussi bonne ni aussi loyale qu'à la lumière du jour.

Défense à quiconque de terminer dans son propre ouvroir une œuvre ourdie dans un autre ouvroir, à moins que cette œuvre ne lui ait été apportée par le maître de l'ouvroir où elle aura été ourdie.

Chaque tisserand ne peut tenir deux ouvroirs, s'ils ne sont renfermés dans une même enceinte sans traverser la rue.

Nul ne doit avoir à son service plus d'un apprenti; l'apprentissage est de cinq ans de service et de vingt sols de redevance, ou de six ans de service sans redevance.

Si un apprenti d'œuvre *plaine* (unie) veut apprendre l'œuvre *ouvrée* (à jour avec dessins), le maître doit lui demander vingt sols pour le moins et prendre bon gage ou bon argent.

Outre l'apprenti à prix d'argent, le maître peut avoir un apprenti de *sa chair* ou de la *chair de sa femme*, après avoir prouvé qu'il lui est uni par les liens du sang. Toutefois, si le

---

(1) « Son, issues de la meunerie. » (*Glossaire-Index du Livre des métiers d'Étienne Boileau*, publié par MM. R. de Lespinasse et F. Bonnardot, Paris, 1879.)

(2) « Chaine des étoffes. » (*Ibid.*).

(3). Apprêt, mot racine ou dérivé de *conréer*, préparer, apprêter. (V. ce verbe, *Ibid.*).

maître cède à un autre l'apprenti payant, il ne peut en reprendre un autre avant l'échéance du terme de l'engagement contracté par cet apprenti.

On ne doit ni tisser ni ourdir aux jours de fêtes commandées par la sainte Église. Toutefois les jours de fêtes où les fours ont la permission de cuire et les étuffes de chauffer, les tisserands peuvent préparer leur œuvre sans tisser ni ourdir.

Interdiction de porter, à cause du péril de malfaçon, l'œuvre une fois faite avec la trame chez celui à qui elle appartient ou qui la fait faire.

Défense de mêler dans une pelote ou dans une chaîne diverses sortes de fils, sous peine d'être exilé du métier jusqu'à payement d'une amende de dix sols, à savoir six sols au roi et quatre sols aux gardes du métier.

Les plaintes en malfaçon doivent être adressées aux gardes du métier qui en informent les prud'hommes. L'étoffe est examinée. Avant de rendre leur jugement, les prud'hommes prélèvent un droit de deux sols pour leur peine, à savoir un sol du fabricant et un sol du plaignant ou acheteur.

Tout ouvrier étranger qui vient dans un ouvroir, amenant avec lui une femme, ne peut être reçu avant d'avoir prouvé par bons témoins ou par attestation de la sainte Église qu'il a épousé cette femme.

Il est défendu de recevoir dans le métier nul ouvrier expatrié pour mauvais cas.

Nul ne doit engager aucun ouvrier, homme ou femme, travaillant dans un autre ouvroir avant que celui-ci ait rempli les engagements de son contrat envers son maître ou sa maîtresse.

Amende de six sous, quatre au roi et deux aux gardes, pour toute infraction à ces statuts.

Établissement de quatre prud'hommes pour veiller à l'exécution de ces mêmes statuts.

DES CEINTURIERS EN ESTAIM (1)

(*Ordonnences des sainturiers en estaim en la terre de Madame saincte Geneviefve*, ms. cité, fol. 19 v°.)

Nul ne peut exercer le métier de ceinturier en estaim : 1° sans avoir été jugé capable par les maîtres du métier, reçu

---

(1) Estaim ou estame (de *stamen*), laine tirée au peigne.

par eux après un apprentissage de quatre ans sous l'un d'eux, à moins d'être fils de maître; 2° sans avoir fait un chef-d'œuvre, payé un droit d'entrée de seize sols dont la moitié à Sainte-Geneviève et l'autre moitié aux maîtres du métier, et enfin donné un *dîner raisonnable* aux jurés le jour de sa réception à la maîtrise.

Tout fils de maître pourra exercer le métier en franchise des droits ci-dessus, à condition d'avoir été reconnu capable et reçu comme tel par les jurés.

Interdiction à toute femme de s'entremettre du métier ou de le faire exercer à son compte, à moins qu'elle ne soit veuve de maître : encore ne pourra-t-elle s'en mêler que durant le temps de son veuvage et non plus.

Les instruments, ferrements et outils du candidat à la maîtrise seront approuvés par les jurés. Il y aura payement du droit d'entrée de seize sols avant tout exercice préalable du métier.

Interdiction à tout valet ou autre de travailler au métier de quelque façon que ce soit, hors de chez son patron, à moins qu'il n'ait été reçu audit métier comme maître ou ouvrier suivant les statuts, sous peine de perdre les *denrées* (marchandises) qui seront trouvées en sa possession, et de subir une amende arbitraire.

Ni valets ni autres gens ne peuvent travailler en chambre, en cachette ou à découvert, mais bien à l'hôtel d'un des maîtres, à tâche ou à loyer, à la semaine ou à la journée, au mois ou à l'année. Il y aura amende de dix sols pour les transgresseurs.

L'apprentissage est de quatre ans. L'apprenti paye un droit d'entrée de quatre sols parisis dont moitié à Sainte-Geneviève et moitié aux maîtres.

Interdiction aux valets « gagnant argent » de quitter leur maître avant l'expiration de leur contrat pour aller travailler chez un autre patron, aux patrons d'employer ou d'attirer aucun valet lié par contrat à un autre maître, et cela sous peine de dix sols d'amende.

Injonction de n'employer que du bon estaim et en quantité suffisante, selon l'ancienne coutume. Dans chaque boucle de ceinture, pour homme ou pour femme, on doit employer pour l'ardillon un fil de bon fer approprié à la grandeur de la boucle. Pour les contrevenants amende de cinq sols.

Ledit fil de fer doit être recouvert en entier de bon estaim. Pour les contrevenants amende de dix sols.

Toute ceinture qui sera trouvée être d'un « aloy » qui ne

répondra pas au type ci-dessus mentionné, sera *forfaite* et confisquée au profit des religieux de Sainte-Geneviève; et celui en la possession de qui elle sera trouvée payera une amende de dix sols.

Toute ceinture faite de cuir brûlé ou hors d'état de servir sera jetée au feu, et son possesseur condamné à dix sols d'amende.

Aux dimanches et fêtes, il ne pourra y avoir qu'un étal ouvert pour la vente des marchandises ; chaque maître a son tour d'étalage. Interdiction de vendre le dimanche, sauf pour celui dont ce sera le tour.

Les fêtes chômées sont : les cinq fêtes de Notre-Dame, le lendemain de Noël et de la Toussaint, les fêtes de saint Jean-Baptiste, des saints Pierre et Paul, de sainte Geneviève, des saints Jacques et Christophe, des saints Simon et Jude, de saint André. Les infracteurs encourront une amende de dix sols.

La durée du travail sera de « quatre heures du matin jusques à neuf heures après midy », tant en été qu'en hiver. Les infractions commises par les ouvriers seront punies d'une amende de quatre sols.

Défense de continuer le travail le samedi après cinq heures du soir, à la lueur des chandelles ou autrement, sans la permission des maîtres jurés et des gardes. L'amende est arbitraire.

Défense d'appeler un chaland qui serait arrêté à la fenêtre ou montre voisine. Il faut attendre qu'il ait quitté l'étal du voisin pour l'engager à visiter le sien propre. Pour les contrevenants, amende de dix sols.

Pour tenir la main à ces statuts, il y aura deux maîtres jurés, gardes et visiteurs du métier, exerçant leur inspection de jour et de nuit et rapportant à la justice de Sainte-Geneviève toute les infractions qu'ils auront relevées dans leur visite. Ces deux jurés, à la nomination de la justice de Sainte-Geneviève, pourront être changés et renouvelés chaque année, si besoin est.

Ces statuts furent lus et jurés à tenir par les maîtres du métier à ce présents, le dimanche 15 mars 1421 (1422, nouveau style).

DES TIRETANIERS

(L'ordenance des tiretaniers de Saint-Maart (Saint-Médard.)
ms. cité, fol. 12) (1)

Obligation de demander au chambrier licence d'exercer sur

---

[1] Ces statuts sont imprimés dans *Biblioth. de l'école des hautes études*, *loc. cit.*, p. 375.

la terre Sainte-Geneviève le métier de fabricant de tiretaines et de serges. Serment d'observer les statuts et de dénoncer les infractions venues à la connaissance.

Faculté à tous tiretaniers et autres marchands de vendre et acheter toutes sortes de marchandises bonnes et loyales.

La mesure des tiretaines et serges est fixée au minimum à trois quartiers par ros (1). Si les étoffes ne sont pas de droit lé, le fabricant encourra une amende de cinq sols.

Interdiction de fabriquer et de vendre tiretaines de bourre mêlée de laine, tiretaines de poil de vache. Les pièces défectueuses seront confisquées, sans préjudice de l'amende contre le fabricant et contre ceux qui, connaissant la fraude, ne l'auraient point dénoncée aux jurés.

Toutes tiretaines fabriquées au dehors de Sainte-Geneviève ne peuvent être mises en vente avant d'avoir été vérifiées par les jurés. L'infraction est punie d'une amende de quarante sols dont trente au chambrier et au maire et le dernier quart aux jurés et au sergent alors en exercice. Et, s'il y a dans la trousse une tiretaine qui soit mise en vente sans être de bonne qualité, elle sera confisquée.

Nul marchand ne peut vendre, en la terre Sainte-Geneviève, tiretaines ou serges fabriquées au dehors, à moins qu'il ne soit l'hôte de l'abbaye, que son séjour ne dépasse point une ou deux journées et qu'il en ait obtenu des jurés la permission, sous peine d'une amende de quarante sols dont les deux tiers au chambrier et au maire et le reste aux jurés et au sergent.

Interdiction de faire ni vendre tiretaines teintes de noir d'écorce, si cette tiretaine n'est mélangée par moitié avec une autre couleur. Il ne doit y avoir que quatre couches (*duites*) de noir au plus, sous peine de dix sols d'amende « à payer en la manière desusd ».

Pour parer aux fraudes et aux malfaçons, les jurés et le maire pourront, quand bon leur semblera, pénétrer dans les maisons pour surveiller la fabrication et tenir la main au règlement.

---

(1) Ce mot « désigne le peigne à tisser ». On écrit aussi rot. « La lon-
« gueur du rot est déterminée par la largeur du drap, le nombre des
« dents ou broches par la moitié des fils ; sa hauteur est toujours de quatre
« ou cinq pouces. Le rot doit frapper le fil de la trame aussitôt qu'il a été
« lancé entre les fils de la chaîne... Les ouvriers qui fabriquaient des
« rots ou châsses s'appelaient *rotiers*. » (*Liv. des mét. d'Ét. Boil.*, p. LXIII, note 4, et p. 381.)

DES TISSERANDS DE DRAP

(*L'ordenance et registre des tixerrans de la ville de Saint-Marcel, au regard des draps,* ms. cité, fol. 22) (1)

C'est la confirmation des ordonnances anciennes par le chambrier de Sainte-Geneviève, le 22 avril 1371.

Tout drap de laine ronde doit compter au moins quinze cents fils et sept quartiers de lé par ros. Il y a faculté de le faire plus large et de serrer davantage le lé de sept quartiers, en y mettant le nombre nécessaire de fils. Quant à la lisière, la largeur en est laissée à la volonté des tisserands, pourvu que ce ne soit pas au détriment de l'épaisseur :

Le drap de laine plate doit compter au moins seize cents fils et sept quartiers et demi de lé par ros. Qui voudra le faire plus étroit ou plus large le pourra, pourvu qu'il mette un nombre proportionnel de fils, soit en plus, soit en moins de seize cents. Le drap *mabré* (2) *peigné en sain* (3) pourra ne compter que quinze cents fils au lieu de seize cents, sans infraction, au cas où le tisserand viendrait à manquer d'estaim de cette couleur ou pour autre motif valable.

Tout drap de laine peut compter jusqu'à dix-huit cents fils, à condition d'avoir au moins deux aunes de lé en ros. On peut le tisser encore plus large en augmentant *le compte à la value,* c'est-à-dire en ne sacrifiant pas l'épaisseur à la largeur; et au cas où l'estaim *mabré* ou *peigné à sain* viendrait à manquer, on peut le tisser à dix-sept cents fils au lieu de dix-huit cents, mais non à moins.

Quiconque voudra faire fourmiers de laine (4), les pourra faire d'une largeur moindre d'une demi-aune, sans préjudice d'une plus grande largeur pouvant égaler celle des draps de sept quartiers et demi de lé en ros, en y mettant *le compte à la value.*

Le drap étroit, qui ne mesure qu'une aune et demi-quartier

---

(1) Ces statuts sont imprimés dans *Bibl. de l'écol. des hautes études, loc. cit.,* p.p. 339 et suiv.

(2) Du Cange, en faisant dériver ce mot de *marbretus,* lui donne le sens de *marbré* ou de diverses couleurs (*Gloss. franc.*); sens qui ne nous paraît pas pouvoir se concilier avec ce qui est marqué plus bas.

(3) De *sagina* ou *sagimen,* « graisse des animaux » (*Ibid.*).

(4) Espèce de drap; nous ne saurions préciser davantage.

en ros, doit compter au moins douze cents fils; si on le veut plus dru, il faut y mettre *le compte à la value.*

Toutes ces sortes de draps doivent être tissées de laine ou d'aignelins (1) bons, loyaux et *marchans* et non autrement.

Qui voudra faire drap de laine de cinq quartiers de lé, doit y mettre treize cents fils, ou à tout le moins douze cents pour les *cotelles* (drap léger pour petites tuniques) à l'exclusion de toutes autres étoffes.

Tout drap qui sera trouvé comptant moins qu'il est dit ci-dessus, sera frappé, par chaque ros, d'une amende de six deniers, dont moitié à la justice et moitié aux jurés pour leur peine.

Interdiction à tout tisserand de prendre de l'ouvrage qu'il ne puisse faire ou faire faire chez lui, et de le donner à faire à un autre tisserand, sous peine d'une amende de dix sols, partagés comme dessus.

Les soies dites de Saint-Marcel, « toutes de laine », doivent compter au moins seize cents fils, sous les peines dessus dites.

Les tiretaines de laines sur *chaînes de ligne* doivent compter au moins quatorze cents fils, sous les peines dessus dites.

Le louage des ouvriers en drap (tisserands, *ersonneurs* (2) et autres) a lieu chaque jour au soleil levant, dans la ruelle par où l'on entre à l'église Saint-Médard, en face de la boucherie.

Les heures de travail sont du soleil levant, été comme hiver, au soleil couchant. Amende pour ceux qui viendront plus tôt (*s'ils y entrent plus matin*).

Quiconque, après un apprentissage suffisant (*puisqu'il aura assés tresmé*),tissera mal un drap, par sa faute, payera une amende de huit sols.

L'embauchage doit se faire seulement au lieu ordonné plus haut, sous peine de cinq sols d'amende, dont trois sols payés par le maître et deux par le valet; mais le maître peut retenir le valet le samedi soir pour la semaine suivante sans méfaire.

Nul tisserand ne peut passer maître, s'il n'a métier à lui appartenant ou garanti par une caution. Car, au cas de malfaçon, le métier répond des amendes à recouvrer sur ledit tisserand.

Les heures des repas sont depuis Pâques jusqu'à la Saint-Remi : 1° déjeuner à six heures ou environ (*prime*); 2° dîner à

(1) Toisons d'agneau.
(2) *Ersonneurs* ou *arçonneurs,* ouvrier qui bat la laine, la bourre avec l'arçon.

midi (*sexte*); 3° petit repas à trois heures (*none sonnant à Notre-Dame*) sans pour cela quitter l'ouvroir ; et de la Saint-Remi à Pâques, deux repas seulement, soit le déjeuner et le dîner.

On pourra quitter le travail à none sonnant à Saint-Marcel, ou au premier coup de vêpres à Saint-Médard, les veilles des fêtes solennelles, des fêtes de Notre-Dame, des fêtes *jeûnables* des Apôtres et à la Saint-Laurent.

Qui voudra, pourra laisser le travail, le samedi ou la veille des fêtes, à l'heure de none sonnant à Saint-Médard, moyennant une retenue d'un quart sur le prix de sa journée.

Sur drap *mabré* ou autre on ne pourra mettre aucune couleur *estrange* (disparate), afin que le drap soit d'une seule teinte, et non rayé de nuances diverses, si ce n'est dans le drap dit *blanchet* servant à faire *brunettes* (1) *noires*, ou dans un drap commandé par un bourgeois pour son *hôtel* (maison) et avec le consentement dudit bourgeois. Celui qui fabriquerait drap rayé par sa faute, payerait douze deniers par chaque raie (2).

Nul tisserand de toile ne pourra être tisserand de drap, s'il ne prouve qu'il ait exercé le second métier avant le premier (*qu'il soit avant en draps que en toilles*); mais il ne pourra tenir les deux métiers ensemble, à peine de cinq sols d'amende.

Tout valet de draperie qui viendra d'un pays étranger pour exercer en la juridiction de Sainte-Geneviève, ne sera tenu qu'à payer douze deniers pour sa bienvenue.

Le tisserand qui veut passer maître et tenir ouvroir, doit payer préalablement quatorze sols pour sa maîtrise ; lesquels quatorze sols, ainsi que les douze deniers pour la bienvenue du valet, seront convertis en une masse pour les gens de draperie, exerçant sur la terre de Sainte-Geneviève.

Tous tisserands et ouvriers de draperie pourront ouvrer et faire ouvrer chez eux de la draperie par gens capables et experts

---

(1) Drap fin à l'usage des personnes de qualité : « Aux obsèques de son père, le roi Jean était vêtu de brunette. » (V. *Livre des métiers d'Ét. Boileau*, Paris, 1879, p.p. 64 et 200.)

(2) « Nul tisserrant ne pourra mettre en drap mabré ne en nul autre
« nulle couleur estrange fors de meismes le drap et tout d'une sorte
« afin qu'il n'y ait royes de autre couleur ou laines, se ce n'est en
« blanchet à faire brunettes noires ou en drap à vestir tout faitis pour
« l'ostel de bourgois et par son consentement, et, au cas que il seroit
« trouvé roye par la deffaulte du tisserrant, il paieroit xii d. p. pour
« chascune roye. »

dans le métier, et par ces gens seuls, sous les peines dessus spécifiées.

Les gens qui ne sont pas de la draperie, pourront venir et ouvrer en la terre Sainte-Geneviève sous la garantie et dans la maison des tisserands, et non autrement.

Le drap rayé, *peigné en sain*, large d'une aune et demi en ros, ne peut compter moins de douze cents fils; les autres draps rayés d'une autre dimension en compteront un nombre proportionnel.

L'apprenti qui monte sur son métier pour la première fois, doit payer cinq sols à la confrérie de Saint-Maur, avant d'entreprendre aucun travail.

L'apprenti quittant son maître au terme de son apprentissage doit cinq sols dont moitié aux maîtres des valets et moitié à ladite confrérie.

Nul du métier ne peut ni ne doit souffrir dans la communauté homme qui soit larron, meurtrier, débauché, diffamé, ou qui tienne une femme non à lui aux champs ou en ville. Celui qui aura connaissance d'un fait semblable, devra le dénoncer, afin que le coupable vide les lieux avec interdiction d'exercer le métier, sous peine d'une amende de vingt sols pour le maître qui l'emploierait dorénavant.

Nul tisserand ne pourra faire drap où il y ait *tresme* (*trame*) *de molée*, si ce n'est avec la permission de la justice et des jurés et pour habiller ceux qui le lui auront commandé, et encore faut-il qu'avant de sortir des mains de la justice, le drap soit taillé. Vingt sols d'amende et la perte du drap pour les contrevenants.

Le drap rayé en chaîne teinte et filé ne peut avoir moins de quatorze cents fils et d'une aune et demie de lé en ros. Mêmes peines que plus haut.

Le drapier qui tisserait un drap en son *hôtel* et le ferait mouiller de manière que le drap ne fût pas rétréci suffisamment, payerait pour cela vingt sols d'amende, et pour la *fausseté* (tromperie) il payerait encore une amende selon la gravité du fait.

Interdiction aux tisserands et ouvriers de draperie d'avoir une *foulerie* chez eux.

Le drap *épaulé* (plus épais, plus fort), soit aux lisières, soit aux bouts, sera coupé en trois pièces, ou les lisières seront coupées dans toute leur longueur, et, avec cela, vingt sols d'amende.

Le drap mêlé de bourre sera brûlé ou remis à M. l'abbé pour

en disposer comme bon lui semblera. Il y aura, en outre, une amende de soixante sols et les frais de la destruction par le feu.

Défense de faire, pour le commerce de gros et de détail, des draps où il y ait *pesnes* (1), car c'est une façon défectueuse, fausse et [mauvaise. L'infraction est punie d'une amende de vingt sols et de la perte du drap.

Nul tisserand de lange ne peut avoir chez lui plus de deux métiers larges et d'un métier étroit; mais interdiction d'en posséder, hors de son propre domicile, aucun sur lequel un autre tisserand puisse tisser. Mêmes peines que plus haut.

Un seul apprenti est permis avec quatre ans d'apprentissage et quatre livres comptant, ou cinq ans de service et trois livres, ou six ans et vingt sous, ou enfin sept ans sans argent.

Toutefois le maître peut prendre un apprenti à plus de temps de service et plus d'argent, mais non à moins.

De même l'apprenti peut racheter son service, avec l'agrément de son maître, après toutefois qu'il aura servi quatre ans. De son côté, le maître ne peut *céder* l'apprenti ni le renvoyer, avant qu'il ait servi ses quatre ans au minimum, ni prendre un autre apprenti, quand bien même le sien se serait enfui, marié ou aurait passé outre mer. Le maître peut prendre apprenti dans les seuls cas suivants : si le premier apprenti vient à mourir; s'il *forjure* (abandonne) le métier à jamais. Lorsque l'apprenti quitte le maître par légèreté d'esprit, par fougue de jeunesse, il est tenu d'indemniser son maître de tous les frais et dommages faits ou subis durant le temps de son absence, avec défense de reprendre le métier ou d'entrer chez un autre maître avant de s'être acquitté envers son premier maître.

Si le maître ne tient honorablement son apprenti, comme il doit être fait, les jurés doivent le contraindre à cela selon sa condition. Et si le maître est si pauvre qu'il ne puisse tenir un apprenti honorablement, les jurés ôteront l'apprenti de chez le maître pour le placer chez un autre où ils verront qu'il y aura bien et profit pour l'apprenti.

Les jurés sont tenus par leurs serments de veiller à l'accomplissement des choses ici prescrites et de visiter les métiers deux fois par semaine (2).

---

(1) « Déchets de laine restant sur l'ensouple après qu'on a retiré la pièce ourdie. » (*Glos.-Index*, déjà cité.)

(2) « Les jurés dudict mestier seront tenus de tenir et garder les choses

Les maîtres et jurés ne pourront prendre de tout nouveau maître que cinq sols pour leur vin, à moins que le nouveau ne veuille en donner davantage.

Sont tenus les maîtres et jurés de nous rapporter toutes les infractions qu'ils connaîtront, pour celles-ci être punies comme doit être et selon la teneur de cette ordonnance.

En témoignage de quoi, nous avons mis le scel de la chambre de Sainte-Geneviève, le mardi 22 jour d'avril 1371 (1).

DES HUCHERS

(Ordonnances des huchers demourans en la terre Madame saincte Genevicfve, ms. cité, fol. 51)

Nul étranger ne pourra établir atelier en la terre Sainte-Geneviève, qu'après avoir exhibé ses titres d'apprentissage ou produit des témoins suffisants, et payé quarante sols d'entrée dont vingt à la confrérie, dix à Sainte-Geneviève et dix aux maîtres jurés. En outre, il devra servir quinze jours sous les maîtres jurés, et offrir un déjeuner aux maîtres et aux *bacheliers* (2).

Le fils de maître pourra établir atelier en ne payant que deux sols à la boite de la confrérie, à titre de constatation et pour l'enregistrement; avec cela, le déjeuner aux maîtres et *bacheliers*.

L'apprenti pourra établir atelier, moyennant le payement de vingt sols, dont moitié à la confrérie et l'autre moitié partagée entre Sainte-Geneviève et les maîtres jurés; plus, déjeuner aux maîtres et compagnons.

Le maître ne peut avoir que deux apprentis : l'un de son lignage ou du lignage de sa femme, l'autre étranger. Il ne pourra les prendre pour moins de six ans, sans pouvoir les céder pendant ce temps à qui que ce soit; par contre, l'apprenti ne peut se racheter durant ce même laps de temps. A la

---

dessus dictes par leurs serements bien et loyalement et visiter y celluy mestier par chascune sepmaine deux fois. »

(1) Notons cependant que quelques-uns des articles de ce statut se trouvent littéralement ou équivalemment dans le statut d'Étienne Boileau.

(2) Dans les corps de métiers, *le bachelier est celui qui agit sous la direction des jurés et gardes et qui le devient à son tour.* (Du Cange *Glossaire français*, à la suite du *Gloss. méd. et infim. latin.*, édit. Firmin-Didot, Paris, 1840-1848, in-4º.)

dernière année seulement, le maître peut se pourvoir d'un autre apprenti, aux mêmes conditions que dessus. Les infractions seront punies d'une amende de vingt sols, dont moitié à Sainte-Geneviève et moitié aux jurés.

Défense à tout maître de mettre en œuvre valet qui soit loué à un autre maître, sous peine de vingt sols d'amende, comme ci-dessus. Même défense et même amende pour le valet qui se louerait à un autre maître.

Défense à tout maître de s'associer avec un autre maître : vingt sols d'amende.

Que nul ne fasse huis à châssis ou châssis à verres ou fenêtres, dans la construction desquels entrerait de l'aubier, soit dans les membrures, soit dans les panneaux : qui le fera, sera tenu de réparer l'ouvrage à ses frais, de le faire ensuite accepter par les maîtres, sans préjudice de l'amende de vingt sols.

Défense analogue, sous les mêmes pénalités, relativement aux porches, huis et fenêtres en chêne ou en bois d'Irlande, aux tables en bois quelconque, aux bancs, dressoirs et autres meubles : le bois pourri était rigoureusement proscrit. Les mêmes pénalités sont édictées pour les infractions aux articles ci-dessous.

Ordre de mettre aux bancs de dix pieds de long deux barres, pour mieux tenir le fond, et un pied par voie, avec des membrures raisonnables de la longueur du banc, sans aubier.

Les coffres à queue d'aronde (1) seront sans merrain échauffé ni nœuds qui traversent le bois, et le fond assez long et large, pour remplir les rainures d'un bout à l'autre.

Nul ouvrier ne peut jaunir ou faire jaunir les vieux coffres ou vieilles armoires, à moins qu'elles ne soient vendues d'avance.

Dans les trappes, il n'y aura aubier ni aux membrures ni aux arcs ; elles seront bien et dûment goujonnées, c'est-à-dire il y aura un goujon entre deux barres.

Les huches, quel qu'en soit le bois, doivent être bonnes et suffisantes.

Les cages treillisées doivent êtres bonnes, suffisantes et sans aubier.

Les lambris en bois d'Irlande ou autre bois doivent être

---

(1) *Aronde*, *arunde*, *arondel*, hirondelle ; dès lors coffre en forme de queue d'hirondelle.

sans aubier, ni merrain échauffé, chaque panneau porter un goujon selon la longueur du morceau fixé à la glu (colle-forte).

Les armoires, quelles qu'elles soient, à poteaux ou à *chassilles* (châssis), seront sans aubier aux membrures, aux enfonçures, aux guichets, à tout endroit où cela est nécessaire.

Les comptoirs seront sans aubier, ni pourriture, ni nœuds qui traversent l'épaisseur du bois.

Les tréteaux et pliants doivent être bons et d'une hauteur suffisante.

Les *soupendues* (soupentes) à panneaux seront sans aubier et d'une hauteur suffisante.

Les bancs pour taverne seront aussi sans aubier ni merrain échauffé ni pourri, tant aux membrures qu'aux panneaux.

Défense de faire une forte porte fermant à clefs, sans un goujon entre deux clefs, et d'y employer de l'aubier.

Si quelqu'un du métier va ouvrer à l'hôtel d'un bourgeois, tant à la journée qu'autrement, il est tenu de lui donner bons conseils, de lui faire bonne et loyale besogne, selon les ordonnances du métier. Toutefois il pourra faire tel ouvrage que le bourgeois voudra, pourvu que ce soit pour l'usage personnel de ce dernier.

Nul ne peut ouvrer de nuit au métier, si ce n'est pour le roi, la reine, les enfants et autres descendants du *sang de France*, et pour l'évêque de Paris, sauf le cas d'absolue nécessité, tel que la fermeture d'une porte ou d'une fenêtre donnant sur la rue. On peut travailler jusqu'à huit heures du soir, sans demander permission au maître.

Il y a chômage le samedi et les vigiles de Notre-Dame, après le premier *coup de vêpres de la ville*, sous peine de deux sols d'amende pour la confrérie.

Que nul ne mette *coffre à corps* (armoire ou grand bahut), plus près d'une toise de la jambe de l'huis : mêmes peines que ci-dessus.

L'an 1444 (1445), nouveau style, le dimanche 14 février, furent lues et publiées les présentes ordonnances...

C

(L'abbaye de Sainte-Geneviève, p. 235)

DROITS DU VOYER DE SAINTE-GENEVIÈVE

Le statut se trouve dans le ms. fr. H. 23, in-fol., fol. 47 v° de la Bibl. Sainte-Geneviève. Le texte est en roman. Nous en présentons aussi l'analyse.

De tous ceux qui vendent du pain en notre terre de Sainte-Geneviève, en notre terre qui est dessous l'église Saint-Hilaire, et en notre terre qui est en la rue Saint-Étienne des Grès, notre voyer a, chaque semaine, deux deniers.

Si nos hôtes en ces terres, tant ceux qui possèdent maison, que ceux qui habitent chez autrui, vendent en taverne vin de leurs vignes, ils doivent à notre voyer trois deniers par vaisseau ; et à chaque fois que le prix du vin ainsi vendu changera, notre voyer prélèvera également trois deniers.

Quiconque achète du vin en notre terre et sur le chantier, depuis la Saint-Remi jusqu'à la Saint-Martin, notre voyer doit lever sur chaque *fons* (fût, vaisseau) la redevance de deux deniers, et, à chaque mutation dans le prix, une pareille redevance de deux deniers.

Pour le vin vendu en gros, et porté sur poulains (1) de notre terre en un autre lieu, le voyer doit percevoir deux deniers par chaque vaisseau, et pareille somme à chaque mutation de prix.

Pour le vin vendu en notre terre et charrié en la terre Saint-Magloire, encore que ces deux terres soient voisines l'une de l'autre, notre voyer aura un droit de rouage de deux deniers.

Pour le vin vendu en notre terre et charrié ailleurs, quelle

---

(1) Sorte d'échelle massive, destinée à recevoir les tonneaux et à faciliter leur roulement.

qu'en soit la qualité, notre voyer aura un droit de rouage de quatre deniers.

Quand le vin est vendu en notre terre et transporté d'un lieu en un autre, comme d'un côté de la rue à l'autre côté, si ce vin est vendu en taverne, notre voyer aura par chaque tonneau deux setiers de vin, depuis la Saint-Martin d'hiver jusqu'à la Saint-Remi ensuivant.

Pour le vin vendu en notre terre et provenant d'autres villes, notre voyer aura pareillement deux setiers par tonneau, de la Saint-Martin à la Saint-Remi.

Le vin et autres denrées achetés par nos hôtes pour leur usage personnelle, ne payent rien à notre voyer. Mais, pour le surplus de la consommation personnelle, nos hôtes sont astreints à la coutume, comme les forains, c'est-à-dire à une redevance de quatre deniers pour chaque muid.

Tout boucher qui a sa maison en notre terre, doit à notre voyer une redevance de deux deniers par étal, payable le jour de la grande fête de Mme sainte Geneviève.

Tout boucher qui n'a pas sa maison en notre terre, est redevable à notre voyer des droits suivants : un denier par chaque bœuf qu'il vend; une obole par tête de pourceaux et une *poitevine* (1) par tête de mouton. Si les bouchers vendent ouing ou suif, ils doivent quatre deniers du cent pesant.

Pour l'huile vendue en notre terre, le voyer aura par chaque *somme* (2) quatre deniers de l'acheteur et quatre deniers du vendeur.

En notre terre, rue Saint-Étienne des Grès, sont certaines *hostises* (3) dont quatre sont franches de toutes coutumes; mais les autres doivent les coutumes plus haut spécifiées.

Semblablement aux maisons devant l'hôpital Saint-Jean en notre terre, ledit voyer a toutes les coutumes ci-dessus indiquées.

A Saint-Médard, en la rue Richebourg et en celle de Lourcine, notre voyer a deux deniers, chaque samedi, de tous ceux qui vendent pain ; et, si ceux qui vendent pain, ont leur maison en notre terre et y achètent un pourceau, ils sont exempts de tout tonlieu pour l'achat (4).

(1) Petite monnaie ancienne.
(2) Mesure de capacité.
(3) Maisons habitées par les *hôtes* de Sainte-Geneviève.
(4) Pareille exemption figure dans les statuts d'Étienne Boileau en faveur des talemeliers.

Toutes les coutumes dont notre voyer jouit sur le commerce du vin en notre terre à Paris, il en jouit également à Saint-Médard-lez-Marcel.

L'hôtelier qui vend avoine dans sa maison, doit pour chaque muid quatre deniers au voyer.

Nul potier de terre ne doit exposer ses vaisseaux en notre voirie, s'il n'a acquitté au voyer la redevance des objets précédemment vendus.

Pour les fenêtres, saillies et auvents, les redevances sont réglées à l'amiable.

Les porcs vendus ne doivent rien, si les vendeurs et acheteurs ont leur maison en notre terre; sinon, le vendeur et l'acheteur doivent chacun une obole pour chaque porc.

Il y a défense de jeter sur la voie gravois et immondices sans la permission du voyer, laquelle permission s'obtient moyennant le payement d'une redevance débattue à l'amiable.

D

(L'abbaye de Sainte-Geneviève, p. 316)

CERTAINS DÉTAILS HISTORIQUES

Il est certains détails historiques qui n'ont pu trouver place dans notre récit, et qui néanmoins nous paraissent avoir assez d'intérêt pour n'être point passés sous silence.

Il est aussi des modifications apportées à quelques privilèges et droits de l'abbaye, et que naturellement l'on devra connaître.

Nous avons la ressource des notes supplémentaires, et nous en usons, dans la pensée de répondre à la légitime curiosité des lecteurs.

INSTALLATION DE L'ABBÉ

Les bulles reçues, — car, on l'a compris, le monastere était un bénéfice consistorial — l'abbé se présentait au portail de l'église, où le chapitre s'était processionnellement rendu. Après la lecture des bulles, l'abbé jurait « de garder, aider et conserver la régularité et tenir la main que Dieu », pût « être servi et honoré » en l'église Sainte-Genevieve, « et aussi d'aider de tout son pouvoir à la conservation du temporel de ladite église ». Le prieur présentait alors le livre des Évangiles que l'abbé baisait, et le goupillon dont celui-ci, après avoir commencé par lui-même, aspergeait le chapitre. L'abbé était aussitôt introduit pour prendre possession de sa stalle au chœur, puis de son siège dans la salle capitulaire.

Le *Censier* de Jean Garsonnet (1541), lequel consigne ces détails, ajoute que l'abbé ne devait rien en France pour sa promotion, sinon « un marc d'argent à la chambre des comptes pour le serment de fidélité qu'il » faisait « au roi du temporel de ladite abbaye ».

Le même manuscrit dit encore, que l'abbé avait, comme don de joyeux avènement, « pouvoir et » était « en possession de donner une maîtrise de chacun métier qui s'exerce sur la terre de Sainte-Geneviève (1) ».

LA COMPAGNIE DES PORTEURS DE LA CHASSE

Jusqu'au commencement du XVIe siècle, les chanoines seuls de l'abbaye portaient la châsse de leur patronne dans les processions. A cette époque, les principaux bourgeois qui, depuis 1412, formaient déjà une confrérie de Sainte-Geneviève, demandèrent à partager cet honneur. Sur leurs instances, le chapitre consentit à l'érection d'une compagnie de porteurs laïques qui, au nombre de dix-sept dont seize pour la châsse et un pour le cierge, seraient choisis parmi les plus honorables habitants de la cité.

Fondée en 1525, cette compagnie s'augmenta ensuite de quatorze, puis de vingt-quatre attendants dont le nom disait assez la destination et les espérances. Pour être admis dans la compagnie, il fallait être « d'une vie irréprochable et d'une bonne réputation, » et l'on cessait d'en faire partie pour « faute considérable en un homme d'honneur et de probité. » Le jour de la procession, la communion précédée de la confession était prescrite. Les statuts qui datent de 1527, au moins dans leurs

---

(1) B. S. G., ms. fr., H. 25, in-fol., au commencement.

principaux articles, ordonnaient encore : le don de deux livres de cire blanche pour le cierge de sainte Geneviève, au moment de l'admission dans la compagnie ; et le rasement de la barbe, en signe de pénitence, le jour de la procession.

Dans les commencements, quatre religieux désignés pour cela tenaient la main aux extrémités des bâtons : c'était pour attester que la communauté n'avait pas complètement renoncé à son ancienne fonction. Cet usage finit par tomber en désuétude.

Clément VIII enrichit la compagnie d'un certain nombre de faveurs spirituelles (1).

LES PROCESSIONS DE LA CHASSE DE SAINTE GENEVIÈVE

Avec le temps, le cérémonial pour ces solennelles processions se trouva réglé dans ses diverses parties. Nous allons essayer de le décrire (2).

Quand quelque calamité venait frapper ou menacer la grande ville ou la France, le prévôt des marchands et les échevins de Paris se rendaient auprès de l'évêque pour lui exprimer le vœu de la descente de la châsse de sainte Geneviève et d'une procession à Notre-Dame. Le prélat se dirigeait ensuite avec eux vers le parlement où il exposait, à son tour, les désirs de la cité. La cour, après délibération, rendait un arrêt conforme.

Le lieutenant civil et les officiers du Châtelet prenaient les mesures d'ordre public. L'évêque prescrivait une procession à

---

(1) Ms. fr. H. 21, in-fol., p.p. 217 et suiv.

(2) Si on excepte ce qui regarde les porteurs dont la compagnie ne remonte pas au delà de 1525, comme nous venons de le dire, on ne saurait préciser l'époque, assurément postérieure au XIIe siècle, où ce cérémonial fut définitivement en usage. Nous ne voulons pas dire qu'il n'y eût jamais de petites dérogations à ce cérémonial. Nous en avons nous-même constaté plusieurs en certaines circonstances. Ainsi, à la procession de 1347, pour la délivrance de Calais, l'abbé de Sainte-Geneviève, Jean de La Garenne, suivant une attestation, signée de lui, entra dans l'église cathédrale en habits pontificaux, il est vrai ; mais ce fut en vertu d'une autorisation spéciale de l'évêque et du chapitre : « Reverendus in X^{to} pater Dominus episcopus et venerabilis decanus et capitulum Parisiense permiserunt » ; autorisation accordée pour cette fois seulement et comme faveur « Hac vice duntaxat de gratia speciali. » (Gall., col. 554). L'attestation commence sur ce ton solennel : « Noverint universi... »

la basilique de l'abbaye, où il arrivait précédé du chapitre de Notre-Dame. A l'issue de la messe que chantait le chapitre, il y avait sermon à Saint-Étienne afin d'engager les fidèles à se bien préparer pour le grand acte religieux. L'évêque et le chapitre rentraient ensuite à l'abbaye pour prendre place avec les religieux dans la salle capitulaire. Le chapitre occupait la droite, et les religieux la gauche. L'évêque et l'abbé étaient à côté l'un de l'autre. Le premier communiquait au second, en l'appuyant, l'arrêt de la cour. La calamité est-elle extrême? Telle était la question de l'abbé; car dans ce cas seulement, suivant l'antique tradition, semblable cérémonie pouvait avoir lieu; et, sur la réponse affirmative de l'évêque, on fixait aussitôt le jour de la grande supplication.

La veille au soir, les matines se chantaient solennellement à l'abbaye; à minuit c'était prime et les petites heures, suivies des sept psaumes de la pénitence, après lesquels l'abbé prononçait l'absolution sur la communauté. Alors, au son de toutes les cloches, le trésorier et un religieux descendaient la châsse qui était déposée sur une table préparée à cette fin. L'abbé célébrait la messe à laquelle les religieux, hors celui qui devait dire la messe des porteurs, faisaient la sainte communion.

Sur les sept heures du matin, les cours souveraines arrivaient en costume. Après avoir salué la châsse, elles se retiraient, pour attendre l'heure de la procession, la cour de parlement au chapitre, la chambre des comptes dans la salle des papes, la cour des aides dans celle des abbés, les officiers de l'hôtel de ville dans celle des évêques.

A huit heures, arrivait la procession de la cathédrale, présidée par l'évêque et formée de l'insigne chapitre, des quatre filles de Notre-Dame, églises collégiales qui avaient nom Saint-Benoit, Saint-Étienne des Grès, Saint-Merry, le Saint-Sépulcre, des paroisses, des quatre Mendiants, des autres chapitres et ordres religieux qui s'étaient adjoints. Les diverses châsses des saints précédaient celles de saint Marcel. On déposait les premières pour les reprendre un instant après, dans la chapelle du cloître (1).

(1) Cette chapelle, dédiée à Notre-Dame de la Miséricorde, avait été consacrée en 1190. Autrefois, les religieux avaient l'habitude de chanter, chaque jour, avant le souper, la prose *Inviolata*. (Ms. 21, p. 261). L'abbé Lebeuf dit, de son côté, que c'était au pied de l'autel de cette chapelle que le *chancelier donnoit le bonnet aux maîtres ès arts de l'université.* (Édit. Cocheris, tom. II, p. 583.)

Les porteurs de la châsse de sainte Geneviève, vêtus d'aubes et pieds nus, recevaient, à l'entrée de la basilique, celle de saint Marcel, pour la transporter sur le maître-autel. La vieille coutume demeurait vivante dans cet adage populaire : *sainte Geneviève ne sort jamais, si saint Marcel ne la vient quérir.*

L'évêque et le chapitre entraient au chœur.

Les prières prescrites récitées, la procession se mettait en marche dans cet ordre : les quatre Mendiants et les ordres religieux, le clergé des paroisses, les collégiales, le chapitre de Notre-Dame à gauche, les religieux de l'abbaye, pieds nus, à droite avec le clergé de Saint-Étienne et de Saint-Médard, paroisses sous leur dépendance, l'évêque et l'abbé bénissant tous deux les fidèles, la châsse de sainte Geneviève et celle de saint Marcel à côté l'une de l'autre, la première occupant la droite et la seconde la gauche, celle-ci portée par la confrérie des orfèvres, celle-là par la compagnie de ses seize porteurs précédés des vingt-quatre attendants. Porteurs et attendants, toujours pieds nus comme les religieux, avaient ajouté à la blancheur immaculée de leurs aubes l'éclat d'une couronne de fleurs. Près de la châsse, se tenaient, avec le trésorier de l'abbaye, armé d'une baguette, les officiers du Châtelet qui étaient préposés à la garde de l'inappréciable trésor (1). A la suite marchaient les cours souveraines, le parlement et la cour des

---

Vraie église longeant le côté sud du cloître, et partant parallèle à la basilique, elle a subi cette transformation : la partie haute est devenue aujourd'hui un dortoir, et la partie basse sert de réfectoire et de classes.

(1) Mme de Sévigné, *Lettres*, Paris, 1806, let. 312, a écrit, au sujet de la procession de 1675 : « On laissa en otage à Saint-Geneviève le prévôt des « marchands et quatre conseillers jusqu'à ce que ce précieux trésor soit « revenu. » Il y a ici erreur ou bien le fait se rapporterait à cette procession de 1675, car nous n'avons rencontré nulle part mesure ou clause semblables. Notrs ms. 21 porte seulement, p. 198 : « Le lieutenant civil, « criminel, procureur du roy et autres officiers dressent un acte signé de « leur main, par lequel ils promettent de garder fidèlement la châsse et « de ne la point quitter jusqu'à ce qu'elle soit en sa place. » Une pièce imprimée : *Les Antiquitez et cérémonies qui s'observent avant et au jour de la descente et procession de la châsse de sainte Geneviève*, tient un langage analogue : « Les officiers du Châtelet étant là en habits de céré- « monie, s'en emparent (de la châsse), la gardent et en répondent par « écrit. » Nous voyons dans cette même pièce qu'une autre précaution était prise : « La veille de la descente, sur les deux heures après midi, les « officiers du guet viennent s'emparer des portes et des clefs de l'église « et de l'abbaye pour les garder jusqu'à ce que toute la cérémonie soit « faite. »

aides, du côté droit, la chambre des comptes et les officiers de l'hôtel de ville, du côté gauche, les diverses corporations des marchands, enfin les fidèles.

La procession suivait les rues Saint-Étienne des Grès, Saint-Jacques et passait la Seine sur le Petit-Pont.

A l'entrée de Notre-Dame, les deux compagnies de porteurs échangeaient leurs châsses pour les porter au chœur où des places d'honneurs leur avaient été préparées. L'abbé prenait la première stalle de droite ; le parlement et les Génovéfains occupaient les autres. A gauche, c'était le doyen de Notre-Dame dans la première stalle, puis la chambre des comptes, la cour des aides, les officiers de l'hôtel de ville et le chapitre de Notre-Dame.

La messe commençait aussitôt. Elle était célébrée par l'évêque assisté d'officiers génovéfains ; et les diverses parties en étaient chantées alternativement par les religieux de l'abbaye et les chanoines de Notre-Dame. Le chant du *Salve Regina* avec l'oraison dite par l'abbé terminait la cérémonie.

La procession se remettait en marche. Le même ordre était observé sauf en ces deux points : l'évêque et les chanoines de Notre-Dame tenaient le côté droit, l'abbé et les religieux de Sainte-Geneviève le côté gauche, et les deux châsses les précédaient, toujours portées, celle de sainte Geneviève par la confrérie des orfèvres, celle de saint Marcel par la compagnie des porteurs. Au Petit-Pont, il y avait échange des châsses : l'évêque et les chanoines revenaient à Notre-Dame avec la châsse de saint Marcel ; les collégiales, paroisses et ordres religieux, à l'exception des quatre Mendiants, se retiraient, tandis que la châsse de sainte Geneviève était reconduite à son église par la rue Galande, la place Maubert, la rue de la Montagne. Les Augustins quittaient le cortège à la rue de la Huchette, les Cordeliers à la place Maubert, les Carmes devant leur maison, les Jacobins au portail de la basilique. Mais les deux clergés de Saint-Étienne et de Saint-Médard devait assister à la remise en place de la châsse.

Au portail de la basilique, les porteurs s'arrêtaient pour permettre aux religieux d'aller se ranger sur deux lignes dans la nef. La châsse devant laquelle ils s'inclinaient profondément passait au milieu d'eux, et était replacée derrière le grand autel pendant que les cloches et les orgues versaient des flots d'harmonie.

Il y avait ensuite dîner au réfectoire, avec les religieux, pour les porteurs, les officiers du Châtelet et ceux de la justice de l'abbaye (1).

ÉPOQUES DES PROCESSIONS SOLENNELLES DE LA CHASSE

Nous donnons d'après notre ms. 21, p.p. 178 et suiv., la liste chronologique de ces processions. La liste que nous trouvons dans la *Vie de sainte Geneviève*, par le P. Beurrier, p.p. 233 et suiv., est incomplète. Celle que M. l'abbé Saintyves a dressée, *Op. cit.*, p.p. 353 et suiv., n'est pas exempte d'oublis et d'erreurs. Naturellement, dans notre relevé, ne figureront pas les deux processions, celles de 1129 ou 1130 et de 1206, dont nous avons précédemment fait le récit. Les saintes reliques dans lesquelles la cour et la cité plaçaient leurs meilleures espérances de salut, furent donc portées à l'église cathédrale de Paris avec la pompe religieuse que l'on connaît et au milieu de l'immense concours de la pieuse cité :

En 1233, à cause d'une inondation ;
— 1240,
  et   pour la cessation des pluies continuelles ;
— 1242,
— 1245, pour la guérison de Robert, comte d'Artois, frère de saint Louis ;
— 1303, à cause d'une inondation ;
— 1325, 6 juillet, pour obtenir le beau temps ;
— 1347, pour la délivrance de Calais, assiégée par les Anglais ;
— 1366, en août, pour la cessation des pluies ;
— 1377, (Charles V et les ducs d'Orléans et de Bourgogne y assistèrent) ;
— 1410, 14 décembre, au sujet des guerres civiles entre Bourguignons et Armagnacs ;
— 1412, 9 juillet, à cause des calamités publiques ;
— 1417, 22 août, même motif ;
— 1421, 12 août, pour la paix ;
— 1423, 25 octobre, pour le beau temps ;
— 1427, 2 juillet, au sujet de la guerre contre les Anglais ;

(1) D'après divers récits imprimés de processions particulières et surtout d'après le ms. fr. H, 21. in-fol., p.p. 194 et suiv.

— 1436, en avril, pour la reddition de Paris à Charles VII ;
— 1443, 28 octobre, pour le beau temps ;
— 1456, 31 août ;
— 1466, en septembre, au sujet des nombreuses victimes que faisait la mort ;
— 1478, 18 juin ;
— 1481 ;
— 1491, 1er septembre, pour la santé du roi ;
— 1493, même motif ;
— 1496, 12 janvier, pour inondation ;
— 1505, 18 juillet,
— 1509, 25 mai,   } même motif ;
— 1512, 1er juillet,
— 1513, 14 juillet, pour le succès des armes de la France ;
— 1517, 6 juin ;
— 1522, 10 juin ;
— 1523, 7 août, pour le succès des armes du roi en Italie ;
— 1524, 24 mai, pour obtenir la pluie ;
— 1527, 31 mai ;
— 1528, 7 juillet, au sujet de différentes calamités ;
— 1529, 7 juillet, pour la paix ;
— 1530, 19 janvier, au sujet d'une inondation ;
— 1534, 21 janvier, pour l'extinction de l'hérésie ;
— 1535, 13 juillet, pour cessation des pluies ;
— 1536, 17 août, pour la délivrance de Péronne assiégée ;
— 1541, 24 juillet, pour obtenir le beau temps ;
— 1542, 17 juillet, } pour le succès des armes du roi ;
— 1543, 16 juillet,
— 1548, 23 octobre, à cause de la grande sécheresse ;
— 1549, 4 juillet, au sujet de l'hérésie ;
— 1551, 13 juin, pour les biens de la terre ;
— 1551, 18 novembre, pour la conservation de la religion catholique ;
— 1555, 24 juillet, au sujet des intempéries, car « les registres du parlement remarquent que nul vivant n'avait vu une année où les saisons fussent si déréglées » ;
— 1556, 13 juillet ;
— 1557, 19 septembre, pour calamités publiques ;
— 1559, 9 juillet, au sujet de la blessure du roi ;
— 1560, 30 juin, à cause de la fréquence des pluies ;
— 1562, 21 juin, à cause des guerres civiles ;

— 1563, 13 décembre, pour la cause catholique ;
— 1564, 22 juillet, pour la cessation des pluies ;
— 1564, 15 septembre, « remarquée dans les registres de l'hôtel de ville » ;
— 1566, 7 juillet, pour obtenir le beau temps ;
— 1567, 22 juin, pour obtenir la pluie ;
— 1567, 27 novembre, pour le succès des armes du roi ;
— 1568, 29 septembre, même motif auquel se joignait celui de la santé du roi ;
— 1570, 10 septembre, pour la cause catholique et le beau temps :
— 1572, 4 septembre ;
— 1573, en juin, à l'occasion du siège de La Rochelle ;
— 1577, 14 juillet, pour le succès de la cause catholique ;
— 1582, 9 décembre, pour la conservation du roi et la naissance d'un héritier du trône ;
— 1584, 13 juin, pour cause de la grande sécheresse ;
— 1587, 9 juillet, à cause des pluies qui ne cessaient de tomber depuis un mois ;
— 1589, 12 mai, à cause des calamités publiques ;
— 1590, 1ᵉʳ avril, pour la conservation de la religion ;
— 1594, 17 mars,
— 1594, 24 juillet, } pour la cessation des pluies ;
— 1595, 22 novembre, pour actions de grâces au sujet de la réconciliation de Henri IV avec l'Église et le Saint-Siège ;
— 1596, 21 avril, pour la ville de Calais assiégée ;
— 1597, 13 juillet, pour la prospérité publique ;
— 1599, 5 août, pour obtenir de la pluie ;
— 1603, 1ᵉʳ juin, pour la santé du Dauphin ;
— 1611, 3 ou 12 juin ;
— 1615, 21 juin, à cause de la grande sécheresse ;

CIERGE DE SAINTE GENEVIÈVE

L'entretien du cierge qui brûlait devant les reliques, donna lieu, dès les anciens temps, à quelques redevances. Ainsi un certain gentilhomme devait présenter tous les ans, la veille de la fête de sainte Geneviève, un cierge d'une valeur de cinq sols ; une maison de Paris se trouvait grevée d'une rente de huit sols *pro cereo sanctæ Genovefæ*, et sur plusieurs autres du faubourg Saint-Marcel pesait un *census cerei;* enfin les harengères de la place Maubert payaient, chaque année, à la même fin, quarante sols, ce qui, ajoute du Molinet, s'est observé jusqu'alors (1).

SERMENTS DES ROIS SUR L'AUTEL DES SAINTS APOTRES

« Si l'on remarque que les serments les plus solennels de nos
« rois se sont faits, dans les premiers siècles de cette monar-
« chie, sur le tombeau de saint Martin de Tours, comme la
« chose la plus sacrée de France, on trouve aussi que, depuis,
« cette cérémonie s'est faite en cette église sur le grand autel
« de saint Pierre et saint Paul. »

Peut-être y a-t-il un peu d'exagération dans ces paroles de du Molinet. Mais assurément il y a du vrai aussi.

En prenant les rênes du gouvernement de la France, Hugues Capet, venait promettre noblement sur cet autel qu'il respecterait les immunités comme les biens des églises, renouvelant la charte royale qui avait attribué au culte du vrai Dieu les richesses consacrées au culte païen : « Volumus, ut
« charta gloriosæ memoriæ Caroli, Francorum regis, de posses-
« sionibus diis gentium quondam dicatis et divino cultui appli-
« candis, in omnibus observetur (2) ».

C'était sur ce même autel que Louis le Gros abrogeait la coutume qui astreignait les chanoines de Sainte-Geneviève à venir à la cour pour répondre des accusations portées contre eux : « Hanc consuetudinem canonicis valde onerosam in
« tabernaculo Dei super altare apostolorum Petri et Pauli et
« sanctæ Genovefæ linquentes et deponentes sacrificamus (3). »

RAPPORTS ENTRE L'ABBAYE ET LE CHAPITRE DE NOTRE-DAME

« Que la postérité sache que Monseigneur l'évêque de Paris

---

(1) Ms. 21, p.p. 169 et suiv. Notre historien a puisé ces renseignements dans des cartulaires qui remontaient jusqu'au commencement du XIIIe siècle.

(2) La fin portait : « Factum hoc ad aram beatorum Apostolorum Parisius. »

(3) Même ms. 21, p.p. 239 et 309.

« et son église ont accoutumé trois fois l'an venir en proces-
« sion à l'église Sainte-Geneviève, à savoir le jour et fête de
« sainte Geneviève, le dimanche des Rameaux et la vigile de
« l'Ascension (1). »

Le jour de la fête patronale, le chapitre de Notre-Dame assistait à l'office, occupant le côté droit du chœur (2). Le dimanche des Rameaux, l'évêque, en cas d'absence, le doyen ou quelque autre dignitaire du chapitre, faisait la bénédiction des palmes ; mais c'était un religieux de l'abbaye, le trésorier de l'église, qui les distribuait aux chanoines de Notre-Dame (3). A la procession de la veille de l'Ascension, deux religieux de l'abbaye allaient recevoir à l'entrée de l'église la châsse de Notre-Dame pour la porter au chœur, et la reprenaient au départ, pour la rendre à l'endroit où ils l'avaient reçue.

Une station se faisait aussi le troisième lundi de carême. Quand les chanoines sortaient de l'église, un religieux leur présentait le livre des Évangiles à baiser, en disant : *orate pro nobis, orabimus pro vobis, priez pour nous, nous prierons pour vous :* union de prières qui s'étendait aux morts des deux églises, car, le lendemain, on célébrait dans chacune d'elles un service pour les défunts de l'autre.

Il était un usage qui remontait, dit l'auteur que nous suivons, du Molinet, au delà de l'année 1200. Nous citons :

« ... On priait, en signe d'amitié et de confraternité, Mes-
« sieurs de Notre-Dame de venir, au jour de sainte Geneviève
« et le mercredi des Rogations, ensuite de la messe, dans le
« réfectoire où, après un discours en latin en l'honneur de
« sainte Geneviève, que quelque religieux prononçait en leur
« présence, on leur présentait, en mémoire des eulogies que
« saint Germain envoya à sainte Geneviève, des gâteaux
« bénits, sur lesquels était la figure de la même sainte. » On offrait aussi « du vin non seulement aux chanoines, mais
« encore à tous leurs officiers. Ces gâteaux sont appelés dans les
« vieux titres *eschaudati, oblata, galetæ*. On faisait une très
« grande quantité de ces eulogies, tant pour eux que pour les

---

(1) B. S. G., ms. fr. H. 25, in-fol., au commencement du *Censier* du P. Jean Garsonnet (1541).

(2) Les chanoines de l'abbaye recevaient le même honneur, nous venons d'en être témoin dans un cas particulier, quand ils assistaient à l'office de Notre-Dame.

(3) Le susdit *Censier* parle encore d'une prédication « laquelle est deue par Monsieur l'évesque et ceux de son église ».

« amis de la maison auxquels on en envoyait ». Mais, par suite de petits désordres, œuvres des officiers de Notre-Dame, le cardinal de La Rochefoucauld fit trouver bon aux chanoines de renoncer à ces sortes d'agapes, et de recevoir simplement « des pains bénits à l'église (1) ».

MODIFICATION DANS LE COSTUME DES GÉNOVÉFAINS

Du Molinet écrivait sur les Génovéfains dans la dernière moitié du XVIIe siècle : « Depuis environ deux cents ans, on les voit
« dépeints avec le surplis à manches rondes, plus court, qui ne
« passait guère les genoux, portant l'aumusse sur le bras,
« qui ne descendait pas plus bas que le surplis, et un bonnet
« rond ou carré, à la mode du temps, sans aucun collet à leur
« robe, mais ayant les manches renversées avec une bordure
« de fourrure, qu'ils échangèrent depuis en une d'étoffe noire,
« dont ils mirent aussi des parements à leurs robes, quand ils
« commencèrent à les ouvrir par devant, et ce plutôt par vanité
« que par aucune nécessité (2). »

Pour mieux comprendre cette assertion, reportons-nous à un autre ouvrage du même auteur, lequel est imprimé sous ce titre : *Figures des différents habits des chanoines réguliers en ce siècle, avec un Discours sur les habits anciens et modernes des chanoines...* (3).

Dans ce *Discours* préliminaire, le savant auteur nous montre la chape des chanoines changeant son capuce en aumusse qu'on portait tantôt sur la tête, comme le capuce, tantôt sur le bras, pour plus de commodité. Dans ce dernier cas, on se couvrait la tête d'un bonnet. Ajoutons qu'ailleurs à l'aumusse se substituèrent le camail, la mozette, le chaperon. Le chaperon descendit, à son tour, de la tête sur l'épaule gauche ; mais il finit par être plus particulièrement une marque distinctive pour les gens d'église et les savants. Du Molinet comprend tout cela sous le terme générique : *Birrus*.

Un autre terme également générique : *Linea*, renfermerait les autres vêtements qui n'auraient pas subi moins de modifica-

(1) B. S. G., ms. fr. H. 21, in-fol., p. 520-523.
(2) *Ibid.*, p. 513.
(3) Paris, 1666, in-4.

tions. Le rochet ou surplis à manches étroites remplaça le surplis proprement dit ou à larges manches ; et, çà et là, il aurait fait place lui-même au scapulaire, au sarrot, à la bande de linge portée quelquefois en écharpe. Ce furent autant d'insignes pour les chanoines réguliers.

La tunique disparut, ou bien encore devint une sorte de rochet sur lequel on mettait le surplis.

Ces divers changements dans le costume canonique datent de la fin du moyen âge ou du commencement de l'époque moderne (1).

SCEAUX ET ARMES DE L'ABBAYE

Dès avant le XIIe siècle, l'abbaye, sans doute en sa qualité d'abbaye royale, avait adopté pour sceau l'image d'un roi, assis sur son trône avec cette inscription en caractères gothiques : *Sigillum ecclesiæ S. Petri et Pauli et S. Genovefæ*. Sur le contre-sceau était représentée sainte Geneviève en buste et voilée.

Vers 1300, l'abbaye se donna un second sceau, tout en conservant le premier, car on faisait usage de tous deux. Ce second sceau portait la figure de la sainte patronne, et le contre-sceau une fleur de lis avec une couronne royale non fermée et cette inscription : *Contra sigillum cameræ S. Genovefæ*. D'après cette inscription, nous penserions que le contre-sceau devait servir à la chambre apostolique.

Lorsque, sous Charles VI, les trois fleurs de lis se dessinèrent, pour y demeurer, sur l'écu de France, l'abbaye s'empressa d'admettre également la triple représentation de la fleur royale, car, écrit du Molinet, « je trouve un sceau à un titre, de l'an 1450, sous le roi Charles VII, où l'on voit les figures de sainte Geneviève, saint Pierre et saint Paul ; au bas est un abbé, à genoux, qui a à son côté droit les armes de France, savoir l'écu chargé de trois fleurs de lis, et à la gauche les armes de la famille ».

Vers le milieu du XVIe siècle, on revint à l'ancien sceau.

Les abbés, de leur côté, avaient un sceau particulier qu'on avait coutume d'enterrer avec eux.

Le prieur avait aussi son sceau : c'était une main qui sonnait une cloche, symbole de la fonction priorale (2).

---

(1) Voir aussi Élyot, *Histoire des ordres monastiques...*, tom. II.
(2) Même ms. 21, p. 760-762.

Les armes de l'abbaye suivirent une transformation analogue, « puisqu'elle a toujours eu le même sceau et les mêmes armes que les rois de France (1) ». Par conséquent, elles furent, en dernier lieu, d'azur à trois fleurs de lis d'or.

CHANOINES AD SUCCURRENDUM

« On trouve dans les anciens Nécrologes de nos monastères
« les obits de plusieurs personnes de toutes sortes de conditions
« qui sont qualifiées : *Canonici ad succurrendum*. Ces chanoines
« étaient des personnes séculières et ecclésiastiques, qui étaient
« faits participants des prières de la communauté pendant leur
« vie et après leur mort, en considération du bien qu'elles y
« avaient donné ou des services qu'elles y rendaient. »

Ainsi s'exprime encore du Molinet. Puis, ayant donné la liste d'un certain nombre de ces chanoines, il continue : « Parmi ceux
« que j'ai ici nommés, j'en remarque de deux espèces, les uns
« qui sont appelés frères, les autres non ; j'estime que les pre-
« miers sont ceux qui se donnaient, eux et leurs biens, à l'ab-
« baye, pour y servir et y être nourris et entretenus, sains et
« malades, le reste de leur vie, tels que sont ceux que nous
« appelons aujourd'hui frères donnés ; et les autres étaient des
« personnes de qualité, qui étaient faits participants des prières
« des religieux... (2). »

SŒURS CONVERSES — RECLUS ET RECLUSES

« Non seulement il y avait anciennement des frères convers
« et servants en cette abbaye... ; mais il y avait aussi des con-
« verses, comme nous le remarquons dans le Nécrologe. J'es-
« time que c'étaient des filles dévotes et des veuves, qui faisaient
« des vœux simples entre les mains de l'abbé et se consacraient
« au service des églises et des monastères qui les entrete-
« naient... »

Le même historien ajoute : « Il y avait aussi, au siècle passé,
« certaines personnes de l'un et de l'autre sexe, qui s'enfer-
« maient volontairement pour le temps de leur vie, en des

---

(1) B. S. G., ms. fr. H. 21², p.p. 859, 860.
(2) Même ms. 21, p. 515-518.

« petites cellules bâties auprès des églises, pour y vaquer plus
« facilement à la prière et à la contemplation, ce qui s'est con-
« tinué jusqu'à notre temps au Mont-Valérien auprès de Paris,
« où il y a toujours eu un reclus depuis quatre cents ans. » Le
Nécrologe, en effet, faisait mention de ces reclus (1).

(1) Même ms. 21, p. 518-519.

FIN DU PREMIER VOLUME

TABLE DES MATIÈRES

CONTENUES DANS LE PREMIER VOLUME

Avant-propos.. v

CHAPITRE PRÉLIMINAIRE.
Vie de sainte Geneviève.

I La sainte à Nanterre...	1
II La sainte à Paris...	8
III Clovis, Geneviève, Clotilde.................................	18
IV Puissance surnaturelle et mort de Geneviève.................	23

CHAPITRE PREMIER.
Les quatre premiers siècles de l'abbaye.

I Consécration de la basilique et clercs qui la desservirent...	33
II Un concile à la basilique....................................	40
III Les Normands...	48

CHAPITRE II.
Loi salutaire et décadence.

I La règle de Chrodegang.......................................	67
II Le régime de la sécularisation...............................	72

CHAPITRE III.
La réforme dans l'ordre canonique au XIIe siècle.

I S. Norbert et son influence sur cette réforme................	82
II La règle de S. Victor. — Caractère général de la réforme....	89

CHAPITRE IV.

La réformation de Sainte-Geneviève.

I La première réformation de l'abbaye, œuvre d'Eugène III et de Suger.. 101
II L'abbaye dans les premiers temps de la réformation.......... 110

CHAPITRE V.

Un illustre abbé.

Étienne de Tournay.... 125

CHAPITRE VI.

Diverses phases et relâchement.

I L'abbaye pendant cent cinquante ans................... .. 149
II La constitution de Benoît XII................................. 160
III L'abbaye sous cette constitution............................ 169
IV Nécessité d'une nouvelle réformation.................. 178

CHAPITRE VII.

Le cardinal F. de La Rochefoucauld et la seconde réformation.

I Réformes que le cardinal a opérées ou favorisées déjà. Commencements du P. Faure.. 183
II Premières tentatives de réforme à Sainte-Geneviève............ 189
III Le cardinal est nommé commissaire apostolique......... 194
IV Bases d'une congrégation générale............................ 198
V La réforme à Sainte-Geneviève..................... 206

CHAPITRE VIII.

La seigneurie temporelle.

I Le bourg du Mont ou de Sainte-Geneviève.................... 211
II Les serfs du bourg................................ 215
III Les artisans du bourg... 224
IV Autres droits féodaux... 232
V Autres domaines................................. .. 236

CHAPITRE IX.

La seigneurie spirituelle.

I Desservice des paroisses par l'abbaye....................... 249
II Paroisse du Mont ou Saint-Étienne du Mont.................. 252
III Paroisse Saint-Médard. — Autres paroisses en dehors de Paris. 259

CHAPITRE X.

Les privilèges et les droits.

I Immunités. — Droits épiscopaux	265
II L'abbaye, son chancelier et l'université	281

ÉPILOGUE

I L'assistance de Geneviève dans les premiers siècles. — A l'époque des Normands	296
II Le feu sacré. — Inondation. — Le prédicateur de Fulde. — L'aveugle de Bruges. — Érasme. — XVIe siècle et premières années du XVIIe	305

NOTES ET DOCUMENTS.

Note A. *Règle de saint Chrodegang*	317
Note B. *Analyse de quelques statuts des métiers de Sainte-Geneviève*	326
Note C. *Droits du voyer de Sainte-Geneviève*	346
Note D. *Certains détails historiques*	348

FIN DE LA TABLE DU PREMIER VOLUME.

Le Mans. — Typ. Ed. Monnoyer. — 1882.

ERRATA

Page 12, avant-dernière ligne, *au lieu de :* priis, *lire :* piis.
— 20, avant-dernière ligne, *au lieu de :* 1500, *lire :* 1588.
— 29, ligne 16, *au lieu de :* De ces fantaisies, *lire :* Ces fantaisies; et, aux deux lignes suivantes, *au lieu de :* se le, *lire :* se les.
— 88, ligne 30, *au lieu de :* l'ordre, *lire :* l'institut.
— 139, ligne 20, *au lieu de :* Louis VII, *lire :* Louis VIII.
— 156, ligne 5, *au lieu de :* Audely, *lire :* Andely.
— 184, ligne 36, *au lieu de :* dit depuis, *lire :* du depuis.
— 200, ligne 10, *au lieu de :* laissé, *lire :* laissés.
— 203, ligne 19, *au lieu de :* rocher, *lire :* rochet.
— 213, vers 6, *au lieu de :* muna, *lire :* munda.
— 224, ligne 9, *au lieu de :* le simple tenancier, *lire :* les simples tenanciers; et, à la ligne suivante, *supprimer* le guillemet.

EXTRAIT DU CATALOGUE
DE LA LIBRAIRIE H. CHAMPION

Inventaire général et méthodique des manuscrits français de la Bibliothèque nationale, par M. L. Delisle, membre de l'Institut, directeur de la Bibliothèque nationale. — Tome Ier, Théologie. Tome II, Jurisprudence. Chaque volume. 7 fr. 50
  Les tomes III et IV sont sous presse.

Longnon. Paris pendant la domination anglaise (1420-1436). Documents extraits des registres de la chancellerie de France. Paris, 1878, in-8°. 8 fr.

Campardon. Les Comédiens du roi de la troupe française pendant les deux derniers siècles. Documents inédits recueillis aux Archives nationales. Paris, 1879, in-8°. 8 fr.

Arbois de Jubainville (d'). L'administration des intendants. Paris, 1879, in-8°.

Bonneville de Marsangy. Madame Campan à Écouen, d'après les archives inédites de la Légion d'honneur. Paris, 1879, in-8°. 3 fr.

Boscheron des Portes. Histoire du Parlement de Bordeaux depuis sa création jusqu'à sa suppression (1451-1790). Bordeaux, 1878, 2 vol. in-8°. 15 fr.

Bulliot et Roidot. La Cité gauloise selon l'histoire et les traditions. Autun, 1876, in-8°. 5 fr.

Chardon. La Troupe du Roman comique dévoilée et les comédiens de campagne au XVIIe siècle. Paris, 1876, in-8°. 5 fr.

Chazaud. Les Enseignements d'Anne de France, duchesse de Bourbonnais et d'Auvergne, à sa fille Suzanne de Bourbon. Moulins, 1870, grand in-8°. 25 fr.

Courajod. Alexandre Lenoir. Son journal et le Musée des monuments français. Tome Ier. Paris, 1878, in-8°, avec portrait. 8 fr.

Pingaud. Correspondance des Saulx-Tavannes au XVIe siècle, recueillie et annotée. Paris, 1877, in-8°. 7 fr. 50

Robert (U). Catalogue des manuscrits relatifs à la Franche-Comté, qui sont conservés dans les bibliothèques publiques de Paris. Paris, 1878, in-8°.

Thomas. Les États provinciaux de la France centrale sous Charles VII. Paris, 1879, 2 in-8°, carte. 12 fr.

Robert (Ch.). Épisodes de la guerre de trente ans. Campagnes de Charles IV, duc de Lorraine et de Bar (1634-38), d'après des documents inédits tirés des archives étrangères. Paris, 1883, in-8°. 11 fr. 50

Histoire de la réunion de la Franche-Comté à la France. Événements diplomatiques et militaires (1679-1678), par M. de Piépape. Paris, 1880.

www.ingramcontent.com/pod-product-compliance
Lightning Source LLC
Chambersburg PA
CBHW060607170426
43201CB00009B/925